CLASSIQUES JAUNES

Littératures francophones

Atala
suivi de René *et des* Aventures du dernier Abencérage

Réimpression de l'édition de Paris, 1976.

Chateaubriand

Atala

suivi de René *et des* Aventures du dernier Abencérage

Édition critique par Fernand Letessier

PARIS
CLASSIQUES GARNIER
2020

Spécialiste de la littérature française du XIXe siècle, Fernand Letessier a plus particulièrement consacré ses études aux auteurs romantiques. Nous lui devons notamment plusieurs éditions de référence des œuvres de Chateaubriand et de Lamartine.

Couverture : *A Crow Village on the Salmon River*, George Catlin (American, 1796-1872) © The National Gallery

ISBN 978-2-8124-1570-8
ISSN 2417-6400

NOTE LIMINAIRE

DEPUIS *le mois de juin* 1826 *où, pour la première fois,* Atala, René *et* Les Aventures du dernier Abencérage *parurent en un même volume, ces trois romans ont été fréquemment réimprimés ensemble. Ils ont d'autre part fait l'objet de nombreux travaux érudits.*

*De toutes les œuvres de Chateaubriand, l'*Abencérage *fut la première à connaître les honneurs d'une édition savante. Celle que procurèrent en* 1926 *Paul Hazard et Mme Marie-Jeanne Durry fut aussitôt saluée par la critique comme un modèle du genre;* « elle ouvrait une voie féconde » *et il paraissait* « peu vraisemblable que l'avenir y ajoutât beaucoup » : *le temps a ratifié ce pronostic du chateaubriandiste Marcel Duchemin.*

En 1935, *Armand Weil publiait une édition critique et annotée de* René ; *il y avait travaillé de longues années* « avec autant de science que de tact littéraire », *accomplissant cette tâche difficile* « avec une discrétion et une sobriété » *que M. Duchemin pensait devoir* « regretter dans le commentaire d'un texte aussi considérable ».

Enfin, en 1950, *l'éditeur de* René *donnait une* Atala *pourvue d'une introduction substantielle et d'un relevé exhaustif des variantes, mais manquant malheureusement d'une annotation suivie qui aurait mis en œuvre la matière des études de détail menées depuis un demi-siècle sur cet écrit capital.*

Au seuil de la présente édition, il nous faut, une fois pour toutes, dire tout ce que nous ont apporté celles établies et longuement méditées par P. Hazard, A. Weil et

Mme M.-J. Durry. C'est à chaque page que nous aurions à signaler notre dette envers ces maîtres du savoir chateaubrianesque et la meilleure part de nos gloses nous aura été inspirée par leurs savantes publications.

Cependant la bibliographie de Chateaubriand grossit avec les années. Aussi nous sommes-nous efforcé d'utiliser ici tout ce qui permettait de mieux éclairer nos trois textes, d'en souligner la richesse ou l'originalité. Nous avons tenté, à leur propos, d'établir une « synthèse 1958 *» de nos connaissances. Après avoir dépouillé, avec méthode et scrupule, les travaux de ceux — éditeurs, critiques, essayistes — qui nous ont précédé, nous n'avons pas eu d'autre ambition que de réunir les résultats de leurs diligents efforts et de les mettre au service du lecteur, en espérant l'aider à mieux apprécier l'art de Chateaubriand et la magie de son style.*

Fernand LETESSIER.

INTRODUCTION

La Bibliographie de la France *du* 12 *avril* 1826, *sous le n*° 2175, *annonçait la mise en vente prochaine, par les soins du libraire parisien Ladvocat, des* Œuvres complètes *du vicomte de Chateaubriand. Le* 21 *juin suivant (n*° 4106), *elle signalait la sortie des deux premiers volumes de cette collection, qui en comporterait trente-deux, les tomes VIII et XVI. A propos de celui-ci, la* Bibliographie *précisait : « Le tome XVI contient :* 1° Avertissement de l'auteur sur l'édition des *Œuvres complètes ;* 2° Préface générale ; 3° *Atala* et *René*, précédés de la préface de l'édition in-12 de 1805 ; 4° *Les Aventures du dernier Abencérage ;* 5° Notes et critiques sur *Atala.* »

Des trois œuvres éditées ensemble, les deux premières dataient de quelque vingt-cinq ans et, à l'aurore du siècle, elles avaient fortement contribué à fonder la réputation de leur auteur; la troisième, composée depuis longtemps, était demeurée inédite, non sans avoir été connue par de nombreux amis du grand écrivain. En offrant aux lecteurs deux romans assurés du succès, l'éditeur « lançait » habilement sa nouvelle publication ; l'ouvrage inédit joint aux autres devait satisfaire le grand public curieux de nouveauté, en même temps qu'il empêcherait le volume de paraître un peu grêle. Enfin et surtout, Atala, René *et l'*Abencérage *étaient unis entre eux par des liens profonds qui justifiaient une présentation conjointe, souvent reprise depuis* 1826.

Toutefois l'importance de chacun de ces récits, leur autonomie initiale et la commodité de notre exposé nous amènent à les étudier séparément, avant de préciser leurs traits communs et de montrer de quelle manière s'y reflète le génie de Chateaubriand, c'est-à-dire l'âme inquiète de l'homme et l'art souverain du poète.

***

Le 8 *avril* 1791, *le sous-lieutenant* François-René *de Chateaubriand, à qui pesait le semi-désœuvrement d'une vie médiocre partagée entre* Fougères, *Paris et le régiment de Navarre, quittait Saint-Malo sur le brick* Saint-Pierre *pour les États-Unis. Encouragé à ce voyage par M. de Malesherbes, ancien ministre de Louis XVI et grand-père par alliance de son frère aîné Jean-Baptiste, il cédait à diverses raisons pour abandonner sa patrie. Mais avant tout, disciple de Rousseau rêvant depuis de longs mois d'écrire une* épopée de l'homme de la nature, *il allait chez les Sauvages chercher une nourriture à son inspiration déjà mise en éveil par des lectures préparatoires. Nous n'avons pas ici à rappeler les amples discussions qui, depuis plus d'un demi-siècle, ont été engagées autour de son séjour et de ses déplacements au Nouveau-Monde*[1]. *Quoi qu'il en ait été, un fait est certain : le voyage eut une influence déterminante sur l'évolution de sa carrière et, comme l'a dit excellemment M. Gilbert Chinard,* « si peu qu'il soit resté en Amérique, le jeune homme qui au mois de décembre 1791 se rembarquait pour la France différait profondément de celui qui était arrivé six mois plus tôt[2] ».

Il ramenait des souvenirs, des idées, des images appelés à

1. L'article le plus récent sur cette question, posée par J. Bédier en 1899, est celui de Pierre Martino, *Le voyage de Chateaubriand en Amérique. Essai de mise au point* 1952, *in Revue d'Histoire littéraire de la France*, 1952, p. 149-164.

2. Gilbert Chinard, *L'exotisme américain dans l'œuvre de Chateaubriand* (Paris, Hachette, 1918), p. 99.

mûrir en lui avant de prendre corps dans le vaste ensemble qui s'intitulerait Les Natchez *et dont primitivement* Atala *et* René *devaient faire partie. Durant ses courses entre la côte de l'Atlantique, les Grands Lacs canadiens et l'Ohio supérieur, Chateaubriand avait-il jeté sur le papier certains épisodes de son œuvre future ? Les conditions matérielles ne devaient guère s'y prêter ; mais, si l'on ne peut admettre sans réserves l'affirmation qu'* « *Atala* a été écrite dans le désert et sous la hutte des Sauvages », *du moins faut-il penser que l'auteur dut rédiger en terre lointaine (ou immédiatement après son retour en France) certains morceaux de son roman, puisque, revenu à Paris, il en donna lecture à Malesherbes qui* « entendit les premiers fragments du petit ouvrage[1] ».

Bientôt cependant les circonstances politiques forcèrent Chateaubriand à émigrer (15 *juillet* 1792) *et à rejoindre l'armée des Princes en Rhénanie. Alors il emporta dans ses maigres bagages les manuscrits qui constituaient toute sa richesse.* Les Mémoires d'Outre-Tombe, *dans un passage à vrai dire tardif puisqu'il date de* 1822, *nous apportent ce témoignage important :*

Je m'asseyais, avec mon fusil, au milieu des ruines ; je tirais de mon havresac le manuscrit de mon voyage en Amérique ; j'en déposais les pages séparées sur l'herbe autour de moi ; je relisais et corrigeais une description de forêt, un passage d'*Atala*, dans les décombres d'un amphithéâtre romain... Puis je serrais mon trésor dont le poids, mêlé à celui de mes chemises, de ma capote, de mon bidon, ... me faisait cracher le sang. J'essayais de fourrer *Atala* avec mes inutiles cartouches dans ma giberne ; mes camarades se moquaient de moi[2]...

S'il faut en croire le mémorialiste, ces papiers lui sauvèrent

1. Préface de l'édition de 1801. Cf. *infra*, p. 4.
2. *Mémoires d'Outre-Tombe* (Édition du Centenaire, établie par Maurice Levaillant, Paris, Flammarion, 1948, 4 vol.), I, 397-398. Chateaubriand était alors aux environs de Trèves.

même la vie lors de l'attaque malheureuse menée par les royalistes contre la place forte de Thionville :

A l'affaire de la plaine, deux balles avaient frappé mon havresac pendant un mouvement de conversion. *Atala*, en fille dévouée, se plaça entre son père et le plomb ennemi ; il lui restait à soutenir le feu de l'abbé Morellet.

Et, lorsque, après la débâcle de l'armée de Condé, Chateaubriand, blessé et malade, battit en retraite à travers les Ardennes belges, en dépit de sa faiblesse, il se garda bien de perdre son précieux manuscrit :

Vers la fin du jour, je m'étendis sur le dos à terre, la tête soutenue par le sac d'*Atala*, ma béquille à mes côtés, les yeux attachés sur le soleil, dont les regards s'éteignaient avec les miens[1]...

Après bien des difficultés, Chateaubriand parvint enfin en Angleterre le 17 *mai* 1793. *Les premiers temps de son existence à Londres lui furent encore plus durs que ses mois de vie militaire. Inconnu et à peu près isolé, il se trouva plongé dans une misère physique et morale si profonde qu'il n'eut pas alors le loisir de se livrer aux joies fécondes de la création. En* 1794, *son séjour dans le Suffolk, à Beccles et à Bungay, améliora sa situation matérielle : il put continuer ses lectures et s'entretenir de l'Amérique avec son hôte, le Révérend John Ives, ancien missionnaire chez les Sauvages, et son idylle manquée avec Charlotte, la fille de ce pasteur, enrichit son expérience sentimentale*[2].

Le triste dénouement de cette aventure émouvante le ramena à Londres où il n'eut, dans sa détresse renouvelée, d'autre ressource que le travail. Il devait achever son Essai sur les Révolutions, *promis aux libraires Baylis et Deboffe. A cette époque on doit rapporter la page suivante des* Mémoires :

C'est dans (le) parc de Kensington que j'ai médité l'*Essai*

1. *Mémoires*, I, 414 et 423-424.
2. Cf. G. Chinard, Introduction à l'édition des *Natchez* (Paris, Droz, 1932), p. 12.

historique ; que, relisant le journal de mes courses d'outre-mer, j'en ai tiré les amours d'*Atala ;* c'est aussi dans ce parc... que je traçai les premières ébauches des passions de *René*. Je déposais, la nuit, la moisson de mes rêveries du jour dans l'*Essai historique* et dans *Les Natchez*. Les deux manuscrits marchaient de front, bien que souvent je manquasse d'argent pour en acheter le papier...[1]

*De cet état toujours misérable, Chateaubriand se trouva enfin tiré par la publication de l'*Essai (18 *mars* 1797) :

Cette date est celle d'une transformation de ma vie, *déclara-t-il plus tard...* Étant devenu presque un personnage, la haute émigration me rechercha à Londres ; je fis mon chemin de rue en rue... J'arrivai de logement en logement jusqu'au dernier quartier de la riche émigration de l'ouest, parmi les évêques, les familles de cour et les colons de la Martinique[2].

C'est en effet dans les années 1797-1799 *qu'il fréquenta le milieu des monarchistes constitutionnels et qu'on le vit dans les salons de la duchesse d'Hénin, de Mme Lindsay et de Pierre-Victor Malouët, ancien commissaire de France à Saint-Domingue et futur ministre de la Marine sous la première Restauration : chez ce dernier, il rencontra Mme de Belloy pour qui il éprouva une ardente passion. Dans cette société distinguée, il entendit l'abbé Delille lire ses vers, retrouva le poète Fontanes qu'il avait connu à Paris en* 1789, *écouta le libéral et contradictoire comte de Montlosier disserter longuement d'idées disparates*[3].

*A ses nouveaux amis Chateaubriand fit connaître ses travaux littéraires en cours et réserva la primeur d'*Atala, *dans l'état du moins où elle se trouvait alors. Le fils du publiciste contre-révolutionnaire Mallet du Pan a conservé le souvenir d'une de ces réunions :*

Chateaubriand donna un soir une séance de lecture chez

---

1. *Mémoires*, I, 253.
2. *Mémoires*, I, 471 et 473.
3. Sur cette période, les *Mémoires*, I, 470-482, sont utilement complétés par la série des quatre articles sur *Le secret d'Atala*, publiés par M. André Gavoty dans la *Revue des Deux Mondes* (mai-juin 1948).

Malouët ; il y lut *Atala* et quelques croquis de son œuvre ultérieure, le *Génie du Christianisme*. Plusieurs personnages de marque de l'émigration étaient dans l'assistance et Calonne et mon père se trouvaient présents. Après la lecture, mon père dit aux personnes qui étaient auprès de lui : « Il y a du talent dans « tout cela, mais je ne comprends rien à ces harmonies de la « nature et de la religion », et Calonne fut d'accord avec lui là-dessus.

*Une autre fois, c'est chez lui que l'écrivain fit entendre sa prose. Dans sa chambre du 11, Upper Seymour Street, Portmann-Square, il réunissait tous les samedis, devant un verre de punch, le groupe des constitutionnels et les Mémoires inédits de Montlosier racontent que cette lecture d'*Atala *anima fort l'assistance :*

Des femmes dans l'auditoire portèrent un jugement plus rigoureux que les hommes. Malgré toutes les critiques, on fut enlevé, entraîné malgré soi[1].

En effet, cet aimable cercle ne pouvait que favoriser l'épanouissement de la nouvelle américaine dans l'esprit de son créateur : grâce à Malouët qui parlait volontiers des Antilles et de la Guyane où il avait vécu, à Mme de Belloy, créole de Saint-Domingue, qui dut souvent évoquer devant lui les tropiques de son enfance, Chateaubriand se trouvait mieux à même de faire vivre la Louisiane, qu'il connaissait jusque-là seulement par des livres, ou le Meschacebé déroulant son cours majestueux au milieu d'une nature exubérante, dont ses deux amis lui avaient sans doute révélé l'éclat et la splendeur[2].

Cependant, à mesure que le temps passait et que la France paraissait en voie de recouvrer un équilibre intérieur, les exilés londoniens étaient saisis du désir de regagner leur patrie; peu à peu leur société se clairsemait et Chateaubriand, lui aussi, « commençait à tourner les yeux vers *(sa)* terre

1. Ces deux importants témoignages sont rapportés par M. Gavoty, art. cit., p. 730-731.
2. Cf. Gavoty, art. cit., p. 522 et 718.

natale ». *Bien qu'il eût entrepris l'impression du* Génie du Christianisme, *il en interrompit le tirage, se contentant d'en garder les feuilles déjà composées. En outre,* « il détacha des *Natchez* les esquisses d'*Atala* et de *René* » ; *puis, nanti de ce léger viatique dans lequel il mettait toutes ses espérances, il abandonna l'Angleterre pour venir affronter sur le continent la carrière d'écrivain. Le* 6 *mai* 1800, *sous le nom supposé de Jean-David de Lassagne, citoyen suisse du canton de Neuchâtel, il débarquait à Calais pour arriver à Paris quelques jours plus tard*[1].

Chateaubriand retrouva la capitale profondément transformée après les huit années de son absence, mais il y fut bien accueilli par Fontanes qui l'introduisit dans le cercle de ses amis. Au demeurant, il était tout à fait inconnu, car « pas une âme ne connaissait *(son) Essai sur les Révolutions* ». *Aussi s'enferma-t-il* « au fond de son entresol », *rue de Lille, pour* « s'y livrer tout entier au travail ». *Ce travail, c'était la rédaction de son apologie du Christianisme, dont* Atala *et* René *devaient désormais constituer des* « épisodes » *poétiques et romanesques.* « Tout en m'occupant, *écrit-il dans les* Mémoires, à retrancher, augmenter, changer les feuilles du *Génie,* la nécessité me forçait de suivre quelques autres travaux. M. de Fontanes rédigeait alors le *Mercure de France :* il me proposa d'écrire dans ce journal. »

L'un de ses articles, consacré à la seconde édition du livre fameux de Mme de Staël De la Littérature *et signé* L'auteur du Génie du Christianisme (1er *nivôse an IX*-22 *décembre* 1800), *le* « fit tout à coup sortir de l'ombre », *sans toutefois mettre fin à ses scrupules et à ses angoisses d'auteur débutant, comme en témoigne l'anecdote suivante :*

Je montrai *Atala* à M. de Fontanes : il en avait déjà lu des fragments en manuscrit à Londres. Quand il fut arrivé au

---

1. *Mémoires,* I, 529-531.

discours du P. Aubry au bord du lit de mort d'Atala, il me dit brusquement d'une voix rude : « Ce n'est pas cela ; c'est mauvais ; refaites cela ! » Je me retirai désolé ; je ne me sentais pas capable de mieux faire. Je voulais jeter le tout au feu ; je passai depuis huit heures jusqu'à onze heures du soir dans mon entresol, assis devant ma table, le front appuyé sur le dos de mes mains étendues et ouvertes sur mon papier. J'en voulais à Fontanes, je m'en voulais, je n'essayais pas même d'écrire, tant je désespérais de moi. Vers minuit..., l'inspiration me revint ; je traçai de suite le discours du missionnaire, sans une seule interligne, sans en rayer un seul mot, tel qu'il est resté et tel qu'il existe aujourd'hui. Le cœur palpitant, je le portai le matin à Fontanes, qui s'écria : « C'est cela ! c'est cela ! je vous l'avais bien dit, que vous feriez mieux ! »

Au reste, l'ouvrage allait bientôt paraître, plus vite même que ne le désirait son auteur, s'il faut en croire une affirmation contenue dans la préface de la première édition du Génie *et reprise ultérieurement par les* Mémoires :

Je m'occupais à revoir les épreuves d'*Atala* (épisode renfermé, ainsi que *René*, dans le *Génie du Christianisme*) lorsque je m'aperçus que des feuilles me manquaient. La peur me prit ; je crus qu'on m'avait dérobé mon roman, ce qui assurément était une crainte bien peu fondée, car personne ne pensait que je valusse la peine d'être volé. Quoi qu'il en soit, je me déterminai à publier *Atala* à part, et j'annonçai ma résolution dans une lettre adressée au *Journal des Débats* et au *Publiciste*[1].

Sainte-Beuve, toujours méfiant, surtout lorsqu'il s'agit de Chateaubriand, a donné des raisons plus simples, et somme toute vraisemblables, à cette parution prétendument brusquée : selon le critique, l'auteur du Génie, *désireux d'éprouver son public*, « se décida à lancer à l'avance *Atala*, comme ces petits ballons d'essai qu'on fait partir avant le grand pour pressentir l'état de l'atmosphère[2] ».

1. *Mémoires*, II, 14-20. — On lira la lettre adressée aux *Débats* et au *Publiciste*, *infra*, p. 1. — Sur cette lettre et sur le rôle joué par Fontanes, cf. une lettre de Chateaubriand écrite à celui-ci le 31 mars 1801 (*Bulletin Chateaubriand*, 1963, p. 37).

2. *Chateaubriand et son groupe littéraire sous l'Empire* (édit. M. Allem,

De toutes façons, le 12 *germinal an IX*-2 *avril* 1801, *le livre voyait le jour, sous la forme d'un petit volume in*-12 *de XXIV* + 210 *pages, vendu un franc cinquante centimes et intitulé :* ATALA / ou / les Amours / de / Deux Sauvages / dans le Désert / *par François-Auguste / Chateaubriand. / A Paris / chez Migneret, Imprimeur, rue Jacob, n°* 1186 ; / *et à l'ancienne Librairie de Dupont, rue de la Loi, n°* 288. / *An IX* (1801).

Quel était donc ce roman, si longuement médité par son auteur et dont le succès immédiat allait consacrer à jamais la renommée de Chateaubriand ? Il nous paraît nécessaire d'en analyser le sujet, avant d'étudier ses sources et de dégager son originalité.

Dans un ensemble harmonieusement équilibré — un récit en quatre parties, qu'encadrent un prologue et un épilogue, — Atala, *sous une forme littéraire d'une splendeur éclatante, développe, pour reprendre l'expression racinienne,* « une action simple et chargée de peu de matière ». — *Vers l'année* 1725, *en Louisiane, remontant en pirogue le cours du fleuve Meschacebé, le vieux Sachem aveugle Chactas raconte les aventures de sa jeunesse au Français René, exilé volontaire chez les Indiens d'Amérique* (Prologue). *La tribu des Natchez ayant été vaincue par les Muscogulges, Chactas a été recueilli par l'Espagnol Lopez qui le traite comme un fils ; mais bientôt il éprouve la nostalgie de ses forêts natales et quitte son bienfaiteur. Pris par ses ennemis Muscogulges, le jeune Natché est secrètement consolé par la fille de leur chef, Atala, qui est chrétienne et qu'il se met à aimer. Grâce à sa complicité, la veille même d'être mis à mort, Chactas s'enfuit avec elle. Ils mènent alors dans le désert une vie*

Garnier, 2 vol.), I, 159. — En ce début de 1801, *Atala*, histoire louisianaise, faisait d'ailleurs figure d'actualité, puisque par le traité de San Ildefonso, conclu avec l'Espagne (octobre 1800), la France venait de recouvrer, provisoirement, sa souveraineté sur la Louisiane.

errante ; mais Atala, pourtant très éprise de celui qu'elle a sauvé, refuse toujours de se donner à lui et paraît en proie à un mystérieux désespoir. Enfin, pendant un terrible orage, elle lui conte son histoire : elle est en réalité née d'une Indienne et d'un Espagnol, qui n'est autre que le généreux Lopez... Cette révélation soudaine attise encore le feu de leur passion et Atala semble près de succomber à son amour. Mais tout à coup apparaît un missionnaire à qui son chien a révélé leur présence dans les ténèbres de la forêt : il les emmène dans la grotte qui lui sert de demeure (Les Chasseurs). *Le lendemain (car l'action va se précipiter au rythme d'une tragédie classique), le P. Aubry — c'est le nom du bon ermite — visite avec Chactas sa Mission, où des Sauvages, simples et vertueux, s'instruisent aux vérités du Christianisme. Le prêtre célèbre la messe. Un âge d'or règne parmi ces primitifs, anciens errants convertis à la vie sédentaire* (Les Laboureurs). *Mais hélas ! à leur retour à la caverne, le P. Aubry et Chactas trouvent Atala mourante. Vouée à la virginité par un vœu de sa mère et redoutant d'enfreindre cette promesse, la jeune Indienne avait absorbé la veille un poison dont rien ne peut combattre les effets. Dans sa naïveté, elle ignorait que, pour une chrétienne, le suicide est un crime et aussi qu'un évêque pouvait la relever d'un serment inconsidérément prêté pour elle : c'est ce que lui explique le P. Aubry dans un discours véhément et charitable. Enfin, après une agonie pathétique, où, tragiquement, se mêlent les cris du devoir et ceux de la passion, Atala adjure Chactas de se faire baptiser et meurt rassérénée* (Le Drame). *L'ermite et le Natché passent la nuit à veiller le cadavre ; à l'aube, ils l'ensevelissent avec une pieuse simplicité ; le malheureux amant quitte le P. Aubry et regagne le désert* (Les Funérailles). *Bien des années plus tard, un voyageur européen rencontre, aux abords du Niagara, les restes d'une tribu errante. Une Indienne, descendante du* René *qui figure dans le* Prologue, *lui raconte la fin dramatique du P. Aubry et celle de Chactas, mort chrétien après avoir recueilli, à la manière des Sauvages, les restes d'Atala et du vieux missionnaire* (Épilogue).

*La netteté des lignes dans l'affabulation du roman n'est pas une de ses moindres séductions pour des lecteurs français; elle cache pourtant une infinie richesse et une grande complexité de sources, livresques et personnelles. Dès la publication d'*Atala, *des critiques sans bienveillance se complurent à remarquer les rapports de l'œuvre avec certains écrits du XVIII*e *siècle que Chateaubriand connaissait bien, ainsi qu'en font foi maints passages de l'*Essai sur les Révolutions, *du* Génie *ou des* Mémoires d'Outre-Tombe.

Ainsi le thème de la chrétienne éprise d'un païen et souffrant de la contradiction entre son amour et sa foi, c'est celui de la Zaïre *de Voltaire. Aussi les derniers « philosophes » ne manquèrent-ils pas de signaler cette rencontre du romancier chrétien avec le prince des incrédules !*

Ils auraient pu s'aviser également, ainsi que l'a fait un érudit de notre temps, que l'aventure d'Atala et de Chactas offre une analogie frappante avec un épisode des Incas *de Marmontel*[1]. *Comme les amants du Meschacebé, la Péruvienne Cora, prêtresse du Soleil, et le jeune Espagnol Alonzo s'enfuient dans la solitude et subissent comme eux les luttes de l'amour et de la religion ; mais leur aventure n'aura pas la même issue tragique...*

Chactas, abandonnant Lopez pour revenir à la vie sauvage, rappelle par sa fuite le geste d'un Hottentot dont J.-J. Rousseau conte l'histoire dans une note de son Discours sur l'Inégalité :

Tous les efforts des missionnaires hollandais du Cap de Bonne Espérance n'ont jamais été capables de convertir un seul Hottentot. Van der Stel, gouverneur du Cap, en ayant pris un dès l'enfance, le fit élever dans les principes de la religion

---

1. G. Chinard, *L'exotisme américain...*, p. 288-290. Ce rapprochement est déjà chez J. Lemaitre, *Chateaubriand* (Paris, Calmann-Lévy, 1912), p. 94.

chrétienne et dans la pratique des usages de l'Europe. On le vêtit richement, on lui fit apprendre plusieurs langues et ses progrès répondirent fort bien aux soins qu'on prit pour son éducation. Le Gouverneur... l'envoya aux Indes... Il revint au Cap. Peu de jours après son retour, dans une visite qu'il rendit à quelques Hottentots de ses parents, il prit le parti de se dépouiller de sa parure européenne pour se revêtir d'une peau de brebis. Il retourna au Fort dans ce nouvel ajustement, chargé d'un paquet qui contenait ses anciens habits et, le présentant au gouverneur, il lui tint ce discours : « Ayez la bonté de faire attention « que je renonce pour toujours à cet appareil. Je renonce aussi « pour toute ma vie à la religion chrétienne ; ma résolution est « de vivre et de mourir dans la religion, les manières et les « usages de mes ancêtres... » Aussitôt, sans attendre la réponse de Van der Stel, il se déroba par la fuite et jamais on ne le revit au Cap.

Plus frappantes encore furent, pour les contemporains, les possibilités de rapprochements d' Atala *avec* Paul et Virginie, *dont le succès demeurait grand depuis* 1788. *Chateaubriand ne nia jamais l'influence exercée sur lui par Bernardin de Saint-Pierre ; il déclarait plus tard qu'il savait le célèbre roman* « à peu près tout entier par cœur[1] » *et nul doute qu'il dut apprécier le parallèle établi par Dussault entre lui et son devancier :*

Ils se sont proposé l'un et l'autre un grand but moral et semblent avoir été guidés par les mêmes principes et les mêmes sentiments. Mais l'auteur de *Paul et Virginie* est plus doux, plus coulant, plus châtié ; celui d'*Atala* plus nerveux, plus fort, plus énergique. L'un est plus sage, plus retenu, l'autre plus hardi et plus impétueux. L'auteur de *Paul et Virginie* accorde plus aux idées morales, celui d'*Atala* aux idées religieuses. Le premier a honoré la religion avec transport, en censurant ses ministres avec amertume ; le second honore à la fois et comprend dans les mêmes hommages et le dogme et le culte et les ministres et la religion. Dans *Paul et Virginie*, un prêtre devient une cause indirecte, mais toujours odieuse, de la fatale catastrophe ; dans *Atala*, c'est un prêtre qui répare tous les maux causés par les passions, l'ignorance et le fanatisme. L'ouvrage de Bernardin

1. Comte de Marcellus, *Chateaubriand et son temps* (1859), p. 125.

de Saint-Pierre se ressent de ces temps où dominaient la satire religieuse et l'esprit d'innovation ; celui du citoyen Chateaubriand, d'une époque où la piété, la considération et la vraie philosophie leur ont succédé...[1]

Infiniment obscur en comparaison de Paul et Virginie, *le roman d'*Odérahi *présente avec celui de Chateaubriand des similitudes beaucoup plus troublantes. Il avait été publié dès* 1795 *dans un recueil intitulé* Veillées américaines ; *mais peu de temps après la mise en vente des aventures de Chactas, son auteur anonyme en donna une nouvelle édition avec cette phrase pour épigraphe :* Odérahi est une sœur aînée d'Atala (*Thermidor an IX-juillet-août* 1801). *Et, de fait, il existe bien des identités entre les deux récits. Ontérée (que nous retrouverons à propos de* René) *est aimé par Odérahi, fille d'un chef indien ; il est lié au poteau du supplice quand celle-ci le sauve de la mort, en l'adoptant pour son « frère » selon la coutume des Sauvages. Pourtant l'amour d'Odérahi se heurte, comme celui d'Atala, à un obstacle insurmontable : il ne s'agit pas ici de religion, mais Ontérée aime indéfectiblement une autre femme. Dès lors, Odérahi n'a plus qu'à mourir : elle absorbe, elle aussi, un poison. Cependant, Ontérée, cédant enfin à la reconnaissance et à la pitié, consent à unir son destin à celui de la jeune fille. Résolution trop tardive, car la malheureuse meurt au moment où elle allait connaître le bonheur. Le roman s'achève sur les funérailles d'Odérahi, cependant qu'Ontérée reçoit les consolations d'un « philosophe » indien, dont l'âge vénérable et les sages paroles ne sont pas sans évoquer le personnage du P. Aubry.*

Il est toutefois impossible de trancher s'il y eut une quelconque filiation entre Odérahi *et* Atala. *Il apparaît peu plausible que Chateaubriand, émigré à Londres, ait pu avoir,*

1. Art. paru dans le *Journal des Débats*, 27 germinal an IX-17 avril 1801.

en 1795, connaissance des Veillées américaines, *publiées à Paris et dont le retentissement ne fut sûrement pas fort considérable. Au contraire, il est difficile d'admettre que l'auteur d'*Atala *ait ignoré la réédition des malheurs d'Ontérée, d'autant que le* Moniteur *du 27 thermidor an IX la signala et fit à cette occasion un parallèle circonstancié entre les deux récits. Pourtant ni Chateaubriand, ni ses amis, ni ses adversaires n'ont fait mention de cet article, qui dut passer inaperçu malgré l'intérêt qu'il offrait pour les uns et pour les autres. Le silence de l'écrivain peut s'interpréter de façons diamétralement opposées : parfaite bonne foi fondée sur l'ignorance ou désir tenace de dissimuler une source d'inspiration trop évidente, et demeurée inconnue pendant plus d'un siècle ? Cette seconde manière de voir serait, à dire vrai, bien incompatible avec le caractère de Chateaubriand, grand seigneur des Lettres qui jamais ne songea vraiment à renier ses dettes... En tout cas, il existe à ce sujet un problème posé depuis plus de quarante années et qui, faute d'un document décisif, restera peut-être toujours sans solution*[1].

*A l'inverse, on est parfaitement assuré des nombreuses lectures que fit l'auteur d'*Atala *pour s'informer des mœurs et des coutumes sauvages, de la flore et de la faune américaines, de tous les détails qui caractérisent le* « style indien » *du roman. En effet, lors de son voyage de 1791, ayant visité seulement le nord-est des États-Unis, déjà pénétré de civilisation, il n'avait, selon une expression de Joseph Bédier,* « pas mis les pieds au pays de son héroïne », *dont l'aventure*

1. Sur l'énigme *Odérahi-Atala*, on trouve l'essentiel dans deux écrits de M. G. Chinard : a) *L'exotisme américain...*, p. 139-160 ; b) édition d'*Odérahi, histoire américaine*, avec une introduction et des notes (Paris, R. Clavreuil, 1950). Tandis qu'autrefois, l'éminent spécialiste d'*Atala* qu'est M. Chinard semblait bien voir dans *Odérahi* une « source » de Chateaubriand, il paraît aujourd'hui beaucoup plus réservé dans ses conclusions et parle fort sagement *des affleurements de la grande nappe souterraine où toutes les eaux se confondent et où tous ont le droit de puiser.*

se situe, vers 1670, en Louisiane, parmi des populations encore authentiquement primitives. Il dut donc, pour créer l'atmosphère et la couleur locale *de son ouvrage, nourrir son inspiration aux récits documentaires d'autres écrivains, explorateurs, naturalistes ou missionnaires, qui, durant le XVIII*e *siècle, avaient pu longuement observer la Virginie, les Florides, la basse vallée du Missisipi et celles de ses affluents.*

C'est à Bédier que revient l'honneur d'avoir découvert les sources essentielles communes à Atala, *au* Génie du Christianisme, *aux* Natchez, *au* Voyage en Amérique *et à certains chapitres des* Mémoires d'Outre-Tombe. *Pour les mettre en lumière, il suffit au critique de se laisser guider par Chateaubriand lui-même, qui a cité ici ou là les noms de ses principaux créanciers.*

Parmi ceux-ci, il faut citer en premier lieu le P. Pierre-François-Xavier de Charlevoix. Ce jésuite français (1682-1761) *avait, de* 1720 *à* 1722, *parcouru les régions du Saint-Laurent et du Missisipi. Plus tard il avait fait le récit de son voyage et de ses observations dans son* Histoire et description générale de la Nouvelle France, avec le Journal historique d'un voyage fait dans l'Amérique septentrionale *(Paris, Giffart,* 1744, 3 *vol.). Chateaubriand invoque souvent son témoignage et le* Génie *lui rend cet hommage :*

Ce sont *(les missionnaires)* qui ont décrit les annales élégantes ou naïves de nos colonies. Quelle excellente histoire que celle des Antilles par le P. Dutertre et celle de la Nouvelle France par Charlevoix ! Les ouvrages de ces hommes pieux sont pleins de toutes sortes de sciences : dissertations savantes, peintures de mœurs, plans d'amélioration pour nos établissements, objets utiles, réflexions morales, aventures intéressantes, tout s'y trouve...[1]

Atala *fait aussi quelques emprunts à un autre jésuite,*

---

1. *Génie du Christianisme*, quatrième partie, livre IV, chap. 1.

moins connu que Charlevoix, le P. Lafitau, auteur des Mœurs des Sauvages américains, comparées aux mœurs des premiers temps *(Paris, Saugrain-Hochereau,* 1724, 2 *vol.).*

Mais, autant qu'à Charlevoix, Chateaubriand est redevable au voyageur américain William Bartram (1739-1823). *Celui-ci, fils d'un grand botaniste, suivit l'exemple paternel et passa les années* 1773-1777 *à parçourir la partie méridionale des États-Unis. Il publia à Philadelphie, en* 1791, *— l'année même où Chateaubriand y passa, — le récit de sa longue expédition, intitulé* Travels through North and South Carolina, Georgia, East and West Florida, the Cherokee country, the extensive territories of the Muscogulges, or Creek confederacy, and the country of the Chactaws... *Cette œuvre connut un franc succès international, des rééditions à Londres* (1792, 1794) *et à Dublin* (1793), *des traductions en allemand* (1793), *en hollandais* (1797) *et en français (par P.-V. Benoît, Paris, Carteret,* 1799, 2 *vol.). A des qualités scientifiques réelles, Bartram joint d'indéniables dons d'écrivain ; Bédier reconnaissait* « un poète » *chez ce naturaliste, qui, comme on l'a dit naguère*[1], « parmi les précurseurs du Romantisme, mérite une mention spéciale, tant par la valeur littéraire de son livre que par l'influence qu'il a exercée sur l'œuvre de Chateaubriand, de Coleridge, de Wordsworth et de Southey. Bartram a été plus qu'un peintre de paysages exotiques. Romantique avant la lettre, il est perpétuellement enchanté par les scènes sublimes de la nature primitive qui seule est capable de lui procurer le bonheur... »

Aux voyages de Charlevoix et de Bartram, on doit joindre ceux de l'Anglais Jonathan Carver, dont la narration parut

---

1. J.-M. Gautier, *L'exotisme américain dans l'œuvre de Chateaubriand* (Manchester University Press, 1951), p. 57.

à Londres en 1778, *sous le titre* Travels through the interior parts of North America in the years 1766, 1767 and 1768. *Ce curieux ouvrage, nous apprend M. Chinard,* « longtemps accepté comme authentique et original, semble bien être en partie, sinon en totalité, l'œuvre d'un écrivain qui n'avait jamais voyagé », *car son auteur est* « un grand menteur », *qui a surtout* « emprunté largement et sans scrupule à ses prédécesseurs[1] » ; *il avait néanmoins eu un certain renom, et diverses traductions, dont une au moins en français (Paris, Pissot,* 1784). *Chateaubriand eut peut-être tort de tenir Carver en estime ; mais du moins se trompa-t-il en toute innocence, car il ignorait vraiment le peu de sérieux de cet informateur...*

On rencontre aussi dans Atala *des détails empruntés à la* Topographical description of the Western Territories of North America (*Londres,* 1792) *du compilateur américain Gilbert Imlay. D'autres proviennent des* Nouveaux voyages *et des* Dialogues curieux (avec) un Sauvage de bon sens *dus à la plume du baron de Lahontan, aventurier d'origine gasconne, hâbleur et peu véridique. Chateaubriand, dont la somme de lectures était considérable, connaissait également les trois tomes de l'*Histoire de la Louisiane *publiée par Le Page du Pratz (Paris, de Bure,* 1758), *l'importante collection des* Lettres édifiantes *(quarante volumes à la gloire des missionnaires !) ; il avait peut-être aussi feuilleté l'*Histoire de l'Amérique septentrionale *du marquis de la Potherie (Paris, Nyon,* 1753, 4 *vol.) et les* Aventures du sieur Le Beau (*Amsterdam,* 1738), *compi-*

1. Édit. des *Natchez*, Introduction, p. 57-58. — Dans sa bibliothèque de la Vallée-aux-Loups, vendue en 1817, Chateaubriand possédait une édition anglaise de Carver, ainsi que deux exemplaires de l'*Histoire de la Nouvelle France* de Charlevoix (cf. M. Duchemin, *Chateaubriand. Essais de critique et d'histoire littéraire*, Paris, Vrin, 1938, p. 424 et 430).

lation romanesque, dont le héros-auteur n'est pas un personnage réel[1].

Il faut noter au passage qu'un bon nombre des ouvrages précédemment cités comportent des illustrations et que ces documents figurés, restés dans la mémoire de Chateaubriand, ont quelquefois soutenu son inspiration. Il avait en particulier eu sous les yeux les magnifiques gravures en couleurs — 217 planches — qui ornent la seconde édition du livre de Marc Casteby, Histoire naturelle de la Caroline, de la Floride et des îles Bahamas, contenant les dessins des oiseaux, animaux, poissons, serpents, insectes et plantes avec leur description en Anglais et en Français *(Londres, 1754, 2 vol. in-folio) : il y trouva des images splendides dont il fit une inoubliable transposition littéraire*[2].

A lire l'énumération de tous ces ouvrages, pour la plupart tombés dans un juste oubli, mais dont encore on pourrait allonger la liste, on croirait peut-être que Chateaubriand, simple faiseur de centons, n'a rien mis de lui-même dans son livre. Il n'en est pourtant rien. Certes, comme le remarquait autrefois Joseph Bédier, « il semble que pour créer il ait souvent besoin de la suggestion d'une page écrite, ... que c'est à partir d'un texte déjà fixé par autrui, ou par lui-même, que son imagination s'ébranle et s'élance ». *Il n'a jamais songé à prétendre qu'il en fut autrement, lui qui écrivit au seuil de son* Itinéraire de Paris à Jérusalem[3] : « D'autres ont leurs ressources en eux-mêmes ; moi j'ai besoin de suppléer à ce qui me manque par toutes sortes de travaux. » *Mais, à ceux qui voudraient voir dans ce trait une infirmité de son*

1. Sur ce dernier ouvrage, cf. deux articles de M. G. Chinard, *Une nouvelle source d'Atala* (*Modern language notes*, XXV, p. 137-141, Baltimore, 1910) et *Chateaubriand en Amérique. Quelques nouvelles sources* (*Modern Philology*, IX, p. 129-149, Chicago, 1911-1912).

2. G. Chinard, *L'exotisme américain...*, p. 246-suiv.

3. Édition É. Malakis (Baltimore, Londres, Paris, 1946), I, 145.

génie créateur, il a répondu par avance, reprenant dans sa formule une idée essentielle des grands classiques : « L'écrivain original n'est pas celui qui n'imite personne, mais celui que personne n'imite[1]. »

Et, effectivement, dans Atala, *œuvre qui répond parfaitement à cette définition et qui n'a jamais été recommencée, Chateaubriand, mettant en œuvre l'ample moisson d'impressions et d'images qu'il avait rapportées d'Amérique, les a exploitées pour vivifier la matière pesante et incolore de ses prédécesseurs qui tous, W. Bartram excepté, étaient dénués de sensibilité poétique. Il a mis dans son roman la synthèse de son expérience humaine et de sa pensée, ou plutôt de ses pensées successives, la philosophique et la chrétienne ; ce qui ne va pas sans certaines contradictions parfois, mais la contradiction fut, dans ses livres comme dans sa vie, un élément essentiel de sa riche personnalité.*

C'est son âme, peinte en actions et en discours, que nous révèle la psychologie de ses personnages. Qu'est-ce en effet que Chactas ? Évidemment une des dernières incarnations du bon sauvage *dont la légende était alors à son déclin, après avoir, pendant plusieurs siècles et spécialement au cours du XVIIIe, bercé d'illusions les peuples civilisés et servi de thème inépuisable aux écrits des philosophes et des utopistes*[2]. *Mais plus encore, avec son inquiétude, sa passion ardente et timide, sa poursuite du bonheur, son goût de l'indépendance, l'amant d'Atala, c'est Chateaubriand en personne, dont on retrouve les sentiments les plus intimes transportés au désert pour s'animer dans le cœur d'un Indien*[3].

---

1. *Génie du Christianisme*, deuxième partie, livre I, chap. III.

2. Sur l'ensemble de cette question, cf. R. Gonnard, *La légende du « bon sauvage »* (Paris, Librairie de Médicis, 1946).

3. Sur l'origine livresque de l'aveugle Chactas, cf. *infra*, p. 38, n. 2. — Toutefois, M. A. Gavoty (art. cit., p. 522) pense que la personnalité du héros d'*Atala* (et plus encore des *Natchez*) put être inspirée à Chateaubriand par le souvenir de conversations entendues

Qu'est-ce aussi que le P. Aubry ? L'écrivain qui, dans la France à demi paganisée par la philosophie voltairienne et la politique révolutionnaire, s'apprêtait, avec le Génie du Christianisme, *à réhabiliter la religion de Jésus, a voulu peindre sous les traits de* « l'homme du rocher » « le prêtre tel qu'il est », *le prêtre chrétien qui, selon ses propres termes,* « peut jouer un rôle des plus importants de l'épopée[1] », *et sans doute aussi de toute œuvre littéraire élevée. Il est assurément un peu simpliste de prétendre que* « Chateaubriand donna au prêtre droit de cité dans notre littérature[2] », *car on a pu naguère écrire tout un gros*

à Londres pendant l'émigration. D'après les Mémoires de Montlosier, Malouët racontait en effet cette aventure, qui lui était arrivée en 1777, alors qu'il était en Guyane : « A six lieues d'Oyapoc, je trouvai sur un îlot placé au milieu du fleuve qui forme dans cette partie une magnifique cascade, un soldat de Louis XIV qui avait été blessé à la bataille de Malplaquet et avait obtenu alors ses invalides. Connu à la Guyane sous le nom de Jacques-des-Sauts, il avait cent ans en 1777 et vivait depuis quarante ans dans ce désert. Il était aveugle et nu, assez droit, très ridé ; la décrépitude était sur sa figure, mais point dans ses mouvements ; sa démarche, le son de sa voix étaient d'un homme robuste ; une longue barbe blanche le couvrait jusqu'à la ceinture. Deux vieilles négresses composaient sa société et le nourrissaient du produit de leur pêche et d'un petit jardin qu'elles cultivaient sur le bord du fleuve. Depuis vingt-cinq ans, il n'avait pas mangé de pain, ni bu de vin ; il éprouva une sensation délicieuse du bon repas que je lui fis faire. Il me parla de la perruque de Louis XIV qu'il appelait un beau et grand prince, de l'air martial du maréchal de Villars, de la contenance modeste du maréchal de Catinat, de la bonté de Fénelon, à la porte duquel il avait monté la garde à Cambrai... Il était venu à Cayenne en 1730 ; il avait été économe chez les Jésuites... Je passai deux heures dans sa cabane, étonné, attendri du spectacle de cette ruine. La pitié, le respect en imposaient à ma curiosité ; je n'étais affecté que de cette prolongation des misères humaines, de l'abandon, de la solitude et de la privation de tous les secours de la société... Lorsque je fus près de le quitter, son visage se couvrit de larmes ; il me retint par mon habit et, avec ce ton de dignité qui sied à la vieillesse, s'apercevant, malgré sa cécité, de ma grande émotion, il me dit : « Attendez », puis il se mit à genoux, il pria Dieu et me donna sa bénédiction. »

1. *Génie du Christianisme*, deuxième partie, livre II, chap. IX.
2. P. Franche, *Le prêtre dans le roman français* (1902), p. 24.

livre sur le « bon prêtre » *en France depuis la fin du XV*e *siècle et montrer que le solitaire d'*Atala *est le dernier représentant d'une longue lignée d'hommes de Dieu. Mais une analyse fouillée de son caractère complexe permet d'établir qu'avec lui, Chateaubriand* « dévoile un nouvel univers spirituel aux fils de Voltaire et à ceux de Rousseau » ; *car* « le prêtre ne se borne plus à être un intendant de la vie ; il redevient un ministre de la mort. Il a regagné ainsi, grâce à *Atala*, une de ses dimensions perdues, la principale[1] ».

*Toutefois, l'orthodoxie du P. Aubry et celle du roman lui-même n'échappent pas à certaines critiques légitimes. Le Christianisme adapté par le missionnaire à l'usage de ses néophytes n'est-il pas simplifié à l'extrême et tout proche de la religion naturelle ? L'auteur n'a-t-il pas eu tort de choisir, comme sujet de son drame, un suicide dont la religion (à dire vrai incomprise ou mal interprétée) est la cause indirecte ? Ne rencontre-t-on pas chez Chactas éploré et chez Atala mourante des cris de révolte, en apparence justifiés, contre la Providence chrétienne ? Cette ambiguïté ou, si l'on préfère, cette ambivalence de certains détails d'*Atala *s'explique encore par la personnalité de son auteur.*

Nous ne nous étendrons pas ici sur la conversion de Chateaubriand, ou plutôt son retour à la foi de son enfance, intervenu à la suite de la crise morale et religieuse qu'il traversa en Angleterre, après la publication de son Essai sur les Révolutions[2]. Atala, *ayant été conçue antérieurement à cette profonde transformation, devait d'abord être, comme tant d'autres histoires du XVIII*e *siècle, une sorte de conte*

1. Abbé P. Sage, *Le « bon prêtre » dans la littérature française d'Amadis de Gaule au Génie du Christianisme* (Genève-Lille, Droz-Giard, 1951), p. 440. — Sur le P. Aubry, cf. aussi J.-L. Prévost, *Le prêtre, ce héros de roman* (Paris, Téqui, 1953, Collection « Présence du Catholicisme »), p. 11-12.

2. Cf. *Mémoires*, I, 490-492 et 634-635.

destiné à souligner les dangers du fanatisme ignorant, cause du malheur de l'héroïne[1]. *Mais après son renouveau spirituel, Chateaubriand modifia son point de vue de façon radicale. C'est le croyant de fraîche date qui s'exprime par la bouche du P. Aubry, à grand renfort de citations et de réminiscences de l'Écriture. Cependant, le missionnaire fidèle encore à une religion à la Jean-Jacques et Chactas révolté conservent des traits du caractère qu'ils avaient dans le premier état du roman. Ainsi les dissonances religieuses qu'on peut déceler dans l'œuvre définitive sont comme l'écho de la lutte qui se livra dans l'âme de Chateaubriand.*

Quant au caractère d'Atala, il s'éclaire aussi par des souvenirs vécus, des rêveries et des aventures intimes de l'écrivain. La question, du reste, est loin d'être simple. Un chapitre des Mémoires *apparaît formel et, bien qu'il soit daté de* 1822, *rien n'a permis de prouver qu'il soit une pure fiction. Alors qu'il errait en Amérique, avec des indigènes et des trappeurs, le voyageur de* 1791 *rencontra des Indiennes* « issues d'un sang mêlé de chéroki et de castillan » : « Deux d'entre elles, *note le mémorialiste*, ressemblaient à des créoles de Saint-Domingue et de l'Ile-de-France, mais jaunes et délicates comme des femmes du Gange. Ces deux Floridiennes, cousines du côté paternel, m'ont servi de modèles, l'une pour Atala, l'autre pour Céluta. » *Il insiste sur la beauté de leur visage où se marquait* « la double séduction de l'Indienne et de l'Espagnole » *et ajoute :* « Je ne quittais plus mes deux sylvaines : l'une était fière, et l'autre triste... L'une d'elles, la fière, priait souvent ; elle me paraissait demi chrétienne[2]. »

Ces divers traits conviennent à l'amante de Chactas ;

---

1. Cette thèse a été développée d'abord par J. Lemaitre, *op. cit.*, p. 94.
2. *Mémoires*, I, 331-334. — Céluta est l'héroïne des *Natchez*.

mais un autre passage des Mémoires[1] *rappelle que* « le souvenir de Charlotte » *hantait l'imagination du poète au moment où il* « portait à la fois dans son cerveau, dans son sang, dans son âme, *Atala* et *René*, ... ces brûlants jumeaux ». *Dans son livre* Au pays d'exil de Chateaubriand[2], *Anatole le Braz avait tenté de démontrer ce que l'idylle avortée avec miss Ives et les mois passés à Bungay ont laissé de traces dans le roman et chez son héroïne.*

Mais l'identification, même partielle, d'Atala avec la jeune Anglaise n'est pas tout à fait satisfaisante. La timide Charlotte à qui l'émigré donnait des leçons de français était bien différente de la fille de Lopez, ardente comme une femme véritable. C'est pourquoi, dans ses beaux articles parus à la Revue des Deux Mondes *en mai-juin* 1948, *M. André Gavoty, écartant les inspiratrices précédemment proposées, s'est efforcé de trouver ailleurs le véritable modèle qui aurait inspiré Chateaubriand. Selon lui, en peignant Atala, l'écrivain a songé à Mme de Belloy. De celle-ci, née à Saint-Domingue en* 1769, *les* Mémoires d'Outre-Tombe *ne font incidemment qu'une brève et unique mention*[3]*; mais Mathieu Molé, dans ses* Souvenirs, *avait révélé, de manière incomplète et sans bienveillance, la liaison qu'elle eut à Londres avec l'auteur de l'*Essai sur les Révolutions *et M. Gavoty, à l'aide de documents nouveaux, a retracé l'histoire de leurs amours rapides et passionnées, en concluant que,* « sous les traits d'Atala, le caractère et le visage de Mme de Belloy sont aisément reconnaissables ».

Sa démonstration n'est pas non plus totalement convaincante, car Atala *était dès longtemps en gestation et même rédigée,*

1. *Mémoires*, I, 493.
2. Paris, Librairie ancienne H. Champion, 1909, *passim*.
3. *Mémoires*, I, 474 : « Je rencontrai à ce rendez-vous M. Malouët et Mme de Belloy, femme digne d'attachement... » Cf. M. Molé, *Souvenirs d'un témoin de la Révolution et de l'Empire* (1791-1803), *pages retrouvées en* 1939... (Genève, Le Milieu du Monde, 1943), p. 230-233.

lorsque Chateaubriand connut et aima la belle Dominicaine. Il est néanmoins plausible d'admettre que, pour sa part, elle a fourni quelques détails au portrait définitif de la fille du désert et que, par elle, s'explique l'accent de passion vraie dont le souffle traverse le récit tout entier.

Mais il semble vain de vouloir mettre une femme réelle derrière chacune de celles que Chateaubriand a fait vivre dans ses œuvres. Ne serait-ce pas lui dénier toute faculté de création romanesque ? Et il nous donne sans doute lui-même la véritable clef du personnage d'Atala, quand il la présente comme la première incarnation littéraire de la « démone » *insaisissable que, pendant ses délirantes années de Combourg, il poursuivait en vain de ses vœux et de ses rêves et dont l'idée le hantait toujours au moment de s'embarquer pour l'Amérique :*

> Ne m'étant attaché à aucune femme, déclare-t-il, ma Sylphide obsédait encore mon imagination. Je me faisais une félicité de réaliser avec elle mes courses fantastiques dans les forêts du Nouveau-Monde. Par l'influence d'une autre nature, ma fleur d'amour, mon fantôme sans nom des bois de l'Armorique est devenue Atala sous les ombrages de la Floride[1].

Plus encore que l'élément personnel dans l'analyse psychologique des héros, c'est le prestige de son style qui confère à Atala *sa puissante originalité. Ni le sujet indien du livre, ni son décor, ni le conflit moral qu'il développe n'étaient entièrement nouveaux en* 1801. *On a pu relever les erreurs historiques, géographiques ou ethnographiques qu'il renferme. Mais ces défauts disparaissent sous l'éclat de la forme. La prose de Chateaubriand se rapproche de la langue des vers par le rythme, la recherche de l'harmonie, la disposition même des paragraphes dont chacun, séparé du suivant dans la première édition par un espace blanc, prend l'aspect d'une strophe. Selon une alchimie savante et mystérieuse, l'écrivain se plaît à multiplier les détails pittoresques, les noms étranges*

---

1. *Mémoires*, I, 240.

d'animaux et de fleurs, les expressions particulières aux Sauvages ; il y mêle des souvenirs de la Bible et des auteurs anciens. De cet ensemble composite, dont cependant le dosage échappe à tout excès, il résulte pour le lecteur un irrésistible effet d'incantation. Épique et lyrique à la fois, Atala *est bien moins un roman qu'un poème.*

Son accent était absolument neuf, même après J.-J. Rousseau et Bernardin de Saint-Pierre ; et Chateaubriand ne s'est pas mépris dans le jugement tardif qu'il a formulé sur son œuvre :

C'est de la publication d'*Atala* que date le bruit que j'ai fait dans le monde... Après tant de succès militaires, un succès littéraire paraissait un prodige : on en était affamé. L'étrangeté de l'ouvrage ajoutait à la surprise de la foule. *Atala* tombant au milieu de la littérature de l'Empire, de cette école classique, vieille rajeunie dont la seule vue inspirait l'ennui, était une sorte de production d'un genre inconnu. On ne savait si l'on devait la classer parmi les *monstruosités* ou parmi les *beautés ;* était-elle Gorgone ou Vénus ? Les académiciens assemblés dissertèrent doctement sur son sexe et sur sa nature... Le vieux siècle la repoussa, le nouveau l'accueillit[1].

Au moment où le chef-d'œuvre allait paraître, alors que les familiers de l'écrivain redoutaient pour lui l'épreuve du public, le philosophe Joubert en avait finement analysé la nouveauté, dans une lettre adressée à Mme de Beaumont, leur commune amie :

Je ne partage point vos craintes, car ce qui est beau ne peut manquer de plaire ; et il y a dans cet ouvrage une Vénus, céleste pour les uns, terrestre pour les autres, mais se faisant sentir à tous. Ce livre-ci n'est point un livre comme un autre. Son prix ne dépend point de sa matière... Il ne dépend pas même de sa forme, objet plus important, et où les bons juges trouveront peut-être à reprendre, mais ne trouveront rien à désirer. Pourquoi ? Parce que, pour être content, le goût n'a pas besoin de trouver la perfection. Il y a un charme, un talisman qui tient aux doigts de l'ouvrier. Il l'aura mis partout, parce qu'il a tout manié,

1. *Mémoires*, II, 20 (écrit en 1837).

et partout où sera ce charme, cette empreinte, ce caractère, là sera aussi un plaisir dont l'esprit sera satisfait. Je voudrais avoir le temps de vous expliquer tout cela, et de vous le faire sentir, pour chasser vos poltronneries... Le livre est fait et, par conséquent, le moment critique est passé. Il réussira parce qu'il est de l'Enchanteur...[1]

« Le mot de M. Joubert est aussi le dernier mot de la postérité », *remarque Sainte-Beuve. Toutefois, si le succès d'*Atala *fut immédiat et considérable, le livre connut le sort de toutes les œuvres qui apportent du nouveau (que l'on songe au* Cid, *à* Andromaque *ou à* Hernani !) *et rencontra des opposants*[2]. *Les* « *classiques* », *disciples attardés de Boileau en esthétique et des Encyclopédistes en philosophie, critiquèrent âprement les audaces de l'artiste et sa pensée religieuse. Parmi les adversaires les plus acharnés de Chateaubriand, il faut signaler l'idéologue Ginguené, qui, dans un violent article de la* Décade philosophique (10 *floréal an IX*-30 *avril* 1801), *faisait siens les vers de Despréaux :*

Ainsi qu'en sots auteurs
Notre siècle est fertile en sots admirateurs ;

le poète M.-J. Chénier, qui ridiculisait, dans sa satire Les nouveaux Saints, *l'auteur et ses personnages ; surtout l'abbé Morellet, qui lança l'attaque majeure dans ses fameuses*

---

1. Lettre citée par Sainte-Beuve, *op. cit.*, I, 212-213.

2. Cf. L. Hogu, *La publication d'Atala et l'opinion des contemporains* (*Revue des Facultés catholiques de l'Ouest*, Angers, 1912-1913, p. 450-468). La lutte fut vive entre partisans et adversaires du roman ; elle prit quelquefois la forme d'une guerre d'épigrammes. Voici un exemple de celles-ci, paru dans le *Journal de Paris* du 26 messidor an IX :

ÉPITAPHE D'ATALA

Ci-gît la chrétienne Atala
Qui, pour garder son pucelage,
Très moralement préféra
Le suicide au mariage.

Observations critiques sur le roman intitulé Atala[1] : *il y condamnait*

l'affectation, l'enflure, l'impropriété, l'obscurité des termes et des expressions, l'exagération dans les sentiments, l'invraisemblance dans la conduite et la situation des personnages, les contradictions et l'incohérence entre les diverses parties de l'ouvrage, enfin et en général, tout ce qui blesse le goût et la raison, ingrédients nécessaires de tout ouvrage, depuis la discussion philosophique jusqu'aux contes de fées inclusivement.

*Étrangère à cette parfaite incompréhension de la poésie, la majorité du public n'échappa point à l'envoûtement et se rallia d'emblée à l'opinion de Joubert. Chateaubriand fut désormais l'*Enchanteur *et sa manière sensuelle, presque morbide parfois et toujours musicale, unissant la sensibilité du XVIII*e *siècle à celle du Christianisme, sut satisfaire les cœurs et les esprits.*

En France, cinq éditions se suivirent en une année ; puis Atala *parut dans le* Génie du Christianisme, *dont elle partagea la brillante destinée. En* 1805, *le roman, dont son auteur, docile aux remarques de la critique lorsqu'elles étaient fondées*[2]*, n'avait cessé de corriger le style et les détails, parut pour la douzième fois, réuni à* René *et sous sa forme* ne varietur. *Des traductions en furent faites à l'étranger : trois en Angleterre, quatre en Italie, deux en Espagne, deux en Allemagne, une en Hongrie, en Hollande, au Danemark, en Grèce et même en Russie*[3]*, — et ceci entre* 1801 *et* 1805 : *aucun livre avait-il jamais obtenu si vite une audience aussi universelle ?*

Les autres arts profitèrent de cette vogue et contribuèrent à la vulgarisation du chef-d'œuvre (dont parurent diverses

1. Paris, Denné jeune, an IX, une broch. de 72 pages. La diatribe a été reprise dans les *Mélanges de littérature et de philosophie du XVIII*e *siècle* de Morellet (Paris, Le Bailly, 1836), t. II, p. 49-96.

2. Cf. H. Chatelain, *Les critiques d'Atala et les corrections de Chateaubriand* (*Revue d'Histoire littéraire*, 1902, p. 414-440).

3. Cf. Milan Markovitch, *Chateaubriand en Russie* (*Mélanges Baldensperger*, Champion, 1930, t. II, pp. 107-109).

contrefaçons). Des rimeurs osèrent versifier l'admirable prose de Chateaubriand. Les musiciens trouvèrent, dans l'aventure des deux amants, une source d'inspiration pendant plus d'un demi-siècle : on composa des romances, genre à la mode sous l'Empire et la Restauration, des cantates, des opéras[1]. *Quand Girodet exposa, au salon de* 1808, *ses illustres* Funérailles d'Atala, *il suivait déjà les traces de peintres plus obscurs que lui, comme Gautherot, élève de David et auteur d'un* Convoi d'Atala (1802), *acheté par Lucien Bonaparte, ou comme Hersent, qui avait représenté en* 1806 *une* Atala s'empoisonnant dans les bras de Chactas.

Cette célébrité fut si extraordinaire qu'elle en vint presque à choquer Chateaubriand :

Atala devint si populaire, *constate-t-il*, qu'elle alla grossir, avec la Brinvilliers, la collection de Curtius (*l'équivalent de notre musée Grévin*). Les auberges des rouliers étaient ornées de gravures rouges, vertes et bleues, représentant Chactas, le P. Aubry et la fille de Simaghan. Dans les boîtes de bois, sur les quais, on montrait mes personnages en cire, comme on montre des images de Vierge et de saints à la foire. Je vis sur un théâtre du boulevard ma Sauvagesse coiffée de plumes de coq, qui parlait de l'*âme de la solitude* à un Sauvage de son espèce, de manière à me faire suer de confusion... Parodies, caricatures, moqueries m'accablaient[2].

Cette illustration, d'un aloi médiocre et à laquelle se mêlait une ironie parfois mordante, n'est pas pour surprendre dans le pays où tout finit par des chansons. *Elle était l'inévitable contrepartie de la gloire. Si* Atala *inspira des ornements d'assiettes, des sujets de pendules, des tissus pour meubles, si elle donna son nom, sous le Second Empire, à une coiffure*

1. Sur cette question, cf. les éditions d'*Atala* procurées par G. Chinard (p. XXV-XXVII) et par A. Weil (p. XXXV-LXI) que nous citons à l'Appendice IV ; le résumé d'une causerie de Mme L. Maurice-Amour sur *Chateaubriand et ses musiciens* (*Petit Bulletin Chateaubriand*, n° 3, p. 3-6, et n° 4, p. 8-10); l'article d'A. Weil sur *Chateaubriand à l'étranger* (*L'Information littéraire*, 1949, p. 180-192, et 1950, p. 8-14).

2. *Mémoires*, II, 21.

féminine, il n'y a là que motifs à sourire ! Par son rang dans l'œuvre de Chateaubriand et dans la littérature française, elle a conservé tous ses titres de noblesse.

Il semble bien que, dans le cycle américain du grand prosateur, à côté des Natchez, *trop longs et souvent fastidieux, et du* Voyage en Amérique, *assez inorganique,* Atala *mérite de garder des fidèles ; par sa brièveté, par son équilibre, par son style, elle doit encore, en dépit d'un certain vieillissement qui lui confère le charme des choses anciennes, captiver l'attention et émouvoir les cœurs.*

Et si l'on considère seulement l'histoire littéraire, il faut bien constater que ce roman, chef-d'œuvre inégalable d'un genre disparu, n'a pas été sans exercer d'influence sur la génération qui l'a suivi, sur Lamartine (Jocelyn), *sur Vigny* (Éloa ; La Sauvage, *dont* Atala *est la source principale), sur d'autres encore, plus proches de nous, tel Pierre Loti, dont le* Ramuntcho *est, suivant M. Victor Giraud*[1], « une admirable, une géniale transposition » *du livre auquel ces lignes sont consacrées.*

Ces quelques exemples, après le rappel du succès exceptionnel qu'elle remporta en son temps, suffisent à montrer la place de choix occupée par Atala *dans nos Lettres nationales.*

***

Comme Atala, René *devait initialement appartenir aux* Natchez, *où il formait avec elle le second panneau d'un diptyque. De même que Chactas vieilli, protagoniste indien de l'ouvrage, contait sa jeunesse à l'émigré européen, de même celui-ci, autre personnage principal du roman épique, narrait à son ami et père adoptif l'histoire de sa vie et de ses infor-*

1. *Le sillage de Chateaubriand*, dans *Nouvelles études sur Chateaubriand* (Paris, Hachette, 1912), p. 309-329.

tunes. Ce genre de récits rétrospectifs, jetés in medias res *pour éclairer le destin de héros jusque-là incomplètement connus, était inséparable de l'épopée : ainsi, dans l'*Odyssée, *Ulysse, accueilli par les Phéaciens, raconte devant Alkinoos la décennie de ses malheurs ; ainsi, chez Virgile, Énée, naufragé à Carthage, fait pour Didon la relation de ses misères depuis la chute de Troie.*

La genèse de René *apparaît donc liée à celle d'*Atala *et tout ce qui a été dit de celle-ci est applicable à celle-là. Notons seulement que, dans le récit de ses années d'émigration, Chateaubriand mentionne plus souvent* Atala. *Toutefois, la conception et la rédaction de* René *se rattachent indubitablement au séjour de l'écrivain à Londres, à ses promenades dans les parcs de la capitale anglaise*[1] *et dans sa banlieue :* « Dans mes courses aux environs de Londres, lorsque j'étais si malheureux, *lit-on dans les* Mémoires[2], vingt fois j'ai traversé le village d'Harrow... Je me suis assis dans le cimetière, au pied de l'orme... Salut, antique ormeau au pied duquel Byron enfant s'abandonnait aux caprices de son âge alors que je rêvais *René* sous ton ombre ! »

Les souvenirs de Chateaubriand sur ce point n'ont jamais varié. En 1822, ambassadeur de France à Londres et parcourant le West End en compagnie du comte de Marcellus, il lui confiait : « Ah ! tenez, je reconnais ces vieux arbres ; c'est à leur ombre que... j'ai écrit au crayon mes tirades des *Natchez* et les premières lignes de *René*[3]. » *Et plus tard, en novembre 1843, revenu sur les bords de la Tamise pour dire sa fidélité au duc de Bordeaux exilé, il mandait à Mme Récamier :* « J'ai revu ces arbres sous lesquels *René* m'est apparu : c'est une chose

1. Cf. *supra*, p. VII, n. 1.
2. *Mémoires*, I, 511.
3. Marcellus, *Chateaubriand et son temps*, p. 151.

étrange que cette résurrection de mes songes au milieu des tristes réalités de la vie. Quand je rêvais alors, ma jeunesse était devant moi... » *Phrase lourde de tristesse, dont l'écho retentit dans la* Vie de Rancé : « J'ai revu cette ville... Que de temps déjà écoulé depuis les jours où je rêvais *René* dans Kensington jusqu'à ces dernières heures[1] ! »

Au reste, René *n'était sûrement pas achevé lorsque l'écrivain, renonçant à terminer ses* Natchez, *retrancha de leur manuscrit les deux épisodes parallèles pour les ramener avec lui en France, les parfaire et les incorporer au* Génie du Christianisme. *C'est dans la première édition de celui-ci, parue le 24 germinal an X-14 avril 1802 chez le libraire parisien Migneret, que* René *vit le jour ; il y resta intégré jusqu'en 1805, date à laquelle il fut publié, pour la septième fois, en un même volume que son aînée* Atala.

Dans le Génie, René *servait à illustrer la thèse développée au chapitre* Du vague des passions, *où Chateaubriand analyse avec subtilité la mélancolie qui s'est développée dans le monde moderne et cherche les causes profondes de ce mal dont il se sentait personnellement atteint :*

Il reste à parler d'un état de l'âme qui, ce nous semble, n'a pas encore été observé : c'est celui qui précède le développement des passions, lorsque nos facultés, jeunes, actives, entières, mais renfermées, ne sont exercées que sur elles-mêmes, sans but et sans objet. Plus les peuples avancent en civilisation, plus cet état du *vague* des passions augmente ; car il arrive une chose fort triste : le grand nombre d'exemples qu'on a sous les yeux, la multitude des livres qui traitent de l'homme et de ses sentiments rendent habile sans expérience. On est détrompé sans avoir joui ; il reste encore des désirs, et l'on n'a plus d'illusions. L'imagination est riche, abondante et merveilleuse ; l'existence pauvre, sèche et désenchantée. On habite, avec un cœur plein, un monde vide ; et, sans avoir usé de rien, on est désabusé de tout[2].

---

1. *Vie de Rancé*, édit. F. Letessier (Paris, Didier, 1955), p. 108.
2. *Génie du Christianisme*, deuxième partie, livre III, chap. IX.

Le héros du roman, — plutôt de la nouvelle ou, mieux encore, du « récit » *— est essentiellement un de ces mélancoliques remplis d'aspirations aussi imprécises qu'irrépressibles, inadaptés à la vie de société, conscients de leur vice moral et, faute de volonté, incapables de s'y soustraire.*

Adopté par le peuple des Natchez après avoir abandonné la France, René révèle son passé à Chactas et à un missionnaire ami, le P. Souël. Ayant vécu une enfance solitaire dans une province reculée où il ne connut d'autre affection que celle de sa sœur aînée Amélie, il a vainement cherché dans les voyages une paix intérieure que ni Rome et la Grèce antique, ni l'Angleterre et l'Écosse du barde Ossian, ni l'Italie chrétienne n'ont pu lui procurer. De retour dans sa patrie, où sa sœur paraît l'éviter, il demeure dans une solitude complète, à la ville d'abord, puis à la campagne : la tristesse de l'automne et du désœuvrement le pousse au bord du suicide. Alors Amélie, qui de loin a pressenti ce dessein, revient à lui, et René espère trouver enfin la félicité auprès d'elle. Mais la jeune fille lui porte une affection ardente, inquiète et excessive. Pour y échapper, elle se retire brusquement dans un monastère et refuse de revoir celui qu'elle a trop aimé. René cependant assiste à sa consécration religieuse et, au moment où elle va prononcer solennellement ses vœux, il l'entend murmurer « des paroles épouvantables » *et demander au Dieu de miséricorde de bénir* « un frère qui n'a point partagé *(sa)* criminelle passion ». *Cette révélation subite est pour le malheureux comme un coup de tonnerre : il comprend alors toutes les bizarreries antérieures de la pauvre Amélie ; il saisit également qu'il restera à jamais seul. C'est pourquoi, le cœur vide et désespéré, il décide de partir en exil, emportant avec lui l'amertume de ses souvenirs et l'incurable ennui qui l'ont suivi jusque chez les Sauvages, où un message vient de lui apprendre la mort apaisée de sa sœur. Chactas qui sait, depuis son idylle avec l'infortunée Atala, ce que c'est que la misère des âmes, s'efforce de le consoler ; mais, inflexible, le P. Souël lui montre qu'il est l'unique responsable de son mal et qu'il doit s'en affranchir en renonçant à la rêverie stérile et orgueilleuse pour se consacrer à une action énergique et charitable*[1].

A cet écrit de quelques dizaines de pages, mais qui, malgré sa brièveté, compte parmi les plus importants du Romantisme, l'érudition moderne a voulu trouver des antécédents livresques ou anecdotiques. La curiosité des chercheurs n'a pas été déçue ; mais les ouvrages qu'elle a tirés de l'oubli éclaireraient plutôt le René des Natchez, *marié à l'Indienne Céluta, que celui de la confession à Chactas.*

Le thème de l'Européen rebuté par la civilisation et réfugié au Nouveau-Monde, sans y connaître le bonheur en dépit du bon accueil des indigènes ou de l'amour d'une Sauvagesse, avait été maintes fois exploité pendant le siècle précédent[2]. *On a cité par exemple* Florello, histoire méridionale (1776), *de l'écrivain breton Loaisel de Tréogate* (1752-1812)[3], *et il est nécessaire de signaler ici qu'Ontérée, le personnage central d'*Odérahi, *est un Français, venu en Amérique pour s'arracher à un amour malheureux et calmer son imagination ébranlée par l'infortune.*

En 1765, *Nicolas Bricaire de la Dixmerie avait publié, à*

1. La fin de la carrière de René est racontée dans *Les Natchez*. Sur l'efficacité du discours du P. Souël, cf. *infra*, p. 243, n. 2.

2. Cf. G. Chinard, *L'exotisme américain...*, p. 123-139, à compléter par les articles cités aux notes suivantes.

3. Cf. F. Baldensperger, *Un prédécesseur de René en Amérique* (*Revue de Philologie française*, XV, 1901, p. 229-234). — L'Européen Florello, réfugié aux bords de l'Orénoque, est recueilli par le vieux et sage Kador et il aime une jeune Sauvage, Eurimale. Thoal, le père de celle-ci, consent à leur mariage, bien qu'il soit l'ennemi acharné des Blancs. Le féroce Oralski assassine Thoal et enlève Eurimale, que Florello recherche. Il tue par erreur un Sauvage innocent qu'il a pris pour le ravisseur de son épouse, et meurt de désespoir entre les bras d'Eurimale qui s'est échappée. Celle-ci, adoptée par un capitaine de vaisseau, vient vivre en France, mais reste mélancolique au souvenir de son pauvre Florello.

Londres et à Paris, Azakia, anecdotes huronnes, *que reproduisit l'*American Museum *de* 1789. *Le sujet en fut repris par une certaine Mrs Morton qui signait « Philenia, a lady of Boston »*, Ouabi, or the virtues of Nature, an indian tale (*Boston*, 1790). *Chateaubriand lut peut-être ce conte, car une version en parut, sous le titre* Azakia et Celario, *dans la* Bibliothèque britannique *de Genève* (*mai* 1798), *avec laquelle Fontanes avait des relations, puis fut reproduite, en août, dans le* Spectateur du Nord, *revue hambourgeoise fondée par Baudus, correspondant du futur auteur du* Génie, *et dans* Paris pendant l'année (31 *décembre*), *périodique londonien de son ami le royaliste Jean-Gabriel Peltier*[1].

Ces trois états d'un même récit étaient la transposition romanesque des aventures d'un curieux personnage historique, Jean-Vincent d'Abaddie, baron de Saint-Castin. Celui-ci était né à Oloron-Sainte-Marie, aux environs de 1636 ; *il était venu au Canada comme enseigne avec le régiment de Carignan qui fut licencié en* 1667. *Mais il avait pris tant de goût pour le continent américain qu'il y resta plus de trente années, vécut chez les Indiens, s'y maria, tour à tour combattit les Anglais et trafiqua avec eux ; ses activités lui valurent d'être mal vu par les Jésuites des Missions ; après fortune faite, il revint en France vers* 1700 *et mourut à Pau en* 1707. *Cet aventurier sans grande moralité ne fut pas oublié aux États-Unis et c'est sa « légende » qui inspira La Dixmerie et Mrs Morton.*

Il resterait à établir de façon indubitable que Chateaubriand a réellement eu connaissance des récits que nous venons

1. Cf. F. Baldensperger et J.-M. Carré, *La première histoire indienne de Chateaubriand et sa source américaine* (*Modern Language Review*, 1913, p. 15-26) (Les auteurs de cette étude attribuent à Chateaubriand la paternité d'*Azakia et Célario ;* mais leur hypothèse ne semble pas avoir été retenue). — Richard Switzer, *A precursor of René : Le baron de Saint-Castin* (*Romanic Review*, 1950, p. 179-186).

*de citer; mais les preuves formelles manquent. D'ailleurs, les exilés semblables au baron de Saint-Castin ne devaient pas être rares outre-Atlantique et l'auteur de l'*Essai sur les Révolutions *rapporte la rencontre qu'il fit de l'un d'eux :*

Philippe Le Coq, d'une petite ville du Poitou, passa au Canada dans son enfance, y servit comme soldat à l'âge de vingt ans, dans la guerre de 1754 et, après la prise de Québec, se retira chez les Cinq Nations où, ayant épousé une Indienne, il renonça aux coutumes de son pays pour prendre les mœurs des Sauvages. Lorsque je voyageais chez ces peuples, je ne fus pas peu surpris en entendant dire que j'avais un compatriote établi à quelque distance dans le bois. Je courus chez lui... Il me jeta un regard assez froid et continua son ouvrage ; mais aussitôt que je lui adressai la parole en Français, il tressaillit au souvenir de sa patrie et la grosse larme roula dans ses yeux. Ces accents connus avaient reporté soudainement dans le cœur du vieillard toutes les sensations de son enfance... Philippe me pria d'entrer ; je le suivis. Il avait de la peine à s'exprimer : je le voyais travailler à rassembler les anciennes idées de l'homme civil ; et j'étudiais avidement cette leçon... Je ne voulus lui faire ma grande question qu'après que quelques heures de conversation lui eurent redonné une assez grande quantité de mots et de pensées. A la fin je lui dis : « Philippe êtes-vous heureux ? » Il ne sut d'abord que répondre. « Heureux ? dit-il en réfléchissant ; heureux, oui..., oui, heureux, « depuis que je suis Sauvage. — Et comment passez-vous votre « vie ? » repris-je. Il se mit à rire. « J'entends, dis-je. Vous pensez « que cela ne vaut pas une réponse. Mais est-ce que vous ne « voudriez pas reprendre votre ancienne vie, retourner dans « votre pays ? — Mon pays, la France ? Si je n'étais pas si « vieux, j'aimerais le revoir... — Et vous ne voudriez pas y « rester ? » ajoutai-je. Le mouvement de tête m'en dit assez... Son âme, libre du combat des passions sociales, me sembla, pour m'exprimer dans le style des Sauvages, « calme comme le « champ de bataille, après que les guerriers ont fumé ensemble « le calumet de la paix[1] ».

Ainsi, à défaut des Azakia *et des* Ouabi, *cet entretien avec Philippe le Coq aurait pu suffire à suggérer à Chateaubriand l'image du blanc retiré parmi les Indiens. Mais si*

1. *Essai sur les Révolutions*, seconde partie, chap. LVI, en note.

cette simple remarque permet de considérer comme assez vains certains rapprochements de René *avec des œuvres fort obscures, elle n'implique en aucune façon que le petit roman n'ait point d'autres origines littéraires.*

L'écrivain lui-même a signalé ses prédécesseurs illustres dans la peinture du mal moral qu'il s'est proposé d'analyser et de décrire :

C'est J.-J. Rousseau qui introduisit le premier parmi nous ces rêveries si désastreuses et si coupables. En s'isolant des hommes, en s'abandonnant à ses songes, il a fait croire à une foule de jeunes gens qu'il est beau de se jeter ainsi dans le vague de la vie. Le roman de *Werther* a développé depuis ce germe de poison. L'auteur du *Génie du Christianisme*, obligé de faire entrer dans le cadre de son apologie quelques tableaux pour l'imagination, a voulu dénoncer cette espèce de vice nouveau et peindre les funestes conséquences de l'amour outré de la solitude[1].

A ces influences essentielles de Gœthe, des Confessions *et des* Rêveries du promeneur solitaire, *il faut ajouter celle, subie par Chateaubriand émigré, de quelques poètes anglais ou écossais, dont il avait lu et quelquefois traduit les œuvres : il s'était enthousiasmé pour les poèmes d'Ossian, révélés par Macpherson ; il avait goûté* Les Saisons *de Thomson,* Les Tombeaux champêtres *de Gray,* Le Ménestrel ou les progrès du Génie *de Beattie : ces trois derniers avaient chanté, sur un mode élégiaque ou passionné, leur âme inquiète et l'insatisfaction de leurs désirs incertains*[2].

Cependant le modèle dont Chateaubriand s'est principalement inspiré pour brosser le portrait de son héros, c'est lui-même. Et d'abord ne l'a-t-il pas appelé d'un des prénoms qu'il avait reçus le jour de son baptême ? On peut légitimement

1. *Défense du Génie du Christianisme* (avril 1803), cité *infra*, p. 160-161, et repris, avec des variantes, dans les *Mémoires*, II, 42-43.

2. W. Wright Roberts, *Quelques sources anglaises de Chateaubriand* (*Revue d'Histoire littéraire*, 1910, p. 98-106). — M. H. Miller, *Chateaubriand and english literature* (Baltimore-Paris, 1925).

voir là comme un aveu d'identification de l'auteur avec son personnage[1]*. Mais surtout, compte tenu de l'invention romanesque et des libertés auxquelles elle autorise ou oblige le créateur (Chateaubriand, par exemple, n'avait pas encore accompli tous les voyages qu'il prête au frère d'Amélie), la comparaison de* René *avec les livres initiaux des* Mémoires d'Outre-Tombe *permet de souligner le caractère autobiographique du roman : c'est la jeunesse bretonne du chevalier de Combourg qui revit dans celle de l'ami de Chactas ; la ville de B***, avec son monastère proche de la mer, c'est Saint-Malo, où il avait assisté, étant enfant, à la prise de voile d'une cousine germaine ; le séjour de René dans la grande ville inhospitalière rappelle les années londoniennes de l'écrivain et les sentiments du héros fictif sont exactement ceux exprimés dans le chapitre de l'*Essai sur les Révolutions *dédié* Aux infortunés, *où Chateaubriand exhalait, lyriquement, sa tristesse et son désespoir.*

Et l'on doit bien ajouter que, au début du moins de la nouvelle, Amélie offre une singulière ressemblance avec Lucile de Chateaubriand, mélancolique compagne de son frère dans la solitude du domaine paternel. Mais on ne saurait par la suite continuer cette comparaison.

Peut-on en effet admettre que l'affection trouble d'Amélie pour René corresponde à la réalité ? Chateaubriand certes avait fait preuve de beaucoup de légèreté et d'inconscience en permettant seulement à une équivoque de s'établir. Des contemporains malveillants ne laissèrent pas échapper une aussi belle occasion de calomnie. Ainsi, en 1832, Scipion Marin, insinuant que le poète avait eu « une orageuse

1. Prénommé François-René (*Mémoires*, I, 28), il signa toutes ses œuvres François-Auguste (Auguste était le second prénom de son père) ; se trompait-il de bonne foi ou bien, avec le comte de Marcellus (*Chateaubriand et son temps*, p. 9), « devrions-nous croire qu'il avait supprimé avec intention l'appellation de René et voulu éviter ainsi par avance de se laisser reconnaître dans l'immortel épisode de ses œuvres qui ne porte d'autre titre que ce nom » ?

adolescence », *faisait allusion à des* « peines intimes » *et à de* « mystérieuses amours » ; *parlant de la passion d'Amélie, il se demandait :* « Est-ce peint d'après nature ? Permis à chacun d'en croire ce qu'il voudra[1]. » *Et Sainte-Beuve, de la manière enveloppante qui lui est propre, exprime des doutes analogues :* « Une question qu'on voudrait repousser se glisse malgré nous : René est bien René, Amélie est bien Lucile ; qu'est-ce donc ? et qu'y a-t-il eu de réel au fond dans le reste du mystère ? Poète, comment donner à deviner de telles situations, si elles ont eu quelque chose de vrai ? comment les donner à supposer, si elles sont en rêve[2] ? »

Pourtant rien chez Lucile, tout exaltée et instable qu'elle ait été, ne permet de souiller sa mémoire.

J'inclinerais à penser, écrivait excellemment M. Victor Giraud[3], que la donnée de ce petit roman est tout imaginaire. L'imagination romantique s'égarait volontiers, on le sait, dans l'extraordinaire et l'anormal, et Chateaubriand, en bon romantique qu'il était, n'a pas résisté au plaisir d'inquiéter, de troubler et de scandaliser ses lecteurs. Lucile a certainement lu *René* dans le *Génie du Christianisme :* comment aurait-elle pu pardonner à son frère, si elle s'était reconnue dans le personnage d'Amélie, de l'avoir mise en scène de si désobligeante façon ? Or nous ne voyons pas que la parfaite cordialité de leurs rapports ait jamais été troublée. Si cet argument purement moral peut ne pas paraître sans réplique à l'esprit géométrique, il me semble que l'esprit de finesse y souscrit pleinement. Une grande tendresse fraternelle, ardente sans doute et fondée sur une rare communauté de goûts, d'aptitudes et d'aspirations, sur un même tour de sensibilité et d'imagination, voilà tout ce que nous sommes autorisés à voir dans l'affection qui unissait Lucile et François-René.

---

1. Scipion Marin, *Histoire de la vie et des ouvrages de M. de Chateaubriand* (Paris, 1832, 2 vol.), I, 33-40.

2. *Chateaubriand et son groupe*, I, 77, note.

3. V. Giraud, *Lucile de Chateaubriand* (*Revue des Deux Mondes*, 1er mai 1925, p. 61-62).

M. Giraud cite en particulier ce passage d'une lettre que Lucile adressait à son frère peu de temps avant de mourir : « Je ne te parlerai point de notre adolescence, de l'innocence de nos pensées et de nos joies, et du besoin mutuel de nous voir sans cesse[1], *et il voit dans ce témoignage* « la meilleure réponse qu'on puisse opposer à ceux qui voudraient identifier Lucile avec l'Amélie de *René* ». *Avant lui, Jules Lemaitre*[2] *avait déjà rapporté un propos de l'écrivain à son neveu Louis de Chateaubriand,* « lui assurant qu'il n'y avait rien dans ses écrits qui fût de nature à porter atteinte à la pureté de sa sœur et la sienne ».

Si donc Amélie n'est pas Lucile, faut-il la considérer comme un être de fiction pure ou bien peut-on lui trouver une origine autre que la seule imagination de Chateaubriand? Il est possible sur ce point d'apporter deux explications différentes, et qui, loin de s'exclure l'une l'autre, apparaissent complémentaires.

Tout d'abord, l'impossible affection des deux malheureux héros est la transposition romancée de l'irréalisable amour qu'avaient ressenti Charlotte Ives et son professeur de français, alors fort oublieux du mariage qu'il avait contracté peu d'années auparavant avec Céleste Buisson de la Vigne. « Une grande partie de l'idylle de Bungay, *notait autrefois E. Dick*[3], a passé dans la nouvelle de *René*, la personne de Charlotte s'ajoutant à la personne de Lucile, se confondant avec elle pour former l'étrange personnage d'Amélie. Amélie, en tant que sœur de René, est Lucile ; en tant qu'amante, elle est Charlotte. Le résultat de cette combinaison furent les idées folles peintes dans le mystère de René. » *A l'appui de cette*

---

1. Cf. *Mémoires*, II, 208.
2. *Chateaubriand*, p. 107, n. 1.
3. E. Dick, *Le séjour de Chateaubriand en Suffolk* (*Revue d'Histoire littéraire*, 1908, p. 100-103).

thèse, on dira que René et sa sœur vivent à la campagne, comme Chateaubriand avait vécu à Bungay auprès de miss Ives; qu'Amélie fait les premières avances, inconsciemment, comme Charlotte les avait faites; que l'une et l'autre éprouvent des malaises de santé comparables, causés par la passion contenue qui les brûle; qu'enfin elles sont toutes deux victimes de l'insurmontable illégitimité de leur amour. Tous ces arguments ne manquent pas de poids et l'on ne saurait méconnaître que, « parmi tous les attachements de Chateaubriand, aucun n'a jamais produit sur lui une impression aussi profonde et durable, ni surtout aussi active que celui de la jeune Anglaise ». *Cette affirmation d'E. Dick reste encore valable, même si l'on peut supposer aujourd'hui que l'ardeur sentimentale d'Amélie, comme celle d'Atala, doit quelque chose au souvenir de Mme de Belloy, la sensible créole chère à M. Gavoty.*

Par ailleurs, en choisissant comme sujet de son livre la « criminelle passion » *d'une sœur pour son frère, Chateaubriand suivait une voie où les auteurs s'étaient souvent engagés avant lui. Dans la préface de* René, *il indique quelques exemples, bibliques et anciens, de cette perversion amoureuse*[1]. *Mais c'est surtout dans la seconde moitié du XVIII*e *siècle que celle-ci avait inspiré les littérateurs. Les militants de la philosophie, soucieux d'un retour intégral à la vie naturelle et désirant saper la morale consacrée par la tradition chrétienne, avaient ouvertement soutenu que* « peut-être l'inceste ne blesse en rien la nature » (*la formule est de Diderot, dans son* Supplément au Voyage de Bougainville[2]) *et les romanciers ne s'étaient pas privés de développer ce thème scabreux...*[3]

---

1. Cf. *infra*, p. 178.
2. Édit. des *Œuvres philosophiques* de Diderot, par Paul Vernière (Classiques Garnier, 1956), p. 496.
3. Dans son étude sur *Le Genre romanesque en France depuis la Nouvelle Héloïse* (Bruxelles, Lamertin, 1922, p. 308), Servais Étienne cite quel-

*On ne sait lesquelles de ces œuvres assez spéciales avait pu connaître Chateaubriand. Il fait seulement allusion à l'*Abufar *de Ducis, tragédie jouée en* 1795 *et où l'on voit le prince* Farhan *transporté pour sa sœur d'une passion folle. Mais avait-il lu ou non* L'homme sauvage *de Sébastien Mercier* (1767) ? *Dans cette histoire, deux Sauvages, le frère et la sœur, s'aiment d'amour, puis sont séparés. Zidzem croit Zaka morte, quand soudain il la retrouve, baptisée sous le nom de Mariamne. Sa passion pour elle redouble, mais Mariamne le repousse avec horreur et lui envoie une lettre d'adieu. Comme Amélie, elle prend le voile en présence de Zidzem qui, comme* René*, promène son désespoir autour du monastère avant de faire la rencontre d'un Anglais philosophe. Celui-ci lui fait comprendre les beautés et la grandeur d'une religion qui exige tant de sacrifices ; après quoi, Zidzem recouvre l'apaisement à défaut du bonheur et s'embarque pour retourner en Amérique.*

Il existe assurément plus d'une analogie entre le roman de Mercier et celui de Chateaubriand, mais pouvons-nous considérer Zidzem comme « le frère aîné de René » *et déclarer avec M. Chinard, auteur de cet ingénieux rapprochement :* « La situation est la même : deux êtres qui s'aiment d'un amour coupable sont séparés par la religion ;

---

ques-unes de ces œuvres : M. A. de Roumier, *La voix de la Nature* (1763) (Adélaïde est enlevée par son frère, ignorant qui elle est) ; Constant d'Orville, *Mémoires d'Azéma* (1764) (Ozakoï aime sa fille Azéma, qui doit fuir) ; *Les Bonnets ou Talémik et Ziméa* (1765) (même thème) ; *La destinée* (1766) (amour d'un frère pour sa sœur présumée et d'un père pour une inconnue, en qui il retrouve plus tard sa fille) ; *Histoire de Miss Indiana Damby* (1767) (cette Anglaise aime son frère sans le connaître comme tel) ; P. Baret, *L'homme ou le tableau de la vie* (1764) (il aime sa sœur, il est aimé de sa mère, mais on reconnaît qu'ils ne sont pas parents) ; Montagnac, *Mémoires du chevalier Kilpar* (1768) (une jeune fille de quinze ans accusée d'inceste) ; Restif de la Bretonne, *La Fille naturelle* (1769) (un homme recueille une petite mendiante et s'en éprend : c'est sa fille) ; Baculard d'Arnaud, *Lorezzo* (1774) (amours faussement incestueuses de Lorezzo et de Nina).

les héroïnes se réfugient dans un couvent et prient pour le bonheur de celui à qui elles ont renoncé ; la foi triomphe des élans illicites du cœur et le couvent de San Salvator n'est autre que le cloître où se réfugie Amélie[1] » ? *Il est certes bien tentant de conclure à une filiation certaine ; mais, pour notre part, nous serons moins affirmatif et verrons seulement dans* L'homme sauvage *une histoire incestueuse de plus (à conclusion édifiante, celle-là), — la large diffusion de ce genre d'œuvre jusqu'à l'époque de* René *suffisant à expliquer, au moins partiellement, le personnage ambigu d'Amélie par l'influence d'une mode littéraire, sans qu'il soit nécessaire de croire à une dette précise de Chateaubriand envers Sébastien Mercier.*

En admettant même la réalité d'une semblable dette et de quelques autres, celles-ci apparaîtront bien minces, tellement profonde est la transformation imposée par l'artiste à la matière qu'il a empruntée. Il n'est pas de comparaison possible entre son livre et ceux dont on vient de parler, à l'ordinaire obscurs, peu vraisemblables ou ridicules, et toujours maladroitement écrits. Plus que l'invention de l'intrigue, c'est l'analyse du psychologue et le travail du styliste qui font la valeur de René *et expliquent sa durable réussite.*

Quel moraliste en effet avait jamais sondé avec tant de lucidité les abîmes de la désespérance ? Depuis le Livre de Job, *qui donc avait dit d'une manière aussi poignante le néant de la créature humaine réduite à sa seule humanité ? Et, de 1802 à nos jours, si l'on excepte les meilleures pages des* Mémoires d'Outre-Tombe, *la littérature n'a pas exploré plus avant les incertitudes du cœur : romantiques, naturalistes, existentialistes ont composé des œuvres plus longues, plus lourdes et plus verbeuses que* René. *Ils n'ont rien produit qui aille plus loin.*

1. G. Chinard, *Quelques origines littéraires de René* (*Publications of the Modern Language Association of America*, XLIII, nº 1, mars 1928, p. 288-302).

Ni surtout rien qui soit plus beau. Car, au point de vue de l'art et de la forme, le petit récit chateaubrianesque conserve le premier rang. Poème en prose comme Atala, *il est moins chargé qu'elle ; son exotisme n'est pas aussi éclatant et sa langue est moins riche en expressions imitées des Sauvages. Mais, dans sa simplicité magnifique et avec une discrétion digne des classiques pour traduire tout ce que le sujet comporte d'audacieux, l'ensemble garde d'une façon soutenue l'harmonie émouvante d'un chant désespéré.*

Malgré ses qualités de fond et de style, il semble que René, *incorporé au* Génie, *passa quelque peu inaperçu quand il parut avec le grand ouvrage. Les articles de presse*[1] *dont les éloges ou les critiques accueillirent l'apologie du Christianisme ne traitent qu'incidemment des malheurs d'Amélie et de son frère. Chateaubriand déclare lui-même dans ses* Mémoires[2] *qu'à sa naissance cet épisode* « fit moins de bruit qu'*Atala* » *mais, dès* 1805, *il notait que* « plusieurs personnes lui donnaient la préférence » *sur celle-ci*[3].

Ce qui est sûr, la réputation de René *ne fit que gagner avec le temps et son influence, morale et littéraire, fut beaucoup plus considérable que celle de l'autre roman, en France comme à l'étranger. Nous n'entreprendrons pas ici une étude de cette vaste question. L'ouvrage arrivait à point. Il connut d'infinies résonances dans les âmes de ses lecteurs qui retrouvaient avec complaisance chez le héros leurs inquiétudes et leurs infirmités sentimentales. Les témoignages abondent, qui prouvent*

---

1. Cf. *Mercure de France*, 25 germinal an X-15 avril 1802 (art. de Fontanes) et 15 floréal an X-5 mai 1802 (art. signé P. M.) ; *Décade philosophique*, n° 27, 28, 29, an X-1802 (art. de Ginguené, qui critique les « passions vagues » et les « mélancolies profondes » de René, mais admire le passage sur les « cloches »). Quand *René* et *Atala* parurent ensemble, Charles Delabot en rendit compte au *Mercure*, 1er thermidor an XIII-20 juillet 1805.

2. *Mémoires*, II, 42.

3. Préface de 1805 (cf. *infra*, p. 169).

combien la jeune génération romantique lut le livre avec avidité et fut perméable à ses troublants prestiges.

Selon Étienne Delécluze, la vogue de René *fut causée par un changement subit du goût chez le public, fatigué du style imité d'Homère qui avait fait le succès d'*Atala *et des* Martyrs : « L'admiration pour *Atala* s'étant ralentie, *déclare ce critique*, on la reporta sur *René*. La donnée de ce petit drame a un fond de vérité, les personnages appartiennent à notre temps, et la scène se passe dans notre pays, conditions devenues presque indispensables pour satisfaire le goût nouvellement développé vers 1819[1]. » *Cette précision de date ne manque pas d'intérêt; mais, dès le* 21 *octobre* 1809, *Lamartine, alors âgé de dix-neuf ans, confiait à son ami Aymon de Virieu :* « Je passai la soirée bien tristement, et je me mis avant de me coucher à lire *René* au coin du feu. Jamais je n'ai pu le lire sans pleurer... » *Plus tard, l'adolescent Sainte-Beuve notait sur un carnet intime :* « 25 mai 1820. J'ai lu *René* et j'ai frémi. Je ne sais si tout le monde a reconnu dans ce personnage quelques-uns de ses traits : pour moi, je m'y suis reconnu tout entier... et ce souvenir me jette dans une mélancolie profonde à laquelle je ne tarderais pas à succomber si elle était continuelle et si quelque importun ne venait fort à propos m'arracher à ces sombres et funestes délices que je savoure. » *Et George Sand, dans l'*Histoire de ma vie, *ne s'exprime pas différemment quand elle remarque :* « Je n'avais pas lu *René* : je le lus enfin et j'en fus singulièrement affectée. Il me sembla que René, c'était moi. »

On pourrait multiplier ces citations significatives. Il est bien évident que, René *n'existant pas, ni* Obermann, *ni* Adolphe, *ni les* Méditations poétiques, *ni* Volupté, *ni*

1. É. Delécluze, *Souvenirs de soixante années* (Paris, M. Lévy, 1862), p. 55.

les Nuits *ou la* Confession d'un enfant du siècle *(pour nous borner à des titres illustres) ne seraient exactement ce qu'ils sont, car il aurait manqué quelque chose à la formation de leurs auteurs. Et les héros du drame romantique, — Antony comme Ruy Blas, Lorenzaccio comme Hernani, — à la fois victimes et incarnations du Destin, auraient-ils vu le jour si le cerveau de Chateaubriand n'avait jamais enfanté le frère d'Amélie ?*

Hors de France[1], *l'influence de* René *fut également considérable. Des traductions en parurent très vite en Angleterre, en Allemagne, en Italie, en Russie. Nombre d'écrivains étrangers furent marqués par la lecture du chef-d'œuvre. En* 1808, *un certain John Davis publiait à Londres un roman intitulé* Walter Kennedy, *qu'on a pu appeler* « un frère cadet de *René* ». *Lord Byron surtout paraît débiteur de Chateaubriand et celui-ci ne laisse pas oublier que* « René entra pour quelque chose dans le fond du personnage unique mis en scène sous des noms divers dans *Childe-Harold*, *Conrad*, *Lara*, *Manfred* et le *Giaour*[2] ». *L'Italien Leopardi n'ignorait pas non plus notre épisode, dont son œuvre contient des réminiscences précises. Le poète russe Joukovsky et plus encore Pouchkine durent pratiquer assidûment* René *qui, parmi les ouvrages de Chateaubriand parus ensemble vers* 1820 *au pays des tsars, obtint plusieurs tirages rapidement épuisés. Enfin, on a pu écrire un livre sur l'influence du « renéisme » en Pologne...*

Ainsi, Chateaubriand aida toute une génération d'hommes

---

1. Sur cette question, voir notamment l'art. d'A. Weil à l'*Information littéraire* signalé *supra*, p. XXX, n. 1 ; Teresio Napione, *Studi sulla fortuna di Chateaubriand nella la letteratura e nell' arte italiana* (Torino, G.-B. Paravia, 1928) ; *Mélanges Baldensperger* (Paris, Champion, 1930, 2 vol.), I, 131 (G. Chinard, *Un frère cadet de René*) et II, 103 (Milan Markovitch, *Chateaubriand en Russie*) ; *Revue de Littérature comparée*, 1935, p. 569-561 (compte rendu par Z. L. Zaleski du livre de Ladislas Folkierski, *De Chateaubriand à Anhelli*, paru à Cracovie).

2. *Mémoires*, I, 515.

et d'écrivains européens à prendre conscience de ce qu'on a appelé le « mal du siècle » *et cette affection, qu'il avait mise à la mode, exerça ses ravages jusque vers* 1850, *époque à laquelle le romantisme fit place à une forme de littérature plus positive. Théophile Gautier a donc parfaitement défini le rôle joué par l'auteur de* René *en écrivant qu'il avait* « inventé la mélancolie et la passion moderne »[1].

Or il est assez surprenant que ce renom universel obtenu par René, — « la plus belle production de M. de Chateaubriand, la plus inaltérable et la plus durable », *selon l'opinion du difficile Sainte-Beuve*[2], — *l'écrivain ne l'ait pas personnellement trouvé de son goût et qu'il ait déploré la façon dont on avait compris son livre. Jetant un regard en arrière sur ses anciennes activités, il écrivait en effet en* 1837 :

> Si *René* n'existait pas, je ne l'écrirais plus ; s'il m'était possible de le détruire, je le détruirais : il a infesté l'esprit d'une partie de la jeunesse, effet que je n'avais pu prévoir, car j'avais au contraire voulu la corriger. Une famille de Renés-poètes et de Renés-prosateurs a pullulé ; on n'a plus entendu bourdonner que des phrases lamentables et décousues... ; il n'y a pas de grimaud sortant du collège qui n'ait rêvé être le plus malheureux des hommes, qui, à seize ans, n'ait épuisé la vie, qui ne se soit cru tourmenté par son génie... Dans *René*, j'avais exposé une infirmité de mon siècle ; mais c'est une folie aux autres romanciers d'avoir voulu rendre universelles les afflictions en dehors de tout exprimées dans *René*...[3]

Ainsi l'admiration féconde des nouvelles générations aurait reposé sur un grossier contresens de leur part ! Elles goûtèrent davantage le conte que la morale, et préférèrent le récit

---

1. Th. Gautier, *Histoire du Romantisme* (Paris, 1874), p. 4.
2. *Chateaubriand et son groupe*, I, 314. Le critique ajoute : « M. de Chateaubriand le savait bien ; et, dans son amour d'auteur, il disait de la guerre d'Espagne que c'était *le René de sa politique*, voulant dire que c'en était le chef-d'œuvre. En fait de *René* pourtant, je m'en tiens à l'autre. »
3. *Mémoires*, II, 43-44.

de l'exilé au sermon du P. Souël... C'est toujours le sort des grandes œuvres de prêter à des interprétations multiples, et même contradictoires. Il y a là comme une rançon de leur richesse.

***

Si René *et* Atala *se rattachent étroitement à l'adolescence de Chateaubriand, aux rêves de sa jeunesse, à son expédition d'Amérique, à ses misères d'exil, ainsi qu'à certains courants de la littérature exotique ou philosophico-romanesque en honneur au XVIII*e, Les Aventures du dernier Abencérage *sont inséparables du voyage qu'il fit autour de la Méditerranée en* 1806-1807 *et d'un amour passionné qu'il conçut dans son âge mûr, comme elles marquent en* France *l'épanouissement suprême d'un genre littéraire issu de l'Espagne et ancien de quelque trois siècles.*

Le 28 *juillet* 1806, *à Venise, l'écrivain s'embarquait pour l'Orient. En neuf mois, il allait parcourir la Grèce et l'Archipel, Constantinople et la côte d'Asie Mineure, Jérusalem et la Terre Sainte, la Basse-Égypte, Tunis et l'antique site de Carthage, l'Andalousie et Grenade. Quels motifs le poussaient alors à s'expatrier ? Pour illustrer la théorie du* merveilleux *qu'il avait développée dans le* Génie, *il voulait écrire une épopée des premiers temps du Christianisme et, en poète scrupuleux, il tint à visiter les lieux où se déroulerait l'action de son livre. En commençant le récit de son périple, il souligne nettement cette intention :* « Si je disais que cet *Itinéraire* n'était point destiné à voir le jour, ... je dirais la vérité... Je n'ai point fait un voyage pour l'écrire ; j'avais un autre dessein : ce dessein, je l'ai rempli dans *Les Martyrs*. J'allais chercher des images ; voilà tout. » *A cette préoccupation artistique s'ajoutait, chez le gentilhomme breton, le désir pieux d'accomplir, à la manière de ses ancêtres qui s'étaient autrefois croisés, le pèlerinage au Sacré Tombeau dont il rêvait depuis sa tendre enfance*[1].

Mais, en entreprenant ce voyage qui n'était pas exempt de périls, Chateaubriand obéissait aussi à un mobile plus secret et sans doute moins édifiant, que pourtant les Mémoires d'Outre-Tombe *révèlent à demi. Racontant le séjour qu'il fit à Venise en septembre* 1833, *il évoque son départ vers le Levant, un quart de siècle plus tôt, et s'écrie*[2] :

Mais ai-je tout dit dans l'*Itinéraire*[3] sur ce voyage commencé au port de Desdémone et d'Othello ? Allais-je au tombeau du Christ dans les dispositions du repentir ? Une seule pensée m'absorbait ; je comptais avec impatience les moments. Au bord de mon navire, les regards attachés sur l'étoile du soir, je lui demandais des vents pour cingler plus vite, de la gloire

---

1. *Itinéraire de Paris à Jérusalem* (édit. É. Malakis, Baltimore-Londres-Paris, 1946, 2 vol.), I, 69-70 et 145-146. — Cf. *Mémoires*, I, 40 : « Depuis l'exhortation du bénédictin (le jour de l'Ascension 1775), j'ai toujours rêvé le pèlerinage de Jérusalem et j'ai fini par l'accomplir. »

2. Nous citons ce passage tel que Sainte-Beuve avait pu le copier sur le manuscrit des *Mémoires*, en l'état où il se trouvait lors des lectures faites chez Mme Récamier, en février-mars 1834. Comme ces lignes ne figuraient pas dans la première édition de la grande œuvre posthume, on avait cru pouvoir soupçonner la probité du critique et feindre de penser qu'il les avait peut-être rédigées lui-même ! M. Maurice Levaillant, se référant à un manuscrit datant de 1845, a définitivement établi l'authenticité de ce « passage contesté », dont l'édition du Centenaire (IV, 406) donne un texte plus bref et moins explicite : « Mais ai-je tout dit dans l'*Itinéraire* sur ce voyage commencé au port de Desdémone et fini au pays de Chimène ? Allais-je au tombeau du Christ dans les dispositions du repentir ? Une seule pensée remplissait mon âme ; je dévorais les moments : sous ma voile impatiente, les regards attachés à l'étoile du soir, je lui demandais l'aquilon pour cingler plus vite. Comme le cœur me battait en abordant les côtes d'Espagne ! Que de malheurs ont suivi ce mystère ! Le soleil les éclaire encore ; la raison que je conserve me les rappelle. » — Sur la littérature critique qui fleurit autour de ce morceau, voir les excellentes mises au point de M. Levaillant : *Mémoires*, IV, 753-756 et *Deux livres des Mémoires d'Outre-Tombe*, t. I : *Venise*, p. 49-54, 277, 349-363 (Paris, Delagrave, 1936).

3. C'est à dessein que Chateaubriand avait été incomplet dans l'*Itinéraire*, comme en fait foi un passage peu connu de sa lettre du 27 septembre 1812 à Mme de Duras : « Sans doute, je n'ai point mis dans l'*Itinéraire* ce que je ne devais pas y mettre ; c'est l'histoire de mes

pour me faire aimer[1]. J'espérais en trouver à Sparte, à Sion, à Memphis, à Carthage et l'apporter à l'Alhambra. Comme le cœur me battait en abordant les côtes d'Espagne ! Aurait-on gardé mon souvenir ainsi que j'avais traversé mes épreuves ? Que de malheurs ont suivi ce mystère ! Le soleil les éclaire encore ; la raison que je conserve me les rappelle. Si je cueille à la dérobée un instant de bonheur, il est troublé par la mémoire de ces jours de séduction, d'enchantement et de délire.

Cette façon de s'exprimer à mots couverts pique la curiosité, mais ne la satisfait pas. Ce « mystère », *ne dirait-on pas que l'auteur des* Mémoires *voudrait l'ensevelir dans l'oubli, sans être toutefois capable d'observer à son sujet un silence absolu, tellement le souvenir qui obsédait sa mémoire et son cœur exerçait sur eux de puissance irrésistible ? Au reste, son* « secret » *n'en avait pas été un pour ses familiers, et la patience des chercheurs leur a permis de ressusciter l'émouvante histoire d'amour qui fut à l'origine du* Dernier Abencérage. *Aussi bien, si Chateaubriand, dans ce cas particulier, s'est rigoureusement conformé à la loi de discrétion qu'il s'était imposée, une phrase de lui, dans une lettre particulière et tout intime, adressée à son amie et confidente habituelle la duchesse de Duras, donnait à celle-ci le mot de l'énigme :* « C'est Mme de Noailles qui a inspiré l'*Abencérage*[2]. »

Quelle fut donc celle qui servit de modèle à la Blanca de notre roman[3] *? Natalie-Luce-Léontine-Joséphine de Laborde*

---

pensées et des mouvements de mon cœur pendant un an... ; mais rien de ce qui ne doit pas sortir de mon cœur n'en sortira... » (*Corresp. générale*, édit. Thomas, I, 268-269). Sans doute Mme de Duras avait-elle redouté que son ami n'étalât au grand jour le sentiment qui transparaît dans la phrase des *Mémoires*, et l'écrivain voulut la rassurer.

1. Sur la formule *de la gloire pour me faire aimer*, cf. M. Duchemin, *Origine possible d'un mot célèbre de Chateaubriand* (*Bulletin G. Budé*, décembre 1950, p. 75-76). On lit, dans la *Corinne* de Mme de Staël (livre IV chap. 3), parue en 1807, cette phrase dont Chateaubriand a pu se souvenir : « *En cherchant de la gloire, j'ai toujours espéré qu'elle me ferait aimer.* »

2. Lettre datée de l'été 1810 (*Corr. gén.*, I, 353).

3. Sur Natalie de Noailles, nous renvoyons une fois pour toutes, dans le *Chateaubriand* de Marcel Duchemin (Paris, Vrin, 1938), au

était née à Paris, le 11 *août* 1774. *Son père, banquier de la Cour, avait acquis en* 1784 *le château de Méréville, en Beauce, sur la route d'Étampes à Orléans ; fort riche, il avait aménagé luxueusement cette belle demeure, dont le parc avait été refait selon les plans et les dessins du fameux peintre paysagiste Hubert Robert. Natalie avait épousé en* 1790 *le comte Charles de Noailles, plus tard duc de Mouchy. Mais la vie ne devait épargner à la jeune femme ni les déceptions, ni les épreuves. Mariée presque au sortir de l'enfance, elle rejoignit en Angleterre son époux émigré avant elle ; elle souffrit alors cruellement de la vie déréglée menée par celui-ci, qui lui avait fait un accueil réservé, peut-être même brutal ; il en résulta pour elle un choc nerveux dont elle ne se remit jamais complètement.*

Tous ceux qui ont connu Natalie de Noailles sont unanimes à louer sa beauté et sa distinction, sa noblesse, sa générosité, la vivacité de son jugement, son indépendance d'allures et d'opinions. « C'était, *écrit M. Duchemin,* une nature d'artiste, délicate et tendre, vibrant à tous les émois du cœur, des sens et de l'esprit. » *Douée pour le dessin, elle suivit, sous le Consulat, des cours dans l'atelier de David et y perfectionna son talent naturel.*

Chateaubriand la rencontra sans doute pour la première fois, pendant l'été de 1804, *au château de Méréville*[1]. *La cousine germaine de Natalie, Mme de Vintimille, qu'il avait connue quelques années plus tôt dans la* « petite société » *de Joubert et de Pauline de Beaumont, dut les présenter l'un à l'autre. De la naissance, des progrès et du déclin de la passion qui unit l'écrivain et la comtesse — deux âmes hypersensibles et blessées par la vie — on ne sait que peu de chose, en l'absence notamment de leur correspondance*

---

chapitre magistral intitulé *Un roman d'amour en* 1807 : *Chateaubriand à Grenade.* Même ceux qui ne se rallieront pas à la thèse qui y est exposée trouveront là une très riche documentation sur celle qui inspira Blanca.

1. Cf. *Mémoires,* II, 185.

*qu'on suppose détruite... Leur liaison dura jusqu'aux dernières années de l'Empire, marquée par des brouilles et des raccommodements dont l'écho se retrouve dans certaines lettres de l'auteur d'*Atala *à la duchesse de Duras. Un jour de janvier* 1812, *il* « reçut son congé en forme » *et l'accepta, car, déclarait-il,* « il y a un terme à tout ; je ne sais si je serai rappelé ; mais ce qu'il y a de certain, c'est que j'en ai par-dessus la tête[1] ». *Ce fut, semble-t-il, la fin de la passion éprouvée par Chateaubriand pour* « la seule femme qu'il ait vraiment aimée[2] », *sinon la rupture de leurs relations mondaines. La vie de celle qu'on nommait familièrement* « la belle Natalie » *se termina de façon terrible : après tant de malheurs éprouvés, elle perdit définitivement la raison en juin ou juillet* 1817. « Pour tout le bonheur qu'elle m'a donné, je ne puis rien pour elle ! » *écrivait alors avec tristesse son ancien amant[3]. Elle devait vivre encore, dans les ténèbres d'une folie tranquille mais déchirante, jusqu'au* 23 *décembre* 1835...

Mais, à l'heure où Chateaubriand partait pour Jérusalem, ce grand amour voué au malheur en était à son aurore, et les deux amis en se séparant s'étaient promis des retrouvailles grisantes en Espagne, conclusion logique de sentiments partagés avec ferveur. « Une personne qu'il aimait et poursuivait vivement alors, une enchanteresse, *rappelait Sainte-Beuve en* 1850, lui avait dit : « Songez à votre gloire « avant tout, faites votre voyage d'abord, et après... « après... nous verrons. » Et c'est à l'Alhambra qu'elle lui avait donné rendez-vous au retour, et laissé entrevoir la récompense...[4] » *L'insinuant critique est, à notre goût,*

1. *Corr. gén.*, I, 273 (Cf. *Mémoires*, II, 723).
2. Expression employée par Hortense Allart dans une lettre à Sainte-Beuve (17 juillet 1848), dont celui-ci donne un fragment dans *Chateaubriand et son groupe* (II, 322).
3. *Corr. gén.*, II, 11 (18 septembre 1817).
4. Lundi 27 mai 1850, cité dans *Les grands écrivains par Sainte-Beuve : Chateaubriand* (édit. M. Allem, Garnier), p. 85-86.

trop peu précis ; mais, comme il avait à coup sûr été bien renseigné, son affirmation explique l'impatience marquée par Chateaubriand dans le fragment des Mémoires *qu'on a lu tout à l'heure : ses huit mois d'Orient durent lui sembler un siècle...*

Natalie de Noailles s'était de son côté mise en route vers la péninsule ibérique. Sur le séjour qu'elle y fit, les renseignements sont incomplets, rares, voire contradictoires. Elle parcourait l'Espagne sous le prétexte, artistique et vraisemblable, d'y recueillir les éléments pittoresques indispensables à l'illustration du grand ouvrage que préparait sur ce pays son frère, le comte Alexandre de Laborde[1]. *Le baron Hyde de Neuville, conspirateur royaliste exilé de France, qui la rencontra à Cadix et ressentit pour elle admiration et amitié, déclare en ses Mémoires qu'elle avait passé deux mois à Grenade pour y dessiner tous les monuments que les Maures y ont laissés ; il ajoute* « qu'elle était très liée avec M. de Chateaubriand et qu'elle parlait de lui sans cesse ». *Ce témoignage plaide donc en faveur de Natalie et de sa fidélité. Mais d'autres affirment qu'à la même époque l'instable et charmante Mme de Noailles venait d'éprouver une profonde douleur, causée par la mort d'un certain colonel anglais, et aussi que, chemin faisant, elle avait failli suivre dans son pays un grand seigneur portugais, don Pedro de Souza, avec qui elle avait accompli la première partie de son itinéraire espagnol... Vérité ou médisance ? On ne saurait le dire. Il semble bien que, si Natalie eut peut-être à souffrir du caractère volage de Chateaubriand, aimer la faible comtesse ne fut pas pour lui de tout repos, même aux premiers temps de leur idylle...*

Si bien que, selon toute vraisemblance, la rencontre tant

1. Le *Voyage pittoresque et historique de l'Espagne*, par A. de Laborde, parut en quatre volumes chez Didot de 1806 à 1811 ; l'article que lui consacra Chateaubriand au *Mercure de France* (juillet 1807) consomma la rupture de l'écrivain avec l'Empereur (*Mémoires*, II, 246-247).

désirée par le pèlerin de Jérusalem dut être moins exaltante qu'il ne l'avait prévu, moins pleine « de séduction, d'enchantement et de délire » *que ne le laisse entendre la page tardive de ses* Mémoires. *D'après les renseignements que l'on possède, ainsi que le remarque M. Duchemin,* « Natalie ne semble avoir mis aucun empressement à se laisser rejoindre par Chateaubriand » *et, comme elle avait conservé de lui* « l'image élégante et flatteuse de quelque beau ténébreux romantique », *comme elle avait vécu* « dans l'attente de tous les raffinements et toutes les délicatesses », *elle fut cruellement déçue lorsque* « son héros de romance lui apparut sous l'aspect florissant, basané, joyeux et dispos de quelque franc luron, aux propos paradoxaux et avantageux ». *D'ailleurs, il est probable que la déception fut partagée si Chateaubriand ne reçut pas l'accueil qu'il attendait dans le cadre qu'il avait rêvé.*

Longtemps, en se fondant surtout sur la fameuse visite de Blanca et d'Aben-Hamet à l'Alhambra, on a cru que les deux amants de 1807 *s'étaient effectivement rencontrés à Grenade, dans le merveilleux palais des anciens rois maures. Telle était, on l'a vu, l'opinion de Sainte-Beuve, et telle aussi celle de Villemain, qui remarquait :*

La fiction est née du souvenir. *Dans les jardins de l'Alhambra, une amitié trop tendre,* semblable à celle qu'au XIIe siècle on expiait par un voyage en Terre Sainte, *était venue attendre le nouveau et plus faible pénitent* au retour de sa mission. Il n'en dit rien dans ses *Mémoires ;* mais des mots épars ailleurs ont confirmé cette médisance de Paris. Il ramena jusqu'au sombre palais de l'Escurial *la belle et spirituelle voyageuse qu'il avait trouvée à Grenade*[1].

Pendant plus de cent ans, cette tradition, séduisante pour tous les cœurs épris de poésie, se maintint comme un dogme.

Et puis parut M. Marcel Duchemin ! Groupant, avec

1. Villemain, *La Tribune moderne* (1re *partie*) : *M. de Chateaubriand* Paris, M. Lévy, 1858), p. 157-158.

toutes les ressources d'une riche et tenace érudition, tous les renseignements possibles sur les itinéraires et les horaires des deux amoureux, il s'attacha à montrer comment Chateaubriand, débarqué à Algésiras le 30 *mars* 1807, *parcourut à la course le sud de l'Espagne et, après avoir fait étape à Cadix, Séville, Cordoue, Andujar, passa tout au plus trente-six heures à Grenade, sans matériellement pouvoir y rencontrer Natalie de Noailles : il avait dû l'entrevoir en toute hâte à Cordoue, pour la rejoindre ensuite vers Madrid et regagner à petites journées la frontière de France en sa compagnie, après avoir, avec elle, visité l'Escurial comme il avait admiré les restes de la mosquée de Cordoue... Cette thèse n'a certes pas rencontré une adhésion unanime en dépit de sa solidité; disons du moins qu'elle a semé un doute dont on ne peut plus ne pas tenir compte...*[1]

Au demeurant, tous ces détails appartiennent seulement à la petite histoire d'un grand homme et, ce qui est certain et utile à savoir, c'est que Chateaubriand composa Les Aventures du dernier Abencérage *en souvenir de son passage en Espagne et pour honorer Mme de Noailles, au moment où, comme nous le pressentons, leur passion réciproque était en son plein épanouissement.*

De retour à Paris « le 5 juin 1807, à trois heures après midi[2] », *Chateaubriand ne demeura pas longtemps dans la capitale. Après avoir publié dans le* Mercure de France *de juillet l'article fameux qui marqua sa rupture définitive avec Napoléon,* « il acheta pour se cacher », *à Châtenay-Malabry, près de Sceaux, le domaine de la Vallée-aux-Loups, qu'il ne quitta guère jusqu'à la chute de l'Empire*[3]. *C'est là, ainsi qu'en témoignent les* Mémoires d'Outre-

1. Pour plus de détails sur ce qu'on pourrait appeler « la querelle de l'Alhambra », cf. *infra*, p. 389, l'Appendice III.
2. *Mémoires*, II, 231.
3. *Mémoires*, II, 247.

Tombe[1], *qu'il écrivit le* Dernier Abencérage. *Est-il possible de préciser avec assez d'exactitude l'époque à laquelle fut rédigée la nouvelle ? On verra que sa source principale est une traduction des* Guerres civiles de Grenade *parue en* 1809 ; *or celle-ci fournit à l'œuvre un trop grand nombre de détails précis pour concevoir que Chateaubriand en eût entrepris la composition avant cette date. D'autre part, dans une lettre à Mme de Duras écrite pendant l'été* 1810[2], *il se déclare* « charmé » *que son roman* « plaise autant » *à sa correspondante : la duchesse, que Chateaubriand nommait affectueusement sa* « chère sœur », *avait donc eu à ce moment la primeur de l'ouvrage. Ainsi, c'est à la fin de* 1809 *et au début de* 1810 *que furent écrites* Les Aventures du dernier Abencérage.

Seize années cependant allaient s'écouler avant leur diffusion dans le public. Mais, encore inédite, la nouvelle eut une histoire sur laquelle on possède quelques indications précises et qui est directement liée aux graves difficultés financières de l'auteur à ce moment de sa vie. Il ne paraît pas qu'il ait été personnellement fort empressé de publier cette œuvre ; elle était trop chargée de sentiments intimes et surtout, avec une action qui se déroulait dans cette Espagne alors si funeste au maître de la France, elle aurait immanquablement attiré de graves ennuis à l'écrivain si elle avait paru au grand jour.

Toutefois, pour un homme illustre aussi besogneux que l'était Chateaubriand, un manuscrit achevé représentait une richesse immédiatement négociable et l'on voit que, dès avant le 14 *octobre* 1811, *ainsi qu'il le mande à Mme de Duras, il avait hypothéqué son* Abencérage : « La banqueroute de Nicolle m'a obligé d'engager l'*Abencérage* pour 9.000 francs ; ces 9.000 francs seront payés par la vente de l'ouvrage que le prêteur aura le droit de

1. *Mémoires*, I, 14.
2. *Corr. gén.*, I, 353 (déjà citée *supra*, LI, n. 2).

faire imprimer au mois de novembre prochain pour paraître au mois de janvier, si je ne puis payer cette somme avant cette époque. Cela me met au désespoir, car je crois que ce n'est nullement le moment pour moi de reparaître aux yeux du public ; sans compter que je n'ai aucune envie d'imprimer l'*Abencérage*...[1] » *Par bonheur l'affaire s'arrangea rapidement et, le* 24 *octobre, il pouvait écrire* : « L'*Abencérage* est délivré. Je dois ce bonheur à M. de Tocqueville, qui m'a fait trouver l'argent nécessaire[2]. »

L'alerte avait été chaude et dut bientôt se renouveler. Une note, destinée à être mise sous les yeux du ministre de la Police et datée du 12 *janvier* 1812, *est conçue en ces termes :* « Bulletin particulier pour Son Excellence. M. de Chateaubriand vient de vendre une petite nouvelle de sa composition moyennant 15.000 francs. Elle est maintenant sous presse. Le sujet est espagnol. Elle est intitulée *Le dernier des Abencérages* et ne formera qu'un volume assez mince[3]. » *Il s'agit sans aucun doute d'une autre cession du manuscrit, sans rapport avec la précédente, puisque celle-ci avait été annulée grâce au comte de Tocqueville, et ce second projet de publication avait dû trouver un début de réalisation, si l'on n'admet pas que la Police impériale ait été mal renseignée ! C'est alors vraisemblablement que Chateaubriand biffa sur son manuscrit l'éloge des Espagnols qu'il contenait*[4] *; mais à nouveau l'affaire n'aboutit point.*

Et, en janvier 1813, *Ballanche, ami de Chateaubriand et imprimeur à Lyon, songeait à faire une édition d'*Atala *et*

1. *Corr. gén.*, II, 354-355.
2. *Corr. gén.*, II, 356. — Le comte de Tocqueville, beau-frère du frère aîné de Chateaubriand, fut le père de l'historien Alexis de Tocqueville (cf. *Mémoires*, I, 187 ; II, 184 ; IV, 309).
3. Archives nationales, F. 18/40 (censure), publié par Duchemin, *op. cit.*, p. 256, n. 2.
4. Cf. *infra*, p. 277.

de René, *augmentée du* Dernier Abencérage. *Il communiquait son dessein à Beuchot, le futur éditeur de Voltaire, et se demandait si le moment était bien choisi pour cette publication ou s'il ne fallait pas plutôt éviter tout ce qui pourrait attirer l'attention sur l'auteur, en exposant à de nouvelles et amères critiques celui qui était en disgrâce auprès de l'Empereur. Car, remarquait Ballanche,* « je vois que, depuis quelque temps, on cherche toutes les occasions pour lui tomber sur le corps[1] ». *La prudence l'emporta et, une fois de plus,* Les Aventures *restèrent en portefeuille...*

A une autre reprise au moins à notre connaissance, Chateaubriand manifesta l'intention d'aliéner son ouvrage. Le 8 *juillet* 1814, *Louis XVIII le désigna pour occuper le poste d'ambassadeur en Suède; mais ses finances étaient mal en point, comme à l'ordinaire, et il s'en plaignait à Mme de Duras :* « Il ne me reste donc que treize mille francs pour vivre et pour aller à Stockholm. Cela est impossible. Il faut que le Roi m'accorde une gratification (il est devenu si riche depuis le Budget) ou que je vende l'*Abencérage.* Usez donc de votre crédit et faites-moi donner cent mille francs[2]. » *Projet sans lendemain : Chateaubriand n'alla jamais en Scandinavie et conserva sa nouvelle.*

Celle-ci ne demeurait pas pour autant inconnue et son auteur, en diverses circonstances, se plut à en faire la lecture devant le cercle de ses amis et relations. Plusieurs contemporains nous ont laissé le souvenir de ces auditions, dont certaines furent entourées d'une véritable solennité.

C'est ainsi que Mme de Boigne, avec la vivacité méchante qui la caractérise, rappelle une de ces séances à laquelle elle assista chez la comtesse Philippe de Ségur, en 1813 :

Il lisait de la voix la plus touchante et la plus émue, avec

1. Cf. G. Vauthier, *Premières relations entre Chateaubriand et Ballanche* (*Revue d'Histoire littéraire*, 1922, p. 283).
2. *Corr. gén.*, I, 383. Voir *Mémoires*, II, 542-543.

cette foi qu'il a pour tout ce qui émane de lui. Il entrait dans les sentiments de ses personnages au point que les larmes tombaient sur le papier ; nous avions partagé cette vive impression et j'étais véritablement sous le charme. La lecture finie, on apporta du thé. « Monsieur de Chateaubriand, voulez-vous du thé ? — Je « vous en demanderai. » Aussitôt un écho se répandit dans le salon : « Ma chère, il veut du thé. — Il va prendre du thé. — Don- « nez-lui du thé. — Il demande du thé ! » Et dix dames se mirent en mouvement pour servir l'*Idole*. C'était la première fois que j'assistais à un pareil spectacle, et il me sembla si ridicule que je me promis de n'y jamais jouer de rôle[1].

Mme de Ségur, sans doute vers le même temps, assista de son côté à une autre lecture, donnée au château de Mme de Noailles :

Il nous lut un soir, dans le salon de Méréville, sa nouvelle des *Abencérages*. La chanson du Cid eut un grand succès. Il la fredonnait sur l'air des *Folies d'Espagne*, en prononçant avec un accent breton, ce qui donnait à ses jolis vers une étrange originalité. L'intérêt avec lequel nous écoutions ces lectures paraissait le flatter. Il devint plus causeur. Il se plaignit (car c'était sa manière de montrer aux gens qu'il aimait leur société) de la peine extrême que lui donnait la composition de ses ouvrages, tout en convenant de son goût pour le travail. Dans certains moments, il était rieur comme un enfant, dans d'autres, silencieux, presque morose, mais toujours original et attachant. Je me rappelle que, le soir où il nous lut le *Dernier Abencérage*, quand il eut dit le dernier vers de la chanson du Cid :

Il préféra, diront-ils, à la vie
Son Dieu, son roi, sa Chimène et l'honneur,

une de nous, et certes pas la moins malicieuse, ne put s'empêcher de marmotter à voix basse : « Et quoi encore ? » Il l'entendit, ou la devina, aux grimaces de nos visages et se mit à rire de tout son cœur. Mais on ne riait pas quand, au piano, il chantait la jolie romance d'Hélène qu'il plaça ensuite dans les *Abencérages* :

Oh ! qui me rendra mon Hélène
Et ma montagne, et le grand chêne ?

1. *Récits d'une tante. Mémoires de la comtesse de Boigne, née d'Osmond* (Paris, Émile-Paul, 1921-1925, 5 vol.), t. I, p. 266.

Il assurait l'avoir entendu chanter en Auvergne aux environs du Mont-Dore, où il avait conduit Mme de Beaumont malade. Suivant lui, c'était une ronde, et ces notes mélancoliques accompagnaient une joyeuse bourrée du pays[1].

Enfin, en juin ou juillet 1814, *chez Mme Récamier, qui demeurait alors* 32, *rue Basse-du-Rempart, au quartier de la Madeleine, Chateaubriand redonna une audition de son œuvre devant une assemblée d'élite et Ballanche a laissé de cet événement une éloquente relation*[2] *:*

La France venait d'échanger contre une charte libérale la vanité de la domination du monde ; elle gagnait en liberté ce qu'elle perdait en puissance. Un tel ordre de choses permettait donc à la société de Paris d'être européenne, comme s'il n'y avait eu ni victoire, ni défaite, comme s'il n'y avait ni ressentiment, ni injure... M. de Chateaubriand qui, après avoir couvert du voile merveilleux de sa belle imagination les grands souvenirs de la religion et de la monarchie, maintenant venait s'associer loyalement au principe émancipateur de la Restauration, royaliste éprouvé qui prenait rang parmi les hommes d'État défenseurs des libertés publiques, M. de Chateaubriand pouvait lire les *Abencérages*, composition alors inconnue du public ; il pouvait la lire chez Mme Récamier, revenue de l'exil, en présence de Mme de Staël[3], revenue aussi de l'exil et qui rapportait dans sa patrie tous les nobles sentiments pour lesquels elle avait subi un

1. Souvenirs inédits de la comtesse Philippe de Ségur, née Vintimille du Luc, recueillis et rédigés par sa fille, la comtesse d'Armaillé, née de Ségur, morte à quatre-vingt-neuf ans en 1918. Ces souvenirs ont été publiés par Mme Jean de Pange dans *Chateaubriand à Méréville*, article paru dans le *Bulletin Chateaubriand*, 1931, n° 1, p. 20-21. — C'est évidemment aux mêmes lectures que font allusion les *Mémoires d'Outre-Tombe*, II, 185 : « Méréville est une oasis créée par le sourire d'une muse, mais d'une de ces muses que les poètes gaulois appellent les *doctes Fées*. Ici les aventures de *Blanca*... furent lues devant d'élégantes générations... »

2. Ce morceau, tiré de la biographie de Juliette Récamier que composa Ballanche en 1823, a été publié par Édouard Herriot (*Camille Jordan et la Restauration, in Revue de l'Histoire de Lyon*, I, 1902, p. 127). — Cf. aussi M. Levaillant, *Chateaubriand, Mme Récamier et les Mémoires d'Outre-Tombe* (Paris, Delagrave, 1936), p. 17.

3. *Les Aventures* lui parurent « la perfection de la grâce » (É. Herriot, *Mme Récamier et ses amis* (Paris, Plon, 1904), t. I, p. 335).

si long ostracisme. A cette lecture qui, à cause de la circonstance, est une sorte d'événement historique, pouvaient se trouver à la fois Bernadotte, général français assis sur les marches d'un trône étranger, sa femme, princesse royale, depuis reine de Suède, la maréchale Moreau, le maréchal Mac Donald, le duc de Wellington qui paraissait dès lors très empressé autour de Mme Récamier, la duchesse de Luynes, Camille Jordan, le duc de Doudeauville, M. Mathieu de Montmorency, Benjamin Constant, le peintre David, le vieux chevalier de Boufflers, le prince Auguste de Prusse, Canova, Gérard, M. Sismonde-Sismondi, M. Pozzo di Borgo, M. de Humboldt, Talma, M. de Montlosier, M. de Metternich. On eût dit un congrès de toutes les opinions, de toutes les célébrités, venant s'oublier elles-mêmes pour être tout entières aux enchantements de la poésie[1].

L'importance de l'auditoire admis à ces lectures leur faisait perdre tout caractère confidentiel et autorise à croire qu'avec la liberté recouvrée, Les Aventures du dernier Abencérage *auraient dû bientôt paraître. Mais d'autres soucis allaient s'abattre sur Chateaubriand. D'abord la démence qui frappa Mme de Noailles en* 1817 *le fit certainement reculer devant la divulgation d'une œuvre qui évoquait pour lui trop de souvenirs. De plus, il est à remarquer que, jusqu'en* 1826, *il ne donna aucune production de caractère purement littéraire. Son rôle politique, tour à tour dans les rangs de l'opposition et aux côtés du gouvernement royal, la rédaction de ses discours, de ses articles de presse, de ses libelles ou brochures d'actualité, ses ambassades à Berlin et à Londres, ses fonctions ministérielles aux Affaires étrangères limitèrent ses activités poétiques.*

Mais, quand il songea à rassembler chez Ladvocat la

1. Dans un article de la *Revue de Paris* (15 décembre 1924, p. 906-928), intitulé *Comment Chateaubriand écrivit une nouvelle espagnole* et qui, légèrement remanié, sert de préface à l'édition Champion, Paul Hazard signale aussi, mais sans donner de référence, une lecture de l'*Abencérage* faite « en présence du roi Louis XVIII » et qui aurait eu lieu en 1822 (Albert Bédé, *Revue de Littérature comparée*, 1927, p. 585-593). Je n'ai trouvé nulle part ailleurs mention de ce fait, sur lequel les *Mémoires* et la *Correspondance générale* restent muets.

collection de ses Œuvres complètes, *il reprit à son compte le projet conçu par Ballanche en* 1813 *et réunit dans le même volume* Atala, René *et le* Dernier Abencérage. *Vers les derniers jours de mars* 1826, *il annonçait la sortie de celui-ci à Mme de Castellane, pour qui son cœur toujours incandescent venait d'éprouver une flambée de passion extraordinaire :* « La première livraison de mes ouvrages paraîtra à la fin de mai. On commencera par l'*Abencérage*, et ensuite viendra *Chactas à Paris*[1]. » *Mme de Castellane avait eu, elle aussi, communication de la nouvelle inédite et, saisie de je ne sais quel scrupule, elle avait probablement demandé à l'auteur quelque retouche du dernier moment, que Chateaubriand lui refusa non sans brusquerie :* « J'ai reçu la lettre par votre Anglais ; je ne puis satisfaire à votre demande. Cela me tronquerait l'un des passages les plus vifs de l'*Abencérage*, et ensuite votre mémoire vous a trompée, et cela ne dit pas ce que vous croyez que cela dit[2]. »

Finalement, près de vingt années après qu'il en a eu l'idée première, Les Aventures du dernier Abencérage *parurent vers la date prévue par l'écrivain, qui éprouva en cette occasion une sorte de déchirement :* « Ah ! mon pauvre *Abencérage ! soupirait-il dans sa lettre du* 12 *juin à la duchesse de Duras,* le voilà donc sorti de sa solitude et livré au monde ! Cela fait saigner le cœur[3]. »

Le lecteur qui ignorait tout du nouvel ouvrage devait être, au sortir de René *et d'*Atala, *singulièrement dépaysé en abordant* Les Aventures. *Abandonnant les rives du Meschacebé, il se trouvait transporté à Grenade, une trentaine d'années après que la prise de cette ville par les Souverains Catho-*

1. *Lettres de Chateaubriand à la comtesse de Castellane* (Paris, Plon, 1927), p. 155. — *Chactas à Paris* désigne *Les Natchez*.
2. *Ibid.*, p. 171-172 (lettre des 22-25 avril 1826).
3. Fragment de lettre cité par P. Hazard dans son article de la *Revue de Paris* du 15 décembre 1924.

liques (2 *janvier* 1492) *eut marqué la fin de la* Reconquista *et la libération définitive de l'Espagne, arrachée au joug sept fois séculaire de l'Islam. — Au lendemain de la capitulation de Boabdil, dernier roi maure de l'Andalousie, la tribu des Abencérages s'était installée à Tunis. Aben-Hamet, dernier rejeton de cette famille aussi illustre qu'infortunée, revient à Grenade, quelques lustres plus tard,* « afin de satisfaire au besoin de son cœur et d'accomplir un dessein qu'il cacha soigneusement ». *Dans l'ancienne capitale des Maures, au hasard d'une promenade, il rencontre une jeune fille, Blanca, et tous deux s'aiment malgré la différence de leurs religions.* « Qu'Aben-Hamet soit chrétien, qu'il m'aime, et je le suis au bout de la terre », *songe la belle Espagnole.* « Que Blanca soit musulmane, qu'elle m'aime, et je la sers jusqu'à mon dernier soupir », *rêve le chevaleresque Abencérage. Visitant ensemble le palais de l'Alhambra (le récit de ce pèlerinage marque le sommet artistique et passionnel du roman), ils comprennent la profondeur de l'amour qui les unit et l'abîme religieux qui les sépare, sans que l'honneur qui anime chacun d'eux permette à l'un ou à l'autre de transiger avec les obligations de sa foi... Aben-Hamet repart pour l'Afrique, après que les deux amants ont échangé le serment de s'aimer toujours et de se revoir chaque année. Le fidèle Abencérage revient deux fois au rendez-vous. La seconde, il trouve auprès de Blanca son frère don Carlos, Espagnol* « qui avait tout le courage et toute la fierté de sa nation », *ainsi qu'une haine farouche envers les Infidèles. Avec eux, il rencontre le Français Lautrec, un filleul de Bayard, fait prisonnier à la bataille de Pavie. Carlos lui a voué son amitié, au point de vouloir le marier à Blanca. Celle-ci confesse alors la promesse solennelle qu'elle a faite à l'Abencérage. Le bouillant Carlos provoque aussitôt Aben-Hamet en duel; mais celui-ci, vainqueur, épargne généreusement son adversaire. Lautrec, à cause de ses récentes blessures, ne peut livrer au Maure un second combat, et Blanca obtient des trois chevaliers une réconciliation momentanée. Cependant, la malheureuse jeune fille, dont* « la santé s'altère » *parce que son amour lui livre* « des combats qui minent peu à peu sa vie », *essaie d'obtenir la conversion d'Aben-Hamet : celui-ci paraît près d'être vaincu et se rend à une fête donnée par Lautrec à l'Alhambra. C'est alors qu'intervient le dénouement. A la faveur de confidences échangées, l'Abencérage apprend que Carlos et Blanca, qu'il connaissait seulement sous le nom de leur père, le duc de Santa-Fé, sont en réalité les descendants du Cid Campéador et portent le patronyme de Bivar, à jamais odieux aux Musulmans. Alors, pour la première fois, Aben-Hamet révèle le secret qui l'a fait venir à Grenade : il voulait venger son grand-père, autrefois tué par un Bivar, qui n'était autre que le propre grand-père de Carlos et de Blanca. Révélation terrible qui effraie les assistants. Mais tous sont des héros : malgré sa douleur, qu'il surmonte, Aben-Hamet renonce à sa vengeance et il abandonne Blanca à Lautrec ; celui-ci de son côté refuse un si noble sacrifice et demande à Carlos la main de sa sœur pour le Maure. Carlos s'offre pour le duel que ce dernier est venu chercher : si Aben-Hamet est victorieux, il devra se faire chrétien et épousera celle qu'il aime. L'Abencérage hésite, car* « il pense avec épouvante à l'idée d'unir le sang des persécuteurs à celui des persécutés ». *Aussi demande-t-il à Blanca de prononcer :* « Retourne au désert », *s'écrie-t-elle en s'évanouissant. Elle vivra toujours solitaire ; Lautrec s'éloigne ; Carlos mourra dans un combat singulier et* « l'on n'a jamais su quelle fut la destinée d'Aben-Hamet ».

Ce résumé souligne, dans Les Aventures du dernier Abencérage, *le caractère d'émouvante simplicité déjà signalé à propos d'*Atala *et de* René. *On doit aussi insister sur les éléments personnels que renferme la nouvelle andalouse. Notons tout d'abord qu'ayant abrégé à l'extrême dans l'*Itinéraire de Paris à Jérusalem *le récit de sa traversée de l'Espagne,* *c'est, comme le signalent les* Mémoires[1], *dans l'*Abencérage *que Chateaubriand a décrit les splendeurs de la Vega grenadine, l'Alhambra, le Généralife, le Monte-Santo,* « gravés dans sa tête comme ces paysages fantastiques que, souvent à l'aube du jour, on croit entrevoir dans un beau premier rayon de l'aurore ».

Ses personnages surtout sont sortis de son cœur. Blanca ressemble trait pour trait à Natalie de Noailles : elles sont l'une et l'autre admirablement belles, merveilleusement douées pour la danse, raffinées et délicates, avec une exceptionnelle élévation de sentiments. Quant à Aben-Hamet, le Maure fier et mélancolique, fidèle à l'honneur et aux ancêtres, il est comme l'émigré Chateaubriand privé de sa patrie et nous semble le nouvel avatar d'un René devenu héroïque par fatalisme oriental; quand il arrive de Tunis à Grenade, il est encore pareil à l'écrivain qui, comme lui, venait de l'ancienne Carthage pour aborder en Espagne où l'attendait un rendez-vous d'amour. Et, durant sa circumnavigation méditerranéenne, le pèlerin chrétien n'avait-il pas quelquefois joué au musulman, quand, par exemple, il portait une robe arabe par-dessus son vêtement français[2], *arborait fièrement* « un visage brûlé par le soleil[3] » *ou bien se pavanait avec* « un grand et beau sabre au côté », *arme de Mameluk qu'il avait achetée au Caire et conserva toujours, en mémoire de son expédition d'Orient*[4] *? Si, d'autre part, on considère don Carlos, digne arrière-neveu du Cid et personnage cornélien, ou le charmant Lautrec, hanté par* « le doux pays de son enfance », *on trouvera que ces modèles accomplis de l'antique*

1. *Mémoires*, II, 230. — L'*Itinéraire* (édit. Malakis, II, 302) consacre, en tout et pour tout, sept lignes à l'Andalousie et à Grenade !

2. Cf. *Itinéraire de Paris à Jérusalem, par Julien, domestique de M. de Chateaubriand* (Paris, Champion, 1904), p. 87.

3. *Mémoires*, II, 246.

4. Cf. lettre de Mme de Noailles, 18 avril 1807, citée par M. Duchemin, *op. cit.*, p. 300, et *Mémoires*, IV, 49 et 83.

esprit chevaleresque paraissent sortir directement des pages où le Génie du Christianisme *glorifie les mœurs et la vie des seigneurs médiévaux*[1].

Pourtant si les éléments intimes et les souvenirs transposés abondent dans le Dernier Abencérage, *pas plus que dans* René *et* Atala, *ils n'ont à eux seuls soutenu l'effort créateur de Chateaubriand. En écrivant sa nouvelle hispano-mauresque, celui-ci sacrifiait à un mode littéraire depuis longtemps éprouvé, extrayait la quintessence d'une abondante production antérieure et donnait à une matière vingt fois traitée avant lui sa forme définitive et, dès lors, inimitable.*

*Aux XIV*e *et XV*e *siècles*[2], *alors que l'Espagne aspirait à chasser pour toujours les envahisseurs maures, les auteurs de* romances *chantèrent les phases diverses de la lutte engagée contre les Infidèles depuis le haut Moyen âge et ses épisodes les plus fameux, historiques ou légendaires. La conquête de Grenade multiplia le nombre de ces poèmes, dont la mode se prolongea fort après le triomphe des Chrétiens. Laissant dans l'ombre ce que les anciennes guerres avaient souvent eu de sordide, ces romances insistaient au contraire sur leur aspect chevaleresque et courtois, sur le raffinement de la civilisation musulmane, alliant splendeur et cruauté, sur les inconsolables regrets des vaincus. L'histoire, tout apocryphe, des Abencérages, leur rivalité avec la tribu des Zégris, le massacre de leurs chefs dans une salle de l'Alhambra, sur l'ordre d'un sultan jaloux, constituaient un des thèmes familiers à cette littérature, non exempte de monotonie, qui est la base véritable de la tradition mauresque en Europe.*

Le premier écrivain connu qui exploita cette riche veine

1. *Génie du Christianisme*, quatrième partie, livre V.

2. Sur ce qui suit, cf. J. Cazenave, *Le roman hispano-mauresque en France* (*Revue de Littérature comparée*, 1925, p. 594-640) et surtout Marjorie A. Chaplyn, *Le roman mauresque en France de Zayde au Dernier Abencérage* (Nemours, A. Lesot, 1928, 1 vol., 173 p.).

fut Ginez Perez de Hita[1], *auteur de* Las Guerras civiles de Granada. *Né à Murcie vers* 1544, *non seulement il s'était familiarisé avec les âpres montagnes et les fertiles plaines de l'ancien royaume musulman, mais il avait eu des rapports personnels avec certains descendants de familles « morisques » qui habitaient encore les demeures de leurs pères et lui répétèrent les traditions de leur gloire abolie et les désastreuses conséquences de leur défaite. Ainsi, tout ce que raconte Perez de Hita repose sur l'histoire de Grenade vue de l'intérieur, au milieu des discordes des Maures eux-mêmes, plutôt que de l'extérieur, ce qui assure à son œuvre de fiction une part d'authenticité dans la peinture et le détail des mœurs.* Les Guerres civiles de Grenade, *parues à Saragosse en* 1595, *obtinrent un grand succès en Espagne et, si elles n'y suscitèrent pas d'imitateurs, on en connaît au moins trente-neuf rééditions jusqu'à la fin du XVII*e *siècle, c'est-à-dire longtemps après que le* Don Quichotte *de Cervantès* (1605) *eut jeté le discrédit sur les romans de chevalerie.*

La renommée de l'écrivain murcien ne tarda pas à franchir les Pyrénées, et Perez de Hita allait trouver en France ses véritables successeurs. Amours romanesques, prouesses militaires, aventures héroïques, décors somptueux, riches costumes, duels émouvants, guerres civiles, dévouements exemplaires ne pouvaient que séduire les contemporains de Corneille ou de Condé, de Mme de Longueville ou de la Grande Mademoiselle, épris d'exploits brillants, de noble galanterie et de sensibilité raffinée. Traduites dès 1608, Les Guerres civiles de Grenade *furent à nouveau mises en français en* 1683 *par Mlle de la Rocheguilhen. Les auteurs qu'elles inspirèrent furent surtout des femmes : Mlle de Scudéry, de* 1660 *à* 1663, *compose en huit volumes une interminable* Almahide, *histoire d'une reine de Grenade où se rencontrent les Abencérages*

1. Sur lui, voir aussi G. Ticknor, *Histoire de la littérature espagnole*, traduite par J.-G. Magnabal (Paris, Hachette, 1872), tome III, p. 153-159.

et tous les personnages de Hita. Avec Zayde (1670-1671), *Mme de la Fayette marque l'apogée du roman mauresque au XVIIe : les aventures du comte espagnol Consalve et de la princesse musulmane Zayde, malgré bien des digressions, valent par la clarté de leur style et la vérité de leurs analyses psychologiques. Pour montrer la vogue du genre, on peut encore citer les très imparfaites* Galanteries grenadines *de Mme de Villedieu* (1673), *la* Relation historique et galante de l'invasion de l'Espagne par les Maures *due à la plume de Baudot de Juilly* (1699) *— l'unique roman mauresque qui ne suive pas Perez de Hita, — l'*Histoire secrète de la conquête de Grenade, *par Mme de Gomez* (1723). *A défaut d'œuvres nouvelles, à partir de* 1775, *la* Bibliothèque universelle des Romans, *qui par ailleurs contribua grandement à remettre en honneur le Moyen âge français, publia le résumé de nombreux romans grenadins.*

Il fallut attendre 1791 *pour que parût le* Gonzalve de Cordoue *de Florian, précédé d'un bon* Précis historique sur les Maures d'Espagne *qui constitue peut-être la partie la plus intéressante de l'ouvrage. Florian ne méconnaît pas la sauvagerie foncière des Infidèles, mais il remarque surtout chez eux* « un mélange extraordinaire de douceur et de cruauté, de délicatesse et de barbarie, et la passion de se montrer le plus brave et le plus constant ». *(Ne retrouvera-t-on pas ces derniers traits chez Aben-Hamet ?) Il ne néglige aucun détail pittoresque, décrivant à plaisir vêtements d'apparat, armes luxueuses, fêtes splendides, joutes sanglantes et combats singuliers.* (*La plupart de ces éléments ne manqueront point dans le* Dernier Abencérage.) *Quant au récit lui-même, il met en scène un personnage historique illustre, Gonzalve de Cordoue, un des généraux de la Reconquista, en lui prêtant des aventures et des amours imaginaires, renouvelées de la plus pure tradition grenadine ; le thème central reste celui de l'honneur chevaleresque en conflit avec les passions du cœur, Florian subissant visiblement le prestige de Corneille, ainsi que le fera Chateaubriand moins de vingt années plus tard.*

*Enfin, dernier-né avant l'*Abencérage, Mathilde, *roman de Mme Cottin, publié en* 1805, *se situe dans la même lignée que les précédents ouvrages et offre plus d'un trait commun avec la nouvelle de Chateaubriand. L'Arabe Malek Adhel aime Mathilde, princesse d'Angleterre, mais ni l'un ni l'autre ne veut abjurer sa foi ; Montmorency prétend à la main de l'Anglaise, mais, comme Lautrec, se retire en faveur de son rival, cependant que le roi Richard, frère de Mathilde, joue à peu près le même rôle que don Carlos. Finalement le musulman meurt et la chrétienne reste auprès de son tombeau, solitaire comme Blanca avec le souvenir d'Aben-Hamet.*

Par la date de leur conception, Les Aventures du dernier Abencérage *prennent directement place après* Mathilde[1] *et, arrivant au terme d'une si longue perspective, leur auteur a pu bénéficier pour sa documentation d'immenses ressources livresques parmi lesquelles il n'avait que l'embarras du choix.*

C'est à Ginez Perez de Hita et aux Guerres civiles de Grenade *qu'il emprunta le plus. Non pas au texte original (il ne semble pas qu'il ait connu la langue espagnole) ni à l'une de ses anciennes traductions : la preuve est faite qu'il*

1. Et non par leur date de publication, car jusqu'en 1826, les œuvres hispano-mauresques ne cessèrent de proliférer : sans parler de rééditions de Mme de la Fayette (1804, 1812, 1814, 1820, 1821) et du succès prolongé du *Gonzalve* de Florian, Marjorie A. Chaplyn (*op. cit.*, p. 132) cite les *Romances historiques* d'Abel Hugo, traduction du *Romancero* contenant deux textes purement grenadins (1822), et six ou sept titres de mélodrames, opéras, comédies très significatifs (*Don Pèdre et Zulica ou la Princesse de Grenade*, *L'Amazone de Grenade*, *Les Abencérages ou l'Étendard de Grenade*, *Aben-Hamet ou les deux héros de Grenade*, etc.). — Enfin, preuve de l'intérêt porté à Perez de Hita au temps du Romantisme, Walter Scott, ayant lu *Les Guerres civiles* dans les dernières années de sa vie, déclara, dit-on, que, s'il avait connu plus tôt ce livre, il aurait placé en Espagne la scène de tous ses romans (Ticknor).

se servit de celle procurée en 1809 par Sané[1], *un paisible et obscur greffier parisien du XII*e *arrondissement, qui enrichit sa version de commentaires personnels dont Chateaubriand fit souvent son profit. Il utilisa également le* Voyage en Espagne *de l'Anglais Henry Swinburne, mis en français depuis 1787 et qui passait alors pour contenir la meilleure peinture de Grenade*[2]*; il dut cependant le compléter en lisant les pages encore inédites consacrées à l'ancienne capitale maure par le comte de Laborde dans son* Voyage pittoresque et historique de l'Espagne[3]. *Il pratiqua aussi les romans de Florian, Mme de Lafayette, Mme Cottin et les* Mémoires sur l'ancienne chevalerie *de l'érudit La Curne de Sainte-Palaye, qui lui avaient déjà servi dans le* Génie du Christianisme[4].

A partir de ces vastes lectures, dont la matière se réanimait au feu de la passion et des souvenirs récents, Chateau-

---

1. Sané, *Histoire chevaleresque des Maures de Grenade, traduite de l'Espagnol de G. Perez de Hita, précédée de quelques réflexions sur les Musulmans d'Espagne, avec des notes historiques et littéraires*, Paris, 1809, 2 vol. in-8°.

2. Henry Swinburne (1743-1803), fils d'un baronnet du Northumberland, fut élevé en France et, grâce à sa fortune personnelle, il put voyager : il visita l'Italie, le Midi de la France, la Sicile, l'Autriche. Il vécut à la cour de Naples, de Vienne et de Versailles, où il fut protégé par Marie-Antoinette. En 1796-1797, il joua un rôle diplomatique à Paris pour l'échange de prisonniers français et anglais. Presque ruiné, il dut accepter un poste à l'île de la Trinidad, et il y mourut, victime du climat insalubre. Ses *Travels through Spain in* 1775-1776 (Londres, 1779, etc.) furent traduits par J.-B. de La Borde (Paris, 1787). (Cf. *Nouvelle Biographie générale* de Hoefer, vol. XLIII, p. 722, Paris, Didot, 1864, et *Dictionary of National Biography*).

3. Voir à ce sujet Louis Stinglhamber, *Chateaubriand à Grenade* (*Bulletin G. Budé,* décembre 1952, pp. 93-114).

4. On sait, grâce au catalogue de sa bibliothèque vendue en 1817, que Chateaubriand possédait personnellement à cette date Mme de Lafayette, Florian, Sané, la traduction de Swinburne ainsi que les œuvres du comte de Tressan, grand pourvoyeur de la *Bibliothèque des Romans* (Duchemin, *op. cit.*, pp. 418, 421, 423, 430). — Sur La Curne et le *Génie,* cf. M.-J. Walter, *Une source du Génie du Christianisme* (*Revue d'Histoire littéraire,* 1922, pp. 225-235).

briand accomplit de nouveau son travail, génial et patient, de magicien du style. Une fois de plus en effet, dans Les Aventures du dernier Abencérage, *c'est par la perfection et la densité de la forme qu'il l'emporte sur tous ceux qui avaient célébré Grenade avant lui. Et singulièrement, l'admirable description de l'Alhambra, parcouru au clair de lune par Blanca et Aben-Hamet, compte parmi les pages les plus poétiques et les plus musicales de son œuvre entier et aussi de la langue française.*

*Toutefois, dans l'ensemble, le style de l'*Abencérage, *simple et léger, rappelle celui des conteurs du siècle précédent plus qu'il n'évoque la fertile abondance des* Romantiques. *Sainte-Beuve, qui feint de n'y goûter véritablement que la romance de Lautrec* Combien j'ai douce souvenance..., *formule à ce propos des remarques dépourvues de bienveillance, mais non de fine exactitude*[1] *:*

Rien de plus artistement découpé que ce petit récit à quatre personnages. M. de Chateaubriand n'a rien trouvé de plus pur ; mais, si je l'ose dire, le tout est trop jeté dans la forme chevaleresque et classique ; il y a un peu de sécheresse, de raideur et de maigreur, on est loin de la sève surabondante d'*Atala*... Dans le *Dernier Abencérage*, sa manière se serre de plus en plus et se contracte. Tandis que les talents d'effusion, comme Lamartine, vont se versant de plus en plus et s'abandonnent les rênes, les artistes comme Chateaubriand se resserrent jusque-là que chaque trait devient heurté et cassant...

Cette roideur de la forme est accusée encore par le caractère outré des héros dont le langage manque de naturel :

Le *Dernier Abencérage, continue le critique*, est une fin, un extrême, sans pourtant sortir de la ligne de beauté ; j'y sens continuellement le drapé, comme dans les tragédies... Les réponses sont toutes par contrastes et par compartiments, par ressorts... L'antithèse des personnages, de tout ce qu'ils font et ce qu'ils disent, est trop fortement accentuée. *En somme, conclut-il durement*, c'est le plus parfait des tableaux d'Empire, mais c'est un tableau d'Empire.

---

1. *Chateaubriand et son groupe*, II, 74-76.

*Venu trop tard, à l'heure où David était relevé par Delacroix et Ducis par Victor Hugo, l'*Abencérage, *suivant une autre expression de Sainte-Beuve,* « manqua-t-il son à-propos, son heure au soleil », « n'eut-il point tout le succès auquel il avait droit » ? *Il faut bien reconnaître que les journaux du temps ne furent pas unanimes à lui tresser des couronnes. Sans doute la* Quotidienne *du 20 juin qualifia-t-elle la nouvelle d'* « admirable épisode » *et l'abbé de Féletz proclama-t-il son enthousiasme dans les* Débats *du 28. Quelques jours après, le* Constitutionnel (*7 juillet*) *déclarait Aben-Hamet l'égal de* « René l'Européen » *et de l'* « Indien Chactas » *et, dans les* Annales de la Littérature et des Arts, *Ernest de Blosseville ne ménageait point ses éloges. D'autres feuilles furent plus réticentes, comme le* Corsaire *du 2 juillet, qui trouvait la première livraison des* Œuvres complètes *de M. de Chateaubriand* « plus riche en papier qu'en bonnes choses », *ou comme le* Globe (*26 juillet*) *et l'*Étoile (*8 août*), *qui passaient vite sur le nouvel ouvrage. Le* Figaro *du 1er août traduit assez bien, semble-t-il, l'impression réservée des premiers lecteurs :*

> Nous avons entendu juger sévèrement la nouvelle du *Dernier Abencérage ;* le fond en paraissait commun et usé. Nous avouerons qu'entraîné par le charme du style, nous n'avons pas eu le loisir de faire cette remarque. Mais, quand ce jugement serait juste, la beauté des caractères et la noblesse des sentiments n'empêcheraient pas cette nouvelle d'être distinguée et d'occuper un rang très élevé parmi les ouvrages de ce genre...

*Avec le temps qui passait, les avis demeuraient partagés. On a déjà vu les restrictions formulées par Sainte-Beuve en 1849. Au même moment, au contraire, le Suisse Alexandre Vinet débordait d'admiration pour l'*Abencérage, « le diamant de la plus belle eau parmi tous ceux qui font étinceler le diadème poétique de M. de Chateaubriand[1] ».

1. *Études sur la littérature française au XIXe siècle* (1849), p. 426.

*Mais, une vingtaine d'années après, Lamartine, grand admirateur d'*Atala, *de* René *et du* Génie du Christianisme, *se montrait particulièrement aigre envers* Les Aventures : « Ce roman, *déclare-t-il*, entièrement d'imagination, ne fut qu'un roman français sans vérité et sans succès..., un conte de Marmontel[1]. »

A vrai dire, l'opinion d'un critique, si éminent soit-il, peut ne traduire que le goût, parfois passager, d'un isolé, et nous possédons d'autres témoignages qui montrent la persistance et l'étendue de la renommée obtenue par le Dernier Abencérage *depuis sa publication jusqu'à notre époque. Ce sont, en France, ses réimpressions, illustrées ou non, si nombreuses qu'il faut renoncer à en dresser une liste, et, ailleurs, une impressionnante quantité de traductions prouvant que l'histoire de Blanca et d'Aben-Hamet a conquis une audience quasi universelle*[2]. *En 1926, Paul Hazard et Mme M.-J. Durry pouvaient relever cinquante-trois éditions de la nouvelle en langues étrangères*[3] *et leur bilan, qui n'avait pas la prétention d'être exhaustif, serait sans nul doute à compléter aujourd'hui. Dans le même ordre d'idées, signalons que la cantatrice Louise Fusil, après s'être produite à Moscou, remarquait l'accueil ému réservé,* « entre autres chefs-d'œuvre », *à la douce romance de Lautrec* : « Je ne pouvais, *écrivait-elle*, chanter ces vers sans voir couler des larmes. »

1. *Cours familier de Littérature*, Entretien CLXIII, chap. XXXVI.

2. Outre l'*Introduction bibliographique* de l'édition Champion (p. XXVIII-XXXIII), on consultera deux articles d'Albert Bédé, parus dans la *Revue de Littérature comparée* (1926, p. 504-507, et 1927, p. 585-593) ; celui de Milan Markovitch, cité *supra*, p. XLVII, n. 1 ; le *Petit Bulletin Chateaubriand* n° 3, p. 5.

3. Elles se répartissent ainsi : Espagne, 11 ; Allemagne : 9 ; Angleterre, Italie, Bulgarie : 5 ; Roumanie : 4 ; Pologne : 3 ; Grèce, Hongrie : 2 ; Brésil, États-Unis, Hollande, Portugal, Suède, Tchéco-Slovaquie, Yougoslavie : 1. — Sur une poétesse italienne, auteur d'un *Lamento dell' ultimo Abencerragio*, cf. *Mémoires*, IV, 454.

Et si la tradition mauresque se maintint encore au XIXe siècle, il n'est pas douteux que le roman de Chateaubriand contribua pour une bonne part à sa survie. Dans la pièce des Orientales *intitulée* Grenade, *V. Hugo s'est directement souvenu des* Aventures. *Le* 9 *octobre* 1851, *le Théâtre Français créait* Le dernier Abencérage, *un drame en vers dont les trois actes étaient dus à Pierre-François Beauvallet, professeur au Conservatoire. En* 1870, *le peintre Henri Regnault représentait le massacre des Abencérages à l'Alhambra dans son* Exécution sans jugement sous les rois maures de Grenade, *toile conservée au musée du Louvre. Les musiciens ne sont pas demeurés en reste. Nous n'insisterons pas sur les nombreux accompagnements écrits pour les couplets que chantent tour à tour Lautrec, Carlos et Aben-Hamet à la dernière scène de la nouvelle. Celle-ci donna naissance à des ouvrages plus importants : on joua en Italie un* Ultimo Abencerragio, *drame lyrique de Giovanni Peruzzini, mis en musique par le maestro Fr. Tessarin et publié à Venise* (1857)*; un opéra du même titre, par Felipe Perdrell, fut donné au Liceo de Barcelone le* 14 *avril* 1874. *Enfin, le* 16 *décembre* 1884, *le Théâtre Italien de Paris inscrivait à son programme un* Aben-Hamet, *en quatre actes et un prologue, avec un livret de Détroyat et de Lauzières et une partition de Théodore Dubois. Assurément, aucune de ces productions ne s'éleva au-dessus du médiocre ; mais du moins attestent-elles toutes, d'une manière indirecte, que le récit de Chateaubriand continuait de garder sa réputation.*

En notre milieu de XXe siècle, où l'admiration pour l'écrivain se porte plutôt vers ses romans de jeunesse ou vers la fresque immense de ses Mémoires d'Outre-Tombe, Les Aventures du dernier Abencérage, *en raison même des incertitudes de la critique à leur sujet, ne bénéficient peut-être pas de tout le renom qu'elles mériteraient. Néanmoins, en les lisant sans parti pris, peut-on rêver de senti-*

ments plus délicats servis par un art plus exquis ? Pour terminer, il nous paraît bon de faire nôtre le jugement fervent et mesuré de Marcel Duchemin, qui éprouvait pour le roman de Blanca une dilection toute particulière[1] *:*

C'est une fort jolie chose que le *Dernier Abencérage* et, dans notre littérature, le seul poème représentatif du genre troubadour dû à un écrivain de génie. Dans sa grâce un peu apprêtée, cette noble fleur de chevalerie, cueillie par un paladin breton aux jardins de Grenade pour s'épanouir sous le ciel de France, est le joyau littéraire de ce joli Moyen âge des châtelaines et des pages qui fit rêver nos grand-mères et dont les Keepsakes du temps conservent l'image sentimentale et gracieuse. Dans l'œuvre de Chateaubriand, restée si vivante, si actuelle..., la délicate nouvelle paraît comme isolée et fait un peu figure de ces belles princesses endormies depuis un siècle dans leurs palais enchantés.

Mais le curieux qui viendra rompre ce sommeil magique recevra sa récompense, car le palais n'a point perdu son enchantement, ni la princesse sa beauté.

***

A la fin de cette étude sur les trois romans groupés dans le seizième volume de l'édition Ladvocat, il est permis d'énoncer quelques remarques générales et, en faisant abstraction des différences trop évidentes qui existent entre les sujets, les lieux, les moments propres à chaque œuvre, de se demander en quoi consiste l'unité essentielle d'un ensemble a priori *disparate. Celle-ci nous paraît indiscutable, car deux thèmes majeurs dominent* Atala, René *et l'*Abencérage *— celui de l'exil et celui des amours impossibles — et leur développement, trois fois renouvelé sur des registres différents, nous*

1. *Op. cit.*, p. 271. — Sur le *genre troubadour*, dont le roman hispano-mauresque est une des expressions, cf. Henri Jacoubet, *Le comte de Tressan et les origines du genre troubadour* (Paris, Presses Universitaires de France, 1923).

apporte les échos de malheurs dont Chateaubriand ne cessa jamais de souffrir au plus profond de lui-même.

N'est-il pas frappant que tous ses personnages soient des êtres arrachés à leur terre originelle ? Chactas a quitté le « grand village » *des Natchez et il est emmené captif chez ses ennemis ; sa délivrance par Atala l'entraîne derechef vers l'inconnu et son amante, à son tour, devient une apatride ; en se faisant missionnaire, le P. Aubry a dit un éternel adieu à l'Europe de son enfance. René, dans ses voyages à travers l'Ancien Monde, puis après s'être réfugié parmi les Sauvages, apparaît aussi, selon la triste expression moderne, comme une « personne déplacée ». Quant à Aben-Hamet, né d'une famille exilée, il revient dans l'Andalousie de ses ancêtres qu'il n'a jamais connue et s'y trouve encore séparé du lieu auquel il doit le jour ; don Carlos a vécu plusieurs années loin de l'Espagne pour combattre sur le Nouveau Continent et Lautrec, retenu prisonnier, garde la nostalgie de sa France natale.*

Pourquoi Chateaubriand, en dépit des nuances infinies qui leur épargnent d'être confondus, a-t-il conçu ses divers héros, auxquels il conviendrait de joindre l'Eudore des Martyrs, *sur l'archétype unique du banni ? C'est qu'incapable de sortir tout à fait de lui-même, il projette son âme dans toutes ses créations. Or, à cause de sa tristesse congénitale, il se sentit toujours exilé dans ce bas monde et accomplit en vain d'innombrables déplacements pour tenter d'échapper au néant de son être ; d'autre part et surtout, à la suite de ses sept années d'émigration, où il avait enduré les pires souffrances et atteint les bornes du désespoir, il demeura marqué d'une façon tellement indélébile qu'il ne put jamais imaginer un être malheureux sans qu'il soit accablé par les pesantes misères de l'exil.*

Autre trait capital, commun aux trois nouvelles : leurs intrigues respectives reposent sur une passion d'amour qui jamais n'aboutit à la félicité de ceux qu'elle enchaîne. L'idée d'une union est évidemment exclue pour Amélie et René. Mais Chactas non plus ne connaîtra point le bonheur conjugal avec Atala, pas plus que l'Abencérage avec la fille des Bivar, à qui Lautrec doit également renoncer. Et c'est l'exigence d'un impératif religieux qui sépare les amants. Pourtant, dans le Génie, *Chateaubriand avait consacré des pages émues au mariage chrétien et vanté les bienfaits de son indissolubilité*[1] *; mais pas une de ses œuvres romanesques ne présente un seul couple heureux dans les liens d'un hymen légitime*[2]. *Curieux paradoxe en vérité, mais cette contradiction s'explique sans peine si l'on tient compte de ce que fut la vie de l'écrivain.*

L'apologiste de la religion, fidèle à sa thèse générale, ne pouvait faire autrement que de louer le sacrement qui sanctifie « l'acte le plus important de la vie ». *Mais, dans la réalité quotidienne, l'homme souffrait cruellement de son mariage contracté à la hâte lors de son retour d'Amérique : c'est pour complaire à sa sœur Lucile qu'il avait, sans la connaître, épousé Céleste Buisson de la Vigne. Et il dut amèrement regretter, par la suite, une décision dont il avait sur le moment mal apprécié les conséquences. En effet, lorsqu'en rencontrant Charlotte Ives, il ressentit pour la première fois l'amour véritable, il se rendit aussitôt compte que* « pour éviter une tracasserie d'une heure », *il s'était en se mariant* « rendu esclave pour un siècle[3] » ; *il comprit que toute idée d'une union conforme aux vœux de*

1. *Génie du Christianisme*, première partie, livre I, chap. x.

2. Dans *Les Martyrs*, Eudore et Cymodocée sont fiancés, mais les événements empêchent la célébration de leur mariage : ils ne connaîtront qu'une union mystique, consacrée par leur sang versé en commun dans l'arène. D'ailleurs, Eudore n'éprouve d'amour-passion que pour la druidesse Velléda ; celle-ci, dans l'œuvre de Chateaubriand, est la seule femme qui se donne librement à celui qu'elle aime et dont elle est aimée : or elle en meurt, comme si, dans son pessimisme foncier l'écrivain ne concevait l'amour, consommé ou non, qu'associé au malheur.

3. *Mémoires*, I, 364.

son cœur lui était à jamais interdite ; cette pensée cristallisa en lui, fut confirmée par ses expériences ultérieures, et il finit par se convaincre que l'amour et le mariage étaient véritablement incompatibles.

Ce point de vue, bien qu'il ne fût peut-être pas toujours parfaitement conscient, s'était à coup sûr imposé à l'esprit de l'écrivain jusqu'à l'obséder. Aussi n'inventa-t-il que des sujets où la passion amoureuse atteint son paroxysme sentimental sans jamais parvenir à sa conclusion naturelle : lorsqu'elle connaîtrait une consommation physique, la mort ou la séparation vient s'opposer brutalement à elle en arrachant les amoureux l'un à l'autre[1].

Une pareille vision des rapports qui unissent l'homme et la femme ne peut engendrer que le désespoir. Aussi l'accent général d'Atala, de René et du Dernier Abencérage est-il d'une mélancolie profonde et, pour ainsi dire, surhumaine, non par suite d'on ne sait quelle « pose » romantique, mais parce que Chateaubriand était jusqu'au fond de l'âme pénétré de la tristesse ineffable dont il a paré ses héros et ses héroïnes. Persuadé de la souveraine vanité de toutes choses, ne cherchait-il pas à se duper tout le premier lorsqu'il « (s')applaudissait d'avoir placé les fables de (sa) félicité hors du cercle des réalités humaines[2] » ?

Du moins, cette poursuite éternelle de fuyants mirages, menée par l'Enchanteur qui cherchait à s'enchanter lui-même,

1. On retrouve ce thème des amours impossibles jusque dans la *Vie de Rancé*, où Chateaubriand relate longuement la tendre liaison qui unit le futur réformateur de la Trappe, déjà engagé dans la carrière ecclésiastique, et la duchesse de Montbazon, mariée à un époux beaucoup plus âgé qu'elle. — Il est à remarquer que, dans sa vie privée, l'écrivain, moins scrupuleux que dans ses livres, ne recula pas devant les plaisirs adultères. Mais l'ardeur qu'il mit, dans ses nombreuses aventures, à pourchasser le bonheur nous paraît un signe qu'il le fit vainement et que jamais il ne trouva, sur la terre, la Sylphide dont il rêvait depuis Combourg.

2. *Mémoires*, I, 130.

fut-elle la source d'une captivante poésie qui baigne tout de ses harmonies inépuisables et dont les accents magiques retentissent à jamais aux oreilles et aux cœurs des générations.

Fernand LETESSIER.

N. B. — L'abréviation O. C., qu'on rencontrera fréquemment dans nos notes, renvoie le lecteur aux *Œuvres complètes* de Chateaubriand (douze volumes in-8°), publiées par la librairie Garnier frères. — Les sigles *a*, *b*, *c*... annoncent les variantes, placées à l'Appendice I.

CHRONOLOGIE DE CHATEAUBRIAND

1753. *René-Auguste de Chateaubriand, né en 1718, pauvre cadet d'une très vieille famille bretonne, enrichi par le commerce maritime et la pêche, épouse le 3 juillet Apolline de Bédée; le ménage aura dix enfants, dont quatre mourront en bas âge; le dernier sera l'auteur d'*Atala.

1761. *M. de Chateaubriand se rend acquéreur de la terre et du château de Combourg, auquel est attaché le titre de comte.*

1768. *Le 4 septembre, naissance à Saint-Malo, rue des Juifs, de François-René, chevalier, puis vicomte de Chateaubriand. Mis en nourrice jusqu'à trois ans à Plancoët, il revient passer son enfance dans sa ville natale : il y mène une vie libre et se passionne pour la mer.*

1777. *Il commence des études sérieuses chez les Eudistes de Dol, où il fait une fervente première communion; il devient en 1781 élève du collège de Rennes, d'où il se rend à Brest (janvier-juin 1783) pour essayer vainement de subir l'examen de garde de Marine.*

1783-1785. *Dans la sombre forteresse de Combourg, où ses parents se sont complètement installés en mai 1777 et où il a passé toutes ses vacances scolaires, il fait un séjour de quelque deux années et demie, en proie à une mélancolie délirante et à un total désœuvrement, dans la compagnie d'un père taciturne, d'une mère pieuse et d'une sœur, Lucile, rêveuse et exaltée.*

1786. *Nommé sous-lieutenant au régiment de Navarre en janvier il quitte Combourg le 9 août; il séjourne à Paris chez sa sœur Mme de Farcy et vient de gagner sa garnison à Cambrai quand la mort de son père (6 septembre) le rappelle en Bretagne.*

1787-1791. *Présenté à la Cour grâce à son frère aîné, le comte Jean-Baptiste, petit-gendre du ministre Malesherbes, il poursuit sans enthousiasme la carrière militaire — qui lui fait mener une existence besogneuse — et, le plus souvent, partage son temps entre Fougères où réside sa sœur Mme de Marigny et Paris : dans l'entourage de Mme de Farcy, il fréquente la société spirituelle, incrédule et assez dissipée des littérateurs alors en renom. Il fait ses débuts dans les lettres en publiant à l'*Almanach des Muses *une médiocre idylle, intitulée* L'amour de la campagne *(1790).*

1791. *Se découvrant une vocation d'explorateur, Chateaubriand voyage en Amérique (nord-est des États-Unis, chutes du Niagara) et y trouve une source originale d'inspiration future.*

1792. *Revenu en France (2 janvier) après avoir appris l'arrestation de Louis XVI, il épouse à Saint-Malo Céleste Buisson de La Vigne (février-mars), Bretonne comme lui (elle est née à Lorient en 1774), mais qu'il connaît à peine et n'aime pas. Devant les progrès menaçants de la Révolution, il émigre et rejoint l'armée des Princes sur le Rhin (juillet).*

1792-1800. *Son émigration sera féconde en misères de toutes sortes, surtout à ses débuts : blessé et malade, il s'embarque à Ostende pour les îles anglo-normandes et, finalement, arrive en Angleterre (17 mai 1793); après avoir failli mourir de faim et de phtisie à Londres, il vit chi-*

*chement de traductions et trouve un poste de professeur de Français en Suffolk (début de 1794-juin 1796) : idylle sans issue avec une de ses élèves, Miss Charlotte Ives. — De retour à Londres, il y publie son premier ouvrage, l'*Essai sur les révolutions anciennes et modernes *(18 mars 1797); il fréquente alors les* monarchiens *émigrés et se lie avec Mme de Belloy. Cependant, apprenant les malheurs survenus à sa famille restée en France (son frère et sa belle-sœur guillotinés sous la Terreur, sa mère et Mme de Farcy mortes des mauvais traitements endurés), il revient à la foi de son enfance et commence à écrire une apologie du Christianisme et un roman sur les Sauvages d'Amérique.*

1800. *Le 6 mai, il débarque incognito à Calais. Installation à Paris : il fréquente Fontanes, Chênedollé, Joubert, Benjamin Constant, Mme de Staël; il aperçoit Juliette Récamier et éprouve une passion partagée pour Pauline de Beaumont.*

1801. *Publication d'*Atala *(2 avril), qui obtient un vif succès (cinq éditions dans l'année).*

1802. *Publication du* Génie du Christianisme *(14 avril), qui contient* Atala *et donne l'originale de* René. *— Entrevue de Chateaubriand avec le Premier Consul Bonaparte (mai). — Voyage dans le Midi et l'Ouest de la France (octobre). — Rencontre avec Delphine de Custine et ébauche d'une liaison qui durera jusqu'en 1805.*

1803-1804. *Chateaubriand est nommé secrétaire d'ambassade à Rome (4 mai 1803), où il arrive le 27 juin. — Mort de Mme de Beaumont qui l'avait suivi dans la Ville Éternelle et lui fait promettre de reprendre avec Mme de Chateaubriand une vie conjugale régulière (4 novembre). — Il écrit sa fameuse* Lettre à M. de Fontanes sur la

Campagne Romaine *(10 janvier 1804). Brouillé avec son ambassadeur le cardinal Fesch, il rentre en France. Il avait été désigné comme ministre plénipotentiaire auprès de la République du Valais (29 novembre 1803) mais l'exécution du duc d'Enghien (21 mars) l'amène à démissionner sous un faux prétexte : c'est sa rupture officielle avec le pouvoir établi. — Rencontre avec Natalie de Laborde, duchesse de Noailles (été). — Mort de Lucile de Chateaubriand (10 novembre).*

1805. *Durant l'été, voyage en Auvergne et au mont Blanc. — Chateaubriand médite d'écrire un roman sur les origines du Christianisme.*

1806-1807. *Afin de « chercher des images » pour l'œuvre projetée et aussi en vue de rejoindre Mme de Noailles en Espagne, l'écrivain entreprend un long périple méditerranéen : parti de Paris le 13 juillet 1806, il s'embarque à Trieste pour visiter la Grèce (10 août-2 septembre), Constantinople, la Terre-Sainte (1er-16 octobre); puis, par l'Égypte et la Tunisie, il gagne Cadix (6 avril 1807). Il visite l'Andalousie, Madrid, l'Escurial en compagnie de Natalie. Il est de retour dans la capitale le 5 juin. — Un article du* Mercure de France *(juillet), très hostile à la « tyrannie », le pose définitivement en opposant du régime impérial. — Il vit alors retiré dans sa propriété de la Vallée-aux-Loups, à Sceaux, et s'y consacre à la rédaction de nouvelles œuvres.*

1809. *Publication des* Martyrs *(27 mars). — Exécution d'Armand de Chateaubriand, agent politique des Bourbons et cousin germain de l'écrivain (31 mars). — Composition des* Aventures du dernier Abencérage *(fin de l'année).*

1811. *Chateaubriand est élu à l'Académie française au fauteuil du poète régicide Marie-Joseph Chénier (20 février), mais il ne sera pas reçu sous la Coupole parce qu'il refuse les corrections que la censure napoléonienne veut imposer à son discours. — Publication de l'*Itinéraire de Paris à Jérusalem *(février) : par ce récit de son voyage de 1806-1807, l'auteur entend terminer sa carrière littéraire.*

1812-1813. *Années de silence au cours desquelles Chateaubriand se consacre à l'étude de l'histoire du Bas-Empire romain, des invasions barbares, de l'ancienne France et à la rédaction des* Mémoires de sa vie, *auxquels il songe depuis 1803 et qui occuperont sa pensée le reste de son existence pour ne paraître qu'après sa mort.*

1814. *Publication de la brochure* De Buonaparte, des Bourbons et de la nécessité de se rallier à nos princes légitimes pour le bonheur de la France *(5 avril) ; elle ouvre la carrière politique militante de l'écrivain, qui sera déçu de l'accueil à lui réservé par le gouvernement de la première Restauration.*

1815. *Durant les Cent-Jours, Chateaubriand suit Louis XVIII à Gand (il reçoit alors le titre tout honorifique de ministre d'État) ; revenu en France, il est nommé membre de la Chambre des Pairs (17 août).*

1816-1820. *Publication de* la Monarchie selon la Charte, *prônant la monarchie constitutionnelle, mais blâmant la dissolution de la Chambre Introuvable (septembre 1816). — Avec Bonald et Lamennais, Chateaubriand fonde* Le Conservateur *qui paraîtra du 1er octobre 1818 au 30 mars 1820 et où il se révélera un très brillant journaliste en menant une opposition ultra-royaliste contre Richelieu et Decazes. — Après l'assas-*

sinat du duc de Berry (13 février 1820) et la naissance du duc de Bordeaux (29 septembre), il publie des Mémoires sur la vie et la mort du duc de Berry *et rentre en grâce. — Durant cette époque politiquement chargée, Chateaubriand (fort obéré et contraint de vendre la Vallée-aux-Loups et sa bibliothèque en 1817) s'est lié très intimement avec Mme Récamier (octobre 1818) et ils resteront unis par l'amour et par l'amitié jusqu'à leur mort.*

1821-1822. *Chateaubriand ambassadeur de France à Berlin (janvier-avril 1821), puis à Londres (avril-septembre 1822) : il travaille alors sérieusement à ses* Mémoires. — *Il assiste au Congrès de Vérone comme ministre plénipotentiaire et joue un rôle prépondérant (20 octobre-14 décembre).*

1823-1824. *Nommé ministre des Affaires étrangères (28 décembre 1822), il fait décider l'expédition d'Espagne qui y rétablira la monarchie absolue (avril-octobre) ; malgré le succès remporté, il est « chassé » du ministère par M. de Villèle (6 juin 1824) et rentre dans l'opposition, cette fois-ci au côté des libéraux : campagne au* Journal des Débats. — *Liaison avec la comtesse Cordélia de Castellane.*

1825. *Constitution à Paris d'un comité en faveur des Grecs en lutte contre les Turcs pour leur indépendance ; Chateaubriand, philhellène convaincu, publie sa* Note sur la Grèce.

1826-1831. *Alors qu'il fait un bref séjour en Suisse (mai-juillet 1826), il commence à publier chez le libraire parisien Ladvocat la première collection de ses* Œuvres complètes *(32 volumes), qui comprendra de nombreux textes originaux :* Les Aventures du dernier Abencérage, Les Natchez *(roman américain commencé à Londres vers 1797)*, Mélanges littéraires, Essai sur les révolutions *(première édition en France) (1826)*, Mélanges politiques, Voyages en Amérique et en Italie *(1827)*, — Mélanges et Poésies *(1828)*, — Études ou Discours historiques, Moïse *(tragédie biblique) (1831)*.

1828-1829. *Après la chute de Villèle, contre qui il n'a jamais cessé de polémiquer, Chateaubriand est nommé par Martignac ambassadeur à Rome (octobre 1828-mai 1829), mais il vient en congé en France et démissionne de son poste lorsque est constitué le ministère Polignac (août). — Voyage dans les Pyrénées et rencontre à Cauterets avec l'Occitanienne, Léontine de Villeneuve (juillet), en relations épistolaires avec l'écrivain depuis 1827.*

1830. *Après la révolution de Juillet, qui renverse Charles X, Chateaubriand par sentiment de l'honneur et par fidélité aux Bourbons (dont il a pourtant toujours dénoncé les fautes) refuse de se rallier à la monarchie usurpée de Louis-Philippe : il démissionne de la pairie (7 août) et sort violemment de la vie politique, en rêvant d'aller vivre à l'étranger.*

1831. *Séjour à Genève (mai-octobre) et retour en France. — Publication de la brochure* De la nouvelle proposition relative au bannissement de Charles X et de sa famille *(octobre). — Chateaubriand habite, rue d'Enfer, un pavillon contigu à l'Infirmerie Marie-Thérèse, fondation pieuse de sa femme.*

1832. *En relations avec des légitimistes et des républicains, Chateaubriand désapprouve le complot de la rue des Prouvaires (février). — Nommé par la duchesse de*

Berry « membre d'un gouvernement secret » qu'elle instituait, en qualité de Régente, au nom de son fils le duc de Bordeaux (Henri V), il condamne le soulèvement de la Vendée en faveur du jeune prince, mais il est incarcéré à la préfecture de police et bénéficie d'un non-lieu (juillet). — Voyage en Suisse (août-octobre) avec Mme Récamier, qui le pousse à reprendre activement la rédaction de ses Mémoires, *pratiquement interrompue depuis dix ans. — La duchesse de Berry ayant été emprisonnée, il écrit son* Mémoire sur la captivité de la duchesse de Berry *(décembre), contenant la phrase fameuse : « Madame, votre fils est mon roi ! »*

1833. *Il est arrêté, jugé en assises et acquitté (février-mars), ce qui lui vaut une grande popularité auprès de tous les adversaires de la monarchie de Juillet. — La duchesse de Berry le charge d'une première mission auprès de Charles X exilé à Prague (mai), puis d'une seconde (septembre), au cours de laquelle il s'attarde une semaine à Venise.*

1834. *Afin de faire connaître les* Mémoires *sans en déflorer tout à fait l'intérêt, Mme Récamier organise, en son salon de l'Abbaye-aux-Bois, des lectures de l'œuvre devant un auditoire sélectionné d'amis et de critiques (février-mars). — Publication de la* Préface Testamentaire *et du morceau sur* L'Avenir du Monde. *— Publication, chez Furne, de la première édition illustrée des* Œuvres complètes *(4 volumes).*

1836. *Début de la publication, chez Pourrat, d'une nouvelle collection d'*Œuvres complètes *(36 volumes), achevée en 1838. — Publication de l'*Essai sur la Littérature Anglaise *(dont certains morceaux datent de son retour d'émigration) et d'une traduction nouvelle du* Paradis perdu *de Milton. — Constitution, par les éditeurs Delloye et Sala, d'une société qui achète par avance à*

Chateaubriand ses Mémoires *et ses œuvres à venir (22 mars) : moyennant ce traité qui « hypothèque sa tombe », l'écrivain espère s'assurer une sécurité financière qu'il n'a jamais connue.*

1838. *Publication du* Congrès de Vérone *(mars). — Voyage à Bourges, Clermont-Ferrand, Rodez, Toulouse, Aigues-Mortes, Nîmes, Toulon, Golfe-Juan, Lyon (12 juillet-4 août). — Installation 112, rue du Bac.*

1839. *Réalisant une idée qu'il a conçue dès 1823, Chateaubriand obtient de la ville de Saint-Malo l'autorisation exceptionnelle d'être inhumé sur l'îlot du Grand-Bé (17 mai).*

1841. *Malade de rhumatismes (sa santé est délabrée depuis de longues années et ne s'améliorera véritablement jamais), il passe une dizaine de jours à Néris-les-Bains (août). — Le 16 novembre, il écrit les dernières lignes de ses* Mémoires. *— Il prend pour directeur de conscience l'abbé J.-M. Séguin qui lui conseille d'écrire une biographie de Rancé, réformateur de la Trappe au XVIIe siècle.*

1842. *Nouveau séjour à Néris, interrompu par une mauvaise chute (juillet-août).*

1843. *Cure thérapeutique à Bourbonne-les-Bains (juillet). — Visites au monastère de la Grande Trappe (Orne) (7-8 août), au château de Chambord (septembre), à son ami Hyde de Neuville dans la Nièvre (octobre). — Voyage à Londres auprès du comte de Chambord (novembre-décembre).*

1844. *Publication de la* Vie de Rancé *(fin d'avril ou début de mai), dont une seconde édition édulcorée paraît en juillet. — Chateaubriand gravement malade (automne).*

1845. *Il revise (et mutile) ses* Mémoires. — *Il rend visite à Venise à la duchesse de Berry (mai) et revient par Marseille à Paris qu'il ne quittera plus désormais et où il connaîtra les affres de la maladie et de la sénilité.*

1847. *Mort de Mme de Chateaubriand (8 février). — Dépôt chez un notaire parisien de la version « définitive » des* Mémoires *(28 avril).*

1848. *Chateaubriand meurt rue du Bac, le mardi 4 juillet à huit heures du matin, et il est inhumé solennellement à Saint-Malo les 18 et 19. — Les* Mémoires d'outre-tombe *paraissent dans* La Presse, *journal d'Émile de Girardin, du 21 octobre 1848 au 3 juillet 1850, mais sont défigurés en passant par « l'horrible filière du feuilleton ».*

1849. *Mort de Juliette Récamier (11 mai 1849). — Les* Mémoires *paraissent en 12 volumes compacts chez l'éditeur Penaud.*

Destinée posthume. — *En dépit de rééditions diverses des* Œuvres complètes *(notamment celle de Garnier frères, en 12 volumes, 1859-1861), Chateaubriand, après avoir connu de son vivant une renommée prodigieuse, deviendra après sa mort l'objet de l'indifférence, du dédain ou de la malveillance : celle-ci sera manifeste dans les notes que Sainte-Beuve ajoute en 1861 à la première édition du cours qu'il a professé à Liège en 1848-1849 sur* Chateaubriand et son groupe littéraire sous l'Empire. — *L'édition des* Mémoires d'outre-tombe *procurée en 1898-1899 par Edmond Biré marque un nouvel intérêt pour l'écrivain délaissé ou malmené pendant cinquante ans. — Dès lors, la critique s'occupe de l'homme et de son œuvre avec un esprit qui devient de plus* *en plus équitable avec les années ; mais il faut attendre la période qui suivra la Première Guerre mondiale pour que paraissent enfin des éditions critiques sérieuses de ses livres (la première en date est celle de l'*Abencérage *par P. Hazard et M.-J. Durry, en 1926) et des thèses de doctorat marquantes (M.-J. Durry,* La Vieillesse de Chateaubriand, *1933; — M. Levaillant,* Chateaubriant, Mme Récamier et les Mémoires d'outre-tombe, *1936*). — *La* Société Chateaubriand, *fondée en 1929, contribue à révéler des inédits et à faire mieux connaître l'écrivain et ses ouvrages; elle a grandement contribué à la commémoration nationale du premier centenaire de la mort de celui qui fut sans doute un des plus remarquables génies de la prose française.*

LETTRE

PUBLIÉE

dans *le Journal des Débats* et dans *le Publiciste*[1]

CITOYEN, dans mon ouvrage sur *le Génie du Christianisme*, ou *les Beautés poétiques et morales de la Religion chrétienne*, il se trouve une section entière consacrée à la *poétique du Christianisme*. Cette section se divise en trois parties : poésie, beaux-arts, littérature. Ces trois parties sont terminées par une quatrième, sous le titre d'*Harmonies de la Religion, avec les scènes de la nature et les passions du cœur humain*. Dans cette partie j'examine plusieurs sujets qui n'ont pu entrer dans les précédentes, tels que les effets des ruines gothiques, comparées aux autres sortes de ruines, les sites des monastères dans les solitudes, le côté poétique de cette religion populaire, qui plaçait des croix aux carrefours des chemins dans les forêts, qui mettait des images de vierges et de saints à la garde des fontaines et des vieux ormeaux ; qui croyait aux pressentiments et aux fantômes, etc., etc. Cette partie est terminée par une anecdote extraite de mes voyages en Amérique, et écrite

1. Cette lettre « publicitaire » parut le 10 germinal an IX (31 mars 1801) dans *Le Journal des Débats* et le lendemain dans *Le Publiciste*. Sous sa forme originale, elle était un peu plus longue vers la fin et signée : *L'auteur du Génie du Christianisme*, bien que ce dernier ouvrage ne dût paraître que le 14 avril 1802.

sous les huttes mêmes des Sauvages. Elle est intitulée : *Atala, etc.* Quelques épreuves de cette petite histoire s'étant trouvées égarées, pour prévenir un accident qui me causerait un tort infini, je me vois obligé de la publier à part, avant mon grand ouvrage[1].

Si vous vouliez, citoyen, me faire le plaisir de publier ma lettre, vous me rendriez un important service.

J'ai l'honneur d'être, etc.

---

1. Sur cette publication anticipée d'*Atala*, voir l'*Introduction*, p. x.

PRÉFACE
DE LA PREMIÈRE ÉDITION

On voit par la lettre précédente, ce qui a donné lieu à la publication d'*Atala* avant mon ouvrage sur le *Génie du christianisme,* ou *les Beautés poétiques et morales de la Religion chrétienne,* dont elle fait partie. Il ne me reste plus qu'à rendre compte de la manière dont cette petite histoire a été composée.

J'étais encore très jeune, lorsque je conçus l'idée de faire l'*épopée de l'homme de la nature,* ou de peindre les mœurs des Sauvages, en les liant à quelque événement connu. Après la découverte de l'Amérique, je ne vis pas de sujet plus intéressant, surtout pour des Français, que le massacre de la colonie des Natchez à la Louisiane, en 1727[1]. Toutes les tribus indiennes conspirant, après deux siècles d'oppression, pour rendre la liberté au Nouveau-Monde, me parurent offrir au pinceau un sujet presque aussi heureux que la conquête du Mexique. Je jetai quelques fragments de cet ouvrage sur le papier ; mais je m'aperçus bientôt que je manquais des vraies couleurs, et que si je voulais faire une image semblable, il fallait, à l'exemple d'Homère, visiter les peuples que je voulais peindre.

1. Sur cette révolte des Natchez et sur la genèse du roman de ce nom, que Chateaubriand publia seulement en 1826, cf. l'introduction de M. Gilbert Chinard à la savante édition qu'il a donnée de cet ouvrage (Paris, Droz, 1932), p. 29-38 en particulier.

En 1789, je fis part à M. de Malesherbes du dessein que j'avais de passer en Amérique. Mais désirant en même temps donner un but utile à mon voyage, je formai le dessein de découvrir par terre le *passage* tant cherché, et sur lequel Cook même avait laissé des doutes[1]. Je partis, je vis les solitudes américaines, et je revins avec des plans pour un autre voyage, qui devait durer neuf ans. Je me proposais de traverser tout le continent de l'Amérique septentrionale, de remonter ensuite le long des côtes, au nord de la Californie, et de revenir par la baie d'Hudson, en tournant sous le pôle. Si je n'eusse pas péri dans ce second voyage, j'aurais pu faire des découvertes importantes pour les sciences et utiles à mon pays. M. de Malesherbes se chargea de présenter mes plans au Gouvernement ; et ce fut alors qu'il entendit les premiers fragments du petit ouvrage, que je donne aujourd'hui au public. On sait ce qu'est devenue la France, jusqu'au moment où la Providence a fait paraître un de ces hommes qu'elle envoie en signe de réconciliation, lorsqu'elle est lassée de punir. Couvert du sang de mon frère unique, de ma belle-sœur, de celui de l'illustre vieillard leur père ; ayant vu ma mère et une autre sœur pleine de talents mourir des suites du traitement qu'elles avaient éprouvé dans les cachots, j'ai erré sur les terres

---

1. Sur les origines du voyage en Amérique et le rôle de Malesherbes en cette affaire, les *Mémoires* (I, 240-245) nous renseignent amplement : « Il fallait un but utile à mon voyage ; je me proposais de découvrir (ainsi que je l'ai dit dans plusieurs de mes ouvrages) le passage au nord-ouest de l'Amérique ». L'Anglais James Cook avait en vain cherché ce passage en 1776-1778. Chateaubriand rappelle aussi ses projets dans l'introduction au *Voyage en Amérique* (O. C., VI, 43-47) et dans une note de l'*Essai sur les Révolutions* (O. C., I, 540-544). On a du reste de bonnes raisons de révoquer en doute la réalité de cet ambitieux plan d'exploration (P. Martino, *Le voyage de Chateaubriand en Amérique*, *in Revue d'Histoire littéraire*, 1952, p. 160-164).

étrangères[1], où le seul ami que j'eusse conservé s'est poignardé dans mes bras[2].

De tous mes manuscrits sur l'Amérique, je n'ai sauvé que quelques fragments, en particulier *Atala*, qui n'était qu'un épisode des *Natchez*. *Atala* a été écrite dans le désert et sous les huttes des Sauvages. Je ne sais si le

1. Le frère aîné de l'écrivain, Jean-Baptiste-Auguste de Chateaubriand, marié à Aline-Thérèse Le Pelletier de Rosanbo, la petite-fille de Malesherbes, périt sur l'échafaud avec elle et leur illustre grand-père, le 22 avril 1794. Mme de Chateaubriand mère et sa fille Julie de Farcy furent incarcérées en 1793-1794 : la première mourut le 31 juillet 1798, la seconde (qui avait du talent pour les vers) le 25 juillet 1799. — Durant son émigration à Londres, Chateaubriand connut une terrible misère et le Breton François Hingant de la Tremblais, son compagnon de détresse, tenta de se suicider (*Mémoires*, I, 443-445).

2. Nous avions été tous deux cinq jours sans nourriture, et les principes de la perfectibilité humaine nous avaient démontré qu'un peu d'eau puisée dans le creux de la main à la fontaine publique, suffit pour soutenir la vie d'un homme aussi longtemps. Je désire fort que cette expérience soit favorable au progrès des lumières ; mais j'avoue que je l'ai trouvée dure.

Tandis que toute ma famille était ainsi massacrée, emprisonnée et bannie, une de mes sœurs*, qui devait sa liberté à la mort de son mari, se trouvait à Fougères, petite ville de Bretagne. L'armée royaliste arrive ; huit cents hommes de l'armée républicaine sont pris et condamnés à être fusillés. Ma sœur se jette aux pieds de la Roche-Jacquelin et obtient la grâce des prisonniers. Aussitôt elle vole à Rennes ; elle se présente au tribunal révolutionnaire avec les certificats qui prouvent qu'elle a sauvé la vie à huit cents hommes. Elle demande pour seule récompense qu'on mette ses sœurs en liberté. Le président du tribunal lui répond : *Il faut que tu sois une coquine de royaliste que je ferai guillotiner, puisque les brigands ont tant de déférence à tes prières. D'ailleurs, la république ne te sait aucun gré de ce que tu as fait : elle n'a que trop de défenseurs, et elle manque de pain.* Et voilà les hommes dont Bonaparte a délivré la France. *(Note de Chateaubriand.)*

* Il s'agit de la comtesse de Marigny, née Marie-Anne-Françoise de Chateaubriand, sœur aînée de l'auteur d'*Atala* ; mariée en 1780, veuve en 1787, elle vivait à Fougères quand l'armée vendéenne occupa cette ville (octobre-novembre 1793). Son action héroïque rappelée ici n'est, à ma connaissance, mentionnée nulle part ailleurs dans l'œuvre de son frère. Le comte de Chateaubourg, dans son étude très précise sur *L'incarcération de la femme et des sœurs de Chateaubriand sous la Terreur* (*Bulletin Chateaubriand*, 1937, p. 19-26), n'en parle pas, mais G. Collas dans *La Vieillesse douloureuse de Mme de Chateaubriand*, t. I, pp. 295-296 (Paris, Minard, 1961) admet le fait, sans l'élucider clairement.

public goûtera cette histoire qui sort de toutes les routes connues, et qui présente une nature et des mœurs tout à fait étrangères à l'Europe. Il n'y a point d'aventures dans *Atala*. C'est une sorte de poème[1], moitié descriptif, moitié dramatique : tout consiste dans la peinture de deux amants qui marchent et causent dans la solitude ; tout gît dans le tableau des troubles de l'amour, au milieu du calme des déserts et du calme de la religion. J'ai donné à ce petit ouvrage les formes les plus antiques ; il est divisé en *prologue*, *récit* et *épilogue*. Les principales parties du récit prennent une dénomination, comme les *chasseurs*, les *laboureurs*, etc. ; et c'était ainsi que dans les premiers siècles de la Grèce, les Rhapsodes chantaient, sous divers titres, les fragments de l'*Iliade* et de l'*Odyssée*. Je ne dissimule point que j'ai cherché l'extrême simplicité de fond et de style, la partie descriptive exceptée ; encore est-il vrai, que dans la description même, il est une manière d'être à la fois pompeux et simple. Dire ce que j'ai tenté, n'est pas dire ce que j'ai fait. Depuis longtemps je ne lis plus qu'Homère et la Bible[2] ; heureux si l'on s'en aperçoit, et si j'ai fondu dans les teintes du désert et dans les sentiments particuliers à mon cœur, les couleurs de ces deux grands et éternels modèles du beau et du vrai.

Je dirai encore que mon but n'a pas été d'arracher beaucoup de larmes ; il me semble que c'est une dange-

1. Dans un temps où tout est perverti en littérature, je suis obligé d'avertir que si je me sers ici du mot de poème, c'est faute de savoir comment me faire entendre autrement. Je ne suis point un de ces barbares qui confondent la prose et les vers. Le poète, quoi qu'on en dise, est toujours l'homme par excellence ; et des volumes entiers de prose descriptive ne valent pas cinquante beaux vers d'Homère, de Virgile ou de Racine. *(Note de Chateaubriand.)*

2. Le *Génie du Christianisme* (deuxième partie, livre V) consacre quatre chapitres à la Bible et à Homère et établit un parallèle entre « ces deux monuments qui, comme deux colonnes solitaires, sont placés à la porte du temple du Génie et en forment le simple péristyle ».

reuse erreur, avancée, comme tant d'autres, par M. de Voltaire, *que les bons ouvrages sont ceux qui font le plus pleurer*. Il y a tel drame dont personne ne voudrait être l'auteur, et qui déchire le cœur bien autrement que l'*Énéide*. On n'est point un grand écrivain parce qu'on met l'âme à la torture. Les vraies larmes sont celles que fait couler une belle poésie ; il faut qu'il s'y mêle autant d'admiration que de douleur[1].

C'est Priam disant à Achille[2] :

Ἀνδρὸς παιδοφόνοιο ποτὶ στόμα χεῖρ' ὀρέγεσθαι.

Juge de l'excès de mon malheur, puisque je baise la main qui a tué mes fils.

C'est Joseph s'écriant[3] :

Ego sum Joseph, frater vester, quem vendidistis in Ægyptum.

Je suis Joseph, votre frère, que vous avez vendu pour l'Égypte.

---

1. Dans un article sur Shakespeare (25 prairial an X) (O. C., VI, 396), repris dans l'*Essai sur la littérature anglaise* (O. C., XI, 589-590), Chateaubriand dira : « Le plus méchant drame peut faire pleurer mille fois davantage que la plus sublime tragédie. Les vraies larmes sont celles que fait couler une belle poésie, les larmes qui tombent au son de la lyre d'Orphée ; il faut qu'il s'y mêle autant d'admiration que de douleur : les anciens donnaient aux Furies même un beau visage, parce qu'il y a une beauté morale dans le remords. » Selon Sainte-Beuve (*op. cit.*, I, 161), « il disait à ses heures de franchise : « Je n'ai « jamais pleuré que d'admiration. » — Je n'ai pu identifier exactement l'origine du mot de Voltaire cité ici.

2. Cf. *Iliade*, chant XXIV, v. 506.

3. Cf. *Genèse*, chap. XLV, verset 4. — Sur les souvenirs ou citations de l'Écriture épars dans notre roman, cf. les deux études, fort incomplètes, de L. Méry, *Atala et la Bible* (*Revue de Littérature comparée*, 1923, p. 255-263) et de J. Van Ness Smead, *Chateaubriand et la Bible* (*The Johns Hopkins Press*, Baltimore, 1924, p. 24-30).

Voilà les seules larmes qui doivent mouiller les cordes de la lyre, et en attendrir les sons. Les muses sont des femmes célestes qui ne défigurent point leurs traits par des grimaces ; quand elles pleurent, c'est avec un secret dessein de s'embellir.

Au reste, je ne suis point comme M. Rousseau, un enthousiaste des Sauvages ; et quoique j'aie peut-être autant à me plaindre de la société que ce philosophe avait à s'en louer, je ne crois point que la *pure nature* soit la plus belle chose du monde[1]. Je l'ai toujours trouvée fort laide, partout où j'ai eu l'occasion de la voir. Bien loin d'être d'opinion que l'homme qui pense soit un *animal dépravé*, je crois que c'est la pensée qui fait l'homme. Avec ce mot de *nature*, on a tout perdu. De là les détails fastidieux de mille romans où l'on décrit jusqu'au bonnet de nuit, et à la robe de chambre ; de là ces drames infâmes[2], qui ont succédé aux chefs-d'œuvre des Racine. Peignons la nature, mais la belle nature : l'art ne doit pas s'occuper de l'imitation des monstres.

Les moralités que j'ai voulu faire dans *Atala* étant faciles à découvrir, et se trouvant résumées dans l'épilogue, je n'en parlerai point ici ; je dirai seulement un mot de mes personnages.

Atala, comme le *Philoctète*[3], n'a que trois person-

---

1. Cette idée est en contradiction avec l'intention, exprimée au début de cette préface, d'écrire *l'épopée de l'homme de la nature*. Cette contradiction s'explique par le fait que l'œuvre, conçue par Chateaubriand en un temps où il était le fidèle disciple de Rousseau, ne fut réalisée qu'après son retour à la foi chrétienne.

2. En condamnant ces *drames infâmes*, Chateaubriand songe très certainement aux drames bourgeois, mis à la mode par Diderot ; d'ailleurs, quand il attaque les *mille romans où l'on décrit jusqu'à la robe de chambre*, ne vise-t-il pas aussi ce dernier, auteur de fameux *Regrets sur sa vieille robe de chambre ?*

3. Drame de Sophocle, dont les trois personnages essentiels sont Philoctète, Ulysse et Néoptolème (409 av. J.-C.).

nages. On trouvera peut-être dans la femme que j'ai cherché à peindre, un caractère assez nouveau. C'est une chose qu'on n'a pas assez développée, que les contrariétés du cœur humain[1] : elles mériteraient d'autant plus de l'être, qu'elles tiennent à l'antique tradition d'une dégradation originelle, et que conséquemment elles ouvrent des vues profondes sur tout ce qu'il y a de grand et de mystérieux dans l'homme et son histoire.

Chactas, l'amant d'*Atala*, est un Sauvage, qu'on suppose né avec du génie, et qui est plus qu'à moitié civilisé, puisque non seulement il sait les langues vivantes, mais encore les langues mortes de l'Europe. Il doit donc s'exprimer dans un style mêlé, convenable à la ligne sur laquelle il marche, entre la société et la nature. Cela m'a donné de grands avantages, en le faisant parler en Sauvage dans la peinture des mœurs, et en Européen dans le drame et la narration[2]. Sans cela il eût fallu renoncer à l'ouvrage : si je m'étais toujours servi du style indien, *Atala* eût été de l'hébreu pour le lecteur.

Quant au missionnaire, j'ai cru remarquer que ceux qui jusqu'à présent ont mis le prêtre en action, en ont fait ou un scélérat fanatique, ou une espèce de philosophe. Le *P. Aubry* n'est rien de tout cela. C'est un simple chrétien qui parle sans rougir *de la croix*, *du sang de son divin maître*, *de la chair corrompue*, etc., en un mot,

---

1. Selon M. André Gavoty (art. cit., p. 723), en peignant les *contrariétés du cœur humain* dans le personnage d'*Atala*, Chateaubriand se souvenait de Mme de Belloy, dont Molé devait dire dans ses *Mémoires* : « Bizarre, sauvage, inconvenante, dévouée avec une noblesse et un désintéressement qui ne connaissaient nulles bornes, elle était pleine d'esprit, de style, de connaissances qu'elle ne devait qu'à elle. Douée en un mot et jamais guidée, elle était bien la femme la mieux faite pour enivrer Chateaubriand. » Cf. *infra*, p. 82.

2. L'expérience européenne de Chactas est justifiée par le voyage que l'auteur des *Natchez* lui prête en France et à la cour de Louis XIV, vers 1687 (Cf. *Les Natchez*, liv. V, VI et VII, édit. Chinard, p. 186-332).

c'est le prêtre tel qu'il est[1]. Je sais qu'il est difficile de peindre un pareil caractère aux yeux de certaines gens, sans toucher au ridicule. Si je n'attendris pas, je ferai rire : on en jugera.

Après tout, si l'on examine ce que j'ai fait entrer dans un si petit cadre, si l'on considère qu'il n'y a pas une circonstance intéressante des mœurs des Sauvages que je n'aie touchée, pas un bel effet de la nature, pas un beau site de la Nouvelle-France que je n'aie décrit ; si l'on observe que j'ai placé auprès du peuple chasseur un tableau complet du peuple agricole, pour montrer les avantages de la vie sociale sur la vie sauvage ; si l'on fait attention aux difficultés que j'ai dû trouver à soutenir l'intérêt dramatique entre deux seuls personnages, pendant toute une longue peinture de mœurs, et de nombreuses descriptions de paysages ; si l'on remarque enfin que dans la catastrophe même, je me suis privé de tout secours, et n'ai tâché de me soutenir, comme les anciens, que par la force du dialogue : ces considérations me mériteront peut-être quelque indulgence de la part du lecteur. Encore une fois, je ne me flatte point d'avoir réussi ; mais on doit toujours savoir gré à un écrivain qui s'efforce de rappeler la littérature à ce goût antique, trop oublié de nos jours.

---

1. « Le P. Aubry est-il, comme le voulait son auteur, *le prêtre tel qu'il est ?* On ne peut l'affirmer. Mais il offre un dosage attachant de songe et de réalité, d'expérience et d'utopie. Et si, comme le remarquait Sainte-Beuve, il a un peu trop de *l'homme du rocher*, de *l'ancien des jours*, c'est-à-dire de ce caractère factice des types littéraires, il s'élève à la fin jusqu'à une sublime vérité... Il réussit à faire comprendre aux deux amants la splendeur morale du sacrifice. D'Atala, banale héroïne d'un « conte indien » comme tant d'autres, il fait une sainte chrétienne. Et c'est un nouvel univers spirituel qu'il dévoile aux fils de Voltaire et de Rousseau. Le prêtre ne se borne plus à être un intendant de la vie ; il redevient un ministre de la mort. Il a regagné, grâce à Chateaubriand, une de ses dimensions perdues, la principale. » (Abbé Pierre Sage, *Le bon prêtre dans la littérature française*, Droz et Giard, 1951, p. 440-441.)

Il me reste une chose à dire ; je ne sais par quel hasard une lettre de moi, adressée au citoyen Fontanes[1], a excité l'attention du public beaucoup plus que je ne m'y attendais. Je croyais que quelques lignes d'un auteur inconnu passeraient sans être aperçues ; je me suis trompé. Les papiers publics ont bien voulu parler de cette lettre, et on m'a fait l'honneur de m'écrire, à moi personnellement, et à mes amis, des pages de compliments et d'injures. Quoique j'aie été moins étonné des dernières que des premiers, je pensais n'avoir mérité ni les unes, ni les autres. En réfléchissant sur ce caprice du public, qui a fait attention à une chose de si peu de valeur, j'ai pensé que cela pouvait venir du titre de mon grand ouvrage : *Génie du Christianisme*, etc. On s'est peut-être figuré qu'il s'agissait d'une affaire de parti, et que je dirais dans ce livre beaucoup de mal à la révolution et aux philosophes.

Il est sans doute permis à présent, sous un gouvernement qui ne proscrit aucune opinion paisible, de prendre la défense du Christianisme, comme sujet de morale et de littérature. Il a été un temps où les adversaires de cette religion, avaient seuls le droit de parler. Maintenant la lice est ouverte, et ceux qui pensent que le Christianisme est poétique et moral, peuvent le dire tout haut, comme les philosophes peuvent soutenir le contraire. J'ose croire que si le grand ouvrage que j'ai entrepris, et qui ne tardera pas à paraître, était traité par une main plus habile que la mienne, la question serait décidée sans retour.

---

1. Il s'agit de la *Lettre au citoyen Fontanes sur la seconde édition de l'ouvrage de Mme de Staël (De la Littérature)* (O. C., III, 643-656) : elle fut le premier article de Chateaubriand au *Mercure de France* (1er nivôse an IX-22 décembre 1800), journal que dirigeait son ami, le poète Fontanes ; il la signa *L'auteur du Génie du Christianisme*. Cf. Sainte-Beuve, *op. cit.*, I, 153-158.

Quoi qu'il en soit, je suis obligé de déclarer qu'il n'est pas question de la révolution dans le *Génie du Christianisme ;* et que je n'y parle le plus souvent que d'auteurs morts ; quant aux auteurs vivants qui s'y trouvent nommés, ils n'auront pas lieu d'être mécontents : en général, j'ai gardé une mesure, que, selon toutes les apparences, on ne gardera pas envers moi.

On m'a dit que la femme célèbre, dont l'ouvrage formait le sujet de ma lettre, s'est plaint *(sic)* d'un passage de cette lettre. Je prendrai la liberté d'observer que ce n'est pas moi qui ai employé le premier l'arme que l'on me reproche, et qui m'est odieuse. Je n'ai fait que repousser le coup qu'on portait à un homme dont je fais profession d'admirer les talents, et d'aimer tendrement la personne. Mais dès lors que j'ai offensé, j'ai été trop loin ; qu'il soit donc tenu pour effacé ce passage. Au reste, quand on a l'existence brillante et les beaux talents de Mme de Staël, on doit oublier facilement les petites blessures que peut nous faire un solitaire, et un homme aussi ignoré que je le suis.

Pour dire un dernier mot sur *Atala :* si, par un dessein de la plus haute politique, le gouvernement Français songeait un jour à redemander le Canada à l'Angleterre[1], ma description de la Nouvelle-France prendrait un nouvel intérêt. Enfin, le sujet d'*Atala* n'est pas tout de mon invention ; il est certain qu'il y a eu un Sauvage aux galères et à la cour de Louis XIV[2] ; il est

---

1. Le Consulat semblait à cette époque décidé à revendiquer le Canada et à réoccuper la Louisiane, que l'Espagne avait promis de lui rendre au traité de San Ildefonso (octobre 1800) ; la politique de Talleyrand tendait alors au développement des colonies françaises. On voit que Chateaubriand, au fait de l'actualité politique, savait exploiter discrètement celle-ci pour « lancer » son roman.

2. En 1687, des Iroquois furent perfidement capturés par le Français Denonville et envoyés à Marseille pour servir sur les galères de Louis XIV. D'autre part, en 1666, d'autres Indiens amenés à Paris

certain qu'un missionnaire français a fait les choses que j'ai rapportées ; il est certain que j'ai trouvé des Sauvages emportant les os de leurs aïeux, et une jeune mère exposant le corps de son enfant sur les branches d'un arbre ; quelques autres circonstances aussi sont véritables : mais comme elles ne sont pas d'un intérêt général, je suis dispensé d'en parler.

« n'y admirèrent rien », sauf la rue de la Huchette, à cause de ses boutiques de rôtisseurs ! (Charlevoix, cité par G. Chinard, édit. des *Natchez*, p. 186, 192 et 201-202.) Par ailleurs, les *Lettres édifiantes* (VII, 55) signalent le voyage en France d'un Indien nommé Chikagou.

AVIS SUR LA TROISIÈME ÉDITION
(1801)

J'AI profité de toutes les critiques pour rendre ce petit ouvrage plus digne des succès qu'il a obtenus. J'ai eu le bonheur de voir que la vraie philosophie et la vraie religion sont une et même chose ; car des personnes fort distinguées, qui ne pensent pas comme moi sur le Christianisme, ont été les premières à faire la fortune d'*Atala*. Ce seul fait répond à ceux qui voudraient faire croire que la *vogue* de cette anecdote indienne, est une affaire de parti. Cependant j'ai été amèrement, pour ne pas dire grossièrement censuré ; on a été jusqu'à tourner en ridicule cette apostrophe aux Indiens[1] :

« Indiens infortunés, que j'ai vu errer dans les déserts du Nouveau-Monde avec les cendres de vos aïeux ; vous qui m'aviez donné l'hospitalité, malgré votre misère ! Je ne pourrais vous l'offrir aujourd'hui, car j'erre, ainsi que vous, à la merci des hommes, et moins heureux dans mon exil, je n'ai point emporté les os de mes pères. »

C'est sur la dernière phrase de cette apostrophe que tombe la remarque du critique. Les cendres de ma famille, confondues avec celles de M. de Malesherbes ; six ans d'exil et d'infortunes, ne lui ont offert qu'un

---

1. *Décade philosophique*, nº 22, dans une note. *(Note de Chateaubriand.)* *Décade philosophique* du 10 floréal an IX (30 avril 1801) : l'article était de Ginguené.

sujet de plaisanterie. Puisse-t-il n'avoir jamais à regretter les tombeaux de ses pères !

Au reste, il est facile de concilier les divers jugements qu'on a portés d'*Atala* : ceux qui m'ont blâmé, n'ont songé qu'à mes talents ; ceux qui m'ont loué, n'ont pensé qu'à mes malheurs.

P. S. — J'apprends dans le moment qu'on vient de découvrir à Paris une contrefaçon des deux premières éditions d'*Atala*, et qu'il s'en fait plusieurs autres à Nancy et à Strasbourg[1]. J'espère que le public voudra bien n'acheter ce petit ouvrage que chez *Migneret* et à l'ancienne Librairie de *Dupont*.

---

1. Sur ces contrefaçons, cf. l'édition d'Armand Weil, *Introduction*, p. XVI-XVIII.

AVIS SUR LA QUATRIÈME ÉDITION
(1801)

DEPUIS quelque temps, il a paru de nouvelles critiques d'*Atala*. Je n'ai pas pu en profiter dans cette quatrième édition. Les avis qu'on m'a fait l'honneur de m'adresser, exigeaient trop de changements, et le public semble maintenant accoutumé à ce petit ouvrage, avec tous ses défauts. Cette quatrième édition est donc parfaitement semblable à la troisième. J'ai seulement rétabli dans quelques endroits le texte des deux premières.

PRÉFACE D'ATALA

(1805)

L'INDULGENCE avec laquelle on a bien voulu accueillir mes ouvrages, m'a imposé la loi d'obéir au goût du public, et de céder au conseil de la critique.

Quant au premier, j'ai mis tous mes soins à le satisfaire. Des personnes chargées de l'instruction de la jeunesse, ont désiré avoir une édition du *Génie du Christianisme*, qui fût dépouillée de cette partie de l'Apologie, uniquement destinée aux gens du monde : malgré la répugnance naturelle que j'avais à mutiler mon ouvrage, et ne considérant que l'utilité publique, j'ai publié l'abrégé que l'on attendait de moi[1].

Une autre classe de lecteurs demandait une édition séparée des deux épisodes de l'ouvrage : je donne aujourd'hui cette édition[2].

Je dirai maintenant ce que j'ai fait relativement à la critique.

Je me suis arrêté pour le *Génie du Christianisme* à des idées différentes de celles que j'ai adoptées pour ses épisodes.

---

1. Sur cet *Abrégé du Génie du Christianisme à l'usage de la jeunesse*, paru en 1804 et 1805, amputé d'*Atala*, de *René* et de la majeure partie de la *Poétique du Christianisme*, cf. Victor Giraud, *Chateaubriand, études littéraires* (Hachette, 1904), p. 199-205.

2. Cette édition séparée des deux épisodes en un volume parut à Paris, chez Le Normant, avec six gravures (dont quatre concernant *Atala*) ; elle fut annoncée et décrite par le *Mercure de France* du 1er thermidor an XIII (20 juillet 1805) ; c'est la plus connue des éditions anciennes d'*Atala*, celle que Chateaubriand considéra comme définitive.

Il m'a semblé d'abord que par égard pour les personnes qui ont acheté les premières éditions, je ne devais faire, du moins à présent, aucun changement notable à un livre qui se vend aussi cher que le *Génie du Christianisme*. L'amour-propre et l'intérêt ne m'ont pas paru des raisons assez bonnes, même dans ce siècle, pour manquer à la délicatesse.

En second lieu, il ne s'est pas écoulé assez de temps depuis la publication du *Génie du Christianisme*, pour que je sois parfaitement éclairé sur les défauts d'un ouvrage de cette étendue. Où trouverais-je la vérité parmi une foule d'opinions contradictoires ? L'un vante mon sujet aux dépens de mon style ; l'autre approuve mon style et désapprouve mon sujet. Si l'on m'assure, d'une part, que le *Génie du Christianisme* est un monument à jamais mémorable pour la main qui l'éleva, et pour le commencement du XIXe siècle[1] ; de l'autre, on a pris soin de m'avertir, un mois ou deux après la publication de l'ouvrage, que les critiques venaient trop tard, puisque cet ouvrage était déjà oublié[2].

Je sais qu'un amour-propre plus affermi que le mien trouverait peut-être quelques motifs d'espérance pour se rassurer contre cette dernière assertion. Les éditions du *Génie du Christianisme* se multiplient, malgré les circonstances qui ont ôté à la cause que j'ai défendue, le puissant intérêt du malheur. L'ouvrage, si je ne

1. M. de Fontanes. *(Note de Chateaubriand.)*

Après la parution du *Génie* (24 germinal an X-14 avril 1802), Fontanes écrivit un article élogieux, publié dans le *Mercure*, le lendemain même de la mise en vente du grand ouvrage, et repris par le *Moniteur* du 28 (cf. Sainte-Beuve, *op. cit.*, I, 226-228). Ginguené donna trois papiers malveillants à la *Décade philosophique* (30 prairial, 10 et 20 messidor an X-19 et 29 juin, 10 juillet 1802) et les reprit en une brochure intitulée : *Coup d'œil rapide sur le Génie du Christianisme.*

2. M. Ginguené. *(Note de Chateaubriand.)*

m'abuse, paraît même augmenter d'estime dans l'opinion publique à mesure qu'il vieillit, et il semble que l'on commence à y voir autre chose qu'un ouvrage de *pure imagination.* Mais à Dieu ne plaise que je prétende persuader de mon faible mérite ceux qui ont sans doute de bonnes raisons pour ne pas y croire. Hors la religion et l'honneur, j'estime trop peu de choses dans le monde, pour ne pas souscrire aux arrêts de la critique la plus rigoureuse. Je suis si peu aveuglé par quelques succès, et si loin de regarder quelques éloges comme un jugement définitif en ma faveur, que je n'ai pas cru devoir mettre la dernière main à mon ouvrage. J'attendrai encore, afin de laisser le temps aux préjugés de se calmer, à l'esprit de parti de s'éteindre ; alors l'opinion qui se sera formée sur mon livre sera sans doute la véritable opinion ; je saurai ce qu'il faudra changer au *Génie du Christianisme*, pour le rendre tel que je désire le laisser après moi, s'il me survit.

Mais si j'ai résisté à la censure dirigée contre l'ouvrage entier par les raisons que je viens de déduire, j'ai suivi pour *Atala*, prise séparément, un système absolument opposé. Je n'ai pu être arrêté dans les corrections, ni par la considération du prix du livre, ni par celle de la longueur de l'ouvrage. Quelques années ont été plus que suffisantes pour me faire connaître les endroits faibles ou vicieux de cet épisode. Docile sur ce point à la critique, jusqu'à me faire reprocher mon trop de facilité, j'ai prouvé à ceux qui m'attaquaient que je ne suis jamais volontairement dans l'erreur, et que dans tous les temps et sur tous les sujets, je suis prêt à céder à des lumières supérieures aux miennes[1].

---

1. Chateaubriand affecta toujours de se soumettre modestement à la critique des autres. Dans la *Vie de Rancé*, sa dernière œuvre, parue en 1844, il écrira encore en des termes analogues : « On ne peut me

Atala a été réimprimée onze fois : cinq fois séparément, et six fois dans le *Génie du Christianisme ;* si l'on confrontait ces onze éditions, à peine en trouverait-on deux tout à fait semblables.

La douzième que je publie aujourd'hui, a été revue avec le plus grand soin. J'ai consulté des *amis prompts à me censurer*[1] ; j'ai pesé chaque phrase, examiné chaque mot. Le style, dégagé des épithètes qui l'embarrassaient, marche peut-être avec plus de naturel et de simplicité. J'ai mis plus d'ordre et de suite dans quelques idées ; j'ai fait disparaître jusqu'aux moindres incorrections de langage. M. de la Harpe[2] me disait au sujet d'*Atala :* « Si vous voulez vous enfermer avec moi seulement quelques heures, ce temps nous suffira pour effacer les taches qui font crier si haut vos censeurs. » J'ai passé quatre ans à revoir cet épisode, mais aussi il est tel qu'il doit rester. C'est la seule *Atala* que je reconnaîtrai à l'avenir.

Cependant il y a des points sur lesquels je n'ai pas cédé entièrement à la critique. On a prétendu que quelques sentiments exprimés par le P. Aubry renfermaient une doctrine désolante. On a, par exemple, été révolté de ce passage (nous avons aujourd'hui tant de sensibilité !) :

« Que dis-je ! ô vanité des vanités ! Que parlé-je de la puissance des amitiés de la terre ! Voulez-vous, ma chère fille, en connaître l'étendue ? Si un homme

---

faire plus de plaisir que de m'avertir quand je me suis trompé ; on a toujours plus de lumière et plus de savoir que moi. » (*Avertissement* de la seconde édition, édit. F. Letessier, Didier, 1955, p. 5-6 et note.)

1. Parmi ces *amis prompts à le censurer*, Chateaubriand pourrait citer en premier Fontanes (cf. *Mémoires*, II, 20).

2. Chateaubriand entretenait des relations cordiales avec le vieux critique La Harpe, qu'il avait connu avant la Révolution et rencontrait notamment chez Migneret, leur commun éditeur (Cf. *Mémoires*, II, 77-79). La Harpe mourut le 11 février 1803.

revenait à la lumière quelques années après sa mort, je doute qu'il fût revu avec joie par ceux-là même qui ont donné le plus de larmes à sa mémoire : tant on forme vite d'autres liaisons, tant on prend facilement d'autres habitudes, tant l'inconstance est naturelle à l'homme, tant notre vie est peu de chose, même dans le cœur de nos amis ! »

Il ne s'agit pas de savoir si ce sentiment est pénible à avouer, mais s'il est vrai et fondé sur la commune expérience. Il serait difficile de ne pas en convenir. Ce n'est pas surtout chez les Français que l'on peut avoir la prétention de ne rien oublier. Sans parler des morts dont on ne se souvient guère, que de vivants sont revenus dans leurs familles et n'y ont trouvé que l'oubli, l'humeur et le dégoût ! D'ailleurs quel est ici le but du P. Aubry ? N'est-ce pas d'ôter à Atala tout regret d'une existence qu'elle vient de s'arracher volontairement, et à laquelle elle voudrait en vain revenir ? Dans cette intention, le missionnaire, en exagérant même à cette infortunée les maux de la vie, ne ferait encore qu'un acte d'humanité. Mais il n'est pas nécessaire de recourir à cette explication. Le P. Aubry exprime une chose malheureusement trop vraie. S'il ne faut pas calomnier la nature humaine, il est aussi très inutile de la voir meilleure qu'elle ne l'est en effet.

Le même critique, M. l'abbé Morellet[1], s'est encore

1. L'abbé Morellet fit paraître dès floréal an IX (mai 1801) ses fameuses *Observations critiques sur le roman intitulé Atala* (Paris, Denné jeune, une brochure de 72 pages). Le critique se propose, « pour l'instruction des romanciers à venir, de relever les fautes de l'ouvrage ». Tout en reconnaissant à Chateaubriand « une imagination brillante et féconde », de la sensibilité, « une morale douce et bienfaisante », Morellet s'en prend notamment « aux contradictions et à l'incohérence entre les diverses parties de l'œuvre » et plus encore à son style « où abondent des expressions étranges ». L'ancien collaborateur de l'*Encyclopédie* ne pouvait guère être sensible à certaines beautés nouvelles ; Chateaubriand fut très affecté de ses attaques dont il profita cependant

élevé contre cette autre pensée, comme fausse et paradoxale :

« Croyez-moi, mon fils, les douleurs ne sont point éternelles ; il faut tôt ou tard qu'elles finissent, parce que le cœur de l'homme est fini. C'est une de nos grandes misères : nous ne sommes pas même capables d'être longtemps malheureux. »

Le critique prétend que cette sorte d'incapacité de l'homme pour la douleur est au contraire un des grands biens de la vie. Je ne lui répondrai pas que si cette réflexion est vraie, elle détruit l'observation qu'il a faite sur le premier passage du discours du P. Aubry. En effet, ce serait soutenir, d'un côté, que l'on n'oublie jamais ses amis ; et de l'autre, qu'on est très heureux de n'y plus penser. Je remarquerai seulement que l'habile grammairien me semble ici confondre les mots. Je n'ai pas dit : « C'est une de nos grandes *infortunes* » ; ce qui serait faux, sans doute ; mais : « C'est une de nos grandes *misères* », ce qui est très vrai. Eh ! qui ne sent que cette impuissance où est le cœur de l'homme de nourrir longtemps un sentiment, même celui de la douleur, est la preuve la plus complète de sa stérilité, de son indigence, de sa *misère ?* M. l'abbé Morellet paraît faire, avec beaucoup de raison, un cas infini du bon sens, du jugement, du naturel. Mais suit-il toujours dans la pratique la théorie qu'il professe ? Il serait assez singulier que ses idées riantes sur l'homme et sur la vie, me donnassent le droit de le soupçonner, à mon

---

pour corriger son livre. Plus tard, il rendit justice à son ancien adversaire : « On remarque dans les écrits de M. l'abbé Morellet de la lecture, de la perspicacité, de saines doctrines littéraires. Ses derniers ouvrages ne renferment peut-être pas des jugements d'une impartialité rigoureuse ; mais l'écrivain qu'il a critiqué avec le plus d'amertume aime à reconnaître ce qu'il lui doit, et le profit qu'il a tiré de la leçon. » (Article du 21 janvier 1819, O. C., VII, 580.)

tour, de porter dans ses sentiments l'exaltation et les illusions de la jeunesse[1].

La nouvelle nature et les mœurs nouvelles que j'ai peintes, m'ont attiré encore un autre reproche peu réfléchi. On m'a cru l'inventeur de quelques détails extraordinaires, lorsque je rappelais seulement des choses connues de tous les voyageurs. Des notes ajoutées à cette édition d'*Atala* m'auraient aisément justifié ; mais s'il en avait fallu mettre dans tous les endroits où chaque lecteur pouvait en avoir besoin, elles auraient bientôt surpassé la longueur de l'ouvrage. J'ai donc renoncé à faire des notes. Je me contenterai de transcrire ici un passage de la *Défense du Génie du Christianisme*[2]. Il s'agit des ours enivrés de raisin, que les doctes censeurs avaient pris pour une gaîté de mon imagination. Après avoir cité des autorités respectables et le témoignage de Carver, Bartram, Imley, Charlevoix, j'ajoute : « Quand on trouve dans un auteur une circonstance qui ne fait pas beauté en elle-même, et qui ne sert qu'à donner de la ressemblance au tableau ; si cet auteur a d'ailleurs montré quelque sens commun, il serait assez naturel de supposer qu'il n'a pas inventé cette circonstance, et qu'il n'a fait que rapporter une chose réelle, bien qu'elle ne soit pas très connue. Rien n'empêche qu'on ne trouve *Atala* une méchante production ; mais j'ose dire que la nature américaine y est peinte avec la plus scrupuleuse exactitude. C'est une justice que lui rendent tous les voyageurs qui ont visité la Louisiane et les Florides. Les deux traductions anglaises d'*Atala* sont parvenues en Amérique ; les papiers publics ont

1. La remarque est d'une ironie cruelle : Morellet avait soixante-quatorze ans en 1801 ! Il devait mourir seulement en 1819.

2. La *Défense du Génie du Christianisme* parut en avril 1803 (Paris, Migneret, une brochure de 64 pages).

annoncé, en outre, une troisième traduction publiée à Philadelphie avec succès[1] ; si les tableaux de cette histoire eussent manqué de vérité, auraient-ils réussi chez un peuple qui pouvait dire à chaque pas : « Ce ne « sont pas là nos fleuves, nos montagnes, nos forêts. » Atala est retournée au désert, et il semble que sa patrie l'ait reconnue pour véritable enfant de la solitude[2]. »

1. La première de ces traductions fut imprimée à Londres en 1801, chez Spilsbury Snow-Hill ; la seconde sortit des presses londoniennes de G. & J. Robinson, en 1802 ; la troisième, imprimée à Philadelphie, a pour titre *Atala or the love and constancy of two Savages in the desert.* Translated from the French of F. A. C. by C. Bingham. Boston, 1802, in-12.

2. *Défense du Génie du Christianisme. (Note de Chateaubriand.)*

La fin de cette Préface concerne *René :* on la trouvera *infra*, p. 169-suiv.

ATALA

ATALA[1]

PROLOGUE

La France possédait autrefois, dans l'Amérique septentrionale, un vaste empire qui s'étendait depuis le Labrador jusqu'aux Florides, et depuis les rivages de l'Atlantique jusqu'aux lacs les plus reculés du haut Canada.

1. On n'a pas pu jusqu'ici établir si le nom de l'héroïne du roman est une création de Chateaubriand ou un emprunt. M. Léon Séché (*Revue Bleue*, 27 avril 1901, p. 529) signale que le mot Atala se rencontre, pour désigner un homme, muletier et interprète, dans la *Relation de voyages faits tant en Jérusalem, Terre Sainte, Constantinople, Égypte...*, par M. de Brièves (Paris, 1630) : ainsi, le nom serait, non pas d'origine indienne, mais orientale ; encore faudrait-il établir avec certitude (ce qui n'est pas possible) que l'écrivain connaissait cette *Relation*. — M. Jean Pommier (*Revue d'Histoire littéraire*, 1937, p. 263) remarque que dans les *Incas* de Marmontel, le roi de Quito s'appelle Ataliba, vocable qui, par suppression de sa pénultième et de son antépénultième, donne celui qui sert de titre à notre roman. — M. J.-M. Gautier (*L'exotisme américain dans l'œuvre de Chateaubriand*, Manchester, 1951) a relevé dans Bartram des noms indiens tels qu'Ata-Cul-Cula ou Alatamaha, qui, abrégés et remaniés, peuvent aboutir à Atala ; il suggère également un rapprochement avec le féminin dorien de l'adjectif grec ἀταλός, qu'on rencontre chez Homère et Pindare et qui signifie *jeune, naïf ;* il signale aussi qu'un ancien peuple américain se nommait Atali, que la voyelle A prédomine dans beaucoup de mots indiens, que l'époque avait le goût des titres de romans en A (*Cœlina, Malvina*, etc.), que Chateaubriand lui-même avait une prédilection pour la première lettre de l'alphabet, ainsi qu'en témoignent les noms de plusieurs autres de ses héroïnes (Mila, Velléda, Blanca) et surtout une curieuse page du *Génie du Christianisme* (deuxième partie, liv. III, chap. VI). Sur le succès du prénom Atala, cf. Atala Kergall, *Atala Stamaty, filleule de Chateaubriand* (*Bulletin Chateaubriand*, 1957, pp. 27-28).

Quatre grands fleuves, ayant leurs sources dans les mêmes montagnes, divisaient ces régions immenses : le fleuve Saint-Laurent qui se perd à l'est dans le golfe de son nom, la rivière de l'Ouest qui porte ses eaux à des mers inconnues, le fleuve Bourbon qui se précipite du midi au nord dans la baie d'Hudson, et le Meschacebé[1] qui tombe du nord au midi, dans le golfe du Mexique[2] [a].

Ce dernier fleuve, dans un cours de plus de mille lieues, arrose une délicieuse contrée que les habitants des États-Unis appellent le nouvel Éden, et à laquelle les Français ont laissé le doux nom de Louisiane. Mille autres fleuves, tributaires du Meschacebé[3], le

---

1. Vrai nom du Mississipi ou Meschassipi. *(Note de Chateaubriand.)*

2. On trouve, dans le *Voyage en Amérique : Lacs du Canada* (O. C., VI, 74), un morceau qui contient les principaux éléments de ce paragraphe : « Au bout de la vallée, et loin par delà, on aperçoit la cime des montagnes hyperboréennes, où Dieu a placé la source des quatre grands fleuves de l'Amérique septentrionale. Nés dans le même berceau, ils vont, après un cours de douze cents lieues, se mêler, aux quatre points de l'horizon, à quatre océans : le Mississipi se perd au midi, dans le golfe Mexicain ; le Saint-Laurent se jette, au levant, dans l'Atlantique ; l'Ontawais se précipite, au nord, dans les mers du Pôle ; et le fleuve de l'ouest porte, au couchant, le tribut de ses ondes à l'Océan de Nontouka. » — M. G. Chinard (*L'exotisme américain dans l'œuvre de Chateaubriand*, Hachette, 1918, p. 248) a montré que Chateaubriand combine ici deux passages de Carver : « (Là se trouve) la source des quatre grands fleuves qui prennent naissance à quelques lieues seulement les uns des autres, vers le centre de ce vaste continent ; savoir, la rivière Bourbon qui se jette dans la baie de l'Hudson, celle du Saint-Laurent, le Mississipi et l'Orégon ou la rivière de l'ouest qui verse ses eaux dans la mer Pacifique... » « Les quatre principaux fleuves de l'Amérique septentrionale, à savoir, le fleuve Saint-Laurent, le Mississipi, la rivière Bourbon et l'Orégon, ou la rivière de l'ouest, prennent leur source dans un petit espace assez circonscrit... Du lieu de leurs sources à la baie d'Hudson et au détroit d'Anian et à la mer Pacifique à l'ouest, il y a au moins deux mille lieues. »

3. Ce fleuve, que Chateaubriand a rendu prestigieux, est désigné par les voyageurs sous des noms aux formes assez indécises : Meschasipi, Meschassepi, Metchasibou, Mesipi, Micissipi, Mississipi, etc. Il semble que seul Daniel Coxe, obscur auteur d'une *Description of the*

Missouri, l'Illinois, l'Akanza, l'Ohio, le Wabache, le Tenase[1], l'engraissent de leur limon et la fertilisent de leurs eaux. Quand tous ces fleuves se sont gonflés des déluges de l'hiver, quand les tempêtes ont abattu des pans entiers de forêts, les arbres déracinés s'assemblent sur les sources. Bientôt les vases les cimentent, les lianes les enchaînent, et des plantes y prenant racine de toutes parts, achèvent de consolider ces débris. Charriés[a] par les vagues écumantes, ils descendent au Meschacebé. Le fleuve s'en empare, les pousse au golfe Mexicain, les échoue sur des bancs de sable et accroît ainsi le nombre de ses embouchures. Par intervalle[b], il élève sa voix, en passant sous les monts, et répand ses eaux débordées autour des colonnades des forêts et des pyramides des tombeaux indiens ; c'est le Nil des déserts[2]. Mais la grâce est toujours

---

english province of Caroline... (London, 1722), ait employé la forme Meschacebé, qui signifierait, d'après la note VIII du *Génie du Christianisme* (O. C., II, 558), *Père barbu des fleuves ;* cette dénomination (qui, selon d'autres auteurs, veut dire *Toutes les rivières* ou *Le grand fleuve*) paraît donc avoir été exceptionnelle, mais les contemporains de Chateaubriand ne s'en doutèrent pas et adoptèrent cette forme, employée depuis par Verlaine et Hérédia (J.-M. Gautier, *op. cit.*, p. 45-48).

1. Sur les six « fleuves » qu'il nomme ici, l'auteur déforme les noms de trois d'entre eux (Akanza = Arkansas ; Wabache = Wabash ; Tenase = Tennessee) ; il suit en cela les errements des autres voyageurs, rarement plus près que lui de la prononciation anglaise. Il faut noter que le Tennessee et le Wabash sont des affluents de l'Ohio.

2. Dans ce début de paragraphe, l'auteur suit surtout Imlay (cf. Chinard, *op. cit.*, p. 249-250) : « Les barres qui traversent la plupart de ces étroits canaux ouverts par le courant ont été multipliées par les arbres charriés par les rivières. Un seul, arrêté par ses branches ou par ses racines dans un endroit peu profond, suffit à en arrêter mille de plus et à les fixer à cette place. Aucune force humaine ne pourrait les enlever, car le limon entraîné par le fleuve les lie et les cimente ensemble. En moins de dix ans les roseaux et les arbrisseaux y poussent, forment des promontoires et des îles qui changent le lit de la rivière. Il est certain que, lorsque La Salle descendit le Mississipi jusqu'à la mer, l'embouchure de ce fleuve était fort différente de ce qu'elle est aujourd'hui. Le limon dont les inondations annuelles du Mississipi

unie à la magnificence dans les scènes de la nature : tandis que le courant du milieu entraîne vers la mer les cadavres des pins et des chênes, on voit sur les deux courants latéraux remonter le long des rivages, des îles flottantes de pistia et de nénuphar, dont les roses jaunes s'élèvent comme de petits pavillons. Des serpents verts, des hérons bleus, des flammants roses, de jeunes crocodiles s'embarquent, passagers sur ces vaisseaux de fleurs, et la colonie, déployant au vent ses voiles d'or, va aborder endormie dans quelque anse retirée du fleuve[1].

Les deux rives du Meschacebé présentent le tableau

---

couvrent la surface des rives avoisinantes peut être comparé à celui du Nil. » — Sur les inondations du Meschacebé, ses courants et ses contre-courants, « admirable prévoyance de la nature (sans laquelle) les embarcations pourraient à peine remonter les fleuves », cf. *Voyage en Amérique* (O. C., VI, 89-90).

1. Chateaubriand, dans cette fin d'alinéa, transpose au Mississipi des observations faites par Bartram sur la rivière Saint-Jean, en Floride orientale : « Je remis à la voile sur la rivière Saint-Jean et je vis ce jour-là de grandes quantités de *pistia stratiotes*, plante aquatique très singulière. Elle forme des îles flottantes dont quelques-unes ont une grande étendue et qui voguent au gré du vent et des eaux. Ces groupes commencent pour l'ordinaire ou sur la côte, ou près du rivage, dans les eaux tranquilles ; de là, ils s'étendent par degrés vers la rivière, formant des prairies mobiles, d'un vert charmant, qui ont plusieurs milles de long et quelquefois un quart de mille de large... Quand les grosses pluies, les grands vents font subitement élever les eaux de la rivière, il se détache de la côte de grandes portions de ces îles flottantes. Ces îlots mobiles offrent le plus aimable spectacle : ils ne sont qu'un amas des plus humbles productions de la nature, et pourtant ils troublent et déçoivent l'imagination. L'illusion est d'autant plus complète qu'au milieu de ces plantes en fleurs, on voit des groupes d'arbrisseaux, de vieux troncs d'arbres abattus par les vents et couverts encore de la longue mousse qui pend entre leurs débris. Ils sont même habités et peuplés de crocodiles, de serpents, de grenouilles, de loutres, de corbeaux, de hérons, de courlis, de choucas. » — Quant aux serpents verts et aux hérons bleus, ils proviennent de Casteby ; les flammants roses (oiseaux méditerranéens et asiatiques) sont plus surprenants aux bords du Mississipi, où l'on pouvait du moins rencontrer des ibis rouges (Chinard, *op. cit.*, p. 251-252). — Voir *infra*, Appendice II, p. 377.

le plus extraordinaire. Sur le bord occidental[a], des savanes se déroulent à perte de vue ; leurs flots de verdure, en s'éloignant, semblent monter dans l'azur du ciel où ils s'évanouissent[1]. On voit dans ces prairies sans bornes, errer à l'aventure des troupeaux de trois ou quatre mille buffles sauvages[2]. Quelquefois un bison chargé d'années, fendant les flots à la nage, se vient coucher parmi de hautes herbes, dans une île du Meschacebé. A son front orné de deux croissants, à sa barbe antique et limoneuse, vous le prendriez pour le dieu du fleuve, qui jette un œil satisfait sur la grandeur de ses ondes, et la sauvage abondance de ses rives.

Telle est la scène sur le bord occidental ; mais elle change sur le bord opposé, et forme avec la première un admirable contraste[b]. Suspendus sur le cours des eaux,

---

1. Cette phrase se retrouve presque littéralement dans le *Voyage en Amérique* (O. C., VI, 87) : « D'autres collines parallèles, couronnées de forêts, s'élèvent derrière la première colline, fuient en montant de plus en plus dans le ciel, jusqu'à ce que leur sommet frappé de lumière devienne de la couleur du ciel et s'évanouisse. » Le trait essentiel de ce paysage est emprunté à Imlay : « L'œil en regardant au loin trouve de nouvelles beautés dans les pentes des collines de la rivière d'Argent, qui, s'étendant obliquement dans la direction du nord-ouest, s'élèvent de plus en plus haut en s'éloignant jusqu'à ce que leur sommet illuminé s'évanouisse imperceptiblement. » (Chinard, *op. cit.*, p. 252-253.)

2. D'après Louis Hogu, *Notes sur les sources de Chateaubriand* (*Mémoire de la Société d'Agriculture, Sciences et Arts d'Angers*, 1913, p. 123-169), Chateaubriand se souvient ici de l'*Histoire de l'Amérique septentrionale* (Paris, 1753, 4 vol.) du marquis de la Potherie, chez qui l'on peut lire (III, 238) : « On voit dans les prairies à perte de vue des troupeaux de quatre à cinq mille bœufs qui y paissent. » — Au *bison* ou *buffle* (de *buffalo*, « mot espagnol anglicisé »), Chateaubriand consacre une page dans le *Voyage en Amérique : Histoire naturelle* (O. C., VI, 105-106) : « Le bison porte basses ses cornes noires et courtes ; il a une longue barbe de crin... Les bisons sont si nombreux... que, quand ils émigrent, leur troupe met quelquefois plusieurs jours à défiler comme une immense armée... » Ce sont les anciens qui, « très souvent, ont représenté les fleuves sous l'apparence du taureau, l'animal qui paît dans les pâturages fluviaux et qui gronde comme les torrents » (Lavedan, *Dictionnaire des antiquités*, p. 430.)

groupés sur les rochers et sur les montagnes, dispersés dans les vallées, des arbres de toutes les formes, de toutes les couleurs, de tous les parfums, se mêlent, croissent ensemble, montent dans les airs à des hauteurs qui fatiguent les regards[1]. Les vignes sauvages, les bignonias, les coloquintes, s'entrelacent au pied de ces arbres, escaladent leurs rameaux, grimpent à l'extrémité des branches, s'élancent de l'érable au tulipier, du tulipier à l'alcée, en formant mille grottes, mille voûtes, mille portiques. Souvent égarées d'arbre en arbre, ces lianes traversent des bras de rivières, sur lesquels elles jettent des ponts de fleurs. Du sein de ces massifs, le magnolia[2] élève[a] son cône immobile ; surmonté de ses

1. C'est chez Carver que Chateaubriand a trouvé le contraste entre les deux rives : « Ce fleuve a de chaque côté une foule de montagnes tout le long de son cours : et ces montagnes tantôt s'approchent, tantôt s'éloignent considérablement. Le terrain entre ces montagnes est en général couvert d'herbes avec quelques bouquets de bois dispersés çà et là... En plusieurs endroits, on aperçoit des pyramides de rochers qui ressemblent à de vieilles tours en ruines ; dans d'autres, on voit des précipices effrayants, et ce qu'il y a de plus remarquable, c'est que, tandis qu'un côté présente cet aspect, le côté opposé est couvert de la plus belle verdure jusqu'à son sommet. On jouit là d'une vue dont la beauté et l'étendue surpasse tout ce que l'imagination peut se figurer. Qu'on se représente des plaines verdoyantes, des prairies couvertes de fruits, des îles nombreuses, le tout rempli d'une variété d'arbres fruitiers, comme des noyers, des érables à sucre, des vignes chargées de riches grappes et des pruniers... : qu'on se figure ce riche spectacle rehaussé par la perspective d'un superbe fleuve roulant majestueusement son cours aussi loin que la vue peut s'étendre. » (Cité par Chinard, *op. cit.*, p. 253.)

2. Le magnolia a été décrit à diverses reprises par Bartram : « C'est un arbre parfaitement droit, s'élevant en forme d'une belle colonne et se terminant par une tête qui ressemble à un cône tronqué. » « Il est extraordinaire de rencontrer là, diminuée et dégradée, la pyramide du splendide magnolia grandiflora, à côté de ces vils nains ; quelques-uns d'entre eux les dominent cependant, bien qu'ils n'aient que cinq pieds de haut, et montrent encore, larges et épanouies, leurs fleurs blanches et odorantes. » Chateaubriand a combiné ici ces deux passages. Il avait pour le magnolia une sorte de prédilection (cf. *Voyage en Amérique*, O. C., VI, 109) : il en fit planter un spécimen à la Vallée-

larges roses blanches, il domine toute la forêt, et n'a d'autre rival que le palmier, qui balance légèrement auprès de lui ses éventails de verdure[1].

Une multitude d'animaux, placés dans ces retraites par la main du Créateur, y répandent l'enchantement et la vie. De l'extrémité[a] des avenues, on aperçoit des ours enivrés de raisins[2], qui chancellent sur les branches des ormeaux ; des caribous se baignent dans un lac ; des écureuils noirs se jouent dans l'épaisseur des feuillages ; des oiseaux moqueurs, des colombes de Virginie de la grosseur d'un passereau, descendent sur les gazons rougis par les fraises ; des perroquets verts à tête jaune, des piverts empourprés, des cardinaux de feu, grimpent en circulant au haut des cyprès ; des colibris étincellent sur le jasmin des Florides, et des serpents-oiseleurs sifflent suspendus aux dômes des bois, en s'y balançant comme des lianes[3].

---

aux-Loups, et, plus tard, d'autres à l'infirmerie de Marie-Thérèse (*Mémoires*, I, 574 ; IV, 163).

1. Fin de paragraphe inspirée par ailleurs de Bartram : « Il est très agréable de contempler les rives du fleuve ornées de guirlandes suspendues et composées d'une variété de végétaux, arbrisseaux et plantes, formant des murs perpendiculaires, avec des contreforts, des colonnades, des appartements profonds... et complètement couverts de *Glycine frutescens*, *Glyc. apios*, *Vitis labrusca*, *Hedera arborea*..., *Bignonia crucigera*, et différentes espèces de convolvulus et en particulier une plante de cette famille qui grimpe à des hauteurs étonnantes et qui peut-être est une Ipoméa. Il est extrêmement curieux de voir la coloquinte sauvage grimper sur les branches des arbres élevés, son fruit jaune, à peu près de la grosseur d'une orange pendant à l'extrémité des rameaux au-dessus des eaux. » Mais quelle différence entre les notations du naturaliste et le tableau du peintre !

2. Sur la réalité de ces ours enivrés de raisin, cf. *supra*, p. 25 et O. C., II, 697 et 717. Chateaubriand se justifie en citant des passages de Carver, Bartram, Charlevoix et surtout Imlay : « C'est un fait connu de toute l'Amérique. » — Voir aussi L. Hogu, art. cit., p. 131.

3. Cf. *infra*, Appendice II, p. 379. — Sur la faune évoquée dans ce passage, cf. Chinard, *op. cit.*, p. 256-260. Chateaubriand a surtout puisé sa science dans Casteby (écureuil noir ; oiseau moqueur, « qui

Si tout est silence et repos dans les savanes de l'autre côté du fleuve, tout ici, au contraire, est mouvement et murmure : des coups de bec contre le tronc des chênes, des froissements d'animaux qui marchent, broutent ou broient entre leurs dents les noyaux des fruits, des bruissements d'ondes, de faibles gémissements, de sourds meuglements, de doux roucoulements remplissent ces déserts d'une tendre et sauvage harmonie. Mais quand une brise vient à animer ces solitudes, à balancer ces corps flottants, à confondre ces masses de blanc, d'azur, de vert, de rose, à mêler toutes les couleurs, à réunir

---

fait entrer dans la composition de ses airs le chant de tous les autres oiseaux » ; colombe virginienne, « qui a la grosseur d'une alouette et se repose ordinairement sur la terre » ; cardinaux, « qui se font remarquer par leur activité inlassable » ; piverts empourprés, décrits aussi par Carver ; perroquets, dont la présence sur le Mississipi a provoqué les railleries de plusieurs critiques, bien qu'elle soit attestée au début du XIXe siècle). Mais les fraises proviennent sans doute d'Imlay (« Elles sont si abondantes qu'à partir du commencement d'avril les savanes en paraissent toutes rouges »). — Le caribou n'est autre que le renne du Canada (cf. *Génie du Christianisme*, première partie, liv. V, chap. IX). — Sur le serpent-oiseleur, qu'on retrouve chez Charlevoix, Bartram et Carver, cf. *Voyage en Amérique : Histoire naturelle* (O. C., VI, 108-109) : « Un autre serpent tout noir, sans poison, monte sur les arbres et donne la chasse aux oiseaux et aux écureuils. Il charme l'oiseau par son regard, c'est-à-dire qu'il l'effraye. »

L'impression de splendeur et de richesse luxuriante laissée par le tableau de Chateaubriand a excité la verve des critiques. Cependant, ainsi que le remarque M. Chinard, il a décrit non pas le Mississipi de 1830, ni même de 1802 ou de 1791, mais celui du premier quart du XVIIIe siècle ; c'est chez les voyageurs de cette époque qu'il est allé chercher sa documentation ; or ces écrivains faisaient autorité et ce sont eux qu'il faut tenir pour responsables principaux des erreurs qu'il a pu commettre.

M. E. Meyer, dans un article intitulé *Chateaubriand, Vigny et Hérédia* (*Revue Universitaire*, février 1921, p. 131-135) a montré comment « cette page d'*Atala* fait tous les frais de la célèbre description d'*Éloa* » (Chant premier, v. 195-218) consacrée au colibri. A propos de ce « plagiat », l'auteur de cette étude écrit : « La comparaison de détail montre tout ce que Vigny a emprunté à Chateaubriand, ce qu'il a ajouté, et qui est peu ; elle ne montre pas tout ce qu'il a laissé perdre, et qui est beaucoup. »

tous les murmures ; alors il sort de tels bruits du fond des forêts, il se passe de telles choses aux yeux, que j'essaierais en vain de les décrire à ceux qui n'ont point parcouru ces champs primitifs de la nature.

Après la découverte du Meschacebé par le P. Marquette et l'infortuné La Salle[1], les premiers Français qui s'établirent au Biloxi[2] et à la Nouvelle-Orléans, firent alliance avec les Natchez[3], nation Indienne, dont la puissance était redoutable dans ces contrées. Des querelles et des jalousies ensanglantèrent[a] dans la suite la terre de l'hospitalité. Il y avait parmi ces Sauvages un vieillard nommé Chactas[4], qui, par son âge, sa sagesse,

1. Le P. Jacques Marquette (1637-1675), de la Compagnie de Jésus, atteignit le premier le Mississipi (1673), qu'il descendit jusqu'au 34e parallèle, en visitant le confluent du Missouri et celui de l'Ohio avant de remonter la rivière Illinois ; il mourut aux bords du lac Michigan. — Robert Cavelier de La Salle (1640-1687) s'établit à Montréal et, parti de la région des Grands Lacs, gagna le Mississipi qu'il descendit jusqu'au golfe du Mexique (1679-1680) ; en 1682, il partit de France avec quatre navires pour relever le delta du fleuve, qu'il dépassa sans le voir ; débarqué à l'ouest, il fut tué au cours de l'expédition qu'il entreprit alors en Louisiane.

2. La baie du Biloxi, à l'est du delta du Mississipi, est citée par Charlevoix, Imlay, Bartram (J.-M. Gautier, *op. cit.*, p. 44). Le Moyne d'Iberville y fonda un établissement en février 1699 ; de là, les Français ne revinrent en corps aux Natchez qu'en 1714 (cf. Chinard, édit. des *Natchez*, p. 137, n. 39).

3. L'histoire de cette peuplade indienne peu importante, installée sur la rivière Sainte-Catherine (affluent de gauche du bas Mississipi), doit surtout sa renommée à Chateaubriand. Il a trouvé chez Charlevoix le récit du « banal incident des guerres coloniales de la France qu'il a indûment magnifié, en transformant un soulèvement local en une guerre d'indépendance ». Une première révolte des Natchez eut lieu en 1722 ; une autre, plus grave, éclata en 1729 ; en 1731, ce peuple avait cessé d'exister comme nation séparée. En 1911, il existait encore, dans l'État d'Oklahoma, cinq indiens parlant la langue de la tribu, dont ils étaient les derniers descendants. (Cf. Chinard, *op. cit.*, p. 162-175 et surtout édit. des *Natchez*, p. 29-38.)

4. La voix harmonieuse. *(Note de Chateaubriand.)*

Le héros du roman doit son nom à celui d'une tribu indienne, voisine des Natchez, les *Tchactas* (Charlevoix), *Chactaws* (Bartram) et sa science dans les choses de la vie, était le patriarche et l'amour des déserts. Comme tous les hommes, il avait acheté la vertu par l'infortune. Non seulement les forêts du Nouveau-Monde furent remplies de ses malheurs, mais il les porta jusque sur les rivages de la France. Retenu aux galères à Marseille par une cruelle injustice, rendu à la liberté, présenté à Louis XIV, il avait conversé avec les grands hommes de ce siècle et assisté aux fêtes de Versailles, aux tragédies de Racine, aux oraisons funèbres de Bossuet : en un mot, le Sauvage avait contemplé la société à son plus haut point de splendeur[1].

Depuis plusieurs années, rentré dans le sein de sa patrie, Chactas jouissait du repos. Toutefois le ciel lui vendait encore cher cette faveur ; le vieillard était devenu aveugle[2]. Une jeune fille l'accompagnait sur les coteaux du Meschacebé, comme Antigone guidait les pas d'Œdipe sur le Cythéron[3], ou comme Malvina

---

ou *Chaktaw* (Imlay) ; selon Bartram, le mot signifierait *les têtes plates* (J.-M. Gautier, *op. cit.*, p. 48). La vraie prononciation en serait « *Chatkas* ».

1. L'imaginaire voyage de Chactas en France sous le règne de Louis XIV est longuement raconté dans *Les Natchez*, liv. VI, VII et VIII (édit. Chinard, p. 195-253). Sur les données qui inspirèrent cette odyssée à l'écrivain, cf. *supra*, p. 12, n. 2.

2. C'est Bartram qui a fourni à Chateaubriand le modèle du vieil Indien aveugle : « Je fus accueilli par un vieux sachem dont les cheveux étaient blancs comme la neige. Il était conduit par trois jeunes hommes, dont deux le soutenaient par les bras, et le troisième par derrière pour assurer sa marche. A son approche tout le cercle le salua d'un : Sois le bienvenu ! Le sourire brillait sur ses lèvres, la gaîté de la jeunesse sur tous ses traits. Mais le grand âge l'avait rendu aveugle. C'était de tous les chefs le plus ancien et le plus respecté. » Joseph Bédier, faisant ce rapprochement, ajoute : « Le premier, Bartram lui a donné la vision concrète de ces aimables Natchez, purs, tendres, graves et bien-disants. » Cf. aussi *supra*, p. XXI, n. 3.

3. Au début de l'*Œdipe à Colone*, tragédie de Sophocle jouée en 401 av. J.-C., on voit le vieux roi aveugle et banni guidé vers Athènes par sa fille Antigone. Le Cythéron est en réalité une montagne de Boétie, où Œdipe avait été exposé à sa naissance.

conduisait Ossian sur les rochers de Morven[1a].

Malgré les nombreuses injustices que Chactas avait éprouvées de la part des Français, il les aimait[b]. Il se souvenait toujours de Fénelon, dont il avait été l'hôte, et désirait pouvoir rendre quelque service aux compatriotes de cet homme vertueux. Il s'en présenta une occasion favorable. En 1725, un Français, nommé René, poussé par des passions et des malheurs, arriva à la Louisiane. Il remonta le Meschacebé jusqu'aux Natchez et demanda à être reçu guerrier de cette nation. Chactas l'ayant interrogé, et le trouvant inébranlable dans sa résolution, l'adopta pour fils[2], et lui donna pour épouse une Indienne, appelée Céluta[3]. Peu de temps après ce mariage, les Sauvages se préparèrent à la chasse du castor.

Chactas, quoique aveugle, est désigné par le conseil des Sachems[4] pour commander l'expédition, à cause

1. Ossian, le barde légendaire de l'Écosse, devenu aveugle dans sa vieillesse, fut mis à la mode par la fameuse supercherie littéraire de l'Anglais James Macpherson (1736-1796). Ossian était prince de Morven, en Calédonie ; il avait pour fiancée Malvina. Chateaubriand le cite souvent (cf. O. C., I, 574-575 ; III, 135-137, 651-656 ; VI, 377). Parlant de ce poète, le comte de Marcellus (*Chateaubriand et son temps*, p. 118) écrit : « Cet ami de la jeunesse de l'auteur le fut encore de sa maturité. C'est le seul livre que je lui aie connu (en 1822, quand il était ambassadeur à Londres). » Cf. *infra*, p. 197, n. 2.

2. L'arrivée de René chez les Indiens, son adoption par Chactas, son mariage avec Céluta sont longuement racontés dans *Les Natchez*, liv. I à V. Les voyageurs, en particulier Charlevoix, citent des exemples analogues d'Européens « adoptés » par des sauvages (L. Hogu, art. cit., p. 129).

3. Cf. *infra*, p. 181. L'origine du nom Céluta échappe à M. J.-M. Gautier, *op. cit.*, p. 50. Pour M. Jean Pommier (*Revue d'Histoire littéraire*, 1937, p. 261), « Céluta, c'est avant tout Céleste (les deux noms sont bien voisins l'un de l'autre), la propre femme de Chateaubriand... Dans l'aventure de Céluta et de René son époux, ce qui se retrouve principalement, c'est le malentendu conjugal de Chateaubriand et de Mlle de La Vigne... »

4. Vieillards ou conseillers. *(Note de Chateaubriand.)*

L'histoire du mot sachem est curieuse (cf. Brunot, *Histoire de la* du respect que les tribus indiennes lui portaient. Les prières et les jeûnes commencent[a] : les Jongleurs interprètent les songes ; on consulte les Manitous[1] ; on fait des sacrifices de petun ; on brûle des filets de langue d'orignal[2] ; on examine s'ils pétillent dans la flamme, afin de découvrir la volonté des Génies ; on part enfin, après avoir mangé le chien sacré[3]. René est de la troupe. A l'aide des contre-courants, les pirogues remontent le Meschacebé, et entrent dans le lit de l'Ohio. C'est en

---

langue française, X, 808, n. 1 ; Chinard, édit. des *Natchez*, p. 114, n. 31 ; J.-M. Gautier, *op. cit.*, p. 34). Carver, le premier, a parlé d'un chef indien « qui règle l'administration des affaires civiles et qui pourrait à bon titre être appelé le Sachem ». Une note de son traducteur précise : « C'est le nom que les Phéniciens donnaient à leur premier magistrat civil, dont apparemment M. Carver trouve l'autorité et la dignité correspondantes à celles des chefs indiens. On ne voit pas pourquoi. » Quoi qu'il en soit, le mot dut sa fortune à Chateaubriand, que Théophile Gautier surnomma plus tard (1874) « le Sachem du Romantisme en France ».

1. Les jongleurs sont les sorciers des Indiens, « prophètes ou augures interprètes des songes », selon le *Voyage en Amérique*. Quant aux manitous, ce sont les dieux des sauvages, ordinairement matérialisés par quelque objet sacré, portant le même nom. « Chaque Sauvage a son manitou, précise le *Voyage* (O. C., VI, 172), comme chaque nègre a son fétiche : c'est un oiseau, un poisson, un quadrupède, un reptile, une pierre, un morceau de bois, un lambeau d'étoffe, un objet coloré... Le chasseur prend soin de ne tuer ni blesser l'animal qu'il a choisi pour manitou. » (Cf. aussi *ibid.*, p. 160.)

2. Cf. *Voyage en Amérique : Histoire naturelle* (O. C., VI, 105) : « L'orignal a le mufle du chameau, le bois plat du daim, les jambes du cerf. Son poil est mêlé de blanc, de gris, de rouge et de noir ; sa course est rapide. » C'est une sorte d'élan.

3. Comme l'ont montré J. Bédier et L. Hogu (art. cit., p. 130-132), tous ces préparatifs de la chasse au castor sont inspirés de Charlevoix, chez qui se retrouvent, épars, maints détails mis en œuvre ici : interprétation des songes et sacrifice du chien, chasseurs brûlant des langues d'animaux, offrande de pétun (tabac) que l'on jette dans le cours d'une rivière, etc. Il est également question du banquet du chien sacré et de la chasse au castor dans le *Voyage en Amérique* (O. C., VI, 162 et 146-150). — Par ailleurs, il va de soi que les Natchez ne remontaient pas jusqu'à l'Ohio pour y chasser le castor.

automne. Les magnifiques déserts du Kentucky[1] se déploient aux yeux étonnés du jeune Français. Une nuit, à la clarté de la lune, tandis que tous les Natchez dorment au fond de leurs pirogues, et que la flotte indienne, élevant ses voiles de peaux de bêtes, fuit devant une légère brise[2], René[a], demeuré seul avec Chactas, lui demande le récit de ses aventures. Le vieillard consent à le satisfaire, et assis avec lui sur la poupe de la pirogue, il commence en ces mots[3b] :

1. Voir une description du Kentucky, « ce pays magnifique », appelé « du nom de sa rivière, qui signifie rivière de sang », dans le *Voyage en Amérique* (O. C., VI, 85-86).

2. Lors de son voyage, Chateaubriand avait eu lui-même l'occasion de naviguer dans des canots indigènes, dont il paraît avoir apprécié la légèreté et la rapidité. Cf. *Journal sans date* (O. C., VI, 75) : « Le ciel est pur sur ma tête, l'onde limpide sous mon canot, qui fuit devant une légère brise. » Voir aussi la description de la vie des Indiens dans leurs pirogues, *ibid.*, p. 127-128.

3. Selon L. Hogu (art. cit., p. 159), cet entretien nocturne de Chactas avec René rappelle les conversations qu'au cours de sa traversée vers l'Amérique Chateaubriand eut avec son ami, l'Anglais Tulloch (*Essai sur les Révolutions*, O. C., I, 604) : « Nous passions les nuits entières à causer sur le pont, lorsque tout dormait dans le vaisseau, etc. »

LE RÉCIT

LES CHASSEURS

« C'EST une singulière destinée, mon cher fils, que celle qui nous réunit. Je vois en toi l'homme civilisé qui s'est fait sauvage ; tu vois en moi l'homme sauvage, que le grand Esprit (j'ignore pour quel dessein) a voulu[a] civiliser. Entrés l'un et l'autre dans la carrière de la vie, par les deux bouts opposés, tu es venu te reposer à ma place, et j'ai été m'asseoir à la tienne : ainsi nous avons dû avoir des objets une vue totalement différente. Qui, de toi ou de moi, a le plus gagné ou le plus perdu à ce changement de position[1] ? C'est ce que savent les Génies, dont le moins savant a plus de sagesse que tous les hommes ensemble.

« A la prochaine lune des fleurs[2], il y aura sept fois

---

1. Ainsi que le remarque M. G. Chinard (*op. cit.*, p. 278), bien que Chactas laisse cette question sans réponse, « il apparaît, au moins dans la première partie du récit, que nous allons avoir une illustration de ce fait si souvent rapporté par les philosophes du XVIIIe siècle, que si l'on a bien souvent vu des civilisés se faire Sauvages, on n'a jamais vu un Sauvage s'habituer à la civilisation au point d'oublier ses forêts ». Au dernier chapitre de l'*Essai sur les Révolutions* (O. C., I, 622), Chateaubriand lui-même écrivait : « Je compris pourquoi pas un Sauvage ne s'est fait Européen et pourquoi plusieurs Européens se sont faits Sauvages. »

2. Mois de mai. *(Note de Chateaubriand.)*

Cette dénomination du mois de mai est empruntée au calendrier des Cipawois, d'après Charlevoix (*Voyage en Amérique*, VI, 133-134). — Si René arriva chez les Sauvages « en 1725 » (cf. *supra* 39), comme il ressort des *Natchez* (édit. Chinard, p. 182-183), que la chasse au castor eut lieu à l'automne qui suivit sa venue, on peut fixer la naissance de Chactas au mois de mai 1653.

dix neiges, et trois neiges de plus[1], que ma mère me mit au monde, sur les bords du Meschacebé. Les Espagnols s'étaient depuis peu établis dans la baie de Pensacola[2], mais aucun blanc n'habitait encore la Louisiane. Je comptais à peine dix-sept chutes de feuilles, lorsque je marchai avec mon père, le guerrier Outalissi[3], contre les Muscogulges[4], nation puissante des Florides. Nous nous joignîmes aux Espagnols nos alliés, et le combat se donna sur une des branches de la Maubile. Areskoui[5] et les Manitous ne nous furent pas favorables. Les ennemis triomphèrent ; mon père perdit la vie ; je fus blessé deux fois en le défendant. Oh ! que ne descendis-je alors dans le pays des âmes[6a], j'aurais évité les malheurs qui m'attendaient sur la terre ! Les Esprits en ordonnèrent autrement : je fus entraîné par les fuyards à Saint-Augustin[7].

« Dans cette ville, nouvellement bâtie par les Espagnols, je courais le risque d'être enlevé pour les mines

---

1. Neige pour année, 73 ans. *(Note de Chateaubriand.)*

2. Les Espagnols, avec Ponce de Léon, découvrirent la Floride en 1512 ; Hernando de Soto explora la vallée du Mississipi entre 1539 et 1541. Mais les conquérants firent porter leur effort colonial surtout sur l'Amérique Centrale et l'Amérique du Sud. Les voyages de découverte reprirent en Amérique du Nord à la fin du XVIIe siècle (cf. *supra*, p. 37, n. 1) : les Espagnols fondèrent en 1696 la ville de *Pensacola* (sur la baie du même nom, à l'est du delta du Mississipi) ; Charlevoix, Bartram, Imlay écrivent *Pensacole*.

3. *Outalissi* est sans doute une déformation de *Oualatissi :* libéral, mot que l'on rencontre dans le lexique des *Nouveaux voyages* du baron de La Hontan (1703) (cf. J.-M. Gautier, *op. cit.*, p. 49).

4. Sur cet important peuple de Floride, habitant à l'orient des Natchez, cf. *Voyage en Amérique* (O. C., VI, 183-189).

5. Dieu de la guerre. (*Note de Chateaubriand.*)

6. Les enfers. *(Note de Chateaubriand.)*

7. La *Maubile* (ou *Mobile*) est un petit fleuve côtier, entre le Mississipi et la baie de Pensacola. — *Saint-Augustin*, ville de la Floride orientale et port de la côte atlantique, fut tour à tour aux mains des Espagnols, des Indiens et des Anglais.

de Mexico, lorsqu'un vieux Castillan, nommé Lopez[1], touché de ma jeunesse et de ma simplicité, m'offrit un asile, et me présenta à une sœur avec laquelle il vivait sans épouse.

« Tous les deux prirent pour moi[a] les sentiments les plus tendres. On m'éleva avec beaucoup de soin, on me donna toutes sortes de maîtres. Mais après avoir passé trente lunes à Saint-Augustin, je fus saisi du dégoût de la vie des cités. Je dépérissais à vue d'œil : tantôt je demeurais immobile pendant des heures, à contempler la cime des lointaines forêts ; tantôt on me trouvait assis au bord d'un fleuve[b], que je regardais tristement couler. Je me peignais les bois à travers lesquels cette onde avait passé, et mon âme était tout entière à la solitude[2].

« Ne pouvant plus résister à l'envie de retourner au désert, un matin je me présentai à Lopez, vêtu de mes habits de Sauvage, tenant d'une main mon arc et mes flèches, et de l'autre mes vêtements européens. Je les remis à mon généreux protecteur, aux pieds duquel je tombai, en versant des torrents de larmes. Je me donnai des noms odieux[c], je m'accusai d'ingratitude : « Mais « enfin, lui dis-je, ô mon père, tu le vois toi-même : je « meurs, si je ne reprends la vie de l'Indien. »

« Lopez, frappé d'étonnement, voulut me détourner

---

1. Bien que le nom de *Lopez* soit très banal en espagnol, signalons avec L. Hogu (art. cit., p. 155) que le quatrième tome de l'*Histoire générale des voyages* (importante compilation en 20 vol., connue de Chateaubriand) résume la carrière d'un certain Édouard Lopez, explorateur infatigable.

2. On peut comparer l'attitude de Chactas dans ce passage avec celle de René dans le roman qui porte son nom ; c'est l'expression de la vague mélancolie qui caractérise les héros préromantiques et romantiques : toutefois, à l'inverse de René, Chactas sait parfaitement où réside le bonheur, et, loin de souhaiter un perpétuel changement, il ne fait qu'aspirer au retour à une vie simple dans l' « état de nature ».

de mon dessein. Il me représenta les dangers que j'allais courir, en m'exposant à tomber de nouveau entre les mains des Muscogulges. Mais voyant que j'étais résolu à tout entreprendre, fondant en pleurs, et me serrant dans ses bras : « Va, s'écria-t-il, enfant de la nature ! « reprends cette indépendance[a] de l'homme, que Lopez « ne te veut point ravir[1]. Si j'étais plus jeune moi-« même, je t'accompagnerais au désert (où j'ai aussi « de doux souvenirs !)[2] et je te remettrais dans les « bras de ta mère. Quand tu seras dans tes forêts, songe « quelquefois à ce vieil Espagnol qui te donna l'hospi-« talité, et rappelle-toi, pour te porter à l'amour de tes « semblables, que la première expérience que tu as « faite du cœur humain, a été toute en sa faveur. » Lopez finit par une prière au Dieu des Chrétiens, dont j'avais refusé d'embrasser le culte, et nous nous quittâmes avec des sanglots[3].

« Je ne tardai pas à être puni de mon ingratitude. Mon inexpérience m'égara dans les bois, et je fus pris par un parti de Muscogulges et de Siminoles[4], comme Lopez me l'avait prédit. Je fus reconnu pour Natché, à

---

1. Ces paroles forment un contraste frappant avec celles que Chactas prononcera plus tard, après avoir visité le village du P. Aubry (cf. *infra*, p. 113) : « Je sentis à l'instant la supériorité de cette vie stable, morale et occupée sur la vie errante, inutile et oisive du Sauvage. » Les contradictions de ce genre dans *Atala* peuvent s'expliquer par la diversité des moments (avant ou après la conversion de l'auteur) où les parties de l'œuvre furent conçues et rédigées. Cf. là-dessus, G. Chinard, *op. cit.*, p. 275-suiv.

2. Cette simple phrase est une discrète et habile « préparation » de la suite : Lopez songe à ses amours avec celle qui devint la mère d'Atala.

3. Plus tard, lors de son voyage en Europe, par un de ces hasards providentiels tels qu'on en rencontre dans les romans, Chactas rencontrera de nouveau Lopez, vieilli mais toujours généreux (*Les Natchez*, édit. Chinard, p. 189-194).

4. Sur les Siminoles, peuple de la Georgie et de la Floride, voisin et allié des Muscogulges, cf. *Voyage en Amérique* (O. C., VI, 187).

mon vêtement et aux plumes qui ornaient ma tête[a]. On m'enchaîna, mais légèrement, à cause de ma jeunesse. Simaghan[1], le chef de la troupe, voulut savoir mon nom, je répondis : « Je m'appelle Chactas, fils d'Outalissi, fils « de Miscou, qui ont enlevé plus de cent chevelures « aux héros Muscogulges. » Simaghan me dit : « Chac- « tas, fils d'Outalissi, fils de Miscou, réjouis-toi ; tu « seras brûlé au grand village. » Je repartis : « Voilà qui « va bien » ; et j'entonnai ma chanson de mort[2].

« Tout prisonnier que j'étais, je ne pouvais, durant les premiers jours, m'empêcher[b] d'admirer mes ennemis. Le Muscogulge, et surtout son allié le Siminole, respire la gaieté, l'amour, le contentement. Sa démarche est légère, son abord ouvert et serein. Il parle beaucoup et avec volubilité ; son langage est harmonieux et facile[3]. L'âge même ne peut ravir aux Sachems cette simplicité joyeuse : comme les vieux oiseaux de nos bois[c], ils mêlent encore leurs vieilles chansons[d], aux airs nouveaux de leur jeune postérité.

« Les femmes qui accompagnaient la troupe témoi-

---

1. *Simaghan*, du mot indien *simagan*, signifiant épée, selon La Hontan. *Miscou* est, d'après Charlevoix, le nom d'une île située dans le golfe du Saint-Laurent ; suivant La Hontan, ce terme signifie rouge et sang (J.-M. Gautier, *op. cit.*, p. 50).

2. Le *grand village* est le terme couramment employé par les voyageurs et qu'on retrouve dans *Les Natchez* pour désigner la capitale d'un peuple indien. — D'autre part, Charlevoix rapporte qu'un prisonnier sauvage, harangué par le chef ennemi qui lui apportait sa sentence de mort, « écouta ce discours comme s'il ne l'eût pas regardé ; il répondit d'une voix ferme : « Voilà qui va bien ! » Il entonna aussitôt la chanson de mort, puis sa chanson de guerre » (cf. L. Hogu, art. cit., p. 128). On trouvera des détails analogues dans le récit du supplice de Chactas, *infra*, p. 73-74.

3. On rapprochera ce portrait des Muscogulges et des Siminoles des lignes que consacre à ces peuples le *Voyage en Amérique* (O. C., VI, 187), en s'inspirant de Bartram : les termes des deux passages sont souvent identiques. Sur cette conception aimable des Sauvages, cf. *supra*, p. 38, n. 2.

gnaient pour ma jeunesse une pitié tendre et une curiosité aimable. Elles me questionnaient sur ma mère, sur les premiers jours de ma vie[1] ; elles voulaient savoir si l'on suspendait mon berceau de mousse aux branches fleuries des érables[2], si les brises m'y balançaient, auprès du nid des petits oiseaux. C'était ensuite mille autres questions sur l'état de mon cœur : elles me demandaient si j'avais vu une biche blanche dans mes songes[3], et si les arbres de la vallée secrète m'avaient conseillé d'aimer. Je répondais avec naïveté aux mères, aux filles et aux épouses des hommes. Je leur disais : « Vous êtes les « grâces du jour, et la nuit vous aime comme la rosée[4]. « L'homme sort de votre sein pour se suspendre à « votre mamelle et à votre bouche ; vous savez des

1. Anatole Le Braz (*Au pays d'exil de Chateaubriand*, H. Champion, 1909, p. 159) estime que les entretiens des bienveillantes femmes siminoles avec le discret et réticent Chactas sont la transposition romanesque des conversations de Chateaubriand exilé à Bungay avec Mrs Ives et sa fille Charlotte. Cf. *Mémoires*, I, 469 : « Vingt fois la mère de Charlotte s'était enquise de mes parents... Ne prévoyant pas où mon mutisme me mènerait, je me contentai, comme d'usage, de répondre quelques mots vagues et brefs... »

2. C'est en particulier Carver qui signale l'habitude des femmes indiennes de suspendre aux arbres les berceaux de leurs enfants (L. Hogu, art. cit., p. 138). M. G. Chinard (*Modern language notes*, XXV, p. 137-141) a relevé dans les *Aventures du sieur Le Beau* (II, 66) une phrase qui relate cette coutume : « Les mères indiennes, quand elles reviennent des champs, suspendent les berceaux à quelque branche d'arbre où l'enfant est comme bercé et endormi par le vent pendant qu'elles travaillent. » Cf. aussi *Voyage en Amérique* (O. C., VI, 67 et 119) et *Les Natchez* (édit. Chinard, p. 402).

3. Cf. *Voyage en Amérique* (O. C., VI, 112) : « Il faut que les songes, pour être favorables..., aient montré des berceaux, des oiseaux et des biches blanches. » (Charlevoix donne des détails analogues, selon L. Hogu, art. cit., p. 132.)

4. « Pourquoi les *grâces du jour?* qu'est-ce que les grâces du jour ? et qu'est-ce que l'amour de la nuit pour la rosée ? La terre altérée par la chaleur aime la rosée et la fraîcheur de la nuit ; mais la nuit n'aime pas plus la rosée que toute autre disposition de l'atmosphère. Enfin, je ne puis m'empêcher de voir là le style précieux dont Molière s'est moqué. » (Abbé Morellet.)

« paroles magiques qui endorment toutes les douleurs[1].
« Voilà ce que m'a dit celle qui m'a mis au monde, et
« qui ne me reverra plus ! Elle m'a dit encore que les
« vierges étaient des fleurs mystérieuses qu'on trouve
« dans les lieux solitaires[2]. »

« Ces louanges faisaient beaucoup de plaisir aux femmes ; elles me comblaient de toute sorte de dons ; elles m'apportaient de la crème de noix, du sucre d'érâble, de la sagamité[3], des jambons d'ours, des peaux de castors, des coquillages pour me parer, et des mousses pour ma couche. Elles chantaient, elles riaient avec moi, et puis elles se prenaient à verser des larmes, en songeant que je serais brûlé.

« Une nuit que les Muscogulges avaient placé leur camp sur le bord d'une forêt, j'étais assis auprès du *feu de la guerre*, avec le chasseur commis à ma garde[a]. Tout à coup j'entendis le murmure d'un vêtement sur l'herbe, et une femme à demi voilée vint s'asseoir à

---

1. M. Chandler B. Beall (*Chateaubriand et le Tasse*, The Johns Hopkins Press, Baltimore, 1934, p. 58-59) suggère que cette phrase semble due à la contamination de deux passages de la *Jérusalem délivrée*. 1) XIX, 113 : (Erminie panse les blessures de Tancrède) « Elle n'avait ni dictame, ni crocus ; mais, connues pour un tel usage, elle savait ces drogues *souveraines et magiques*. » 2) VI, 67 (Erminie avait appris de sa mère) « avec quelles *formules magiques* sur les membres lésés on peut guérir toutes les plaies et comment on peut *soulager la douleur* ». (Il faut noter que, tandis que le Tasse parle d'une femme initiée à un art spécial, Chactas rend hommage à la douceur naturelle des femmes en général.)

2. Selon M. A. Monglond (*Revue d'Histoire littéraire*, 1920, p. 615), cette phrase a dû être inspirée par un passage d'Ossian : « Je connais les plantes de la montagne; j'en ai cueilli sur les bords des torrents solitaires... ». Le thème *vierge-fleur* (ou plutôt *jeune fille-jeune fleur*) est développé dans une romance de 1832, citée par les *Mémoires*, IV, 88.

3. Sorte de pâte de maïs. *(Note de Chateaubriand.)*

Le mot (que les Indiens prononçaient *sagomité*) est employé par Charlevoix, Lafitau, etc. (J.-M. Gautier, *op. cit.*, p. 38). On le trouve également dans le *Voyage en Amérique* (O. C., VI, 69, 169), qui consacre un long développement à la récolte du *sucre d'érable* (p. 125-127).

mes côtés. Des pleurs roulaient sous sa paupière ; à la lueur du feu un petit crucifix d'or brillait sur son sein. Elle était régulièrement belle ; l'on remarquait sur son visage je ne sais quoi[a] de vertueux et de passionné, dont l'attrait était irrésistible. Elle joignait à cela des grâces plus tendres ; une extrême sensibilité, unie à une mélancolie profonde, respirait dans ses regards ; son sourire était céleste[1].

« Je crus que c'était la *Vierge des dernières amours*, cette vierge qu'on envoie au prisonnier de guerre, pour enchanter sa tombe[2]. Dans cette persuasion, je lui dis en balbutiant, et avec un trouble qui pourtant ne venait pas de la crainte du bûcher : « Vierge, vous êtes digne « des premières amours, et vous n'êtes pas faite pour les

---

1. M. G. Chinard (*Modern language notes*, XXV, 1910, p. 137-141) a cru saisir une certaine ressemblance entre l'apparition d'Atala et celle d'une jeune sauvageonne qui figure dans les *Aventures du sieur Le Beau :* « Elle était d'une taille un peu au-dessus de la médiocre et assez déliée... Elle avait tous les traits du visage mignons et assez réguliers... Ses yeux, bien fendus, ... joints à une voix douce et languissante, étaient capables de toucher le cœur le moins sensible à l'amour. En un mot, selon moi, elle était ce qu'on appelle une beauté parfaite. » — On trouve une analogie plus frappante avec le portrait de Virginie chez Bernardin de Saint-Pierre (*Paul et Virginie*, édit. M. Souriau, Les Textes français, Paris, 1930, p. 100) : « Déjà sa taille était plus qu'à demi formée ; ... *ses yeux* bleus et ses lèvres de corail *brillaient* du plus tendre éclat sur la fraîcheur de *son visage ;* ils souriaient toujours de concert quand elle parlait ; mais, quand elle gardait le silence, leur obliquité naturelle vers le ciel leur donnait une expression d'*une sensibilité extrême* et même celle d'une légère *mélancolie.* » — Enfin, M. André Gavoty (art. cit., p. 724) estime que cette image d'Atala S'accommode parfaitement d'être comparée avec un portrait à l'huile de Mme de Belloy conservé au château de Corbiac, en Dordogne.

2. La poétique expression *Vierge des dernières amours* est une création de Chateaubriand, qui l'emploie aussi dans *Les Natchez* (édit. Chinard, p. 294). Elle lui a été suggérée par une coutume répandue chez les Sauvages et que Charlevoix rappelle à diverses reprises; il semble qu'ici l'auteur d'*Atala* se soit souvenu plus particulièrement de cette phrase : « On abandonne quelquefois aux prisonniers des filles pour leur servir comme de femmes pendant tout le temps qu'il leur reste à vivre. » (L. Hogu, art. cit., p. 131.)

« dernières. Les mouvements d'un cœur qui va bientôt « cesser de battre répondraient mal aux mouvements « du vôtre. Comment mêler la mort et la vie ? Vous « me feriez trop regretter le jour. Qu'un autre soit « plus heureux que moi, et que de longs embrasse- « ments unissent la liane et le chêne ! »

« La jeune fille me dit alors : « Je ne suis point la « *Vierge des dernières amours*. Es-tu chrétien ? » Je répondis que je n'avais point trahi les Génies de ma cabane. A ces mots, l'Indienne fit un mouvement involontaire. Elle me dit : « Je te plains de n'être qu'un « méchant idolâtre. Ma mère m'a fait[1] chrétienne; « je me nomme Atala, fille de Simaghan aux bracelets « d'or, et chef des guerriers de cette troupe. Nous nous « rendons à Apalachucla[2] où tu seras brûlé. » En prononçant ces mots, Atala se lève et s'éloigne. »

Ici Chactas fut contraint d'interrompre son récit. Les souvenirs se pressèrent en foule dans son âme ; ses yeux éteints inondèrent de larmes ses joues flétries : telles deux sources cachées[3a] dans la profonde nuit de la terre, se décèlent par les eaux qu'elles laissent filtrer entre les rochers.

« O mon fils, reprit-il enfin, tu vois que Chactas est bien peu sage, malgré sa renommée de sagesse. Hélas, mon cher enfant, les hommes ne peuvent déjà plus voir, qu'ils peuvent encore pleurer ! Plusieurs jours s'écoulèrent ; la fille du Sachem revenait chaque soir me parler[b]. Le sommeil avait fui de mes yeux, et Atala

1. *Sic.*

2. Sur ce nom de ville, cf. *infra*, p. 64.

3. Bien que la comparaison des yeux à des sources de larmes soit assez banale dans la poésie, en particulier en Italie *(fonti di pianto)*, M. Chandler B. Beall (*op. cit.*, p. 59) rapproche ce passage d'un vers du Tasse, *Jérusalem délivrée*, VII, 22 : « ... et deux sources de pleurs s'épanchent de ses beaux yeux ».

était dans mon cœur, comme le souvenir de la couche de mes pères[1].

« Le dix-septième jour de marche, vers le temps où l'éphémère sort des eaux, nous entrâmes sur la grande savane Alachua. Elle est environnée de coteaux, qui, fuyant les uns derrière les autres, portent, en s'élevant jusqu'aux nues, des forêts étagées de copalmes, de citronniers, de magnolias et de chênes verts[2]. Le chef[a] poussa le cri d'arrivée, et la troupe campa au pied des collines. On me relégua à quelque distance, au bord d'un de ces *Puits naturels*, si fameux dans les Florides[3]. J'étais attaché au pied d'un arbre ; un guerrier veillait

---

1. « Qu'est-ce que *le souvenir de la couche de mes pères*, du hamac dans lequel il a dormi, a d'analogue avec l'amour qu'il vient de prendre pour Atala ? Ces idées sont disparates et ne se tiennent par aucune relation qui puisse en autoriser le rapprochement. Les Sauvages, en effet, prodiguent les comparaisons, et l'auteur veut les imiter ; mais celle-là n'est point naturelle. Je dirai aussi, qu'avec quelque plaisir qu'il se souvienne de la couche de ses pères, s'il n'aime Atala que comme il aime son hamac, sa passion ne mérite pas d'être le sujet d'un roman. » (Abbé Morellet.)

2. Le vieux sachem traduit ici Bartram : « L'immense savane Alachua... est entourée de hautes collines aux pentes douces, couvertes de forêts mouvantes comme les vagues et d'orangers qui embaument... Le haut magnolia grandiflora et le palmier élevé se dressent et se détachent au milieu d'eux. » Les pins rouges de la variante figurent eux-mêmes deux pages plus loin (G. Chinard, *op. cit.*, p. 259-260). — *Copalme* est le nom vulgaire d'une variété de liquidambar.

3. Ces *puits naturels* sont ainsi décrits (suivant J. Bédier, d'après plusieurs passages différents de Bartram) dans le *Voyage en Amérique* (O. C., VI, 98) : « De distance en distance, la terre est percée par une multitude de bassins qu'on appelle des *puits* et qui sont plus ou moins larges, plus ou moins profonds : ils communiquent par des routes souterraines aux lacs, aux marais et aux rivières. Tous ces puits sont placés au centre d'un monticule planté des plus beaux arbres et dont les flancs creusés ressemblent aux parois d'un vase rempli d'une eau pure. De brillants poissons nagent au fond de cette eau. » On en trouve une autre peinture dans le *Génie du Christianisme* (première partie, liv. V, chap. x) : « Cette charmante retraite est ordinairement habitée par un énorme crocodile, qui se tient immobile au milieu du bassin », et une mention dans les *Mémoires* (I, 328).

impatiemment auprès de moi. J'avais à peine passé quelques instants dans ce lieu, qu'Atala parut sous les liquidambars[1] de la fontaine. « Chasseur, dit-elle au « héros Muscogulge, si tu veux poursuivre le chevreuil, « je garderai le prisonnier. » Le guerrier bondit de joie à cette parole de la fille du chef ; il s'élance du sommet de la colline et allonge ses pas dans la plaine.

« Étrange contradiction du cœur de l'homme ! Moi qui avais tant désiré de dire les choses du mystère à celle que j'aimais déjà comme le soleil, maintenant interdit et confus, je crois que j'eusse préféré d'être jeté aux crocodiles de la fontaine, à me trouver[a] seul ainsi avec Atala[2]. La fille du désert[b] était aussi troublée que son prisonnier ; nous gardions un profond silence ; les Génies[c] de l'amour avaient dérobé nos paroles. Enfin, Atala, faisant[d] un effort, dit ceci : « Guerrier, vous êtes « retenu bien faiblement ; vous pouvez aisément vous « échapper. » A ces mots, la hardiesse revint sur ma langue, je répondis : « Faiblement retenu, ô femme... ! » Je ne sus comment achever. Atala hésita quelques moments ; puis elle dit : « Sauvez-vous. » Et elle me détacha du tronc de l'arbre. Je saisis la corde ; je la remis dans la main de la fille étrangère, en forçant ses beaux doigts à se fermer sur ma chaîne. « Reprenez-la !

---

1. Le *liquidambar* (d'un terme espagnol qui signifie ambre liquide) est un arbre des régions chaudes, dont la sève parfumée a des propriétés médicinales. Chateaubriand en planta à la Vallée-aux-Loups et à l'infirmerie de Marie-Thérèse (cf. *supra*, p. 34, n. 2). Ce mot bizarre fit sourire les critiques et l'auteur d'*Alala ou les habitants du désert* notait avec ironie : « Heureuse la langue où l'on peut ennoblir une phrase par l'expression harmonieuse de liquidambar, plante exclusivement reléguée dans les traités de botanique ! »

2. « Étrange exagération dans la bouche du jeune Sauvage ! C'est un parti bien violent qu'on lui fait prendre ; se donner en pâture aux crocodiles plutôt que d'éprouver l'embarras de dire *Je vous aime* est une hyperbole amoureuse dont on ne trouverait pas le pendant dans tous les romans de La Calprenède et de Scudéry ! » (Abbé Morellet.)

« reprenez-la ! m'écriai-je. » « Vous êtes un insensé, « dit Atala d'une voix émue. Malheureux ! ne sais-tu « pas que tu seras brûlé ? Que prétends-tu ? Songes-tu « bien que je suis la fille d'un redoutable Sachem ? » « Il fut un temps, répliquai-je avec des larmes, que « j'étais aussi porté dans une peau de castor, aux « épaules d'une mère[1]. Mon père avait aussi une belle « hutte, et ses chevreuils buvaient les eaux de mille tor- « rents[2] ; mais j'erre maintenant sans patrie. Quand « je ne serai plus, aucun ami ne mettra un peu d'herbe « sur mon corps, pour le garantir des mouches[3]. Le « corps d'un étranger malheureux n'intéresse per- « sonne. »

« Ces mots attendrirent Atala. Ses larmes tombèrent dans la fontaine[a]. « Ah ! repris-je avec vivacité, si votre « cœur parlait comme le mien ! Le désert n'est-il pas

1. Cette manière de porter les enfants était usuelle. Cf. *Essai sur les Révolutions* (O. C., I, 627) : « ... des petits enfants suspendus dans des fourrures aux épaules de leurs mères » ; *Les Natchez* (édit. Chinard, p. 365, 391, 395) : « Céluta la tenait suspendue à ses épaules dans des peaux blanches d'hermine. » Lafitau décrit longuement I enfant « enveloppé dans de bonnes fourrures... Deux grandes longes d'un cuir fort, qui sortent du berceau par le haut, donnent la facilité aux mères de le porter partout avec elles, de le charger au-dessus de tous leurs autres fardeaux... »

2. Miss M. H. Miller (*Chateaubriand and English Literature*, The Johns Hopkins Press, Baltimore, 1925, p. 107) a montré que cette phrase est traduite mot pour mot d'un passage du *Fingal* d'Ossian : « Comal was a son of Albion, the chief of an hundred hills ! *His deer drunk of a thousand streams.* »

3. L. Hogu (art. cit., p. 130) rapporte une phrase de Charlevoix dont Chateaubriand s'est évidemment souvenu ici : il s'agit d'Indiens demandant à un compagnon « qu' (il) mette un peu d'herbe sur (leurs) corps pour les garantir des mouches ». Bien que les Anciens aient également redouté d'être privés de sépulture après leur mort, ce rapprochement rend parfaitement inutiles ceux que L. Hastings Naylor (*Chateaubriand and Virgil*, The Johns Hopkins Press, Baltimore, 1930) fait avec l'*Énéide*, V, 871 et VI, 160-163. Une page du *Voyage en Amérique* (O. C., VI, 119-120) montre l'importance des rites funéraires chez les Sauvages. Sur les mouches, cf. *infra*, p. 160, n. 2.

« libre ? Les forêts n'ont-elles point des replis où nous « cacher[a] ? Faut-il donc, pour être heureux, tant de « choses aux enfants des cabanes ! O fille plus belle que « le premier songe de l'époux[1] ! O ma bien-aimée ! ose « suivre mes pas. » Telles furent mes paroles. Atala me répondit d'une voix tendre : « Mon jeune ami, vous « avez appris le langage des blancs, il est aisé de trom- « per une Indienne. » « Quoi ! m'écriai-je, vous « m'appelez votre jeune ami ! Ah ! si un pauvre « esclave... » « Eh bien ! dit-elle, en se penchant sur « moi, un pauvre esclave... » Je repris avec ardeur : « Qu'un baiser l'assure de ta foi ! » Atala écouta ma prière. Comme un faon semble pendre aux fleurs de lianes roses, qu'il saisit de sa langue délicate dans l'escarpement de la montagne, ainsi je restai suspendu aux lèvres de ma bien-aimée.

« Hélas ! mon cher fils, la douleur touche de près au plaisir. Qui eût pu croire que[b] le moment où Atala me donnait le premier gage de son amour, serait celui-là même où elle détruirait mes espérances ? Cheveux blanchis du vieux[c] Chactas, quel fut votre étonnement, lorsque la fille du Sachem prononça ces paroles ! « Beau « prisonnier, j'ai follement cédé à ton désir ; mais où « nous conduira cette passion ? Ma religion me sépare « de toi pour toujours... O ma mère ! qu'as-tu fait ?... » Atala se tut tout à coup, et retint je ne sus quel fatal secret près d'échapper à ses lèvres[2]. Ses paroles me plongèrent dans le désespoir[d]. « Eh bien ! m'écriai-je,

---

1. « Que veut dire cela ? Est-ce qu'Atala est plus belle que l'objet que le nouvel époux embrasse dans son premier songe ? Mais, si le premier songe de l'époux n'est pas une infidélité, c'est l'image de son épouse qu'il embrasse, et cette image n'est pas plus belle que l'épouse elle-même : ainsi Atala est belle comme la nouvelle épouse aux yeux de son jeune époux ; ce qui peut se dire, ... mais pas d'une manière aussi détournée. » (Abbé Morellet.)

2. Encore une remarque qui annonce et prépare la suite du drame.

« je serai aussi cruel que vous ; je ne fuirai point. Vous « me verrez dans le cadre de feu[1] ; vous entendrez les « gémissements de ma chair, et vous serez pleine de « joie. » Atala saisit mes mains entre les deux siennes. « Pauvre jeune idolâtre, s'écria-t-elle, tu me fais réelle- « ment pitié ! Tu veux donc que je pleure tout mon « cœur ? Quel dommage que je ne puisse fuir avec « toi ! Malheureux a été le ventre de ta mère, ô Atala ! « Que ne te jettes-tu au crocodile de la fontaine ! »

« Dans ce moment même, les crocodiles, aux approches du coucher du soleil, commençaient à faire entendre leurs rugissements[2]. Atala[a] me dit : « Quittons ces lieux. » J'entraînai[b] la fille de Simaghan aux pieds des coteaux qui formaient des golfes de verdure, en avançant leurs promontoires dans la savane. Tout était calme et superbe au désert. La cigogne criait sur son nid[c], les bois retentissaient du chant monotone des cailles, du sifflement des perruches, du mugissement des bisons et du hennissement des cavales Siminoles[3].

« Notre promenade fut presque muette[4]. Je marchais

---

1. Cet horrible supplice est longuement décrit, d'après Charlevoix, dans *Les Natchez* (édit. Chinard, p. 294-296).

2. Notation du même genre dans le *Voyage en Amérique* (O. C., VI, 94-95) : « Le soleil approchait de son coucher... Le crocodile, tourné vers l'astre du jour, lançait par sa gueule béante l'eau du lac en gerbes colorées. »

3. Cette fin de paragraphe est « la traduction colorée et pittoresque d'un passage qui, chez Bartram, n'était qu'une notation jetée en passant » (G. Chinard, *op. cit.*, p. 260) : « Des troupeaux de daims légers, des escadrons de rapides chevaux siminoles, des bandes de dindons, des communautés policées de grues vigilantes au cri sonore vivent les uns avec les autres, apparemment heureux et satisfaits de la paix dont ils jouissent. »

4. Sur un autre registre, cette promenade sentimentale n'est pas sans rapport avec celles que René faisait en compagnie de sa sœur Amélie aux environs du château paternel : cf. *infra*, p. 187. — Par ailleurs, A. Le Braz conjecture (*op. cit.*, p. 177) qu'à Bungay, Chateau-

à côté d'Atala ; elle tenait le bout de la corde, que je l'avais forcée de reprendre. Quelquefois nous versions des pleurs ; quelquefois nous essayions de sourire. Un regard[a], tantôt levé vers le ciel, tantôt attaché à la terre, une oreille attentive au chant de l'oiseau, un geste vers le soleil couchant, une main tendrement serrée, un sein tour à tour palpitant, tour à tour tranquille, les noms de Chactas et d'Atala doucement répétés par intervalle... Oh ! première promenade de l'amour, il faut[b] que votre souvenir soit bien puissant, puisque, après tant d'années d'infortune, vous remuez encore le cœur du vieux Chactas !

« Qu'ils sont incompréhensibles les mortels agités par les passions ! Je venais d'abandonner le généreux Lopez, je venais de m'exposer à tous les dangers pour être libre ; dans un instant le regard d'une femme avait changé mes goûts, mes résolutions, mes pensées ! Oubliant mon pays, ma mère, ma cabane et la mort affreuse qui m'attendait, j'étais devenu indifférent à tout ce qui n'était pas Atala ! Sans force pour m'élever à la raison de l'homme, j'étais retombé tout à coup dans une espèce d'enfance ; et loin de pouvoir rien faire pour me soustraire aux maux qui m'attendaient, j'aurais eu presque besoin qu'on s'occupât de mon sommeil et de ma nourriture !

« Ce fut donc vainement qu'après nos courses dans la savane, Atala, se jetant à mes genoux, m'invita de nouveau à la quitter. Je lui protestai[c] que je retournerais seul au camp, si elle refusait de me rattacher au pied[d] de mon arbre. Elle fut obligée de me satisfaire, espérant me convaincre une autre fois.

« Le lendemain de cette journée, qui décida du destin

---

briand dut ainsi se promener dans la campagne anglaise avec la jeune Charlotte Ives.

de ma vie, on s'arrêta dans une vallée[a], non loin de Cuscowilla[1], capitale des Siminoles. Ces Indiens unis aux Muscogulges, forment avec eux la confédération des Creeks[2]. La fille du pays des palmiers[3] vint me trouver au milieu de la nuit. Elle me conduisit dans une grande forêt de pins et renouvela ses prières pour m'engager à la fuite. Sans lui répondre, je pris sa main dans ma main, et je forçai cette biche altérée d'errer avec moi dans la forêt. La nuit était délicieuse[b]. Le Génie des airs secouait sa chevelure bleue, embaumée[c] de la senteur des pins, et l'on respirait la faible odeur d'ambre, qu'exhalaient les crocodiles couchés sous les tamarins des fleuves. La lune brillait au milieu d'un azur sans tache, et sa lumière gris de perle descendait sur la cime[d] indéterminée des forêts. Aucun bruit ne se faisait entendre, hors je ne sais quelle harmonie lointaine qui régnait dans la profondeur des bois : on eût dit que l'âme de la solitude soupirait dans toute l'étendue du désert[4].

---

1. La ville de *Cuscowilla* est située au nord-ouest de la péninsule de Floride, non loin de la côte du golfe du Mexique.

2. Cf. *Voyage en Amérique* (O. C., VI, 185) : « Les deux nations réunies furent appelées par les Européens la nation des Creeks, et divisées en Creeks supérieurs, les Muscogulges, et en Creeks inférieurs, les Siminoles. » Plus tard, les ambitieux Muscogulges contraignirent par les armes les Chéroquois et les Chicassas à entrer dans l'alliance commune, « confédération aussi célèbre dans le midi de l'Amérique septentrionale que celle des Iroquois dans le nord » (renseignements fournis par Bartram).

3. Comme le remarque l'abbé Morellet, cette périphrase n'est pas la seule que Chateaubriand emploie pour désigner Atala, appelée par ailleurs la *fille du désert* et la *fille de l'exil.* Avec sa lourdeur habituelle, il critique « ces expressions que les novateurs appellent *bibliques, homériques, ossianiques*, et qui ne sont souvent chez eux que bizarres et sauvages, quoiqu'ils croient y trouver de grandes sources de beautés. Non seulement ces formes ne me paraissent pas belles ; mais elles sont pour moi à peu près inintelligibles ». Sur ces formules d'allure épique, cf. M. H. Miller, *op. cit.*, p. 121-122.

4. « On perçoit là, écrit G. Chinard (*op. cit.*, p. 261), quelque chose de vu et de senti, et il est difficile de ne pas y reconnaître des

« Nous aperçûmes à travers les arbres un jeune homme, qui, tenant à la main un flambeau[1], ressemblait au Génie du printemps, parcourant les forêts pour ranimer la nature. C'était un amant qui allait s'instruire de son sort à la cabane de sa maîtresse.

« Si la vierge éteint le flambeau, elle accepte les vœux offerts ; si elle se voile sans l'éteindre, elle rejette un époux[a].

« Le guerrier, en se glissant dans les ombres, chantait à demi-voix ces paroles[2] :

---

souvenirs d'une belle nuit calme passée par Chateaubriand dans une forêt américaine. » Cependant, on peut penser, avec Bédier, que ce paragraphe a été suggéré par Bartram : « Nous prîmes à l'ouest, au travers des hautes forêts de Cuscowilla. Nous continuâmes à marcher dans une superbe forêt de pins... Les brises perpétuelles, qui s'élèvent et retombent doucement à tout moment, emplissent les hautes forêts solitaires d'une harmonie émouvante, majestueuse et dont on ne peut goûter l'indicible grandeur ailleurs que dans ces régions sauvages et primitives. » Mais il faut aussi reconnaître, après L. Hogu (art. cit., p. 148-149), que, dans cette description, Chateaubriand a d'incontestables réminiscences d'un passage de *Paul et Virginie* (édit. M. Souriau, p. 151-152) : « Il faisait une de ces *nuits délicieuses*, si communes entre les tropiques, et dont le plus habile pinceau ne rendrait pas la beauté. *La lune* paraissait au milieu du firmament, entourée d'un rideau de nuages que ses rayons dissipaient par degrés. *Sa lumière se répandait insensiblement sur les montagnes* de l'île et sur leurs pitons, qui brillaient d'un vert argenté. *Les vents retenaient leurs haleines.* On entendait dans les bois, au fond des vallées, au haut des rochers, de petits cris, de doux murmures d'oiseaux... réjouis par la clarté de la nuit et la tranquillité de l'air. Tous, jusqu'aux insectes, bruissaient sous l'herbe. Les étoiles étincelaient au ciel... »

1. Cette gracieuse évocation illustre une coutume indienne signalée par Carver : « L'amant allume au feu recouvert de la cabane où il pénètre une brindille de bois. Il approche et éveille sa maîtresse... Si elle se lève alors et éteint la lumière, il n'en faut pas davantage pour annoncer à son amant que sa venue ne lui déplaît pas ; mais, si elle se recouvre la tête, c'est que l'heure du berger n'est pas encore sonnée. » Même scène dans *Les Natchez*, quand Outougamiz, une torche à la main, vient éveiller Mila (édit. Chinard, p. 382) et dans *Odérahi* (p. 124). — Cf. *infra*, Appendice II, p. 380.

2. On ne saurait trouver une source précise à cette chanson d'une intense et subtile poésie. Il est permis toutefois de formuler à son propos trois remarques : 1° Elle commence et se termine par les mêmes

« Je devancerai les pas du jour sur le sommet des « montagnes, pour chercher ma colombe solitaire « parmi les chênes de la forêt.

« J'ai attaché à son cou un collier de porcelaines[1] ; « on y voit trois grains rouges pour mon amour, « trois violets pour mes craintes, trois bleus pour mes « espérances.

« Mila[2] a les yeux d'une hermine et la chevelure « légère d'un champ de riz ; sa bouche est un coquillage « rose, garni de perles ; ses deux seins sont comme deux « petits chevreaux sans tache, nés au même jour d'une « seule mère.

« Puisse Mila éteindre ce flambeau ! Puisse sa bouche

---

paroles : cette sorte de refrain est comparable à celui de la chanson d'Atala (cf. *infra*, p. 84-85). 2° Elle contient un certain nombre de détails « indiens », qui lui confèrent l'indispensable couleur locale (voir les deux notes qui suivent). 3° Surtout, par sa tonalité générale et par plusieurs expressions, elle évoque le *Cantique des cantiques*, II, 8, 11, 14 : « Voici mon bien-aimé qui vient sautant sur les montagnes, passant par-dessus les collines... Levez-vous, hâtez-vous, ma bien-aimée, ma colombe... Vous qui êtes ma colombe, vous qui vous retirez dans le creux des rochers... » ; IV, 1-5 : « Vos yeux sont comme les yeux des colombes... Vos cheveux sont comme des troupeaux de chèvres... Vos dents vont toutes par paires... Vos deux seins sont comme les faons jumeaux d'une gazelle qui paissent parmi les lys. »

1. Sorte de coquillage. *(Note de Chateaubriand.)*

Lafitau indique que ces *porcelaines* étaient de petits coquillages, *concha venerea*, que les Indiens ramassaient sur les côtes de Virginie ; « la porcelaine pour les affaires était ordinairement toute blanche. On en trouve aussi d'un violet obscur, plus recherchée que la première ». Charlevoix, qui donne les mêmes détails, ajoute que parfois les Indiens peignaient les porcelaines et « que l'on voit souvent des colliers rouges quand il s'agit de la guerre » (notes de M. G. Chinard, édit. des *Natchez*, p. 133, 142, 154).

2. *Mila* est aussi le nom d'une des héroïnes des *Natchez ;* on le retrouve dans les *Mémoires* (I, 308, 310, 318). Il est tiré d'un mot indien, cité par La Hontan et signifiant « Je donne » (J.-M. Gautier, *op. cit.*, p. 49).

« verser sur lui une ombre voluptueuse ! Je fertiliserai « son sein. L'espoir de la patrie pendra à sa mamelle « féconde, et je fumerai mon calumet de paix[1] sur le « berceau de mon fils !

« Ah ! laissez-moi devancer les pas du jour sur le « sommet des montagnes, pour chercher ma colombe « solitaire parmi les chênes de la forêt[a] ! »

« Ainsi chantait ce jeune homme, dont les accents portèrent le trouble jusqu'au fond de mon âme, et firent changer de visage à Atala. Nos mains unies frémirent l'une dans l'autre. Mais nous fûmes distraits de cette scène, par une scène non moins dangereuse pour nous.

« Nous passâmes auprès du tombeau d'un enfant, qui servait de limite à deux nations. On l'avait placé au bord du chemin, selon l'usage, afin que les jeunes femmes, en allant à la fontaine, pussent attirer dans leur sein l'âme de l'innocente créature, et la rendre à la patrie. On y voyait dans ce moment des épouses nouvelles qui, désirant les douceurs de la maternité, cherchaient, en entr'ouvrant leurs lèvres, à recueillir l'âme du petit enfant, qu'elles croyaient voir errer sur les fleurs. La véritable mère vint ensuite déposer une gerbe[b] de maïs et des fleurs de lis blancs sur le tombeau. Elle arrosa la terre de son lait, s'assit sur le gazon humide, et parla à son enfant d'une voix attendrie[2c] :

---

1. Il est curieux de noter que le *calumet de la paix* figure déjà chez Voltaire (*Histoire de Jenni*, chap. VII) et que le mot, désignant une longue pipe qu'on se passe à la ronde, est employé par Bernardin de Saint-Pierre, dans les *Études de la Nature;* il est encore usité de nos jours en canadien pour désigner une simple pipe !

2. Cf. *infra*, Appendice II, p. 380. — Un tableau assez semblable d'une mère berçant son enfant mort, au chant d'une touchante romance, se retrouve dans l'*Épilogue* (cf. *infra*, p. 152-153) ; on lit des détails identiques à ceux qui composent ce paragraphe dans le *Voyage en Amérique*

« Pourquoi te pleuré-je dans ton berceau de terre, ô « mon nouveau-né ? Quand le petit oiseau devient « grand, il faut qu'il cherche sa nourriture, et il trouve « dans le désert bien des graines amères. Du moins tu « as ignoré les pleurs ; du moins ton cœur n'a point été « exposé au souffle dévorant des hommes. Le bouton « qui sèche dans son enveloppe, passe avec tous ses « parfums, comme toi, ô mon fils ! avec toute ton « innocence. Heureux ceux qui meurent au berceau, « ils n'ont connu que les baisers et les sourires d'une « mère[1] ! »

« Déjà subjugués par notre propre cœur, nous fûmes accablés par ces images d'amour et de maternité, qui semblaient nous poursuivre dans ces solitudes enchantées. J'emportai[a] Atala dans mes bras au fond de la forêt[b], et je lui dis des choses qu'aujourd'hui je cherche-

---

(O. C., VI, 119) et il faut en rapprocher deux passages des *Natchez* (édit. Chinard, p. 480 et surtout 394). Chateaubriand développe ici des données de Charlevoix : « Les âmes des enfants, ayant peu joui de la vie, obtiennent d'en recommencer une nouvelle. C'est pour cela qu'ils enterrent les enfants le long des grands chemins, afin que les femmes puissent en passant recueillir leurs âmes... On a vu des mères garder des années entières les cadavres de leurs enfants... et d'autres se tirer du lait de la mamelle et le répandre sur la tombe de ces petites créatures. » M. Chinard (*Modern language notes*, XXV, Baltimore, 1910, p. 137-141) suggère que l'auteur d'*Atala* a pu avoir une réminiscence des *Aventures du sieur Le Beau* (II, 317), mais le rapprochement ne s'impose pas.

1. A l'inverse de la romance de l'*Épilogue*, à laquelle renvoie la note précédente, on n'a pas trouvé de source livresque à celle-ci. Cependant la phrase sur le bonheur de *ceux qui meurent au berceau* exprime une désespérance qui assiège le cœur de Chateaubriand pendant toute son existence et dont on trouve l'expression jusque dans son dernier livre, la *Vie de Rancé :* « Heureux l'homme expiré en ouvrant les yeux ! il meurt aux bras de ces femmes du berceau, qui ne sont dans le monde qu'un sourire » (édit. F. Letessier, p. 40. On trouvera là ses principaux textes où est énoncée cette pensée désolante, en particulier *Mémoires*, IV, 352). Si l'on voulait à tout prix assigner une origine littéraire à cette idée si profondément ancrée dans l'âme de l'écrivain, il faudrait remonter jusqu'au *Livre de Job*, III, 10-suiv.

rais en vain sur mes lèvres. Le vent du midi, mon cher fils, perd sa chaleur en passant sur des montagnes de glace. Les souvenirs de l'amour dans le cœur d'un vieillard sont comme les feux du jour réfléchis par l'orbe paisible de la lune, lorsque le soleil est couché et que le silence plane sur[a] les huttes des Sauvages.

« Qui pouvait sauver Atala ? Qui pouvait l'empêcher de succomber à la nature ? Rien qu'un miracle, sans doute ; et ce miracle fut fait ! La fille de Simaghan eut recours au Dieu des Chrétiens ; elle se précipita sur la terre, et prononça une fervente oraison, adressée à sa mère et à la reine des vierges[1]. C'est de ce moment, ô René, que j'ai conçu une merveilleuse idée de cette religion, qui dans les forêts, au milieu de toutes les privations de la vie, peut remplir de mille dons les infortunés ; de cette religion, qui opposant sa puissance au torrent des passions suffit seule pour les vaincre, lorsque tout les favorise[b], et le secret des bois et l'absence des hommes et la fidélité des ombres. Ah ! qu'elle me parut divine, la simple Sauvage, l'ignorante Atala, qui à genoux devant un vieux pin tombé, comme au pied d'un autel, offrait à son Dieu des vœux[c] pour un amant idolâtre ! Ses yeux levés vers l'astre de la nuit, ses joues brillantes des pleurs de la religion et de l'amour, étaient d'une beauté immortelle. Plusieurs fois il me sembla qu'elle allait prendre son vol vers les cieux ; plusieurs fois je crus voir descendre sur les rayons de la lune et entendre dans les branches des

---

1. La Sainte Vierge. — Dans l'éloge qui suit de la religion et des bienfaits de la prière, on reconnaît l'accent de Chateaubriand apologiste. Cf. en particulier, *Génie du Christianisme* (deuxième partie, liv. III, chap. 1) : « C'est ici le grand avantage de notre culte sur les cultes de l'antiquité : la religion chrétienne est un vent céleste qui enfle les voiles de la vertu et multiplie les orages de la conscience autour du vice. »

arbres, ces Génies[1] que le Dieu des Chrétiens envoie aux ermites des rochers, lorsqu'il se dispose à les rappeler à lui. J'en fus affligé, car je craignis qu'Atala n'eût que peu de temps à passer sur la terre.

« Cependant elle versa tant de larmes[a], elle se montra si malheureuse, que j'allais peut-être consentir à m'éloigner, lorsque le cri de mort retentit dans la forêt. Quatre hommes[b] armés se précipitent sur moi : nous avions été découverts ; le chef de guerre avait donné l'ordre de nous poursuivre.

« Atala, qui ressemblait à une reine pour l'orgueil de la démarche[2], dédaigna[c] de parler à ces guerriers. Elle leur lança un regard superbe, et se rendit auprès de Simaghan.

« Elle ne put rien obtenir. On redoubla mes gardes, on multiplia mes chaînes, on écarta mon amante. Cinq nuits s'écoulent, et nous apercevons Apalachucla située au bord de la rivière Chata-Uche[3]. Aussitôt on me couronne de fleurs ; on me peint le visage d'azur et de vermillon ; on m'attache des perles au nez et aux oreilles et l'on me met à la main un chichikoué[4].

---

1. Les anges, qu'au livre III des *Martyrs* (O. C., IV, 44-45) Chateaubriand appelle aussi des *génies*, « dont un nombre infini fut créé avec l'homme pour soutenir ses vertus, diriger ses passions et le défendre contre les attaques de l'enfer ».

2. En prêtant à son héroïne, par ailleurs simple et douce, cette attitude hautaine dans la démarche, Chateaubriand ne paraît-il pas ici se souvenir du fameux *Vera incessu patuit dea* de Virgile, *Énéide*, I, 404 ?

3. Sur ce village des Muscogulges (Alabama), qu'arrose la rivière Chata-Uche, tributaire du golfe du Mexique, cf. *Voyage en Amérique* (O. C., VI, 99 et 186) : d'après Bartram, l'auteur déclare « qu'il serait difficile d'imaginer rien de plus beau que les environs d'Apalachucla, la ville de la paix », capitale de la confédération des Creeks.

4. Instrument de musique des Sauvages. *(Note de Chateaubriand.)*
Cf. une description analogue de prisonniers dans *Les Natchez* (édit. Chinard, p. 292). Chateaubriand suit de près Charlevoix : « Les prisonniers sont couronnés de fleurs, le visage et les cheveux peints, tenant un bâton d'une main et le chichikoué de l'autre, le corps presque

« Ainsi paré pour le sacrifice, j'entre dans Apalachucla, aux cris répétés de la foule. C'en était fait de ma vie, quand tout à coup le bruit d'une conque se fait entendre, et le Mico[1], ou chef de la nation, ordonne de s'assembler.

« Tu connais, mon fils, les tourments que les Sauvages font subir aux prisonniers de guerre. Les missionnaires chrétiens, aux périls de leurs jours, et avec une charité infatigable, étaient parvenus, chez plusieurs nations, à faire substituer un esclavage assez doux aux horreurs du bûcher[2]. Les Muscogulges n'avaient point encore adopté cette coutume ; mais un parti nombreux s'était déclaré en sa faveur. C'était pour prononcer sur cette importante affaire, que le Mico convoquait les Sachems. On me conduit au lieu des délibérations.

« Non loin d'Apalachucla s'élevait, sur un tertre isolé, le pavillon du conseil[3]. Trois cercles de colonnes

---

nu, les bras liés au-dessus du coude avec une corde dont les guerriers tiennent les bouts ; ils chantent sans cesse leur chanson de mort... » (L. Hogu, art. cit., p. 132.) Cf. aussi *Odérahi*, p. 77 et 86. — Le *chichikoué*, cité par tous les voyageurs et dont le nom étrange revient à diverses reprises dans le *Voyage en Amérique* (J.-M. Gautier, *op. cit.*, p. 35-36), est constitué d'une espèce de calebasse creuse, remplie de graines séchées et qu'on agite.

1. « A la tête de ce vénérable sénat (des sachems) préside leur *Mico*, ou roi, mot qui signifie magistrat, ou chef gouverneur, ou chef des guerriers. » (Bartram, cité par J.-M. Gautier, *op. cit.*, p. 34.) Sur le rôle de ce personnage et l'organisation de son peuple, cf. *Voyage en Amérique* (O. C., VI, 183-suiv.).

2. Phrase probablement suggérée par une remarque de Carver (L. Hogu, art. cit., 139) : « Les Pères ont pris beaucoup de peine à inculquer dans l'âme des Indiens des principes d'humanité qui, peu à peu, ont influé sur leurs mœurs. » Cf. aussi *Voyage en Amérique* (O. C., VI, 171).

3. Chateaubriand abrège Bartram qui donne une description détaillée et technique de cet édifice (Chinard, *op. cit.*, p. 269-270) : « La maison du conseil... qui peut contenir plusieurs centaines de personnes, est située au sommet d'une élévation artificielle. La rotonde est construite de la façon suivante : ils plantent tout d'abord en terre une rangée circulaire de poteaux ou de troncs d'arbres, de six pieds de haut envi-

formaient l'élégante architecture de cette rotonde. Les colonnes étaient de cyprès poli et sculpté ; elles augmentaient en hauteur et en épaisseur, et diminuaient en nombre, à mesure qu'elles se rapprochaient du centre marqué par un pilier unique. Du sommet de ce pilier partaient des bandes d'écorce, qui passant sur le sommet des autres colonnes, couvraient le pavillon, en forme d'éventail à jour.

« Le conseil s'assemble[1]. Cinquante vieillards, en

---

ron, à des intervalles réguliers... A l'intérieur de ce cercle, ils en forment un autre avec des piliers de plus de douze pieds et entaillés au sommet comme les premiers, et à l'intérieur de ce second cercle, un troisième formé de poteaux plus élevés, enfin au centre un poteau unique très solide qui forme comme le sommet de l'édifice... A l'intérieur se trouvent... deux ou trois marches placées les unes au-dessus des autres, comme dans un amphithéâtre, sur lesquelles l'assemblée peut s'asseoir ou s'étendre. » On trouvera une autre description de la *salle du conseil* des Muscogulges dans le *Voyage en Amérique* (O. C., VI, p. 186) ; mais elle offre de notables différences avec celle d'*Atala*.

1. Le *Voyage en Amérique* (O. C., VI, 178) décrit, d'après Charlevoix, la tenue d'un de ces conseils : malgré une analogie foncière avec le présent passage, les différences de détails ne manquent pas. Dans *Atala*, Chateaubriand a complété son information auprès de Lafitau : dans les *Mœurs des Indiens* de celui-ci, il a pu lire que, chez les Iroquois, chaque tribu avait son *roksten goa* (= vieillard par excellence), que le sénat était composé des anciens, que les femmes avaient aussi leur conseil, qu'enfin le feu du conseil était toujours allumé. S'il doit à Bartram ce qu'il dit des jongleurs et du mico ou roi, c'est encore chez Lafitau qu'il a appris que l'orateur « expose avec simplicité l'affaire qui réunit le conseil » ; c'est aussi chez lui qu'il a trouvé la division des guerriers en tribus de l'Aigle, du Castor, du Serpent et de la Tortue (sur des divisions et noms analogues, cf. *Voyage en Amérique*, O. C., VI, p. 177 et 191). M. G. Chinard (*op. cit.*, p. 270-271), qui formule les rapprochements précédents, ajoute : « La peinture de la discussion qui suit les discours est en contradiction formelle avec ce que nous apprend Lafitau du calme qui règne toujours dans ces séances. Ici, Chateaubriand semble s'être laissé emporter par ses souvenirs des assemblées révolutionnaires et avoir oublié qu'il s'agissait d'une assemblée indienne, et non d'une séance de la Convention. » Chateaubriand ne put jamais aller à la Convention ; mais il assista du moins à de houleuses réunions de clubs (*Mémoires*, I, 375-377). — Voir une autre délibération de conseil indien dans *Les Natchez* (édit. Chinard, p. 419-426).

manteau de castor, se rangent sur des espèces de gradins faisant face à la porte du pavillon. Le grand chef est assis au milieu d'eux, tenant à la main le calumet de paix à demi-coloré pour la guerre[1]. A la droite des vieillards, se placent cinquante femmes couvertes d'une robe de plumes[a] de cygnes. Les chefs de guerre, le tomahawk[2] à la main, le pennache[3] en tête, les bras et la poitrine teints de sang, prennent la gauche[b].

« Au pied de la colonne centrale, brûle le feu du conseil. Le premier jongleur environné des huit gardiens du temple, vêtu de longs habits, et portant un hibou empaillé sur la tête, verse du baume de copalme sur la flamme et offre un sacrifice au soleil. Ce triple rang de vieillards, de matrones[4], de guerriers, ces prêtres, ces nuages d'encens, ce sacrifice, tout sert à donner à ce conseil un appareil imposant[c].

« J'étais debout enchaîné au milieu de l'assemblée. Le sacrifice achevé, le Mico prend la parole, et expose avec simplicité l'affaire qui rassemble le conseil. Il jette

---

1. Sur le *calumet de paix*, cf. supra, p. 61, n. 1. L'expression *demi-coloré pour la guerre* trouve son explication par un passage du marquis de La Potherie, *Histoire de l'Amérique septentrionale* (II, 16), cité par L. Hogu (art. cit., p. 134 : « S'ils peignent un côté de ces plumes en rouge et que l'autre soit au naturel gris ou blanc, ils déclarent par là qu'ils ne veulent avoir aucun ennemi du côté que regarde la couleur grise ou blanche, mais qu'ils veulent la guerre du côté qu'est tourné le rouge... »

2. La hache. *(Note de Chateaubriand.)*

3. Bartram traduit *tomahawk* par *casse-tête* (J.-M. Gautier, *op. cit.*, p. 36). — *Pennache*, régulièrement formé sur penne : plume (latin : *penna*), est la forme archaïque de *panache*.

4. Par le mot *matrone*, évoquant les mères romaines, l'auteur désigne couramment les vieilles Indiennes, associées aux sachems pour la direction des affaires de la tribu. Sur le rôle important des femmes chez les sauvages, dont la société était matriarcale, cf. *Voyage en Amérique* (O. C., VI, 180-183) et *Les Natchez*, où la femme-chef Akansie tient une place de premier plan.

un collier[1] bleu dans la salle, en témoignage de ce qu'il vient de dire.

« Alors un Sachem de la tribu de l'Aigle, se lève, et parle ainsi :

« Mon père le Mico, Sachems, matrones, guerriers « des quatre tribus de l'Aigle, du Castor, du Serpent et « de la Tortue, ne changeons rien aux mœurs de nos « aïeux ; brûlons le prisonnier, et n'amollissons point « nos courages. C'est une coutume des blancs qu'on « vous propose, elle ne peut être que pernicieuse. « Donnez un collier rouge qui contienne mes paroles. « J'ai dit[2]. »

« Et il jette un collier rouge dans l'assemblée.

« Une matrone se lève, et dit :

« Mon père l'Aigle, vous avez l'esprit d'un renard, et « la prudente lenteur d'une tortue. Je veux polir avec « vous la chaîne d'amitié[a], et nous planterons ensemble « l'arbre de paix[3]. Mais changeons les coutumes de nos « aïeux, en ce qu'elles ont de funeste. Ayons des esclaves « qui cultivent nos champs, et n'entendons plus les « cris du prisonnier, qui troublent le sein des mères. « J'ai dit. »

« Comme on voit les flots de la mer se briser pendant un orage, comme en automne les feuilles séchées sont

---

1. Cf. *Voyage en Amérique* (O. C., VI, 179) : « Les délibérations du conseil sont marquées dans des colliers de diverses couleurs, archives de l'État qui renferment les traités de paix, de guerre et d'alliance... D'autres colliers contiennent les harangues prononcées dans les divers conseils. » Ces colliers figurent aussi dans *Les Natchez* (édit. Chinard, p. 133, etc.). Ils sont mentionnés en particulier chez Charlevoix et Lafitau ; les Indiens les appelaient *wampum* (cf. *Odérahi*, p. 149, note).

2. Cf. L. Hogu (art. cit., p. 129) : « Charlevoix cite le mot *Hiro* ou *Hero*, qui signifie *J'ai dit* et par lequel les Sauvages terminent leurs discours. » (Cf. *Les Natchez*, édit. Chinard, p. 142, 424.)

3. L'expression *planter l'arbre de la paix* figure en tête d'une liste de mots « sauvages » chez le marquis de La Potherie (L. Hogu, art. cit., p. 135).

enlevées par un tourbillon[1], comme les roseaux du Meschacebé plient et se relèvent dans une inondation subite, comme un grand troupeau de cerfs brame au fond d'une forêt, ainsi s'agitait et murmurait le conseil. Des Sachems, des guerriers, des matrones parlent tour à tour ou tous ensemble. Les intérêts se choquent, les opinions se divisent, le conseil va se dissoudre ; mais enfin l'usage antique l'emporte, et je suis condamné au bûcher[a].

« Une circonstance vint retarder mon supplice ; la *Fête des morts* ou le *Festin des âmes* approchait[2]. Il est

---

1. Les deux premiers éléments de cette comparaison semblent empruntés à la *Jérusalem délivrée*, III, 6 : « Dans l'air une rumeur s'élève, pareille à celle qu'on entend dans les épaisses forêts s'il arrive que parmi les feuillages le vent souffle, ou comme dans les rochers, près des rivages, quand la mer battue siffle en cris rauques. » (Cf. Chandler B. Beall, *op. cit.*, p. 59.)

2. Il est difficile d'établir avec certitude de qui Chateaubriand s'est inspiré pour décrire cette cérémonie, car bien des voyageurs ont raconté cette fameuse fête. Il semble, d'après les découvertes de J. Bédier, L. Hogu et G. Chinard (*op. cit.*, p. 271-273, et *Modern Philology*, IX, 1911-1912, p. 133-135), qu'il contamine des renseignements puisés à deux sources : 1° Charlevoix : « Tous les huit ans les Indiens célèbrent une fête qu'ils appellent la *Fête des morts* ou le *Festin des âmes*... On fait des présents aux étrangers, parmi lesquels il y en a quelquefois qui sont venus de cent cinquante lieues, et l'on en reçoit d'eux. On se rend processionnellement dans une grande salle de conseil dressée exprès, on y suspend contre les parois les ossements et les cadavres dans le même état où on les a tirés du cimetière... On profite de ces occasions pour traiter les affaires communes ou pour l'élection du chef. » — 2° Lafitau : « La fête générale des morts est, de toutes les actions qui intéressent les Sauvages, la plus éclatante et la plus solennelle ; ils lui donnent le nom de *Festin des âmes*... Chaque village est alors en mouvement ; aux premiers beaux jours, tous se transportent au cimetière et tirent en présence des parents les mêmes corps qu'ils avaient eu soin autrefois de mettre dans la sépulture, tandis que ceux dont les morts sont ensevelis au loin en quelque lieu du pays que ce soit vont les chercher sans plaindre leur peine. On prépare cependant au milieu d'une grande place dont on est convenu dans le conseil une fosse... On environne cette fosse d'un échafaud ou amphithéâtre de dix toises de profondeur et de dix ou douze pieds de haut autour de laquelle règnent quantité d'échelles pour y monter.

d'usage de ne faire mourir aucun captif pendant les jours consacrés à cette cérémonie. On me confia à une garde sévère ; et sans doute les Sachems éloignèrent la fille de Simaghan, car je ne la revis plus.

« Cependant les nations de plus de trois cents lieues à la ronde, arrivaient en foule pour célébrer le *Festin des âmes*. On avait bâti une longue hutte sur un site écarté. Au jour marqué, chaque cabane exhuma les restes de ses pères de leurs tombeaux particuliers, et l'on suspendit les squelettes, par ordre et par famille, aux murs de la *Salle commune des aïeux*. Les vents (une tempête s'était élevée), les forêts, les[a] cataractes mugissaient au dehors, tandis que les vieillards des diverses nations concluaient entre eux des traités de paix et d'alliance sur les os de leurs pères.

« On célèbre les jeux funèbres, la course, la balle, les

Là-dessus s'élèvent un grand nombre de perches, dressées d'espace en espace, lesquelles soutiennent de longues traverses destinées à porter tous ces paquets d'ossements qu'on doit mettre en étalage à la vue du public... Chaque village, chaque tribu sous ses chefs, à l'issue de la cérémonie, se met en chemin, en ordre de procession, observant de faire garder un certain rang de bienséance aux morts... » — On trouvera d'autres allusions au culte des morts dans l'*Épilogue* (cf. *infra*, p. 158) et l'on doit noter que le *Festin des âmes* est également décrit, de façon beaucoup plus réaliste, dans *Odérahi*, p. 210-211. — Il est permis de remarquer qu'en s'étendant assez longuement sur ces macabres pratiques des Indiens, Chateaubriand pouvait avoir en tête le souvenir de certaines légendes de sa Bretagne natale : jadis, on y racontait par exemple que les morts se réunissaient la veille de Noël, à la Saint-Jean, à la Toussaint, et défilaient processionnellement vers les chapelles ; par ailleurs, la veille de la Toussaint, les vivants faisaient aux cimetières des processions et, devant l'ossuaire, le clergé chantait le *gwerz ar Garnel* ou complainte du charnier :

« Venons au charnier, Chrétiens, voyons les ossements
De nos frères, sœurs, pères et mères,
De nos voisins, de nos amis les plus chers, etc. »

(A. Le Braz, *Les légendes de la mort chez les Bretons*, Champion, 1902, II, p. 101, 115).

osselets[1]. Deux vierges cherchent à s'arracher une baguette de saule[2]. Les boutons de leurs seins viennent se toucher, leurs mains voltigent sur la baguette qu'elles élèvent au-dessus de leurs têtes. Leurs beaux pieds nus s'entrelacent, leurs bouches se rencontrent, leurs douces haleines se confondent ; elles se penchent et mêlent leur chevelure ; elles regardent leurs mères, rougissent[3] : on applaudit. Le jongleur invoque Michabou, génie des eaux. Il raconte les guerres du grand Lièvre contre Matchimanitou, dieu du mal. Il dit le premier homme et Atahensic la première femme[a] précipités du ciel pour avoir perdu l'innocence, la terre rougie du sang fraternel, Jouskeka l'impie immolant le juste Tahouistsaron, le déluge descendant à la voix du grand Esprit, Massou sauvé seul dans son canot d'écorce, et le corbeau envoyé à la découverte de la terre ; il dit encore la belle Endaé, retirée de la contrée des âmes par les douces chansons de son époux[4].

---

1. Sur la passion des Indiens pour les jeux, en particulier celui des osselets, voir, d'après Charlevoix, le *Voyage en Amérique* (O. C., VI, 129-133).

2. La source de cette danse de la baguette, rite mortuaire, est un passage de Lafitau, qui fait suite à celui cité précédemment : « Un des chefs qui préside à la cérémonie jette de dessus la tombe... un bâton parmi la troupe de jeunes femmes et de jeunes filles, lesquelles font (des) efforts pour le ravir ou pour le conserver ; après ce combat qui dure assez longtemps et qui fait un spectacle agréable, mais sérieux, on donne le prix. » En outre, les deux jeunes filles qui luttent, poitrine contre poitrine, se distinguent parfaitement sur une gravure accompagnant le texte de l'auteur (qui donne aussi une reproduction de la cabane des morts). Enfin, Chateaubriand a pu se souvenir d'une scène de danse très gracieuse d'*Odérahi*, p. 111-112.

3. La rougeur est sensible chez les jeunes Sauvages. *(Note de Chateaubriand.)*

L'héroïne d'*Odérahi* rougit, elle aussi, à diverses reprises (par ex. p. 125).

4. M. L. Hastings Naylor *(op. cit.)* note que le mouvement de l'invocation du jongleur ressemble à celui du chant d'Iopas dans l'*Énéide*, I, 740-747. — La matière de ce résumé de mythologie indienne,

« Après ces jeux et ces cantiques, on se prépare à donner aux aïeux une éternelle sépulture.

« Sur les bords de la rivière Chata-Uche se voyait un figuier sauvage, que le culte des peuples avait consacré. Les vierges avaient accoutumé de laver leurs robes d'écorce dans ce lieu et de les exposer au souffle du désert, sur les rameaux de l'arbre antique. C'était là qu'on avait creusé un immense tombeau. On part de la salle funèbre, en chantant l'hymne à la mort ; chaque famille porte quelque débris sacré. On arrive à[a] la tombe ; on y descend les reliques ; on les y étend par couche ; on les sépare avec des peaux d'ours et de castors ; le mont du tombeau s'élève, et l'on y plante l'*Arbre des pleurs et du sommeil.*

« Plaignons les hommes, mon cher fils ! Ces mêmes Indiens dont les coutumes sont si touchantes ; ces mêmes femmes qui m'avaient témoigné un intérêt si tendre, demandaient maintenant mon supplice à grands cris[1] ; et des nations entières retardaient leur départ pour avoir le plaisir de voir un jeune homme souffrir des[b] tourments épouvantables.

« Dans une vallée au nord, à quelque distance du grand village, s'élevait un bois de cyprès et de sapins,

---

duquel on rapprochera des pages du *Voyage en Amérique* consacrées à la religion des Sauvages (O. C., VI, 172-176), est formée de renseignements épars chez Charlevoix. Parmi ces légendes, dont le détail est loin d'être solidement assuré, Chateaubriand paraît retenir de préférence celles qui se rapprochent de la Bible ou de la tradition antique (Endaé fait songer à l'histoire d'Eurydice, telle qu'on la lit dans les *Géorgiques* de Virgile, IV, 453-528). Cf. *infra*, Appendice II, p. 381.

1. Sur l'acharnement des Sauvages contre leurs victimes humaines, cf. *Voyage en Amérique* (O. C., VI, 170) : « Les femmes se montrent ordinairement cruelles dans ces vengeances : elles déchirent les prisonniers avec leurs ongles, les percent avec des instruments des travaux domestiques, etc. » et *Les Natchez*.

appelé le *Bois du sang*[1]. On y arrivait par les ruines[2] d'un de ces monuments dont on ignore l'origine, et qui sont l'ouvrage d'un peuple maintenant inconnu. Au centre[a] de ce bois, s'étendait une arène, où l'on sacrifiait les prisonniers de guerre. On m'y conduit en triomphe. Tout se prépare pour ma mort : on plante le poteau d'Areskoui[3] ; les pins, les ormes, les cyprès tombent sous la cognée ; le bûcher s'élève ; les spectateurs bâtissent des amphithéâtres avec des branches et des troncs d'arbres. Chacun invente un supplice : l'un se propose de m'arracher la peau du crâne, l'autre de me brûler les yeux avec des haches ardentes. Je commence ma chanson de mort.

« Je ne crains point les tourments : je suis brave, ô

1. Le *Voyage en Amérique* (O. C., VI, 186-187) rappelle d'une manière analogue, suivant Bartram, qu'Apalachucla était *la ville de la paix*, et au contraire, Coweta, située à douze milles, *la ville du sang*. D'un autre côté, Charlevoix signale que les supplices avaient lieu dans une cabane destinée à cet effet et nommée *cabane du sang ou des têtes coupées*. Ailleurs, des femmes crient : « Ce guerrier sera brûlé ; on lui appliquera des haches ardentes ; on lui enlèvera la chevelure. » Le prisonnier chante : « Je suis intrépide, je ne crains pas la mort, ni aucun genre de tortures ; ceux qui les redoutent sont moins que des femmes. » Un autre survient qui dit au patient : « Mon frère, prends courage ; tu vas être brûlé ! » et il répond froidement : « Cela est bien ; je te remercie. » Enfin un jongleur fait différer jusqu'au lendemain de donner le coup de grâce au supplicié. En outre, le chant de mort de Chactas (comparable à celui qui figure dans le *Voyage en Amérique* (O. C., VI, 157) semble contenir des réminiscences d'*Odérahi* (p. 76-79), par exemple : « Vils Hurons, ... notre nation a brûlé vos femmes et vos enfants ; nos vieillards ont bu dans leurs crânes. »

2. Sur ces ruines indiennes et leurs origines mystérieuses, cf. *Génie du Christianisme* (première partie, liv. IV, chap. II et n. VIII) et *Voyage en Amérique* (O. C., VI, 80-82 et 92-93).

3. *Areskoui* était le dieu de la guerre des Indiens. Rapprochant ce nom de celui de l'Arès grec, Chateaubriand remarque dans la note VIII du *Génie du Christianisme :* « N'est-il pas étrange qu'Areskoui ait été le dieu de la guerre dans la citadelle d'Athènes et dans le fort d'un Iroquois ? » Rapprochement évidemment forcé et dont le responsable est, une fois de plus, Charlevoix (J.-M. Gautier, *op. cit.*, p. 53-54).

« Muscogulges, je vous défie! je vous méprise plus que « des femmes. Mon père Outalissi, fils de Miscou, a bu « dans le crâne de vos plus fameux guerriers ; vous « n'arracherez pas un soupir de mon cœur. »

« Provoqué par ma chanson, un guerrier me perça le bras d'une flèche ; je dis : « Frère, je te remercie. »

« Malgré l'activité des bourreaux, les préparatifs du supplice ne purent être achevés avant le coucher du soleil. On consulta le jongleur qui défendit de troubler les Génies des ombres, et ma mort fut encore suspendue jusqu'au lendemain. Mais dans l'impatience de jouir du spectacle, et pour être plus tôt prêts au lever de l'aurore, les Indiens ne quittèrent point le *Bois du sang;* ils allumèrent de grands feux, et commencèrent des festins et des danses.

« Cependant on m'avait étendu sur le dos. Des cordes partant de mon cou, de mes pieds, de mes bras, allaient s'attacher à des piquets enfoncés en terre. Des guerriers étaient couchés sur ces cordes, et je ne pouvais faire un mouvement, sans qu'ils en fussent avertis[1]. La nuit s'avance : les chants et les danses cessent par degré ; les feux ne jettent plus que des lueurs rougeâtres, devant lesquelles on voit encore passer les ombres de quelques Sauvages ; tout s'endort ; à mesure que le bruit des hommes s'affaiblit, celui du désert augmente, et au tumulte des voix succèdent les plaintes du vent dans la forêt[2].

---

1. On a proposé plusieurs sources possibles à la description de Chactas enchaîné : deux passages différents de Charlevoix, un de Lafitau (avec gravure à l'appui), un autre des *Aventures du sieur Le Beau*, un d'*Odérahi* (p. 73-74) (dans ce dernier, il s'agit aussi d'un prisonnier évadé et repris) : les uns et les autres paraissent se démarquer successivement et Chateaubriand n'a fait qu'imiter ses prédécesseurs. (Voir : Bédier ; L. Hogu, art. cit., p. 131 ; G. Chinard, *Modern Philology*, 1911, p. 135, et *Les Natchez*, p. 292.)

2. Ce nocturne contient certains jeux de lumière et d'ombre, en particulier des *lueurs rougeâtres*, qui ne sont pas sans évoquer le *Journal*

« C'était l'heure où une jeune Indienne qui vient d'être mère, se réveille en sursaut au milieu de la nuit, car elle a cru entendre les cris de son premier né, qui lui demande la douce nourriture. Les yeux attachés au ciel, où le croissant de la lune errait dans les nuages, je réfléchissais sur ma destinée. Atala me semblait un monstre d'ingratitude. M'abandonner au moment du supplice, moi qui m'étais dévoué aux flammes plutôt que de la quitter ! Et pourtant je sentais que je l'aimais toujours, et que je mourrais avec joie pour elle.

« Il est dans les extrêmes plaisirs, un aiguillon qui nous éveille, comme pour nous avertir de profiter de ce moment rapide; dans les[a] grandes douleurs, au contraire, je ne sais quoi de pesant nous endort[b] ; des yeux fatigués par les larmes cherchent naturellement à se fermer, et la bonté de la Providence se fait ainsi remarquer, jusque dans nos infortunes. Je cédai, malgré moi, à ce lourd sommeil que goûtent quelquefois les misérables. Je rêvais qu'on m'ôtait mes chaînes ; je croyais sentir ce soulagement qu'on éprouve, lorsque, après avoir été fortement pressé, une main secourable relâche nos fers.

« Cette sensation devint si vive, qu'elle me fit soulever les paupières. A la clarté de la lune, dont un rayon s'échappait entre deux nuages, j'entrevois une grande figure blanche penchée sur moi, et occupée à dénouer silencieusement mes liens. J'allais pousser un cri, lorsqu'une main, que je reconnus à l'instant, me ferma la bouche. Une seule corde restait, mais il paraissait impossible de la couper, sans toucher un guerrier qui la couvrait tout entière de son corps. Atala y porte la main, le guerrier s'éveille à demi, et se dresse sur son

---

sans date du *Voyage en Amérique* (O. C., VI, 77-78). M. L. Hastings Naylor *(op. cit.)* y voit « un paysage virgilien » et fait un rapprochement valable avec l'*Énéide*, IV, 522 suiv. : « Nox erat et placidum carpebant fessa soporem / Corpora per terras... »

séant. Atala reste immobile, et le regarde. L'Indien croit voir l'Esprit des ruines ; il se recouche en fermant les yeux et en invoquant son Manitou. Le lien est brisé. Je me lève ; je suis ma libératrice, qui me tend le bout d'un arc dont elle tient l'autre extrémité. Mais que de dangers[a] nous environnent ! Tantôt nous sommes près de heurter des Sauvages endormis ; tantôt une garde nous interroge, et Atala répond en changeant sa voix. Des enfants poussent des cris, des dogues aboient. A peine sommes-nous sortis de l'enceinte funeste, que des hurlements ébranlent la forêt. Le camp se réveille, mille feux s'allument ; on voit courir de tous côtés des Sauvages avec des flambeaux ; nous précipitons notre course[1].

« Quand l'aurore se leva sur les Apalaches, nous étions déjà loin. Quelle fut ma félicité, lorsque je me trouvai encore[b] une fois dans la solitude avec Atala, avec Atala ma libératrice, avec Atala qui se donnait à moi pour toujours ! Les paroles manquèrent à ma langue, je tombai à genoux, et je dis à la fille de Simaghan : « Les hommes sont bien peu de chose ; mais quand les « Génies les visitent, alors ils ne sont rien du tout. « Vous êtes un génie, vous m'avez visité, et je ne puis « parler devant vous. » Atala me tendit la main avec un sourire : « Il faut bien, dit-elle, que je vous suive, « puisque vous ne voulez pas fuir sans moi. Cette « nuit[c], j'ai séduit le jongleur par des présents, j'ai « enivré vos bourreaux avec de l'essence de feu[2], « et j'ai dû hasarder ma vie pour vous, puisque vous « aviez donné la vôtre pour moi. Oui, jeune idolâtre,

1. Chateaubriand avait pu lire chez Charlevoix l'évasion et la fuite d'une prisonnière : « Le village fut bientôt éveillé » ; on la poursuivit ; « elle gagna la forêt sans être aperçue » (L. Hogu, art. cit., p. 129).

2. De l'eau-de-vie. *(Note de Chateaubriand.)*

« ajouta-t-elle avec un accent qui m'effraya, le sacrifice « sera réciproque. »

« Atala me remit les armes qu'elle avait eu soin d'apporter ; ensuite elle pansa ma blessure. En l'essuyant avec une feuille de papaya[1], elle la mouillait de ses larmes. « C'est un baume, lui dis-je, que tu répands « sur ma plaie. » « Je crains plutôt que ce ne soit un « poison », répondit-elle. Elle déchira[a] un des voiles de son sein, dont elle fit une première compresse, qu'elle attacha avec une boucle de ses cheveux[2].

« L'ivresse qui dure longtemps chez les Sauvages, et qui est pour eux une espèce de maladie[3], les empêcha sans doute de nous poursuivre durant les premières journées. S'ils nous cherchèrent ensuite, il est probable que ce fut du côté du couchant, persuadés que nous aurions essayé de nous rendre au Meschacebé[b] ; mais nous avions pris notre route vers l'étoile immobile[4], en nous dirigeant sur la mousse du tronc des arbres.

---

1. Il s'agit de la blessure que lui a faite au bras la flèche d'un de ses tortionnaires (cf. *supra*, p. 74). — *Le Voyage en Amérique* (O. C., VI, 95) décrit ainsi le *papaya* : « Derrière ce premier plan s'élevaient les plus charmants de tous les arbres, les papayas : leur tronc droit, grisâtre et guilloché, de la hauteur de vingt à vingt-cinq pieds, soutient une touffe de longues feuilles à côtes, qui se dessinent comme l'S gracieuse d'un vase antique... L'arbre entier ressemble à une colonne d'argent ciselé, surmontée d'une urne corinthienne. »

2. C'est ainsi que, dans la *Jérusalem délivrée* du Tasse (XIX, 112), Erminie soigne Tancrède : « Mais elle n'a rien sinon un voile dont elle panse ses blessures en ces lieux parfaitement solitaires... Elle les essuya de ses cheveux et les referma de ses cheveux encore, qu'il fallut couper, car son voile ne pouvait suffire, court et léger, à des plaies si nombreuses. » (Cf. Chandler B. Beall, *op. cit.*, p. 59-60.) — Odérahi (p. 81) soigne aussi et panse le prisonnier qu'elle a sauvé du supplice « en l'adoptant pour son frère ».

3. En signalant à diverses reprises la passion des Sauvages pour l'eau-de-vie, Charlevoix a pu suggérer à Chateaubriand le recours à cette ivresse qui permet à ses héros de s'échapper (L. Hogu, art. cit., p. 129).

4. Le Nord. *(Note de Chateaubriand.)*

« Nous ne tardâmes pas à nous apercevoir que nous avions peu gagné à ma délivrance. Le désert déroulait maintenant devant nous ses solitudes démesurées[1]. Sans expérience de la vie des forêts, détournés de notre vrai chemin, et marchant à l'aventure, qu'allions-nous devenir? Souvent[a] en regardant Atala, je me rappelais cette antique histoire d'Agar[2], que Lopez m'avait fait lire, et qui est arrivée dans le désert de Bersabée, il y a bien longtemps, alors que les hommes vivaient trois âges de chêne.

« Atala me fit un manteau avec la seconde écorce du frêne, car j'étais presque nu. Elle me broda des mocassines[3] de peau de rat musqué, avec du poil de porc-épic. Je prenais soin à mon tour de sa parure. Tantôt je lui mettais sur la tête une couronne de ces mauves bleues, que nous trouvions sur notre route, dans des cimetières indiens abandonnés[4] ; tantôt je lui faisais des colliers

---

1. Citant cette phrase, miss M. H. Miller (*op. cit.*, p. 103-104) remarque : « C'est l'âpreté et la sauvagerie de la nature primitive, l'étendue déserte de la terre ou de la mer que Chateaubriand a prises à Ossian. »

2. L'histoire d'Agar, servante égyptienne d'Abraham, dont elle eut pour fils Ismaël, est contée dans la *Genèse*, XVI-XXI : chassée par la jalousie de Sara, elle s'enfuit dans la solitude de Bersabée, et y fut secourue par un ange au moment où son enfant allait mourir de soif. — Autre allusion à l'aventure d'Agar dans *Les Natchez* (édit. Chinard, p. 392).

3. Chaussure indienne. *(Note de Chateaubriand.)*
Ces chaussures indiennes en peaux de bêtes sont plutôt appelées *mocassins :* ce mot (apparu dans notre langue en 1615 sous la forme *makezin*) est emprunté à un dialecte indien de l'Amérique du Nord. — Le *Voyage en Amérique* (O. C., VI, 83) rappelle que les Indiens font des étoffes avec l'écorce des arbres : le fait est fréquemment signalé.

4. Dans un article du *Mercure de France* (juillet 1801), consacré à l'explorateur écossais Alexandre Mackensie, Chateaubriand décrivait « ces cimetières indiens, répandus dans les forêts américaines..., espèces de clairières ou de petits enclos dépouillés de leurs bois » (O. C., VI, 417). Cf. aussi le *Journal sans date* du *Voyage en Amérique* (*ibid.*, 77).

avec des graines rouges d'azaléa[1] ; et puis je me prenais à sourire, en contemplant sa merveilleuse beauté.

« Quand nous rencontrions un fleuve, nous le passions sur un radeau ou à la nage[2]. Atala appuyait une de ses mains sur mon épaule ; et, comme deux cygnes voyageurs, nous traversions ces ondes solitaires.

« Souvent dans les grandes chaleurs du jour, nous cherchions un abri sous les mousses des cèdres[3]. Presque tous les arbres de la Floride, en particulier le cèdre et le chêne vert, sont couverts d'une mousse blanche qui descend de leurs rameaux jusqu'à terre. Quand la nuit, au clair de la lune, vous apercevez sur la nudité d'une savane, une yeuse isolée revêtue de cette draperie, vous croiriez voir un fantôme, traînant après lui ses longs voiles. La scène n'est pas moins pittoresque au grand jour ; car une foule de papillons, de mouches brillantes, de colibris, de perruches vertes, de geais d'azur, vient s'accrocher à ces mousses, qui produisent alors l'effet d'une tapisserie en laine blanche, où l'ouvrier Européen aurait brodé des insectes et des oiseaux éclatants.

---

1. Arbrisseau de la même famille que le rhododendron, l'arbousier et l'airelle, remarquable par ses belles fleurs rouges ou roses.

2. « Les Indiennes mêmes, quoique chargées d'enfants, passent les grandes rivières à la nage. » (Charlevoix, cité par L. Hogu, art. cit., p. 128.) Sur cette aptitude des femmes sauvages, cf. *Mémoires*, I, 333-334, et *Les Natchez*, édit. Chinard, p. 329-330.

3. Cf. G. Chinard, *op. cit.*, p. 261-262. Bartram décrit longuement ces mousses, *Tillandsea usnoides*, qui se rencontre sous les tropiques : « Il est fréquent de voir presque tous les intervalles entre les branches d'un grand arbre entièrement remplis par cette plante; le vent agite de longues traînes de quinze ou vingt pieds suspendues aux branches inférieures, d'une masse et d'un poids tels que plusieurs hommes ne pourraient les soulever. » Un peu plus loin, décrivant le cèdre, il note : « Ce qui ajoute à la splendeur de son apparence, ce sont les mousses qui pendent à ses branches et flottent au vent. » Mais, à la description simplement précise du botaniste voyageur, l'auteur d'*Atala* ajoute presque toute la couleur du tableau. — Cf. *infra*, Appendice II, p. 382.

« C'était dans ces riantes hôtelleries, préparées par le grand Esprit, que nous nous reposions à l'ombre. Lorsque les vents[a] descendaient du ciel pour balancer ce grand cèdre, que le château aérien bâti sur ses branches allait flottant avec les oiseaux et les voyageurs endormis sous ses abris, que mille soupirs sortaient des corridors et des voûtes du mobile édifice, jamais les merveilles de l'ancien monde n'ont approché de ce monument du désert[1b].

« Chaque soir nous allumions un grand feu, et nous bâtissions la hutte du voyage[2], avec une écorce élevée sur quatre piquets. Si j'avais tué une dinde sauvage, un ramier, un faisan des bois, nous le suspendions devant le chêne embrasé, au bout d'une gaule plantée en terre, et nous abandonnions au vent le soin de tourner la proie du chasseur. Nous mangions des mousses appelées tripes de roches[3], des écorces sucrées de bouleau,

---

1. Même mouvement de phrase et pensée analogue en conclusion de la célèbre *Nuit chez les Sauvages d'Amérique* (*Génie du Christianisme*, première partie, liv. V, chap. XII) : « ... les plus belles nuits en Europe ne peuvent en donner une idée... »

2. Cette *hutte de voyage*, c'est exactement l'*ajoupa* que Chateaubriand construisait au bord du lac des Onondagas, en se rendant au Niagara (*Voyage en Amérique*, O. C., VI, 60-61). Nul doute que nombre des détails qui suivent (feu du soir, cuisine, etc.) soient aussi des souvenirs vécus de l'auteur. Il consacre un alinéa aux dindes sauvages (*ibid.*, 76), en s'inspirant de Bartram, selon J. Bédier.

3. Ces *tripes de roche*, dont s'est moqué Sainte-Beuve (*Chateaubriand et son groupe*, édit. M. Allem, I, 183-184), reparaissent dans *Les Natchez* (édit. Chinard, p. 234), d'après Charlevoix : « C'est, dit ce dernier, une espèce de mousse qui croît sur certains rochers... : rien n'est plus insipide que ce mets, lequel n'a pas même beaucoup de substance. » — Le bouleau à écorces sucrées est le *sweet bitch*. — Les *pommes de mai* (ou ipécacuanha de l'Amérique. Cf. *Les Natchez*, édit. Chinard, p. 108-109 et n. 9), nommées par Bartram, figurent aussi sur une planche hors-texte chez Charlevoix, qui cite également le *noyer noir*. — Le *sumach* (ou mieux *sumac*) est un arbrisseau dont l'écorce sert en teinturerie, tannerie, pharmacie ; on le rencontre chez Imlay et Carver. — Enfin le *Voyage en Amérique* consacre un chapitre à la récolte du sucre d'*érable* (O. C., VI, 125-126).

et des pommes de mai, qui ont le goût de la pêche et de la framboise. Le noyer noir, l'érable, le sumach, fournissaient le vin à notre table. Quelquefois j'allais chercher, parmi les roseaux, une plante dont la fleur allongée en cornet, contenait un verre de la plus pure rosée. Nous bénissions la Providence qui, sur la faible tige d'une fleur, avait placé cette source limpide au milieu des marais corrompus, comme elle a mis l'espérance au fond des cœurs ulcérés par le chagrin, comme elle a fait jaillir la vertu du sein des misères de la vie[1].

« Hélas ! je découvris bientôt que je m'étais trompé sur le calme apparent d'Atala. A mesure que nous avancions, elle devenait triste. Souvent elle tressaillait sans cause, et tournait précipitamment la tête. Je la surprenais attachant sur moi un regard passionné, qu'elle reportait vers le ciel avec une profonde mélancolie. Ce qui m'effrayait surtout, était un secret, une pensée cachée[a] au fond de son âme, que j'entrevoyais dans ses yeux[2]. Toujours m'attirant et me repoussant, ranimant et détruisant mes espérances, quand je croyais avoir fait un peu de chemin dans son cœur, je me retrouvais au même point. Que de fois elle m'a dit[b] : « O mon jeune amant ! je t'aime comme l'ombre des « bois au milieu du jour ! Tu es beau comme le désert[3]

---

1. Cf. *infra*, Appendice II, p. 383. — Cette fleur providentielle est la *sarracenia flava* de Bartram : « Ses feuilles ont l'air de corne d'abondance ; chacune contient environ une pinte d'eau fraîche, limpide, pure comme la rosée du matin. » Sur la finalité du passage, cf. le passage du *Voyage en Amérique* (O. C., VI, 92) constatant que le Grand Esprit a fait croître les herbes propres à guérir les morsures des serpents précisément dans les parages hantés par ces dangereux reptiles et les chapitres du *Génie du Christianisme* (première partie, liv. V) sur l'existence de Dieu prouvée par les merveilles de la nature.

2. Cette attitude d'Atala est à comparer avec celle d'Amélie dans *René* (cf. *infra*, p. 219-220).

3. « Atala dit à son amant qu'il est *beau comme le désert*. Or, veut-on se faire une idée de la beauté du désert ? On la trouve décrite quelques

« avec toutes ses fleurs et toutes ses brises. Si je me « penche sur toi, je frémis ; si ma main tombe sur la « tienne, il me semble que je vais mourir. L'autre jour « le vent jeta tes cheveux sur mon visage, tandis « que tu te délassais sur mon sein, je crus sentir le « léger toucher des Esprits invisibles. Oui, j'ai vu les « chevrettes de la montagne d'Occone [1] ; j'ai entendu « les propos des hommes rassasiés de jours ; mais « la douceur des chevreaux et la sagesse des vieillards, « sont moins plaisantes et moins fortes que tes paroles. « Eh ! bien, pauvre Chactas, je ne serai jamais ton « épouse ! »

« Les perpétuelles contradictions de l'amour et de la religion d'Atala, l'abandon de sa tendresse et la chasteté de ses mœurs, la fierté de son caractère et sa profonde sensibilité, l'élévation de son âme dans les grandes choses, sa susceptibilité dans les petites, tout en faisait pour moi un être incompréhensible. Atala ne pouvait pas prendre sur un homme un faible empire : pleine de passions, elle était pleine de puissance ; il fallait ou l'adorer, ou la haïr[2].

« Après quinze nuits d'une marche précipitée, nous entrâmes dans la chaîne des monts Allégany, et nous atteignîmes une des branches du Tenase, fleuve qui se jette dans l'Ohio. Aidé des conseils d'Atala, je bâtis un canot, que j'enduisis de gomme de prunier[3], après

---

pages après », ironise l'abbé Morellet, qui cite le passage : « Accablés de soucis et de craintes, exposés à tomber, etc. » (Cf. *infra*, p. 87.)

1. *Occone* est à la fois le nom d'une rivière de Georgie et celui d'une région montagneuse de Caroline du Sud.

2. En cette fin de paragraphe passionnée, il passe comme un écho du fameux *Odi et amo* de Catulle, LXXXV. Sur les contradictions d'Atala, cf. *supra*, p. 9, n. 1.

3. Cette manière de construire des canots, empruntée à Charlevoix, est plus longuement décrite dans le *Voyage en Amérique* (O. C., VI, 158-159) : « On assemble ces écorces avec des racines de sapin extrême-

en avoir recousu les écorces avec des racines de sapin. Ensuite je m'embarquai avec Atala, et nous nous abandonnâmes au cours du fleuve[a].

« Le village indien de Sticoë[1], avec ses tombes pyramidales et ses huttes en ruines, se montrait à notre gauche, au détour d'un promontoire ; nous laissions à droite la vallée de Keow, terminée par la perspective des cabanes de Jore, suspendues au front de la montagne du même nom. Le fleuve qui nous entraînait, coulait entre de hautes falaises, au bout desquelles on apercevait le soleil couchant. Ces profondes solitudes n'étaient point troublées par la présence de l'homme. Nous ne vîmes qu'un chasseur Indien qui, appuyé sur son arc et immobile sur la pointe d'un rocher, ressem-

---

ment souples, et qui sèchent difficilement. La couture est enduite en dedans et en dehors d'une résine dont les Sauvages gardent le secret. »

1. Dans les paragraphes suivants, Chateaubriand mêle des souvenirs personnels à des emprunts livresques ; M. G. Chinard (*op. cit.*, p. 262-263) a bien souligné ces derniers en citant Bartram : « Sur ces collines élevées, apparaissaient les ruines fameuses de la vieille ville de Sticoë. Là se trouvait un grand tombeau indien ou tumulus... En quittant ces ruines la vallée et les champs se trouvent divisés par un éperon des montagnes... Je suivais la droite de la vallée... Je découvris l'ouverture de la vallée étendue et fertile de Cowe... La vallée est fermée à Cowe par une chaîne de hautes collines appelées la montagne de Jore... Arrivés au sommet de cette chaîne, nous pûmes jouir d'un magnifique paysage : la délicieuse vallée de Kéowe..., le village, les pics élevés de la montagne de Jore, et tout au loin le village du même nom..., le promontoire hardi de la montagne de Jore qui se dressait à pic sur les rives du Ténase, tandis que les eaux écumantes du fleuve coulaient entre eux... » L'auteur d'*Atala* a remplacé par « de profondes solitudes » les nombreux villages signalés dans la région par son prédécesseur. — D'autre part, ce paysage rappelle celui que Chateaubriand avait contemplé en remontant la rivière Hudson de New York à Albany (*Essai sur les Révolutions*, O. C., I, 541) : « Le soleil se couchait ; nous étions entre de hautes montagnes. On apercevait çà et là, suspendues sur des abîmes des cabanes... »

blait à une statue élevée dans la montagne au Génie de ces déserts[1].

« Atala et moi nous joignions notre silence au silence de cette scène. Tout à coup[a] la fille de l'exil fit éclater dans les airs une voix pleine d'émotion et de mélancolie ; elle chantait la patrie absente[2] :

« Heureux ceux qui n'ont point vu la fumée des
« fêtes de l'étranger, et qui ne se sont assis qu'aux
« festins de leurs pères !

« Si le geai bleu du Meschacebé disait à la nonpa-
« reille des Florides[3] : « Pourquoi vous plaignez-vous si
« tristement ? N'avez-vous pas ici de belles eaux et de
« beaux ombrages, et toutes sortes de pâtures comme
« dans vos forêts ? » « Oui, répondrait la nonpareille
« fugitive ; mais mon nid est dans le jasmin, qui me
« l'apportera ? Et le soleil de ma savane, l'avez-vous ? »

« Heureux ceux qui n'ont point vu la fumée des

---

1. On comparera cette vision avec une autre, analogue, du *Voyage en Amérique* (O. C., VI, 85) : « Au confluent du Kentucky et de l'Ohio, ... ce sont des troupeaux de chevreuils qui, de la pointe du rocher, vous regardent passer sur les fleuves... »

2. La mélancolique chanson d'Atala appelle plusieurs remarques. 1° Par son sujet même (l'exil), sous son appareil exotique, elle traduit les sentiments douloureux de Chateaubriand éloigné de sa patrie lors de l'Émigration. — 2° Par sa forme, elle semble une réminiscence de certains poèmes ossianiques à refrains (Van Tieghem, *Ossian en France*, II, 197). — 3° A. Le Braz (*Au pays d'exil de Chateaubriand*, p. 162-165) note, d'après les *Mémoires* (I, 455), que Charlotte Ives « était excellente musicienne et chantait comme Mme Pasta » et comme notre héroïne. — 4° Enfin, l'auteur s'est souvenu d'avoir entendu, en remontant l'Hudson, une Américaine qui chantait pour les passagers « la romance de l'infortuné major André » (*Essai sur les Révolutions*, O. C., I, 541).

3. Le *geai bleu* et la *nonpareille des Florides* sont nommés par Bartram (J.-M. Gautier, *op. cit.*, p. 31).

« fêtes de l'étranger, et qui ne se sont assis qu'aux « festins de leurs pères !

« Après les heures d'une marche pénible, le voyageur « s'assied tristement. Il contemple autour de lui les toits « des hommes ; le voyageur n'a pas un lieu où reposer « sa tête[1]. Le voyageur frappe à la cabane, il met son « arc derrière la porte, il demande l'hospitalité ; le « maître fait un geste de la main ; le voyageur reprend « son arc, et retourne au désert !

« Heureux ceux qui n'ont point vu la fumée des « fêtes de l'étranger, et qui ne se sont assis qu'aux « festins de leurs pères !

« Merveilleuses histoires racontées autour du foyer, « tendres épanchements du cœur, longues habitudes « d'aimer si nécessaires à la vie, vous avez rempli les « journées de ceux qui n'ont point quitté leur pays « natal ! Leurs tombeaux sont dans leur patrie, avec le « soleil couchant, les pleurs de leurs amis et les « charmes de la religion.

« Heureux ceux qui n'ont point vu la fumée des « fêtes de l'étranger, et qui ne se sont assis qu'aux « festins de leurs pères ! »

« Ainsi chantait Atala. Rien n'interrompait ses plaintes, hors le bruit insensible de notre canot sur les ondes. En deux ou trois endroits seulement, elles furent recueillies par un faible écho qui les redit à un

1. Cf. *Saint Matthieu*, VIII, 20 : « Les renards ont des tanières et les oiseaux du ciel ont des nids ; mais le Fils de l'homme n'a pas où reposer la tête. »

second plus faible, et celui-ci à un troisième plus faible encore : on eût cru que les âmes de deux amants jadis infortunés comme nous, attirées par cette mélodie touchante, se plaisaient à en soupirer les derniers sons dans la montagne[1].

« Cependant la solitude, la présence continuelle de l'objet aimé, nos malheurs mêmes, redoublaient[a] à chaque instant notre amour. Les forces d'Atala commençaient à l'abandonner, et les passions, en abattant son corps, allaient triompher de sa vertu. Elle[b] priait continuellement sa mère[2], dont elle avait l'air de vouloir apaiser l'ombre irritée. Quelquefois elle me demandait si je n'entendais pas une voix plaintive[3], si je ne voyais pas des flammes sortir de la terre. Pour moi, épuisé de fatigue, mais toujours brûlant de désir, songeant que j'étais peut-être perdu sans retour au milieu de ces forêts, cent fois je fus prêt à saisir mon épouse dans mes bras, cent fois je lui proposai de bâtir une hutte sur

1. Ce paragraphe est habilement transposé de l'*Essai sur les Révolutions* et adapté au roman : « Rien n'interrompait le chant plaintif de la jeune passagère, hors le bruit insensible que le vaisseau, poussé par une brise légère, faisait en glissant sur l'onde. Quelquefois la voix se renflait un peu davantage lorsque nous rasions de plus près la rive ; dans deux ou trois endroits, elle fut répétée par un faible écho : les Anciens se seraient imaginé que l'âme d'André, attirée par cette mélodie touchante, se plaisait à en murmurer les derniers sons dans la montagne. »

2. L. Hogu (art. cit., p. 158) signale que, dans l'idylle du poète suisse Gessner intitulée *Glicère*, l'héroïne, se trouvant dans une situation comparable à celle d'Atala, fait une prière aux mânes de sa mère pour ne pas perdre sa virginité. — Chateaubriand cite d'autres œuvres de Gessner dans l'*Essai sur les Révolutions* (O. C., I, 421-422) et dans le *Génie du Christianisme* (deuxième partie, liv. I, chap. IV).

3. Miss M. H. Miller (*op. cit.*, p. 114) estime que ces *voix* qu'on entend dans les airs sont des formes de fantômes appartenant au merveilleux ossianique. Cf. *infra*, p. 137 : « Elle conversait tout bas avec des esprits invisibles » ; *Martyrs*, XIII : « On entend des voix mystérieuses dans la cime des arbres » ; XVII : « Le vent gémissait dans les colonnes du temple, une voix triste s'élevait dans l'air », etc.

ces rivages et de nous y ensevelir ensemble. Mais elle me résista toujours : « Songe[a], me disait-elle, mon jeune « ami, qu'un guerrier se doit à sa patrie. Qu'est-ce « qu'une femme auprès des devoirs que tu as à rem- « plir ? Prends courage, fils d'Outalissi, ne murmure « point contre ta destinée. Le cœur de l'homme est « comme l'éponge du fleuve, qui tantôt boit une onde « pure dans les temps de sérénité, tantôt s'enfle d'une « eau bourbeuse, quand le ciel a troublé les eaux. « L'éponge a-t-elle le droit de dire : « Je croyais « qu'il n'y aurait jamais d'orages, que le soleil ne « serait jamais brûlant[b] ? »

« O René, si tu crains les troubles du cœur, défie-toi de la solitude : les[c] grandes passions sont solitaires, et les transporter au désert, c'est les rendre à leur empire[1]. Accablés de soucis et de craintes, exposés à tomber entre les mains des Indiens ennemis, à être engloutis dans les eaux, piqués des serpents, dévorés des bêtes, trouvant difficilement une chétive nourriture, et ne sachant plus de quel côté tourner nos pas, nos maux semblaient ne pouvoir plus s'accroître[d], lorsqu'un accident y vint mettre le comble.

« C'était le vingt-septième soleil depuis notre départ des cabanes : la *lune de feu*[2] avait commencé son cours, et tout annonçait un orage. Vers l'heure où les matrones indiennes suspendent la crosse du labour[3] aux branches

---

1. Ces réflexions sur la solitude et les passions font évidemment songer à *René*. Sur ce point, du reste, Chateaubriand ne changea jamais d'opinion et, dans la *Vie de Rancé* (édit. F. Letessier, p. 190), il montre quels risques le réformateur de la Trappe faisait courir à ses moines « en mettant l'homme seul devant ses passions ». L'*Ecclésiaste* n'avait-il pas dit (IV, 10) : « Malheur à l'homme seul » ?

2. Mois de juillet. *(Note de Chateaubriand.)*

Dans le *Voyage en Amérique* (O. C., VI, 134), le mois de juillet est appelé la *lune des fruits brûlés*, d'après le calendrier des Cipawois.

3. Ces *crosses de labour* étaient des sortes de houes, dont le manie-

du savinier, et où les perruches se retirent dans le creux des cyprès, le ciel[a] commença à se couvrir. Les voix de la solitude s'éteignirent, le désert fit silence, et les forêts demeurèrent dans un calme universel. Bientôt les roulements d'un tonnerre lointain, se prolongeant dans ces bois aussi vieux que le monde, en firent sortir des bruits sublimes. Craignant d'être submergés, nous nous hâtâmes de gagner le bord du fleuve, et de nous retirer dans une forêt[1].

« Ce lieu était un terrain marécageux. Nous avancions avec peine sous une voûte de smilax[2], parmi des ceps de vigne, des indigos, des faséoles, des lianes rampantes, qui entravaient nos pieds comme des filets. Le sol spongieux tremblait autour de nous, et[b] à chaque instant nous étions près d'être engloutis dans des fondrières. Des insectes sans nombre, d'énormes chauves-

---

ment est décrit dans le *Voyage en Amérique* (O. C., VI, 121). — Le *savinier* (ou *sabine*) est un arbrisseau, dont la tige a deux ou trois mètres de haut et qui croît dans les régions tempérées chaudes. Le mot est chez Charlevoix.

1. « Il est difficile, déclare M. G. Chinard (*op. cit.*, p. 263), de retrouver l'origine précise de la tempête qui surprend les deux amants dans la forêt. Il se peut que la plus grande partie de cette description provienne de Bartram, mais les rapprochements de mots sont presque impossibles à établir. Par contre l'esquisse d'un orage qui se trouve dans le *Voyage* (cf. O. C., VI, 97-98) et que l'on peut considérer comme une première ébauche du tableau plus poussé d'*Atala* provient directement de Bartram. » La comparaison en effet s'impose entre les deux textes. Mais Chateaubriand a pu enrichir sa description de souvenirs personnels et d'autres réminiscences littéraires : Charlevoix, Virgile (*Énéide*, IV, 160-suiv.), Bernardin de Saint-Pierre (*Paul et Virginie*, édit. M. Souriau, p. 195), etc.

2. La *smilax* (qu'on retrouve dans *Les Natchez*, édit. Chinard, p. 131) est aussi appelée *salsepareille*. Entre autres, elle est ainsi décrite par Bartram : « Elle pousse de la racine plusieurs tiges vertes dont les branches couvrent tout ce qui est autour d'elle..., montent souvent à plus de seize pieds de haut et deviennent si épaisses qu'en été elles forment une ombre impénétrable... » (J.-M. Gautier, *op. cit.*, p. 23-24). — L'*indigo* (ou plus exactement *indigotier*) est un arbuste qui ne dépasse jamais un mètre quarante. — Les *faséoles* sont une espèce de haricots.

souris nous aveuglaient ; les serpents à sonnette bruissaient de toutes parts[1] ; et les loups, les ours, les carcajous[2], les petits tigres, qui venaient se cacher dans ces retraites, les remplissaient de leurs rugissements.

« Cependant l'obscurité redouble : les nuages abaissés entrent sous l'ombrage des bois. La nue se déchire, et l'éclair trace[a] un rapide losange de feu. Un vent impétueux sorti du couchant roule les nuages sur les nuages ; les forêts plient ; le ciel s'ouvre[b] coup sur coup et, à travers ses crevasses, on aperçoit de nouveaux cieux et des campagnes ardentes. Quel affreux[c], quel magnifique spectacle ! La foudre met le feu dans les bois[d] ; l'incendie s'étend comme une chevelure de flammes[3] ; des colonnes d'étincelles et de fumée assiègent les nues qui vomissent leurs foudres dans le vaste embrasement. Alors le grand Esprit couvre les montagnes d'épaisses ténèbres ; du milieu de ce vaste chaos s'élève un mugissement confus formé par le fracas des vents, le gémissement des arbres, le hurlement des bêtes féroces, le bourdonnement de l'incendie, et la chute répétée du tonnerre qui siffle en s'éteignant dans les eaux.

« Le grand Esprit[e] le sait[f] ! Dans ce moment je ne

---

1. Le *Voyage en Amérique* signale la présence dans les terrains marécageux du serpent à sonnette, reptile « plein d'intelligence et qui aime passionnément la musique » : « Aux ardeurs de midi, il fait entendre sa sonnette pour appeler sa femelle. Ce signal d'amour est le seul bruit qui frappe alors l'oreille du voyageur. » (O. C., VI, 92 et 108).

2. « Le carcajou est une espèce de tigre ou de grand chat » (*Voyage en Amérique*, O. C., p. 108-109) : c'est en réalité le nom vulgaire du blaireau d'Amérique. Cf. *infra*, p. 158, n. 1.

3. Charlevoix décrit ainsi les conséquences d'un orage : « Non seulement l'air, mais les campagnes paraissaient en feu... La rivière en fut tellement embrasée qu'on la voyait bouillonner et qu'une quantité prodigieuse de poissons en moururent. » (L. Hogu, *art. cit.*, p. 128). On retrouvera ces poissons morts, *infra*, p. 100.

vis qu'Atala, je ne pensai qu'à elle. Sous le tronc penché d'un bouleau, je parvins à la garantir des torrents de la pluie. Assis moi-même sous l'arbre, tenant ma bien-aimée sur mes genoux, et réchauffant ses pieds nus entre mes mains[1], j'étais plus heureux que la nouvelle épouse qui[a] sent pour la première fois son fruit tressaillir dans son sein.

« Nous prêtions l'oreille au bruit de la tempête ; tout à coup je sentis une larme d'Atala tomber sur mon sein : « Orage du cœur, m'écriai-je, est-ce une goutte « de votre pluie[2] ? » Puis embrassant étroitement celle que j'aimais : « Atala, lui dis-je, vous me cachez quelque « chose. Ouvre-moi ton cœur, ô ma beauté ! cela fait « tant de bien, quand un ami regarde dans notre « âme ! Raconte-moi cet autre secret de la douleur « que tu t'obstines à taire. Ah ! je le vois, tu pleures « ta patrie. » Elle repartit aussitôt : « Enfant des « hommes, comment pleurerais-je ma patrie, puisque « mon père n'était pas du pays des palmiers ? » « Quoi, répliquai-je avec un profond étonnement, « votre père n'était point du pays des palmiers ! Quel « est donc celui qui vous a mise sur cette terre ? « Répondez. » Atala dit ces paroles :

1. L'abbé Morellet poussa le souci d'être exactement informé et de défendre la vraisemblance jusqu'à faire asseoir sa servante sur ses genoux, afin de s'assurer si Chactas avait pu, dans cette position, tenir dans ses mains les pieds glacés d'Atala... (*Mémoires*, II, 21).

2. Selon L. Hogu (art. cit., p. 159), le *Tableau du Déluge* de Gessner a pu, pour une part, inspirer l'orage d'*Atala*. Il y a relevé une curieuse rencontre d'expression avec notre texte : « Sémire pressa son amant contre son cœur palpitant. *Des larmes, mêlées avec des gouttes de pluie*, ruisselaient le long de ses joues pâles. » — L'abbé Morellet critique vigoureusement ce passage : « Il n'est guère possible d'imaginer rien de plus froid et de plus déplacé dans un tel moment qu'une semblable question. Cet apostrophe à l'*orage du cœur*, mise en contraste avec l'*orage du ciel*, est une pensée bien étrange et tout le monde sent que la situation de Chactas ne peut pas lui permettre de faire un tel rapprochement. »

« Avant que ma mère eût apporté en mariage au « guerrier Simaghan trente cavales, vingt buffles, cent « mesures d'huile de glands, cinquante peaux de castors « et beaucoup d'autres richesses[1], elle avait connu un « homme de la chair blanche. Or, la mère de ma mère « lui jeta de l'eau au visage[2], et la contraignit d'épouser « le magnanime Simaghan, tout semblable à un roi, et « honoré des peuples comme un Génie. Mais ma mère « dit à son nouvel époux : « Mon ventre a conçu[3], « tuez-moi. » Simaghan lui répondit : « Le grand « Esprit me garde d'une si mauvaise action. Je ne vous « mutilerai point, je ne vous couperai point le nez ni « les oreilles[4], parce que vous avez été sincère et que « vous n'avez point trompé ma couche. Le fruit de vos « entrailles sera mon fruit, et je ne vous visiterai qu'après « le départ de l'oiseau de rizière, lorsque la treizième « lune aura brillé. » En ce temps-là, je brisai le sein « de ma mère, et je commençai à croître, fière comme « une Espagnole et comme une Sauvage. Ma mère me « fit chrétienne, afin que son Dieu et le Dieu de mon « père fût aussi mon Dieu. Ensuite le chagrin[a] d'amour

1. Sur les cadeaux rituels de mariage chez les Sauvages, cf. *Voyage en Amérique* (O. C., VI, 115-116).

2. Une phrase du *Voyage en Amérique* (O. C., VI, 68) explique celle-ci : « Lorsqu'une jeune Indienne a mal agi, sa mère se contente de lui jeter des gouttes d'eau au visage et de lui dire : *Tu me déshonores.* Ce reproche manque rarement son effet. » Ce trait, emprunté à Charlevoix, se retrouve dans *Les Natchez* (édit. Chinard, p. 332), ainsi que dans *Odérahi*, p. 96.

3. Réminiscence de la Salutation angélique, comme, plus loin, l'expression *le fruit de vos entrailles* rappelle la parole d'Élisabeth à la Vierge Marie (cf. *Saint Luc*, I, 31 et 42).

4. Cf. *Voyage en Amérique* (O. C., VI, p. 116) : « L'adultère dans la femme était autrefois puni chez les Hurons par la mutilation du nez : on voulait que la faute restât gravée sur le visage. » (D'après Carver et Charlevoix.)

« vint la chercher, et elle descendit dans la petite cave « garnie de peaux[1], d'où l'on ne sort jamais. »

« Telle fut l'histoire d'Atala. « Et quel était donc ton « père, pauvre orpheline, lui dis-je ? Comment les « hommes l'appelaient-ils sur la terre, et quel nom « portait-il parmi les Génies[2] ? » « Je n'ai jamais lavé « les pieds de mon père, dit Atala ; je sais seulement « qu'il vivait avec sa sœur à Saint-Augustin, et qu'il a « toujours été fidèle à ma mère : Philippe était son nom « parmi les anges, et les hommes le nommaient Lopez. »

« A ces mots, je poussai un cri qui retentit dans « toute la solitude ; le bruit de mes transports se mêla « au bruit de l'orage. Serrant[a] Atala sur mon cœur, je « m'écriai avec des sanglots : « O ma sœur ! ô fille de « Lopez ! fille de mon bienfaiteur ! » Atala effrayée, me demanda d'où venait mon trouble ; mais quand elle sut que Lopez était cet hôte généreux qui m'avait adopté à Saint-Augustin, et que j'avais quitté pour être libre, elle fut saisie elle-même de confusion et de joie.

« C'en était trop pour nos cœurs que cette amitié fraternelle qui venait nous visiter, et joindre son amour à notre amour[3]. Désormais les combats d'Atala allaient devenir inutiles : en vain je la sentis porter une main à son sein, et faire un mouvement extraordinaire ; déjà je l'avais saisie, déjà je m'étais enivré de son souffle, déjà j'avais bu toute la magie de l'amour sur ses lèvres[4]. Les

---

1. Charlevoix déclare que « le tombeau est comme une cellule toute tapissée de peaux » (L. Hogu, art. cit., p. 133), mais la proposition qui termine le paragraphe évoque à l'esprit le vers de Catulle (III, 12) sur les enfers « *unde negant redire quemquam* ».

2. C'est-à-dire : « Quels étaient le nom de sa famille et son nom de baptême ? »

3. Sur le caractère assez équivoque de cet amour rendu soudain plus violent par l'apport sentimental de l' « amitié fraternelle », cf. *infra*, p. 131, n. 2.

4. « Si l'on peut boire la magie », ironise l'abbé Morellet, qui trouve « tout à fait déraisonnable » l'apostrophe que Chactas lance

yeux levés vers le ciel, à la lueur des éclairs, je tenais mon épouse dans mes bras, en présence[a] de l'Éternel. Pompe nuptiale, digne de nos malheurs et de la grandeur de nos amours : superbes forêts qui agitiez vos lianes et vos dômes comme les rideaux et le ciel de notre couche, pins embrasés qui formiez les flambeaux de notre hymen, fleuve débordé, montagnes mugissantes, affreuse et sublime nature, n'étiez-vous donc qu'un appareil préparé pour nous tromper, et ne pûtes-vous cacher un moment dans vos mystérieuses horreurs la félicité d'un homme !

« Atala n'offrait plus qu'une faible résistance ; je[b] touchais au moment du bonheur, quand tout à coup un impétueux éclair, suivi d'un éclat de la foudre, sillonne l'épaisseur des ombres, remplit la forêt de soufre et de lumière, et brise un arbre à nos pieds. Nous fuyons. O surprise !... dans le silence qui succède[1], nous entendons le son d'une cloche ! Tous deux[c]

---

aux forêts, aux pins, aux fleuves, « après cinquante-trois ans écoulés ». Il démontre que toutes les circonstances de la situation où l'auteur a placé ses deux amants (pluie, incendie, bêtes sauvages, etc.) ne se prêtaient guère aux jouissances de l'amour : « Tout ce qui peut arriver de plus heureux à Chactas et à Atala est de se tirer de là sans être mordus par les serpents ou dévorés par les ours et les tigres... Loin de croire qu'ils aient été exposés à une bien pressante tentation, je ne comprends guère comment ils n'en sont pas sortis tous les deux perclus. » Rationnellement parlant, ces remarques ne sont pas sans valeur ; mais ne méconnaissent-elles pas tout à fait la liberté créatrice du poète en même temps qu'une longue tradition littéraire qui a fait de l'orage le cadre de maints épisodes épiques et dramatiques? C'est par un orage qu'au chant IV de *l'Énéide*, Didon se donne à Énée, comme Velléda à Eudore au livre X des *Martyrs* (O. C., IV, 148-149) ; c'est également au milieu d'un orage que meurt Virginie...

1. Ce silence après le déchaînement de l'orage est d'un bel effet dramatique : l'apaisement de la nature accompagne l'entrée du prêtre, homme de la paix par excellence. — Sur la poésie des cloches, cf. *Génie du Christianisme* (quatrième partie, liv. I, chap. 1) et *René, infra*, p. 188. — A propos de ce passage voir J. Pommier, *Une inspiration plastique d'Atala ?* (*Bulletin Chateaubriand*, 1960, p. 17).

interdits, nous prêtons l'oreille à ce bruit, si étrange dans un désert. A l'instant un chien aboie dans le lointain ; il approche, il redouble ses cris, il arrive, il hurle de joie à nos pieds[1] ; un vieux Solitaire[2] portant une petite lanterne, le suit à travers les ténèbres de la forêt. « La Providence soit bénie ! s'écria-t-il, aussitôt qu'il « nous aperçut. Il y a bien longtemps que je vous « cherche! Notre chien vous a sentis[a] dès le commen- « cement de l'orage, et il m'a conduit ici. Bon Dieu ! « comme ils sont jeunes ! Pauvres enfants ! comme « ils ont dû souffrir ! Allons : j'ai apporté une peau « d'ours, ce sera pour cette jeune femme ; voici un « peu de vin dans notre calebasse. Que Dieu soit loué « dans toutes ses œuvres[3] ! sa miséricorde est bien « grande, et sa bonté est infinie ! »

---

1. Ces détails rappellent un passage du *Génie du Christianisme* (quatrième partie, liv. III, chap. v) : « Mais n'est-ce pas le son d'une cloche qui frappe son oreille à travers le murmure de la tempête... ? Non, ce sont des sons réels... Un autre bruit se fait entendre ; un chien jappe sur la neige ; il approche, il arrive, il hurle de joie ; un solitaire le suit. »

2. L'abbé Pierre Sage, dans son livre sur *Le « bon prêtre » dans la littérature française*, p. 421, signale que le P. Aubry est appelé dans le roman 17 fois le solitaire et 15 fois l'ermite. Selon cet auteur, à qui nous allons désormais faire de nombreux emprunts, il ne peut être qu'un membre de la Compagnie de Jésus, missionnaire dans le Nouveau-Monde, comme les RR. PP. Jogues et de Brébeuf qui ont servi de modèles à Chateaubriand pour créer son personnage (cf. *Corr. Gén.*, I, 57-58); mais il ne se présente pas sous ce titre qui, au lendemain de la Révolution, conservait en France un mauvais renom datant des *Provinciales* de Pascal. Le type du *missionnaire* jouissait au contraire d'un prestige certain et celui de l'*ermite* avait derrière lui une très longue carrière, littéraire et romanesque, remontant au Moyen âge et qui assurerait le succès à la figure d'Aubry.

3. Les paroles que le P. Aubry prononce à la gloire de la Providence et de Dieu semblent une réminiscence des *Psaumes*, CXLIV, 10-19 : « Que toutes vos œuvres vous louent, Seigneur, et que vos fidèles vous bénissent !... Le Seigneur est bon dans toutes ses œuvres... Le Seigneur garde tous ceux qui l'aiment... » Cf. *ibid.*, CIII, 24 ; CIV, 31.

« Atala était aux pieds du religieux : « Chef de la « prière[1], lui disait-elle, je suis chrétienne, c'est le ciel « qui t'envoie pour me sauver. » « Ma fille, dit l'ermite « en la relevant, nous sonnons ordinairement la cloche « de la Mission pendant la nuit et pendant les tempêtes, « pour appeler les étrangers ; et, à l'exemple de nos « frères des Alpes et du Liban, nous avons appris à « notre chien à découvrir les voyageurs égarés[2]. » Pour moi[a], je comprenais à peine l'ermite ; cette charité me semblait si fort au-dessus de l'homme, que je croyais faire un songe. A la lueur de la petite lanterne que tenait le religieux, j'entrevoyais sa barbe[3] et ses cheveux tout trempés d'eau ; ses pieds, ses mains[b] et son visage étaient ensanglantés par les ronces. « Vieillard, m'écriai-

1. Comme il critique les périphrases que Chateaubriand emploie pour désigner Atala (cf. *supra*, p. 58, n. 3), l'abbé Morellet reproche à Chateaubriand d'appeler tour à tour Aubry *l'ancien des hommes, l'homme des anciens jours, le vieux génie de la montagne, l'ermite des rochers, l'homme du rocher, le chef de la prière*. (C'est par cette dernière formule que Chactas désigne aussi les prêtres, et en particulier Fénelon, dans *Les Natchez*, édit. Chinard, p. 203, 224, etc.)

2. Sur les moines du Liban et du Saint-Bernard, auxiliaires du voyageur en détresse, cf. *Génie du Christianisme* (quatrième partie, liv. III, chap. v) où l'on lit aussi cette phrase qui pourrait s'appliquer à notre solitaire : « Le missionnaire américain veille à votre conservation dans ses immenses forêts. » Les moines du Saint-Bernard avaient été mis à la mode par la campagne des Français en Italie (Sage, p. 427). — De l'emploi du mot *Mission* et d'expressions comme *notre chien, nous sonnons*, l'abbé Sage (p. 421) suppose que le P. Aubry « semble bien faire çà et là allusion à une communauté, à des compagnons de labeur apostolique » ; mais le point reste obscur et l'auteur « tenait davantage à ressusciter, dans les forêts du Nouveau-Monde, la figure littéraire de l'ermite ».

3. La barbe et la vieillesse sont deux apanages traditionnels de l'ermite littéraire (Sage, p. 423). Dans le *Génie du Christianisme* (quatrième partie, liv. IV, chap. VIII), Chateaubriand raconte qu'il rencontra « au milieu des solitudes américaines » « un grand vieillard à barbe blanche, vêtu d'une longue robe » : c'était un missionnaire de la Louisiane ; mais aussitôt après, il souligne sa ressemblance avec le Termosiris de Fénelon (*Télémaque*, liv. II).

« je enfin, quel cœur as-tu donc, toi qui n'as pas craint « d'être frappé de la foudre ? » « Craindre ! repartit « le père avec une sorte de chaleur ; craindre, lorsqu'il « y a des hommes en péril, et que je leur puis être « utile ! je serais donc un bien indigne serviteur de « Jésus-Christ[1] ! » « Mais sais-tu, lui dis-je, que je ne « suis pas chrétien ! » « Jeune homme, répondit « l'ermite, vous ai-je demandé votre religion ? Jésus-« Christ n'a pas dit : « Mon sang lavera celui-ci, et « non celui-là[2]. » Il est mort pour le juif et le gentil, et « il n'a vu dans tous les hommes que des frères et des « infortunés. Ce que je fais ici pour vous, est fort peu « de chose, et vous trouveriez ailleurs bien d'autres « secours ; mais la gloire n'en doit point retomber « sur les prêtres. Que sommes-nous, faibles Solitaires, « sinon de grossiers instruments d'une œuvre céleste ? « Eh ! quel serait le soldat assez lâche pour reculer, « lorsque son chef, la croix à la main, et le front « couronné d'épines, marche devant lui au secours des « hommes ? »

« Ces paroles saisirent mon cœur ; des larmes d'admiration et de tendresse tombèrent de mes yeux. « Mes « chers enfants, dit le missionnaire[a], je gouverne dans « ces forêts[3] un petit troupeau de vos frères sauvages.

---

1. Saint Paul débute son *Épître aux Romains* par les mots : « Paul, serviteur de Jésus-Christ... »

2. Nombreux sont les textes du Nouveau Testament qui expriment cette idée de la Rédemption universelle. Cf. en particulier saint Paul, *Première Épître aux Corinthiens*, III, 9 ; *Deuxième Épître aux Corinthiens*, V, 14 ; surtout *Aux Colossiens*, III, 11 : « Il n'y a plus là ni grec, ni juif, ni circoncis, ni incirconcis, ni barbare, ni scythe, ni esclave, ni homme libre, mais le Christ est tout en tous. »

3. Le P. Aubry est sylvicole, comme la plupart des ermites de romans (Sage, p. 424). Le *Génie du Christianisme* explique d'ailleurs que les forêts sont « le berceau de la religion », car « l'ombre, les bruits et le silence (en) sont remplis de prodiges » (première partie,

« Ma grotte est assez près d'ici dans la montagne ;
« venez vous réchauffer chez moi ; vous n'y trouverez
« pas les commodités de la vie, mais vous y aurez
« un abri ; et il faut encore en remercier la Bonté
« divine, car il y a bien des hommes qui en manquent[1]. »

LES LABOUREURS

« Il y a des justes dont la conscience est si tranquille, qu'on ne peut approcher d'eux sans participer à la paix qui s'exhale, pour ainsi dire, de leur cœur et de leurs discours. A mesure que le Solitaire parlait, je sentais les passions s'apaiser dans mon sein, et l'orage même dans le ciel, semblait s'éloigner à sa voix[2]. Les nuages furent bientôt assez dispersés pour nous permettre de quitter notre retraite. Nous sortîmes de la forêt, et nous commençâmes à gravir le revers d'une haute montagne. Le chien marchait devant nous, en portant au bout d'un bâton la lanterne éteinte. Je tenais

---

liv. I, chap. II) et « le don de prophétie et de sagesse, le mystère et la religion semblent résider éternellement dans leurs profondeurs sacrées » (deuxième partie, liv. IV, chap. I).

1. Par sa pauvreté charitable, le P. Aubry ressemble à ces bons curés de campagne dont Chateaubriand fait l'éloge dans l'*Essai sur les Révolutions* (O. C., I, 599-600) et le *Génie du Christianisme* (quatrième partie, liv. IV, chap. IV) ; le thème « *Les bons curés sont des anges* » avait été ressassé depuis 1765-1770 (Sage, p. 428).

2. Comme le remarque l'abbé Sage, le P. Aubry est pareil au Fénelon des *Natchez* (édit. Chinard, p. 222) par l'action lénifiante qu'il exerce : « Le miel distillait de ses lèvres ; l'air se calmait autour de lui à mesure qu'il parlait. Ce qu'il faisait éprouver n'était pas des transports, mais une succession de sentiments paisibles et ineffables... Je me jetai aux pieds de ce bon Génie. »

la main d'Atala, et nous suivions le missionnaire. Il se détournait souvent pour nous regarder, contemplant avec pitié nos malheurs et notre jeunesse. Un livre était suspendu à son cou ; il s'appuyait sur un bâton blanc. Sa taille[a] était élevée, sa figure pâle et maigre, sa physionomie simple et sincère. Il n'avait pas les traits morts et effacés de l'homme né sans passions ; on voyait que ses jours avaient été mauvais[1], et les rides de son front montraient les belles cicatrices des passions guéries par la vertu et par l'amour de Dieu et des hommes. Quand il nous parlait debout et immobile, sa longue barbe, ses yeux modestement baissés, le son affectueux de sa voix, tout en lui avait quelque chose de calme et de sublime. Quiconque[b] a vu, comme moi, le P. Aubry cheminant seul avec son bâton et son bréviaire dans le désert, a une véritable idée du voyageur chrétien sur la terre[2].

« Après une demi-heure d'une marche dangereuse par les sentiers de la montagne, nous arrivâmes à la grotte du missionnaire. Nous y entrâmes à travers les lierres et les giraumonts[3] humides, que la pluie avait

1. Physiquement, le P. Aubry ressemble au « missionnaire de la Louisiane » du *Génie du Christianisme* que nous avons déjà rencontré (cf. *supra*, p. 95, n. 3) : « J'aperçus un grand vieillard à barbe blanche, ... lisant attentivement dans un livre et marchant appuyé sur un bâton... Il retournait aux Illinois, où il dirigeait un petit troupeau de Français et de Sauvages chrétiens... Ce saint homme avait beaucoup souffert ; il racontait bien les peines de la vie, etc. »

2. La comparaison de la vie à un voyage et de l'homme à un voyageur revient à diverses reprises dans l'Écriture ; cf. notamment premier livre des *Paralipomènes*, XXIX, 15 ; *Psaumes*, XXXVIII, 13 : « Seigneur, je suis devant vous comme un étranger et un voyageur, de même que tous mes pères l'ont été » ; Saint Paul, *Épître aux Hébreux*, XI, 13 ; XIII, 14, etc.

3. *Giraumont :* espèce de courge d'Amérique, dite aussi courge de saint Jean ou citrouille iroquoise. Le mot se trouve aussi dans *Paul et Virginie* (édit. M. Souriau, p. 94).

abattus des rochers. Il n'y avait dans ce lieu[1] qu'une natte de feuilles de papaya, une calebasse pour puiser de l'eau, quelques vases de bois, une bêche[2], un serpent familier, et sur une pierre qui servait de table, un crucifix et le livre des Chrétiens.

« L'homme des anciens jours se hâta d'allumer du feu avec des lianes sèches ; il brisa du maïs entre deux pierres, et en ayant fait un gâteau, il le mit cuire sous la cendre. Quand ce gâteau eut pris au feu une belle couleur dorée, il nous le servit tout brûlant, avec de la crème de noix dans un vase d'érable.

« Le soir ayant ramené la sérénité, le serviteur du grand Esprit nous proposa d'aller nous asseoir à l'entrée de la grotte[a]. Nous le suivîmes dans ce lieu, qui commandait une vue immense[3]. Les restes de l'orage

---

1. « Comme la plupart des anachorètes littéraires, le P. Aubry est spéléocole », note Sage, p. 424 : « mobilier, nourriture, habitudes du solitaire restent traditionnels dans l'ensemble ; ils se sont toutefois conformés aux exigences de l'exotisme ». D'où les feuilles de papaya, la calebasse, le serpent, etc. — Notons d'autre part avec M. G. Chinard (*Modern language notes*, XXV, 1910, p. 137-141) que la grotte d'Aubry n'est pas sans ressemblance avec la cabane du P. Cyrène, vieux missionnaire jésuite qui figure dans les *Aventures du sieur Le Beau* (II, 33) : « Une peau d'ours étendue sur des écorces d'arbres et une bille de bois qui lui servait d'oreiller faisaient toute sa couche. Point de chaise, point de table ; une seule écorce attachée de bout en bout à travers sa cellule faisait son armoire, son garde-manger et sa bibliothèque qui consistait en quelques livres de dévotion. » — On comparera avec la grotte où se réfugie Chactas et avec celle où René aime à se retirer dans *Les Natchez* (édit. Chinard, p. 233 et 340).

2. Cette bêche, qui servira à enterrer Atala (cf. *infra*, p. 146), ne saurait nous surprendre : traditionnellement, l'ermite a son jardinet à cultiver et, s'il est trappiste, sa tombe à creuser chaque jour, ainsi que le rappelle (à tort du reste) le *Génie du Christianisme* (quatrième partie, liv. III, chap. VI).

3. Chateaubriand était amateur de vastes perspectives. En donnant ce même goût au personnage du P. Aubry, ainsi qu'en témoigne l'emplacement de la demeure qu'il s'est choisie, l'écrivain le fait tenir aussi sur ce point de Moïse, des Prophètes et de J.-J. Rousseau, qui aimait contempler sous ses pieds la nature dans sa magnificence (cf. le cadre de la Profession de foi du vicaire savoyard).

étaient jetés en désordre vers l'orient ; les feux de l'incendie allumé dans les forêts par la foudre, brillaient encore dans le lointain[1] ; au pied de la montagne un bois de pins tout entier était renversé dans la vase et le fleuve roulait pêle-mêle les argiles détrempées, les troncs des arbres, les corps des animaux et les poissons morts[2], dont on voyait le ventre argenté flotter à la surface des eaux[a].

« Ce fut au milieu de cette scène qu'Atala[b] raconta notre histoire au vieux Génie de la montagne. Son cœur parut touché[c], et des larmes tombèrent sur sa barbe[3] : « Mon enfant, dit-il à Atala, il faut offrir vos « souffrances à Dieu, pour la gloire de qui vous avez « déjà fait tant de choses ; il vous rendra le repos. « Voyez fumer ces forêts, sécher ces torrents, se dissi- « per ces nuages ; croyez-vous que celui qui peut « calmer une pareille tempête, ne pourra pas apaiser « les troubles du cœur de l'homme[4] ? Si vous n'avez « pas de meilleure retraite, ma chère fille, je vous offre « une place au milieu du troupeau[d] que j'ai eu le « bonheur d'appeler à Jésus-Christ. J'instruirai Chac- « tas, et je vous le donnerai pour époux quand il sera « digne de l'être. »

---

1. Cf. *Voyage en Amérique* (O. C., VI, 98) : « Souvent les orages mettent le feu aux forêts ; elles continuent de brûler jusqu'à ce que l'incendie soit arrêté par le cours de quelque fleuve : ces forêts brûlées se changent en lacs et en marais. »

2. Sur l'origine littéraire de ces poissons morts, cf. *supra*, p. 89, n. 3.

3. L'abbé Sage, p. 426, constate que le P. Aubry est « lacrymophile » : nous le verrons en effet à diverses reprises ému jusqu'aux larmes.

4. Maints passages de l'Écriture insistent de façon analogue sur la toute-puissance divine capable de commander aux passions humaines ainsi qu'aux éléments déchaînés. Cf. *Tobie*, III, 22 ; *Psaumes*, LXXXVIII, 10 : « Vous dominez sur la puissance de la mer et vous apaisez le mouvement de ses flots. Vous avez humilié l'orgueilleux... » ; *Saint Luc*, VIII, 24-25, etc.

« A ces mots je tombai aux genoux du Solitaire[1], en versant des pleurs de joie ; mais Atala devint pâle comme la mort. Le vieillard me releva avec bénignité, et je m'aperçus alors qu'il avait les deux mains mutilées. Atala comprit sur-le-champ ses malheurs. « Les « barbares ! » s'écria-t-elle.

« Ma fille, reprit le père avec un doux sourire, « qu'est-ce que cela auprès de ce qu'a enduré mon « divin Maître ? Si les Indiens idolâtres m'ont affligé, « ce sont de pauvres aveugles que Dieu éclairera un « jour. Je les chéris même davantage, en proportion « des maux qu'ils m'ont faits[2]. Je n'ai pu rester dans « ma patrie où j'étais retourné, et où une illustre reine « m'a fait l'honneur de vouloir contempler ces faibles « marques de mon apostolat. Et quelle récompense « plus glorieuse pouvais-je recevoir de mes travaux, « que d'avoir obtenu du chef de notre religion la « permission de célébrer le divin sacrifice avec ces « mains mutilées[3] ? Il ne me restait plus, après un tel « honneur, qu'à tâcher de m'en rendre digne : je suis « revenu au Nouveau-Monde consumer le reste[a] de

---

1. Comme il se jettera aux pieds de Fénelon (cf. *supra*, p. 97, n. 2).

2. Le sentiment exprimé ici rappelle assez sensiblement celui de saint Paul dans la *Seconde Épître aux Corinthiens*, XII, 15 : « Je me dépenserai moi-même tout entier pour vos âmes, dussé-je en vous aimant davantage être moins aimé de vous. »

3. Ces divers traits sont empruntés au passage où Charlevoix raconte la carrière du P. Jogues : les Iroquois lui avaient arraché tous les ongles des mains, coupé les index avec les dents, tranché le pouce droit ; comme Aubry, il avait été reçu par la reine de France et avait obtenu du pape en 1644 la permission de célébrer la messe avec ses mains mutilées (Sage, p. 420). — Une semblable autorisation était en effet nécessaire ; car, parmi les défauts corporels qui empêchent de recevoir l'ordination, le droit canonique compte la mutilation des mains, qui interdit la fraction de l'hostie et le maniement des vases sacrés. — Sur la cruauté des Indiens envers les missionnaires, cf. *Génie du Christianisme* (quatrième partie, liv. IV, chap. VIII).

« ma vie au service de mon Dieu. Il y a bientôt trente « ans[1] que j'habite cette solitude, et il y en aura demain « vingt-deux, que j'ai pris possession de ce rocher. « Quand j'arrivai dans ces lieux, je n'y trouvai que des « familles vagabondes, dont les mœurs étaient féroces « et la vie fort misérable. Je leur ai fait entendre la « parole de paix, et leurs mœurs se sont graduellement « adoucies. Ils vivent maintenant rassemblés au bas de « cette montagne. J'ai tâché, en leur enseignant les « voies du salut, de leur apprendre les premiers arts[a] « de la vie, mais sans les porter trop loin, et en rete- « nant ces honnêtes gens dans cette simplicité qui fait « le bonheur[2]. Pour moi, craignant de les gêner par « ma présence, je me suis retiré sous cette grotte, où « ils viennent me consulter. C'est ici que loin des « hommes, j'admire Dieu dans la grandeur de ces soli- « tudes, et que je me prépare à la mort, que m'an- « noncent mes vieux jours. »

« En achevant ces mots, le Solitaire se mit à genoux, et nous imitâmes son exemple. Il commença à haute voix une prière, à laquelle Atala répondait. De muets éclairs ouvraient encore les cieux dans l'orient, et sur les nuages du couchant, trois soleils brillaient ensemble[3].

---

1. Légère inconséquence de l'auteur : il donnera ailleurs à la carrière du missionnaire une durée de plus de quarante ans (cf. *infra*, p. 127). La longueur de cet apostolat a pu, selon L. Hogu (art. cit., p. 135), être suggérée par un passage des *Lettres édifiantes* (XVII, 337-338) qui fait le portrait du P. Rasles et rappelle « sa carrière de trente-sept ans ».

2. On trouvera *infra*, p. 110-114, bien d'autres détails sur l'action bénéfique du missionnaire. On doit noter ici que l'idée chrétienne s'unit à la conception de J.-J. Rousseau du bonheur au sein de la simplicité.

3. L. Hogu (art. cit., p. 130) cite chez Charlevoix deux récits de ce même phénomène (dont le nom scientifique est *parhélie*) : « On vit en même temps comme trois soleils rangés sur une ligne parallèle à l'horizon... »

Quelques renards dispersés par l'orage allongeaient leurs museaux noirs au bord des précipices[1], et l'on entendait le frémissement des plantes qui séchant à la brise du soir, relevaient de toutes parts leurs tiges abattues.

« Nous rentrâmes dans la grotte, où l'ermite étendit un lit de mousse de cyprès pour Atala. Une profonde langueur se peignait dans les yeux et dans les mouvements de cette vierge ; elle regardait le P. Aubry, comme si elle eût voulu lui communiquer un secret ; mais quelque chose semblait la retenir, soit ma présence, soit une certaine honte, soit l'inutilité de l'aveu. Je l'entendis se lever au milieu de la nuit ; elle cherchait le Solitaire, mais comme il lui avait donné sa couche, il était allé contempler la beauté du ciel et prier Dieu sur le sommet de la montagne[2]. Il me dit le lendemain que c'était assez sa coutume, même pendant l'hiver, aimant à voir les forêts balancer leurs cimes dépouillées, les nuages voler dans les cieux, et à entendre les vents et les torrents gronder dans la solitude[3]. Ma sœur fut donc obligée de retourner à sa couche, où elle s'assoupit. Hélas ! comblé d'espérance, je ne vis dans la faiblesse d'Atala que des marques passagères de lassitude !

« Le lendemain je m'éveillai aux chants des cardinaux et des oiseaux moqueurs, nichés dans les acacias et les lauriers qui environnaient la grotte. J'allai cueillir

---

1. Cf. *Voyage en Amérique* (O. C., VI, 106) : « Les renards du Canada sont de l'espèce commune ; ils ont seulement l'extrémité du poil d'un noir lustré. »

2. Ainsi faisait Jésus lui-même, au témoignage de *Saint Luc*, VI, 12 : « Il s'en alla dans la montagne pour prier et il y passa toute la nuit... »

3. Paysage ossianique, selon miss M. H. Miller (*op. cit.*, p. 108), qui cite deux passages analogues des *Martyrs* : « Vers la seconde veille de la nuit, n'entendant plus que le bruit d'un torrent dans les montagnes... » (liv. VII) ; « On entendait le concert lointain des torrents et des sources qui descendent des monts de l'Arcadie. » (liv. XII).

une rose de magnolia, et je la déposai humectée des larmes du matin sur la tête d'Atala endormie[1]. J'espérais, selon la religion de mon pays, que[a] l'âme de quelque enfant mort à la mamelle, serait descendue sur cette fleur dans une goutte de rosée, et qu'un heureux songe la porterait au sein de ma future épouse[b]. Je cherchai ensuite mon hôte; je le trouvai, la robe relevée dans ses deux poches, un chapelet à la main, et m'attendant assis sur le tronc d'un pin tombé de vieillesse. Il me proposa d'aller avec lui à la Mission, tandis qu'Atala reposait encore ; j'acceptai son offre, et nous nous mîmes en route à l'instant.

« En descendant la montagne, j'aperçus des chênes où les Génies semblaient avoir dessiné des caractères étrangers. L'ermite me dit qu'il les avait tracés lui-même[2], que c'étaient des vers d'un ancien poète appelé Homère, et quelques sentences d'un autre poète plus ancien encore[c], nommé Salomon[3]. Il y avait, je ne sais quelle mystérieuse harmonie entre cette sagesse des temps, ces vers rongés de mousse, ce vieux Solitaire qui les avait gravés, et ces vieux chênes qui lui servaient de livres.

« Son nom, son âge, la date de sa mission, étaient

1. Selon L. Hogu (art. cit., p. 132), Chateaubriand a imaginé ce geste de Chactas d'après une indication de Charlevoix, selon laquelle la plante appelée *opin-seng* a la vertu de rendre les femmes fécondes. — Sur la transmigration des âmes d'enfants, cf. *supra*, p. 61, n. 2.

2. L'abbé P. Sage, p. 425, signale que l'*ermite-graveur* n'est pas étranger à la tradition littéraire du « bon prêtre ». — Par ailleurs, l'ermite du *Génie*, déjà nommé (cf. *supra*, p. 95, n. 3), comme le P. Aubry, « citait agréablement et souvent des vers de Virgile et même d'Homère ».

3. On trouve un éloge de Salomon poète, auteur de chants, proverbes et paraboles, dans l'*Ecclésiastique*, XLVII, 16-20, et au *Troisième Livre des Rois*, IV, 32 : « Salomon composa trois mille maximes et fit mille cinq cantiques ».

aussi marqués sur un roseau de savane, au pied de ces arbres. Je m'étonnai de la fragilité du dernier monument : « Il durera encore plus que moi, me répondit le « père, et aura toujours plus de valeur que le peu de « bien que j'ai fait. »

« De là, nous arrivâmes à l'entrée d'une vallée[a], où je vis un ouvrage merveilleux : c'était un pont naturel[1],

1. En 1918, M. G. Chinard (*op. cit.*, p. 264) pensait que ce *pont naturel* était très probablement un souvenir des *Voyages de M. le Marquis de Chastellux dans l'Amérique septentrionale* (Londres, 1787, p. 388-suiv.) : « On trouve en effet dans la traduction anglaise de ces *Voyages* un long mémoire consacré à ce phénomène. Trois gravures y sont annexées : elles pourraient servir d'illustrations dans *Atala*. On y aperçoit le bocage, le clair ruisseau dont parle Chateaubriand, ainsi que les bouquets de sapins et les collines qui bordent le vallon... Une fois de plus, Chateaubriand semble s'être inspiré d'une gravure accompagnant un récit de voyage plus que du texte lui-même. » — Naguère cependant, M. John C. Frank, de l'Université de Washington (*The natural bridge in Atala*, *Modern language notes*, juin 1949) a cru découvrir, à Waynesboro (Tennessee), un site correspondant mieux à celui décrit dans notre roman que la peinture de Chastellux : dans celle-ci, en effet, il n'existe aucun lac susceptible de déborder (cf. *infra*, p. 162) ; au contraire, le paysage repéré par M. Frank, sis à l'intersection de la vieille piste des Natchez et de la rivière Tennessee, comprend, outre le « pont naturel », une grotte (celle du P. Aubry ?), un lac d'où sort un ruisseau sinueux, des bouquets de bois qui correspondent aux *bocages de la mort*. Commentant cette découverte curieuse dans la *French American review* (1949, p. 237-239, cliché joint) M. G. Chinard ajoute que cette région, véritable paradis des chasseurs, est encore peuplée par d'innombrables renards (cf. *supra*, p. 103 : « Quelques renards allongeaient leurs museaux noirs ») et qu'elle est inondable ; il formule deux hypothèses possibles : ou bien Chateaubriand s'est inspiré d'une description écrite de ces parages, qu'on n'a pas encore retrouvée, ou bien « nous possédons un jalon de plus pour retracer l'itinéraire du voyage et Chateaubriand, comme il l'a dit (cf. *Mémoires*, I, 328), a bien poussé ses courses errantes jusqu'au « Tenase » et visité le pays des Chérokees et, sur ce point comme sur d'autres, le scepticisme de Bédier aurait été mal fondé ». Cette seconde supposition paraît cependant hasardée aux meilleurs esprits (cf. P. Martino, *Revue d'Histoire littéraire*, 1952, p. 157, n. 7). — D'autre part, le *pont naturel* d'*Atala* peut, de l'avis de M. H. Guillemin (*Le Jocelyn de Lamartine*, 1936, p. 532), avoir inspiré la description de

semblable à celui de la Virginie, dont tu as peut-être entendu parler. Les hommes, mon fils, surtout ceux de ton pays, imitent souvent la nature, et leurs copies sont toujours petites ; il n'en est pas ainsi de la nature, quand elle a l'air d'imiter les travaux des hommes, en leur offrant en effet des modèles. C'est alors[a] qu'elle jette des ponts du sommet d'une montagne au sommet d'une autre montagne, suspend des chemins dans les nues, répand des fleuves pour canaux, sculpte des monts pour colonnes, et pour bassins creuse des mers.

« Nous passâmes sous l'arche unique de ce pont et nous nous trouvâmes devant une autre merveille : c'était[b] le cimetière des Indiens de la Mission, ou *les Bocages de la mort*[1]. Le P. Aubry avait permis à ses néophytes d'ensevelir leurs morts à leur manière et de conserver au lieu de leurs sépultures son nom sauvage ; il avait seulement sanctifié[c] ce lieu par une croix[2]. Le sol en était divisé, comme le champ commun des moissons, en autant de lots qu'il y avait de familles[3].

---

celui qui figure à la *Deuxième Époque* du fameux poème (v. 501 suiv.) et qui

Comme un vaste arc-en-ciel appuyé sur deux cimes
Se dresse en voûte immense et franchit ces abîmes.

1. Sur le *goût des cimetières* chez Chateaubriand, « un des traits les plus bretons et, peut-être, les plus celtiques de sa nature », cf. A. Le Braz, *Au pays d'exil de Chateaubriand*, p. 94, n. 1 ; *Les Natchez* (édit. Chinard, p. 341) ; *Mémoires*, IV, 168, 457-458, etc.

2. Le P. Aubry avait fait comme les Jésuites à la Chine, qui permettaient aux Chinois d'enterrer leurs parents dans leurs jardins, selon leur ancienne coutume. *(Note de Chateaubriand.)*

Sur l'œuvre missionnaire des Jésuites en Chine et leur habile modération, cf. *Génie du Christianisme* (quatrième partie, liv. IV, chap. III) : « Ils mirent une grande discrétion dans leur conduite... Ils respectèrent les usages des Chinois et s'y conformèrent en tout ce qui ne blessait pas les lois évangéliques. »

3. Cette communauté des champs et des moissons existait déjà chez les Indiens sauvages, si l'on en croit le *Voyage en Amérique* (O. C., VI, 121) ; mais elle correspond parfaitement à l'idéal évangélique du P. Aubry.

Chaque lot faisait à lui seul un bois qui variait selon le goût de ceux qui l'avaient planté. Un ruisseau serpentait sans bruit au milieu de ces bocages ; on l'appelait *le Ruisseau de la paix*. Ce riant asile des âmes était fermé à l'orient par le pont sous lequel nous avions passé ; deux collines le bornaient au septentrion et au midi ; il ne s'ouvrait qu'à l'occident, où s'élevait un grand bois de sapins[1]. Les troncs de ces arbres, rouges marbrés de vert, montant sans branches jusqu'à leurs cimes, ressemblaient à de hautes colonnes, et formaient le péristyle de ce temple de la mort ; il y régnait un bruit religieux, semblable au sourd mugissement de l'orgue sous les voûtes d'une église[2a] ; mais lorsqu'on pénétrait au fond du sanctuaire, on n'entendait plus que les hymnes des oiseaux qui célébraient à la mémoire des morts une fête éternelle.

« En sortant de ce bois, nous découvrîmes le village de la Mission, situé au bord d'un lac, au milieu d'une savane semée de fleurs. On y arrivait par une avenue de magnolias et de chênes verts, qui bordaient une de

---

1. A. Le Braz (*op. cit.*, p. 180-181) écrit à propos de ce passage : « Il n'y a pas un détail de cette topographie si précise qui ne se puisse rapporter directement à l'enclos de St Margaret Ilkesthall (près de Bungay, où le père de Charlotte, le Révérend Ives, pasteur anglican, se rendait chaque dimanche pour visiter ses ouailles) : rien n'y manque, ni le bouquet de pins..., ni les eaux silencieuses du « ruisseau de la paix », ni même le pont rustique que l'on franchit pour gagner la cure, encore que le poète l'ait américanisé, en le donnant pour une de ces arches naturelles dont John Ives peut-être lui avait signalé l'existence dans les montagnes de la Virginie (où il avait été autrefois missionnaire). » (Cette dernière remarque complète, sans les infirmer, ni les confirmer, celles que nous avons formulées plus haut sur le *pont naturel*.)

2. Sur l'orgue, cf. *Génie du Christianisme* (troisième partie, liv. I, chap. VIII) : « L'architecte chrétien, non content de bâtir des forêts..., a voulu en imiter les murmures et, au moyen de l'orgue et du bronze suspendu, il a attaché au temple gothique jusqu'aux bruits des vents et des tonnerres qui roulent dans la profondeur des bois. » — Cf. *infra*, Appendice II, p. 383.

ces anciennes routes, que l'on trouve vers les montagnes qui divisent le Kentucky des Florides. Aussitôt que[a] les Indiens aperçurent leur pasteur dans la plaine, ils abandonnèrent leurs travaux et accoururent au-devant de lui. Les uns baisaient sa robe, les autres aidaient ses pas ; les mères[b] élevaient dans leurs bras leurs petits enfants, pour leur faire voir l'homme de Jésus-Christ, qui répandait des larmes. Il s'informait, en marchant, de ce qui se passait au village ; il donnait un conseil à celui-ci, réprimandait doucement celui-là, il parlait des moissons à recueillir, des enfants à instruire, des peines à consoler, et il mêlait Dieu à tous ses discours[1].

« Ainsi escortés, nous arrivâmes au pied d'une grande croix qui se trouvait sur le chemin. C'était là que le serviteur de Dieu avait accoutumé de célébrer les mystères de sa religion[2] : « Mes chers néophytes,

---

1. Suivant A. Le Braz (*op. cit.*, p. 178-180), et non sans quelque vraisemblance, cette description de la Mission serait une transposition du paysage de St Margaret Ilkesthall, où se trouvait un lac (ou du moins une mare profonde, à l'entrée du cimetière) et où l'on arrivait, à travers une campagne fleurie, par une route bordée de chênes... Quant aux activités du P. Aubry et à l'accueil des Indiens, ils seraient imaginés d'après les visites dominicales que le Révérend Ives faisait à ses paroissiens. — Toutefois, L. Hogu (art. cit., p. 158) compare l'enthousiasme des Sauvages envers le missionnaire à celui qui est dépeint par Marmontel dans *Les Incas*, livre XIII : « A l'approche des Indiens, leurs compagnons accoururent : « Nous vous amenons « notre père », dirent ceux-ci avec transport... » — Enfin, les baisers à la robe du P. Aubry (et peut-être aussi le mouvement général) semblent bien une réminiscence de *Saint Matthieu*, XIV, 35-36 : « Les gens de l'endroit ayant reconnu Jésus envoyèrent dans tous les pays d'alentour et on lui amena tous les malades. Et ils le priaient de leur laisser toucher seulement la frange de son vêtement et tous ceux qui la touchèrent furent guéris. »

2. Chateaubriand emploie cette périphrase (comme il dira plus loin *le saint sacrifice*) pour désigner la messe : ce mot ne figure pas dans *Atala* et il semble que l'auteur ait hésité à l'employer, car il était honni des philosophes de la religion naturelle, encore nombreux

« dit-il en se tournant vers la foule, il vous est arrivé « un frère et une sœur ; et pour surcroît de bonheur, « je vois que la divine Providence a épargné hier vos « moissons : voilà deux grandes raisons de la remer- « cier. Offrons donc le saint sacrifice, et que chacun y « apporte un recueillement profond, une foi vive, une « reconnaissance infinie et un cœur humilié. »

« Aussitôt le prêtre divin revêt une tunique blanche d'écorce de mûriers[1] ; les vases sacrés sont tirés d'un tabernacle au pied de la croix, l'autel se prépare sur un quartier de roche, l'eau se puise dans le torrent voisin, et une grappe de raisin sauvage fournit le vin du sacrifice. Nous nous mettons tous à genoux dans les hautes herbes ; le mystère commence.

« L'aurore paraissant derrière les montagnes enflammait l'orient. Tout était d'or ou de rose dans la solitude. L'astre annoncé[a] par tant de splendeur, sortit enfin d'un abîme de lumière, et son premier rayon rencontra l'hostie consacrée, que le prêtre, en ce moment même, élevait dans les airs[2]. O charme de la

---

parmi les lecteurs de 1801 (cf. Sage, p. 431). — Au demeurant, l'office religieux marque le commencement de la journée à la mission du P. Aubry comme dans les communautés fondées au Paraguay par les Jésuites (*Génie du Christianisme*, quatrième partie, liv. IV, chap. v).

1. De même chez les Natchez, lors des fêtes religieuses, le grand prêtre s'enveloppait « d'une robe blanche d'écorce de bouleau » (*Voyage en Amérique*, O. C., VI, 123). — Quant à l'autel placé sur un *quartier de roche*, à l'*eau puisée dans le torrent*, ce sont, pour miss M. H. Miller (*op. cit.*, p. 105), des éléments ossianiques.

2. Dussault (*Journal des Débats*, 27 germinal an IX-17 avril 1801) s'en prenait ainsi à ce détail : « Cette dernière circonstance, ce dernier trait par lequel l'auteur achève son tableau est, contre son intention, très petit et très mesquin ; ce rapprochement du lever du soleil et de la consécration n'est pas heureux et paraît forcé, a quelque chose de recherché, et la recherche est toujours l'antipode du sublime. » Mais cette recherche du pittoresque, ces rencontres plus artistiques que naturelles sont la marque même, originale et distinctive, du style de Chateaubriand.

religion ! O magnificence[1] du culte chrétien ! Pour sacrificateur un vieil ermite, pour autel un rocher, pour église le désert, pour assistance d'innocents Sauvages ! Non, je ne doute point qu'au moment où nous nous prosternâmes, le grand mystère ne s'accomplît, et que Dieu ne descendît sur la terre, car[a] je le sentis descendre dans mon cœur.

« Après le sacrifice, où il ne manqua pour moi que la fille de Lopez, nous nous rendîmes au village. Là[b], régnait le mélange le plus touchant de la vie sociale et de la vie de la nature[2] : au coin d'une cyprière[3] de l'antique désert, on découvrait une culture naissante ; les épis roulaient à flots d'or sur le tronc du chêne

---

1. Ces réflexions de Chactas sont peut-être inspirées par des remarques analogues, formulées dans *Les Incas* de Marmontel (liv. VI), où l'on trouve la description d'un office divin : « Ce culte n'avait à nos yeux rien d'effrayant, rien de terrible et, — l'avouerai-je cependant ? — soit par la force de l'exemple, soit par le charme des paroles que proférait le sacrificateur et par l'ascendant invisible que leur Dieu prenait sur nous, l'aspect de ces étrangers, prosternés devant leur autel, nous frappa, nous saisit de crainte... » (L. Hogu, art. cit., p. 158). — Si, pour Chateaubriand, la magnificence des cérémonies religieuses était un soutien indispensable de la foi, on notera que le païen Chactas se met un peu vite à parler le langage du christianisme ; d'autant qu'il mettra de bien longues années à se convertir définitivement (cf. *infra*, p. 160, n. 3).

2. Cette simple phrase résume l'intention profonde du P. Aubry dans l'organisation de sa « communauté évangélique » : prêtre chrétien, mais aussi « ministre de la nature » dans la tradition rousseauiste, il remet en harmonie les institutions humaines et les lois de l'univers (cf. à ce sujet, Sage, p. 427-suiv.). — Du reste, par maints côtés, sa petite colonie rappelle les institutions des jésuites du Paraguay, telles qu'elles sont décrites, d'après Charlevoix et les *Lettres édifiantes*, dans le *Génie du Christianisme* (quatrième partie, liv. IV, chap. IV et V). — Enfin L. Hogu (art. cit., p. 158) relève une phrase des *Incas*, livre XXIII, qui exprime une idée voisine : « L'industrie, éclairée par le besoin, y a réuni tous les agréments de la simplicité. »

3. Le mot *cyprière*, qui figure dans le *Voyage en Amérique* (O. C., VI, 87, 88, etc.), le *Génie du Christianisme* (première partie, liv. V, chap. VIII), *Les Natchez*, n'est pas une création de Chateaubriand : on le trouve déjà chez Charlevoix.

abattu, et la gerbe d'un été remplaçait l'arbre de trois siècles. Partout on voyait les forêts livrées aux flammes pousser de grosses fumées dans les airs, et la charrue se promener lentement entre les débris de leurs racines. Des arpenteurs avec de longues chaînes allaient mesurant le terrain ; des arbitres établissaient les premières propriétés[1] ; l'oiseau cédait son nid ; le repaire de la bête féroce se changeait en une cabane[2] ; on entendait gronder des forges, et les coups de la cognée faisaient, pour la dernière fois, mugir des échos expirant eux-mêmes avec les arbres qui leur servaient d'asile.

« J'errais avec ravissement au milieu de ces tableaux, rendus plus doux par l'image d'Atala et par[a] les rêves de félicité dont je berçais mon cœur. J'admirais le triomphe du Christianisme sur la vie sauvage ; je voyais l'Indien se civilisant[b] à la voix de la religion ; j'assistais aux noces primitives de l'Homme et de la Terre : l'homme, par ce grand contrat, abandonnant à la terre l'héritage de ses sueurs, et la terre s'engageant, en retour, à porter fidèlement les moissons, les fils et les cendres[c] de l'homme.

« Cependant on présenta un enfant au missionnaire, qui le baptisa parmi des jasmins en fleurs, au bord d'une source, tandis qu'un cercueil, au milieu des jeux et des travaux, se rendait aux Bocages de la mort. Deux époux reçurent la bénédiction nuptiale sous un chêne[3], et nous

---

1. Cette division du terrain avait aussi été opérée au Paraguay. Mais cette idée d'arpentage ne peut empêcher de songer à J.-J. Rousseau : dans son *Discours sur l'Inégalité* (deuxième partie), il expose comment la fin de l' « état de nature » fut marquée par une répartition des terres, jusque-là communes à tous.

2. Phrase d'un même tour et d'un mouvement analogue chez *Isaïe*, XXXV, 7, annonçant le bonheur et la paix que le Messie amènera avec lui sur la terre : « Dans les cavernes où les chacals habitaient auparavant, on verra naître la verdeur des roseaux et du jonc. »

3. Au cours de ce paragraphe, Chateaubriand résume en un tableau

allâmes ensuite les établir dans un coin du désert[a]. Le pasteur marchait devant nous, bénissant çà et là, et le rocher, et l'arbre, et la fontaine, comme autrefois, selon le livre des Chrétiens, Dieu bénit la terre inculte en la donnant en héritage à Adam[1]. Cette procession, qui pêle-mêle avec ses troupeaux suivait de rocher en rocher son chef vénérable, représentait à mon cœur attendri ces migrations des premières familles[b], alors que Sem, avec ses enfants, s'avançait à travers le monde inconnu[2], en suivant le soleil, qui marchait devant lui.

« Je voulus savoir du saint ermite comment il gouvernait ses enfants ; il me répondit avec une grande complaisance : « Je ne leur ai donné aucune loi ; je leur « ai seulement enseigné à s'aimer, à prier Dieu, et à « espérer une meilleure vie : toutes les lois du monde « sont là-dedans[3]. Vous voyez au milieu du village une « cabane plus grande que les autres : elle sert de chapelle dans la saison des pluies. On s'y assemble soir « et matin pour louer le Seigneur[4], et quand je suis

symbolique les missions essentielles du prêtre chrétien. Aussi n'est-il pas nécessaire de voir là, avec A. Le Braz (*op. cit.*, p. 179), « le tableau embelli, poétisé, catholicisé » des activités du pasteur Ives.

1. Cf. *Genèse*, I, 2 et 27-29 ; II, 15 : « La terre était informe et vide... Dieu les créa comme homme et femme... Il mit l'homme dans le paradis de délices afin qu'il le cultivât et qu'il le gardât. »

2. Cf. *Genèse*, X, 21-31 ; XI, 2 et 10-26 : généalogie des enfants de Sem, fils de Noé, et leurs migrations.

3. Ces quelques lignes contiennent l'essentiel du Sermon sur la montagne, où se trouve résumée la doctrine de Jésus-Christ (cf. *Saint Matthieu*, V-VII). Sur ce credo « restreint » à quelques articles et sans métaphysique, cf. Sage, p. 432-433.

4. Ainsi, chez les Indiens du Paraguay, « au premier rayon de l'aurore », « les hommes et les femmes assistaient à la messe d'où ils se rendaient à leurs travaux » et « au baisser du jour, la cloche rappelait les nouveaux citoyens à l'autel ». Il y régnait aussi une communauté partielle de la terre et des récoltes, sous le contrôle de deux missionnaires par village et de plusieurs « surveillants ». Quant aux baptêmes, « ils s'y faisaient, comme dans l'Église primitive, par les trois immersions ». (*Génie du Christianisme*, quatrième partie, liv. V, chap. v.)

« absent, c'est un vieillard qui fait la prière ; car la « vieillesse est, comme la maternité, une espèce de « sacerdoce[a]. Ensuite on va travailler dans les champs, « et si les propriétés sont divisées, afin que chacun « puisse apprendre l'économie sociale, les moissons « sont déposées dans des greniers communs, pour « maintenir la charité fraternelle. Quatre vieillards dis- « tribuent avec égalité le produit du labeur[b]. Ajoutez « à cela des cérémonies religieuses, beaucoup de can- « tiques, la croix où j'ai célébré les mystères, l'ormeau « sous lequel je prêche dans les bons jours, nos tom- « beaux tout près de nos champs de blé, nos fleuves « où je plonge les petits enfants et les saint Jean de cette « nouvelle Béthanie[1], vous aurez une idée complète de « ce royaume de Jésus-Christ. »

« Les paroles du Solitaire me ravirent, et je sentis la supériorité de cette vie stable et occupée, sur la vie errante et oisive du Sauvage[c].

« Ah ! René, je ne murmure point contre la Providence, mais j'avoue que je ne me rappelle jamais cette société évangélique sans éprouver l'amertume des regrets. Qu'une hutte, avec Atala sur ces bords, eût rendu ma vie heureuse ! Là finissaient toutes mes courses ; là, avec une épouse, inconnu[d] des hommes, cachant mon bonheur au fond des forêts, j'aurais passé comme ces fleuves, qui n'ont pas même un nom dans le désert[2]. Au lieu de cette paix que j'osais alors me pro-

1. Lieu situé à l'est du Jourdain, dans le désert, et dont le nom signifie *maison de la barque* : Jean-Baptiste y accomplit sa mission (*Saint Jean*, II, 28) ; cette localité ne doit pas être confondue avec l'autre *Béthanie*, située entre Jéricho et Jérusalem et où Jésus ressuscita Lazare (*id.*, XI, 1).

2. Achevant dans les *Mémoires* (I, 458) le récit de son idylle avec Charlotte Ives, Chateaubriand s'efforce d'imaginer aussi ce qui fût advenu de lui s'il avait épousé la jeune Anglaise : « Mon rôle changeait

mettre, dans quel trouble n'ai-je point coulé mes jours ! Jouet continuel de la fortune, brisé sur tous les rivages, longtemps exilé de mon pays, et n'y trouvant, à mon retour, qu'une cabane en ruine et des amis dans la tombe : telle devait être la destinée de Chactas[1]. »

LE DRAME

« Si mon songe de bonheur fut vif, il fut aussi d'une courte durée, et le réveil m'attendait à la grotte du Solitaire. Je fus surpris, en y arrivant au milieu du jour, de ne pas voir Atala accourir au-devant de nos pas. Je ne sais quelle soudaine horreur me saisit. En approchant[a] de la grotte, je n'osais appeler la fille de Lopez : mon imagination était également épouvantée, ou du bruit, ou du silence qui succéderait à mes cris. Encore plus effrayé de la nuit qui régnait à l'entrée du rocher, je dis au missionnaire : « O vous, que le ciel « accompagne et fortifie, pénétrez dans ces ombres[b]. »

« Qu'il est faible celui que les passions dominent ! Qu'il est fort celui qui se repose en Dieu[2] ! Il y avait

---

sur la terre. Enseveli dans un comté de Grande-Bretagne, je serais devenu un *gentleman* chasseur : pas une seule ligne ne serait tombée de ma plume, etc. »

1. Ces dernières lignes sont également une transposition à peine voilée de la destinée de l'auteur durant les quelques années qui précédèrent la publication d'*Atala*.

2. M. J. Van Ness Smead (*op. cit.*, p. 25) voit dans cette expression le souvenir d'un passage des *Psaumes*, XXXVI, 7, que la traduction anglaise (celle que, vraisemblablement, Chateaubriand lisait alors qu'il écrivait *Atala*) rend par l'expression : « Rest in the Lord... » — On peut aussi songer à *ibid.*, CXXIV, 1 : « Ceux qui mettent leur confiance dans le Seigneur sont inébranlables comme la montagne de Sion. »

plus de courage dans ce cœur religieux, flétri par soixante-seize années, que dans toute l'ardeur de ma jeunesse. L'homme de paix[a] entra dans la grotte, et je restai au-dehors plein de terreur. Bientôt un faible murmure, semblable à des plaintes, sortit du fond du rocher, et vint frapper mon oreille. Poussant un cri, et retrouvant mes forces, je m'élançai dans la nuit de la caverne... Esprits de mes pères ! vous savez seuls le spectacle qui frappa mes yeux !

« Le Solitaire avait allumé un flambeau de pin ; il le tenait d'une main tremblante, au-dessus de la couche d'Atala. Cette belle et jeune femme, à moitié soulevée sur le coude, se montrait pâle et échevelée[1]. Les gouttes d'une sueur pénible brillaient sur son front ; ses regards à demi éteints cherchaient encore à m'exprimer son amour, et sa bouche essayait de sourire. Frappé comme d'un coup de foudre, les yeux fixés, les bras étendus, les lèvres entr'ouvertes, je demeurai immobile. Un profond silence règne un moment parmi les trois personnages de cette scène de douleur. Le Solitaire le rompt le premier : « Ceci, dit-il, ne sera qu'une fièvre occasion-
« née par la fatigue, et si nous nous résignons à la
« volonté de Dieu[2], il aura pitié de nous. »

---

1. D'après M. H. Guillemin (*op. cit.*, p. 532), Lamartine a pu se souvenir de ces détails, lorsque dans *Jocelyn* (neuvième époque, v. 1025-suiv.) il a raconté la mort de Laurence :

« Une lampe éclairait seule la chambre obscure...
Je ne distinguais rien dans cette obscurité
Qu'un front pâle et mourant sur l'oreiller jeté,
Et de longs cheveux blonds répandus en désordre... »

Aussi bien la confession de l'héroïne du poème au moment où elle va mourir n'est pas sans rappeler celle d'Atala.

2. On retrouvera plusieurs fois par la suite cette idée de la nécessaire résignation à la volonté de Dieu : c'est, on le sait, le thème principal du *Livre de Job*. Cf. *infra*, p. 136, n. 3 ; p. 142, n. 1 ; p. 160, n. 1

« A ces paroles, le sang suspendu reprit son cours dans mon cœur, et avec la mobilité du Sauvage[1], je passai subitement de l'excès de la crainte à l'excès de la confiance[a]. Mais Atala ne m'y laissa pas longtemps. Balançant tristement la tête, elle nous fit signe de nous approcher de sa couche.

« Mon père, dit-elle d'une voix affaiblie, en s'adres-
« sant au religieux, je touche au moment de la mort. O
« Chactas ! écoute sans désespoir le funeste secret que
« je t'ai caché, pour ne pas te rendre trop misérable, et
« pour obéir à ma mère. Tâche de ne pas m'interrompre
« par des marques d'une douleur, qui précipiterait le
« peu d'instants que j'ai à vivre. J'ai beaucoup de choses
« à raconter, et aux battements de ce cœur, qui se ralen-
« tissent... à je ne sais quel fardeau glacé que mon sein
« soulève à peine... je sens que je ne me saurais trop
« hâter[2]. »

« Après quelques moments de silence, Atala poursuivit ainsi :

« Ma triste destinée a commencé presque avant que
« j'eusse vu la lumière. Ma mère m'avait conçue dans
« le malheur[3] ; je fatiguais son sein, et elle me mit au
« monde avec de grands déchirements d'entrailles : on
« désespéra de ma vie[4]. Pour sauver mes jours, ma mère

---

1. Le *Voyage en Amérique* confirme ce trait des Indiens quand il parle, par exemple, du « caractère aimable et volage » du peuple siminole (O. C., VI, 187).

2. Chateaubriand ne doit-il pas ces remarques émouvantes à une indication du marquis de La Potherie ? On lit en effet dans son *Histoire de l'Amérique septentrionale* (III, 249) ces paroles : « Tu vois combien j'ai la poitrine oppressée et qu'il me reste peu de temps à vivre... » (L. Hogu, art. cit., p. 135.)

3. Nouvelle réminiscence des *Psaumes*, L, 7 : « Vous savez que j'ai été formé dans l'iniquité et que ma mère m'a conçu dans le péché. »

4. Il est curieux que Chateaubriand prête à la naissance de son héroïne certains traits qui durent caractériser la sienne. La grossesse de Mme de Chateaubriand avait, semble-t-il, été pénible (cf. G. Collas,

« fit un vœu : elle promit à la Reine des Anges que je lui « consacrerais ma virginité, si j'échappais à la mort... « Vœu fatal qui me précipite au tombeau[1] !

René-Auguste de Chateaubriand, Paris, 1949, p. 133) et l'auteur écrit dans ses *Mémoires* (I, 29) : « J'étais presque mort quand je vins au jour. » « On m'a souvent conté ces détails » ajoute-t-il, et il voyait, dans les circonstances qui entourèrent le moment où sa mère « lui infligea la vie » « une image de ses destinées ». Ainsi Atala est-elle dès ses premiers moments promise à l'infortune... De même, dans *Les Natchez* (édit. Chinard, p. 330), la fille de René et de Céluta « paraît au moment d'expirer » alors qu'elle vient de naître.

1. Tout en expliquant l'attitude antérieure d'Atala, ce *vœu fatal* nous apparaît comme le ressort essentiel du drame qui se joue. Où Chateaubriand a-t-il pu en prendre l'idée ? Dans une note du *Mercure de France* (1er mai 1950, p. 177-181), M. Gustave Charlier remarque que les deux femmes proposées comme modèles de la jeune Indienne, Charlotte Ives et Mme de Belloy, n'étaient ni l'une ni l'autre liées par un engagement de ce genre ; qu'il n'y a pas de vœu dans *Odérahi*, ni dans les autres nouvelles américaines que le romancier a pu connaître ; qu'enfin, celui qui, dans *Les Incas* de Marmontel, a été prononcé par Cora, la prêtresse du Soleil, n'empêche rien et n'entraîne à sa suite nulle funeste conséquence. M. Charlier croit trouver l'origine du vœu d'Atala dans un roman de Mme de Genlis, *Les vœux téméraires*, paru à Altona en 1799 et qui dut être connu très vite des milieux émigrés de Londres. Dans ce livre, lady Constance Clarendon, veuve, prononce à vingt-deux ans « un vœu d'autant plus sacré que la religion, la reconnaissance et le repentir en sont les garants » et elle s'engage « par tout ce que la religion et la tendresse ont d'inviolable à ne jamais former de nouveaux nœuds ». Or elle tombe amoureuse du Français Sainville, qui l'aime aussi ; mais, plutôt que de forcer « la terrible barrière qu'elle a mise entre eux deux » fort imprudemment, elle le repousse, puis meurt de la façon la plus touchante et sa fin édifiante aura « l'angélique sérénité d'une âme exaltée par la religion ». L'exotisme et certains détails mis à part, M. Charlier trouve entre les deux situations « un parallélisme singulier » et une communauté d'émotion ; aussi croit-il avoir trouvé dans l'ouvrage de Mme de Genlis « la source écrite qui, venant se combiner avec ses souvenirs de voyageur et ses sentiments d'amoureux, servit à l'Enchanteur à ourdir la trame de son récit ». Hypothèse séduisante certes, mais la date de 1799 est bien tardive pour être celle où Chateaubriand aurait arrêté définitivement l'économie de son roman. — Enfin, M. Charlier ne tient pas compte de l'influence possible exercée par la *Zaïre* de Voltaire, que Chateaubriand connaissait fort bien (cf. *Génie du Christianisme*, deuxième partie, liv. II, chap. VIII). Zaïre, qui aime le musulman Orosmane, est séparée de lui parce qu'elle promet solennellement à son père,

« J'entrais dans ma seizième année, lorsque je perdis « ma mère. Quelques heures avant de mourir, elle m'ap- « pela au bord de sa couche. « Ma fille, me dit-elle en « présence d'un missionnaire qui consolait ses derniers « instants ; ma fille, tu sais le vœu que j'ai fait pour toi. « Voudrais-tu démentir ta mère ? O mon Atala ! je te « laisse dans un monde qui n'est pas digne de posséder « une chrétienne, au milieu d'idolâtres qui persécutent « le Dieu de ton père et le mien, le Dieu qui, après « t'avoir donné le jour, te l'a conservé par un miracle. « Eh ! ma chère enfant, en acceptant le voile des « vierges[1], tu ne fais que renoncer aux soucis de la « cabane et aux funestes passions qui ont troublé le « sein de ta mère ! Viens donc, ma bien-aimée, viens ; « jure sur cette image de la mère du Sauveur, entre les « mains de ce saint prêtre et de ta mère expirante, que « tu ne me trahiras point à la face du ciel. Songe que « je me suis engagée pour toi, afin de te sauver la vie, « et que si tu ne tiens ma promesse, tu plongeras « l'âme de ta mère dans des tourments éternels[a]. »

« O ma mère ! pourquoi parlâtes-vous ainsi ! O « Religion qui fais à la fois mes maux et ma félicité, qui « me perds et qui me consoles ! Et toi, cher et triste « objet d'une passion qui me consume jusque dans les « bras de la mort, tu vois maintenant, ô Chactas, ce qui « a fait la rigueur de notre destinée !... Fondant en « pleurs et me précipitant dans le sein maternel, je

---

qu'elle vient de retrouver, de se faire baptiser ; elle souffre de l'engagement qu'elle a pris et se plaint à sa confidente :

> Mon Dieu, vous l'ordonnez, j'eusse été trop heureuse ;
> Fatime, j'offre à Dieu mes blessures cruelles,
> Je mouille devant lui de larmes criminelles
> Ces lieux où tu m'as dit qu'il choisit son séjour.
> Je lui crie en pleurant : Ote-moi mon amour,
> Arrache-moi mes vœux, remplis-moi de toi-même...

1. C'est-à-dire « en entrant en religion ».

« promis tout ce qu'on me voulut faire promettre. Le « missionnaire prononça sur moi les paroles redou- « tables, et me donna le scapulaire[1] qui me lie pour « jamais. Ma mère me menaça de sa malédiction, si « jamais je rompais mes vœux, et après m'avoir recom- « mandé un secret inviolable envers les païens, persé- « cuteurs de ma religion, elle expira, en me tenant « embrassée.

« Je ne connus pas d'abord le danger de mes ser- « ments. Pleine d'ardeur, et chrétienne véritable, fière « du sang espagnol qui coule dans mes veines, je « n'aperçus autour de moi que des hommes indignes « de recevoir ma main ; je m'applaudis[a] de n'avoir « d'autre époux que le Dieu de ma mère. Je te vis, « jeune et beau prisonnier, je m'attendris sur ton sort, « je t'osai parler au bûcher de la forêt ; alors je sentis « tout le poids de mes vœux[2]. »

« Comme Atala achevait de prononcer ces paroles, serrant les poings, et regardant le missionnaire d'un air menaçant, je m'écriai : « La voilà donc cette religion « que vous m'avez tant vantée ! Périsse le serment qui « m'enlève Atala ! Périsse le Dieu qui contrarie la « nature ! Homme, prêtre, qu'es-tu venu faire dans ces « forêts[3] ? »

---

1. Pièce d'étoffe qui descend depuis les épaules (*scapulae*) jusqu au bas de la poitrine et du dos, en usage dans plusieurs ordres religieux, le *scapulaire* peut être réduit à un simple morceau de tissu, orné d'une croix, qui se porte suspendu au cou.

2. Cette soudaine révélation de l'amour et l'accablement qui s'ensuit font penser à certaines héroïnes de Racine, à Phèdre en particulier.

3. Chactas reprend ici, contre le christianisme, un des arguments les plus chers aux philosophes du XVIIIe siècle et que, par exemple, Diderot formule dans le *Supplément au Voyage de Bougainville* (ouvrage imprimé en 1796) : « Voulez-vous savoir l'histoire abrégée de notre misère ? La voici. Il existait un homme naturel ; on a introduit au-dedans de cet homme un homme artificiel, et il s'est élevé dans la caverne une guerre continuelle qui dure toute la vie. »

« Te sauver, dit le vieillard d'une voix terrible[a], « dompter tes passions et t'empêcher, blasphémateur, « d'attirer sur toi la colère céleste ! Il te sied bien, jeune « homme, à peine entré dans la vie, de te plaindre de « tes douleurs ! Où sont les marques de tes souffrances ? « Où sont les injustices que tu as supportées ? Où sont « tes vertus, qui seules pourraient te donner quelques « droits à la plainte ? Quel service as-tu rendu ? Quel « bien as-tu fait ? Eh ! malheureux, tu ne m'offres que « des passions, et tu oses accuser le ciel ! Quand tu « auras, comme le P. Aubry, passé trente années « exilé sur les montagnes, tu seras moins prompt à « juger des desseins de la Providence ; tu comprendras « alors que tu ne sais rien, que tu n'es rien, et qu'il n'y « a point de châtiment si rigoureux, point de maux « si terribles, que la chair corrompue ne mérite de « souffrir[1]. »

« Les éclairs qui sortaient des yeux du vieillard, sa barbe qui frappait sa poitrine, ses paroles foudroyantes le rendaient semblable à un Dieu. Accablé de sa majesté, je tombai à ses genoux, et lui demandai pardon de mes emportements[2]. « Mon fils, me répondit-il avec

1. Cette subite véhémence de la part du P. Aubry est un peu surprenante et, ainsi que le remarque Sage, p. 434, « lorsqu'il parle de la *chair corrompue*, lorsqu'il fait allusion à la Passion sanglante de Jésus-Christ, ces mots détonnent dans l'atmosphère générale du roman... Deux conceptions du christianisme se heurtent dans *Atala*... Ce qui est sûr, c'est que la religion qui préside à la petite colonie est toute proche de la religion naturelle », et sans rien de commun avec les brutales paroles du missionnaire dans la tirade qui précède.

2. M. Guillemin (*op. cit.*, p. 533) rapproche ce passage d'*Atala* de la cinquième époque de *Jocelyn :* comme Chactas s'oppose au P. Aubry, ainsi le héros de Lamartine résiste à son évêque emprisonné qui veut lui administrer le sacrement de l'ordre ; devant cette opposition, le prélat s'indigna et

Sa voix prit la colère et la vibration
Du prophète lançant la malédiction ;

« un accent si doux, que le remords entra dans mon « âme, mon fils, ce n'est pas pour moi-même que je « vous ai réprimandé. Hélas ! vous avez raison, mon « cher enfant : je suis venu faire bien peu de chose « dans ces forêts, et Dieu n'a pas de serviteur plus « indigne que moi. Mais, mon fils, le ciel, le ciel, voilà « ce qu'il ne faut jamais accuser ! Pardonnez-moi si « je vous ai offensé[1], mais écoutons votre sœur. Il y a « peut-être du remède, ne nous[a] lassons point d'espérer. « Chactas, c'est une religion bien divine que celle-là, « qui a fait une vertu de l'espérance[2] ! »

« Mon jeune ami, reprit Atala, tu as été témoin de « mes combats, et cependant tu n'en as vu que la « moindre partie ; je te cachais le reste. Non, l'esclave « noir qui arrose de ses sueurs les sables ardents de la « Floride, est moins misérable que n'a été Atala. Te sol- « licitant à la fuite, et pourtant certaine de mourir si tu « t'éloignais de moi ; craignant de fuir avec toi dans les « déserts, et cependant haletant après l'ombrage des « bois... Ah ! s'il[b] n'avait fallu que quitter parents, « amis, patrie ; si même (chose affreuse) il n'y eût eu « que la perte de mon âme ! Mais ton ombre, ô ma « mère, ton ombre était toujours là, me reprochant ses « tourments ! J'entendais tes plaintes, je voyais les « flammes de l'enfer te consumer. Mes nuits étaient

---

finalement vaincu, Jocelyn se sentit

Pétrifié d'horreur, tous les sens foudroyés,
Et tomba sans parole et sans souffle à ses pieds.

1. Souvenir évident du *Pater :* « Pardonnez-nous comme nous pardonnons à ceux qui nous ont offensés. » Le P. Aubry est tellement nourri de l'Écriture et du bréviaire que les formules lui en reviennent constamment sur les lèvres.

2. Cf. *Génie du Christianisme* (première partie, liv. II, chap. III) : « Sans doute, elle fut révélée par le ciel, cette religion qui fit une vertu de l'espérance. »

« arides et pleines de fantômes[1], mes jours étaient « désolés ; la rosée du soir séchait en tombant sur ma « peau brûlante ; j'entr'ouvrais mes lèvres aux brises, « et les brises, loin de m'apporter la fraîcheur, s'em- « brasaient du feu de mon souffle. Quel tourment de te « voir sans cesse auprès de moi, loin de tous les « hommes, dans de profondes solitudes, et de sentir « entre toi et moi une barrière invincible ! Passer ma « vie à tes pieds, te servir comme ton esclave, apprêter « ton repas et ta couche dans quelque coin ignoré de « l'univers, eût été pour moi le bonheur suprême[2] ; « ce bonheur, j'y touchais, et je ne pouvais en jouir. « Quel dessein n'ai-je point rêvé ! Quel songe n'est « point sorti de ce cœur si triste ! Quelquefois en « attachant mes yeux sur toi, j'allais jusqu'à former des « désirs aussi insensés que coupables : tantôt j'aurais « voulu être avec toi la seule créature vivante sur la « terre ; tantôt, sentant une divinité qui m'arrêtait dans « mes horribles transports, j'aurais désiré que cette « divinité se fût anéantie, pourvu que serrée dans tes « bras, j'eusse roulé d'abîme en abîme avec les débris « de Dieu et du monde[3] ! A présent même... le dirai-je ?

---

1. Cette ombre maternelle et ces fantômes qui obsèdent la malheureuse Atala sont inspirés d'Ossian, selon miss M. H. Miller (*op. cit.*, p. 118) qui remarque : « Il est fréquent chez le barde écossais de voir les fantômes revenir et s'adresser à leurs proches et à leurs amis, pour leur donner des avis, des avertissements et des consolations. »

2. Laurence formule « un souhait tout pareil » (H. Guillemin, *op. cit.*, p. 532) à la fin de la quatrième époque de *Jocelyn* :

Si partout, comme ici, je t'entends, je te vois,
Si je marche à ton ombre et m'éveille à ta voix,
Si je suis en tout lieu ta sœur ou ta servante,
Toute chose me plaît, ou m'est indifférente...

3. Accents forcenés de passion romantique, où s'unissent frénétiquement la volupté et le désespoir, l'amour et la cruauté. S'adressant à Céluta dans *Les Natchez* (édit. Chinard, p. 436), René dit de même : « Une femme me disait : « Viens échanger des feux avec moi, et perdre

« à présent que l'éternité va m'engloutir, que je vais « paraître devant le Juge inexorable, au moment où, « pour obéir à ma mère, je vois avec joie ma virginité « dévorer ma vie ; eh bien ! par une affreuse contra- « diction, j'emporte le regret de n'avoir pas été à « toi ! »

« Ma fille, interrompit le missionnaire, votre douleur « vous égare. Cet excès de passion auquel vous vous « livrez, est rarement juste, il n'est pas même dans la « nature ; et en cela il est moins coupable aux yeux de « Dieu, parce que c'est plutôt quelque chose de faux « dans l'esprit, que de vicieux dans le cœur. Il faut donc « éloigner de vous ces emportements, qui ne sont pas « dignes de votre innocence. Mais aussi, ma chère « enfant, votre imagination impétueuse vous a trop « alarmée sur vos vœux. La religion n'exige point de « sacrifice plus qu'humain[1]. Ses sentiments vrais, ses « vertus tempérées sont bien au-dessus des sentiments « exaltés et des vertus forcées d'un prétendu héroïsme. « Si vous aviez succombé, eh bien[a] ! pauvre brebis « égarée, le bon Pasteur vous aurait cherchée, pour « vous ramener au troupeau[2]. Les trésors du repentir

---

« la vie ! mêlons des voluptés à la mort ! que la voûte du ciel nous « cache en tombant sur nous ! » Ainsi l'Éloa de Vigny se laissera entraîner en enfer pour avoir aimé Satan...

1. Cette idée, en harmonie parfaite avec la douceur et l'indulgence ordinaires du P. Aubry, s'accorde aussi avec le dogme de la religion qui, par la voix des anges à la naissance de Jésus, proclama « la paix sur la terre aux hommes de bonne volonté » (*Saint Luc*, II, 14). Chateaubriand fut toujours très sensible à ce libéralisme chrétien et, en 1826, protestant à la Chambre des Pairs contre la loi du Sacrilège, il déclarait : « La religion est une religion de paix, qui aime mieux pardonner que punir, une religion qui doit ses victoires à ses miséricordes et qui n'a besoin d'échafauds que pour le triomphe de ses martyrs. » (Cité par H. Guillemin, *op. cit.*, p. 193.)

2. La parabole du Bon Pasteur est dans *Saint Jean*, X, 11-18 ; celle de la brebis égarée et retrouvée dans *Saint Luc*, XV, 4-7. — Sur l'indulgence du P. Aubry pour les faiblesses de l'amour, indulgence

« vous étaient ouverts : il faut des torrents de sang « pour effacer nos fautes aux yeux des hommes, une « seule larme suffit à Dieu. Rassurez-vous donc, ma « chère fille, votre situation exige du calme ; adressons-« nous à Dieu, qui guérit toutes les plaies de ses « serviteurs[1]. Si c'est sa volonté, comme je l'espère, « que vous échappiez à cette maladie, j'écrirai à « l'évêque de Québec[2] ; il a les pouvoirs nécessaires « pour vous relever de vos vœux, qui ne sont que des « vœux simples[3], et vous achèverez vos jours près de « moi avec Chactas votre époux. »

« A ces paroles du vieillard, Atala fut saisie d'une longue convulsion, dont elle ne sortit que pour donner des marques d'une douleur effrayante. « Quoi ! dit-elle « en joignant les deux mains avec passion, il y avait du « remède ! Je pouvais être relevée de mes vœux ! » « Oui, ma fille, répondit le père ; et vous le pouvez « encore. » « Il est trop tard, il est trop tard, s'écria-« t-elle ! Faut-il mourir, au moment où j'apprends que « j'aurais pu être heureuse ! Que n'ai-je connu plus tôt « ce saint vieillard ! Aujourd'hui, de quel bonheur je

---

dont s'indignait le critique protestant Vinet, voir les réflexions de Sage, p. 436 : « Le P. Aubry aurait préféré une Atala vivante, même coupable d'avoir, comme dit le savoureux proverbe, « fait passer « Pâques avant les Rameaux », à une Atala mourant par la sottise et le fanatisme d'une mère mal dirigée. Le pasteur Vinet l'en blâme. Il est permis de trouver plus sage que ce rigorisme, et plus évangélique, la bénignité de l'ermite. »

1. Cf. *Psaumes*, CII, 3 : « C'est lui qui vous pardonne toutes vos iniquités et qui guérit toutes vos infirmités. » *Isaïe*, XXX, 26 : « ... lorsque le Seigneur aura bandé la plaie de son peuple et qu'il aura guéri la blessure qu'il avait reçue... »

2. Le vicariat apostolique de Québec, fondé en 1657, fut érigé en évêché en 1674. Son évêque avait la haute main sur les missions du Canada et de la Louisiane.

3. Le droit canonique distingue les *vœux simples*, dont l'autorité ecclésiastique peut toujours relever ceux qui les ont prononcés, et les *vœux solennels*, qui engagent définitivement dans l'Église.

« jouirais, avec toi, avec Chactas chrétien... consolée, « rassurée par ce prêtre auguste... dans ce désert... « pour toujours... oh ! c'eût été trop de félicité ! » « Calme-toi, lui dis-je, en saisissant une des mains de « l'infortunée ; calme-toi, ce bonheur, nous allons le « goûter. » « Jamais ! jamais ! dit Atala. » « Comment, « repartis-je ? » « Tu ne sais pas tout, s'écria la vierge : « c'est hier... pendant l'orage... J'allais violer[a] mes « vœux ; j'allais plonger ma mère dans les flammes « de l'abîme ; déjà sa malédiction était sur moi ; « déjà je mentais au Dieu qui m'a sauvé la vie... Quand « tu baisais mes lèvres tremblantes, tu ne savais pas, « tu ne savais pas que tu n'embrassais que la mort ! » « O ciel ! s'écria le missionnaire, chère enfant, qu'avez- « vous fait ? » « Un crime, mon père, dit Atala les yeux « égarés ; mais je ne perdais que moi, et je sauvais ma « mère. » « Achève donc, m'écriai-je plein d'épou- « vante. » « Eh bien ! dit-elle, j'avais prévu ma faiblesse ; « en quittant les cabanes, j'ai emporté avec moi... » « Quoi, repris-je avec horreur ? » « Un poison[1], dit le « père ! » « Il est dans mon sein, s'écria Atala. »

« Le flambeau échappe de la main du Solitaire, je tombe mourant près de la fille de Lopez, le vieillard nous saisit l'un et l'autre dans ses bras, et[b] tous trois, dans l'ombre, nous mêlons un moment nos sanglots sur cette couche funèbre.

« Réveillons-nous, réveillons-nous », dit bientôt le courageux ermite en allumant une lampe ! « Nous per- « dons des moments précieux : intrépides chrétiens, « bravons les assauts de l'adversité ; la corde au cou, la

---

1. Le poison, que n'ont ignoré ni les anciens, ni les classiques (cf. Racine : *Mithridate*, *Phèdre*), deviendra, avec le romantisme, d'un usage fort courant, surtout au théâtre (*Chatterton*, *Hernani*, *Ruy Blas*, etc.).

« cendre sur la tête, jetons-nous aux pieds du Très-
« Haut, pour implorer sa clémence, ou pour nous sou-
« mettre à ses décrets. Peut-être est-il temps encore.
« Ma fille, vous eussiez dû m'avertir hier au soir. »

« Hélas ! mon père, dit Atala, je vous ai cherché la
« nuit dernière ; mais le ciel, en punition de mes fautes,
« vous a éloigné de moi. Tout secours eût d'ailleurs été
« inutile[1] ; car les Indiens mêmes, si habiles dans ce qui
« regarde les poisons[a], ne connaissent point de remède à
« celui que j'ai pris. O Chactas, juge de mon étonne-
« ment, quand j'ai vu que le coup n'était pas aussi subit
« que je m'y attendais ! Mon amour a redoublé mes
« forces, mon âme n'a pu si vite se séparer de toi. »

« Ce ne fut plus ici par des sanglots que je troublai le récit d'Atala, ce fut par ces emportements, qui ne sont connus que des Sauvages. Je me roulai furieux sur la terre en me tordant les bras, et en me dévorant les mains. Le vieux prêtre, avec une tendresse merveilleuse, courait du frère à la sœur, et nous prodiguait mille secours. Dans le calme de son cœur et sous le fardeau des ans, il savait se faire entendre à notre jeunesse, et sa religion lui fournissait des accents plus tendres et plus brûlants que nos passions mêmes. Ce prêtre, qui depuis

---

1. Dans *Odérahi*, l'héroïne meurt comme Atala. M. Chinard (p. 186-187, n. 1) écrit : « Dans toute la partie qui traite de la mort d'Odérahi, il est difficile de ne pas reconnaître des consonances avec *Les Natchez* et *Atala*. Odérahi est à la fois Céluta qui se consume d'amour pour René et l'amante de Chactas. Doit-on voir une simple coïncidence dans le fait qu'Odérahi s'est empoisonnée, comme le fera Atala, et, comme elle, ne l'avouera que lorsqu'il sera trop tard pour employer aucun remède ? On hésite à préciser les rapprochements possibles. Il y a une certaine ressemblance de style, de couleur, de ton, de dessin général. Mais l'auteur d'*Odérahi* n'oublie jamais que son héroïne est une Indienne et il s'efforce de respecter la couleur psychologique. Atala est une création poétique de Chateaubriand, qui aurait pu dire, comme plus tard le fera Flaubert à propos de Mme Bovary : « *Atala, c'est moi.* »

quarante années[1] s'immolait chaque jour au service de Dieu et des hommes dans ces montagnes, ne te rappelle-t-il pas ces holocaustes d'Israël, fumant[a] perpétuellement sur les hauts lieux, devant le Seigneur[2]?

« Hélas ! ce fut en vain qu'il essaya d'apporter quelque remède aux maux d'Atala[3]. La fatigue, le chagrin, le poison et une passion plus mortelle que tous les poisons ensemble, se réunissaient pour ravir cette fleur à la solitude. Vers le soir, des symptômes effrayants se manifestèrent ; un engourdissement général saisit les membres d'Atala, et les extrémités de son corps commencèrent à refroidir : « Touche mes doigts, me disait-elle, ne les « trouves-tu pas bien glacés ? » Je ne savais que répondre, et mes cheveux se hérissaient d'horreur ; ensuite elle ajoutait : « Hier encore, mon bien-aimé, ton « seul toucher me faisait tressaillir, et voilà que je ne « sens plus ta main, je n'entends presque plus ta voix, « les objets de la grotte disparaissent tour à tour[4]. Ne « sont-ce pas les oiseaux qui[b] chantent ? Le soleil doit

---

1. Cf. *supra*, p. 102, n. 1.

2. L'Ancien Testament mentionne fréquemment les sacrifices offerts à Jéhovah sur les hauts lieux. Cf. par exemple *Genèse*, XXII, 2 : « Prenez Isaac, votre fils unique... Vous me l'offrirez en holocauste sur une des montagnes que je vous montrerai » ; XXXI, 54 ; *Exode*, III, 12, etc.

3. Médecin, le P. Aubry s'acquitte évidemment d'un rôle de charité chrétienne ; mais il met aussi en pratique sa connaissance des simples : la botanique pratique est encore un héritage de Jean-Jacques qui l'avait mise à la mode (cf. Sage, p. 427).

4. Les *symptômes effrayants* décrits dans ce paragraphe rappellent ceux qui précédèrent la mort de Socrate, d'après Platon, *Phédon*, LXVII : « Socrate sentait ses jambes s'alourdir... (L'aide-bourreau) fit remarquer que les membres inférieurs devenaient glacés et rigides... Lorsque ce refroidissement atteindrait le cœur, la mort se produirait... » On songe aussi aux derniers moments de la Phèdre de Racine (Acte V, scène 7) :

Déjà jusqu'à mon cœur le venin parvenu
Dans ce cœur expirant jette un froid inconnu ;
Déjà je ne vois plus qu'à travers un nuage...

« être près de se coucher maintenant ? Chactas, ses « rayons seront bien beaux au désert, sur ma tombe[1] ! »

« Atala s'apercevant que ces paroles nous faisaient fondre en pleurs, nous dit : « Pardonnez-moi, mes bons « amis, je suis bien faible ; mais peut-être que je vais « devenir plus forte. Cependant mourir si jeune, tout « à la fois, quand mon cœur était si plein de vie ! Chef « de la prière, aie pitié de moi ; soutiens-moi. Crois-tu « que ma mère soit contente, et que Dieu me pardonne « ce que j'ai fait ? »

« Ma fille[2], répondit le bon religieux, en versant des « larmes, et les essuyant avec ses doigts tremblants et « mutilés ; ma fille, tous vos malheurs viennent de « votre ignorance ; c'est votre éducation sauvage et le « manque d'instruction nécessaire qui vous ont per- « due ; vous ne saviez pas qu'une chrétienne ne peut « disposer de sa vie. Consolez-vous donc, ma chère « brebis ; Dieu vous pardonnera, à cause de la simpli- « cité de votre cœur. Votre mère et l'imprudent « missionnaire qui la dirigeait, ont été plus coupables « que vous ; ils ont passé leurs pouvoirs, en vous arra- « chant un vœu indiscret ; mais que la paix du Seigneur « soit avec eux. Vous offrez tous trois un terrible

1. « Je ne sais si Atala a pu avoir une telle pensée, si elle s'est figuré d'avance cet effet de lumière ; mais il est certain que ç'a été une idée fixe de l'auteur que cette perspective funèbre : comme les rois d'Égypte, il a passé sa vie à méditer et à projeter son sépulcre... » (Sainte-Beuve, *Chateaubriand et son groupe*, I, 200-201).

2. Ici commence le célèbre discours du P. Aubry, dont les *Mémoires* (II, 20) nous apprennent qu'il fut refait entièrement sur l'avis de Fontanes ; de sa première version, on ne possède rien. Quoi qu'il en soit, cette longue homélie, dès son premier paragraphe, répond par avance aux « philosophes » qui auraient pu taxer la religion de fanatisme et d'inhumanité ; l'ermite s'attache en effet à démontrer que tout le drame a été causé, non par le Christianisme, mais par un dangereux défaut de lumière en matière de foi.

« exemple des dangers de l'enthousiasme[1], et du défaut « de lumières en matière de religion. Rassurez-vous, « mon enfant ; celui qui sonde les reins et les cœurs[2], « vous jugera sur vos intentions, qui étaient pures, « et non sur votre action, qui est condamnable.

« Quant à la vie, si le moment est arrivé de vous « endormir dans le Seigneur[3], ah ! ma chère enfant, « que vous perdez peu de chose, en perdant ce monde[4] ! « Malgré la solitude où vous avez vécu, vous avez « connu les chagrins ; que penseriez-vous donc, si vous « eussiez été témoin des maux de la société, si en abor- « dant sur les rivages de l'Europe[5], votre oreille eût été « frappée de ce long cri de douleur, qui s'élève de cette « vieille terre ? L'habitant de la cabane[a], et celui des

1. Selon M. Charlier (cf. *supra*, p. 117, n. 1), ce mot ne serait pas employé ici par hasard, mais parce que *Les vœux téméraires* de Mme de Genlis avaient pour second titre : *ou de l'enthousiasme*.

2. *Psaumes*, VII, 10 : « Vous affermirez le juste, ô Dieu, qui sondez les cœurs et les reins. » On sait qu'à travers toute la Bible, le cœur est considéré comme le siège de la pensée et les reins comme celui des sentiments.

3. *S'endormir dans le Seigneur* (ou, plus rarement, *au Seigneur*), c'est mourir en état de grâce. Cette expression paraît avoir été employée pour la première fois (peut-être en réminiscence du *Psaume* IV, 9) dans les *Actes des Apôtres*, VII, 59 (martyre de saint Étienne) : « Et cum hoc dixisset, obdormivit in Domino. »

4. « Comme elle perd son amant qui est tout pour elle, elle ne peut ni entendre la morale du missionnaire, ni y croire. Si elle l'entend, son premier sentiment doit être de trouver ce prêtre un homme bien dur. » (Abbé Morellet.)

5. En déplorant les malheurs de l'Europe, le P. Aubry est l'interprète évident de l'auteur, que la crise de la Révolution a blessé moralement et matériellement. Encyclopédiste qui croit au progrès, l'abbé Morellet voit là « des sentiments misanthropiques et faux » et prend la défense de « cette vieille terre où fleurissent les arts utiles et agréables, où règnent des lois qui assurent la vie des hommes, leur liberté, leur propriété, au moins dans l'état ordinaire des choses » ; il accuse le missionnaire « de donner à Atala une très fausse idée » du vieux continent.

« palais[1], tout souffre, tout gémit ici bas ; les reines ont « été vues pleurant, comme de simples femmes[2], et « l'on s'est étonné de la quantité de larmes que contien- « nent les yeux des rois !

« Est-ce votre amour que vous regrettez ? Ma fille, il « faudrait autant pleurer un songe. Connaissez-vous le « cœur de l'homme, et pourriez-vous compter les « inconstances de son désir ? Vous calculeriez plutôt le « nombre des vagues que la mer roule dans une tem- « pête[3]. Atala, les sacrifices, les bienfaits ne sont pas des « liens éternels : un jour, peut-être, le dégoût fût venu « avec la satiété, le passé eût été compté pour rien, et « l'on n'eût plus aperçu que les inconvénients d'une « union pauvre et méprisée[4]. Sans doute, ma fille, les

---

1. Écho de Malherbe, *Consolation à M. du Périer :*

Le pauvre en sa cabane, où le chaume le couvre,
Est sujet à ses lois ;
Et la garde qui veille aux barrières du Louvre
N'en défend point nos rois.

2. Allusion à Henriette de France, reine d'Angleterre, veuve de Charles Ier, décapité sur ordre de Cromwell : ses malheurs ont été célébrés par Bossuet. — « La jeune fille sauvage de dix-huit ans... ne peut avoir aucune idée *des reines qu'on a vues pleurant* et de ce qu'il y a d'étonnant à les voir verser des larmes... Encore moins peut-elle entendre la figure bizarre qu'emploie l'orateur voulant faire mesurer la douleur des rois sur *la quantité de larmes que contiennent leurs yeux.* » (Abbé Morellet.) — Cf. *infra*, Appendice II, p. 383.

3. Souvenir probable de Virgile, *Géorgiques*, II, 105-108. Le poète latin constate qu'il est impossible d'énumérer toutes les variétés de vignes existant sur la terre et il ajoute : « Qui voudrait en faire le « calcul voudrait aussi connaître le nombre des grains de sable que « Zéphyr bouleverse sur le rivage de la mer de Libye ou bien, quand « l'Eurus s'abat plus violemment sur les navires, combien de vagues « arrivent aux bords de la mer Ionienne. »

4. « L'auteur oublie ici la situation des personnages qu'il met en scène. Ce discours semble adressé à une jeune paysanne que la mort empêche d'épouser le seigneur de son village ; mais il n'y a point ici d'union mal assortie ; Chactas est bon pour Atala, et Atala pour Chactas », déclare Morellet qui poursuit : « Comment a-t-on le cœur d'annoncer à la pauvre fille, sans en rien savoir, que Chactas lui aurait

« plus belles amours furent celles de cet homme et de « cette femme sortis de la main du Créateur. Un para- « dis avait été formé pour eux, ils étaient innocents et « immortels. Parfaits de l'âme et du corps, ils se conve- « naient en tout : Ève avait été créée pour Adam, et « Adam pour Ève. S'ils n'ont pu toutefois se maintenir « dans cet état de bonheur, quels couples le pourront « après eux[1] ? Je ne vous parlerai point des mariages « des premiers-nés des hommes, de ces unions inef- « fables, alors que la sœur était l'épouse du frère, que « l'amour et l'amitié fraternelle se confondaient dans « le même cœur, et que la pureté de l'une augmentait « les délices de l'autre[2]. Toutes ces unions ont été « troublées ; la jalousie s'est glissée à l'autel de gazon « où l'on immolait le chevreau, elle a régné sous la « tente d'Abraham, et dans ces couches mêmes où les « patriarches goûtaient tant de joie, qu'ils oubliaient « la mort de leurs mères[3].

« Vous seriez-vous donc flattée, mon enfant, d'être « plus innocente et plus heureuse dans vos liens, que

---

été infidèle ? » Ne pourrait-on pas au contraire penser que le P. Aubry agit par charité chrétienne en s'efforçant d'une manière systématique de détacher la mourante d'une vie à laquelle il lui faut renoncer coûte que coûte, une fois son geste fatal accompli ?

1. Rien dans la *Genèse* ne laisse supposer qu'Adam et Ève aient cessé de s'aimer après avoir été chassés du Paradis terrestre.

2. Cf. Sage, p. 437, n. 5 : « Cette complaisance qui semble porter Chateaubriand vers les amours incestueuses ne lui est pas exclusive... Le discours du P. Aubry, à cet endroit, en dépit de ses références patriarcales, en contracte un caractère assez déplaisant. » Sur l'inceste en littérature, voir notre Introduction, p. XLII-XLIV, et *infra*, *René*, p. 178.

3. Voir dans la *Genèse*, IV, 1-8, la jalousie de Caïn pour Abel qui offrait au Seigneur « les premiers-nés de son troupeau » ; XVI, 1-6, la rivalité de Sara, femme d'Abraham, et d'Agar, sa servante ; XXIV, 67 : « Alors Isaac fit entrer Rébecca dans la tente de Sara sa mère et la prit pour femme ; et il l'aima ; et il fut consolé de la mort de sa mère. » (Ce dernier trait se retrouve au livre XII des *Martyrs*, O. C., IV, 176.)

« ces saintes familles dont Jésus-Christ a voulu des-« cendre ? Je vous épargne les détails des soucis du « ménage, les disputes, les reproches mutuels, les « inquiétudes et toutes ces peines secrètes qui veillent « sur l'oreiller du lit conjugal[1]. La femme renouvelle ses « douleurs chaque fois qu'elle est mère, et elle se marie « en pleurant. Que de maux dans la seule perte d'un « nouveau-né à qui l'on donnait le lait, et qui meurt sur « votre sein ! La montagne a été pleine de gémisse-« ments ; rien ne pouvait consoler Rachel, parce que « ses fils n'étaient plus[2]. Ces amertumes attachées aux « tendresses humaines sont si fortes, que j'ai vu dans « ma patrie de grandes dames[a] aimées par des rois, « quitter la cour pour s'ensevelir dans des cloîtres[3], « et mutiler cette chair révoltée, dont les plaisirs ne « sont que des douleurs.

« Mais peut-être direz-vous que ces derniers exem-« ples ne vous regardent pas ; que votre ambition se « réduisait à vivre dans une obscure cabane avec « l'homme de votre choix ; que vous cherchiez moins « les douceurs du mariage, que[b] les charmes de cette « folie que la jeunesse appelle amour ? Illusion, chi-« mère, vanité, rêve d'une imagination blessée ! Et

---

1. Il est curieux de remarquer que Chateaubriand, bien qu'il n'ait jamais vécu avec sa femme au moment où parut *Atala*, prête au P. Aubry sur les inconvénients du mariage des propos auxquels il dut plus tard pleinement souscrire lui-même (cf. *Mémoires*, IV, 31). — Morellet critique ce passage : « Ce sont là autant de lieux communs, fort insuffisants à calmer une douleur présente et vive, et puis comment la jeune Sauvage peut-elle entendre le style emphatique du P. Aubry, *les peines qui veillent sur l'oreiller du lit conjugal ?* »

2. Cf. *Jérémie*, XXXI, 15 (cité par *Saint Matthieu*, II, 18) : « Rachel pleure ses enfants et ne veut pas être consolée parce qu'ils ne sont plus. »

3. Ainsi Mlle de la Vallière, favorite de Louis XIV, délaissée depuis 1667, avait pris en 1675 le voile de carmélite sous le nom de sœur Louise de la Miséricorde.

« moi aussi, ma fille, j'ai connu les troubles du cœur[a] :
« cette tête n'a pas toujours été chauve, ni ce sein aussi
« tranquille qu'il vous le paraît aujourd'hui[1]. Croyez-en
« mon expérience : si l'homme, constant dans ses
« affections, pouvait sans cesse fournir à un sentiment
« renouvelé sans cesse, sans doute la solitude et
« l'amour l'égaleraient à Dieu même[2] ; car ce sont là
« les deux éternels plaisirs du grand Être. Mais l'âme
« de l'homme se fatigue, et jamais elle n'aime long-
« temps le même objet avec plénitude[3]. Il y a toujours
« quelques points par où deux cœurs ne se touchent
« pas, et ces points suffisent à la longue pour rendre
« la vie insupportable.

« Enfin, ma chère fille, le grand tort des hommes,
« dans leur songe de bonheur, est d'oublier cette
« infirmité de la mort attachée à leur nature : il faut
« finir[b]. Tôt ou tard[4], quelle qu'eût été votre félicité,
« ce beau visage se fût changé en cette figure uni-
« forme que le sépulcre donne à la famille d'Adam ;
« l'œil même de Chactas n'aurait pu vous reconnaître
« entre vos sœurs de la tombe. L'amour n'étend point
« son empire sur les vers du cercueil[5]. Que dis-je ?

1. Sur le P. Aubry, « vétéran de l'amour » dont l'expérience donne plus de poids à ses conseils, cf. les réflexions de Sage, p. 425.

2. P. Sage, p. 422, rappelle à ce propos que la première édition du *Génie du Christianisme* (première partie, liv. I, chap. IX) définissait Dieu « l'éternel Célibataire des mondes », formule qui fut critiquée et disparut, mais exprimait l'idée implicitement contenue dans cette phrase d'*Atala*.

3. On rapprochera cette remarque désabusée sur l'instabilité de l'amour de celle formulée dans *René* (cf. *infra*, p. 204, n. 3) sur la fragilité des amitiés.

4. C'est à peu près le mot que le *Génie du Christianisme* (quatrième partie, liv. III, chap. VI) attribue aux trappistes : « Frères, il faut mourir. »

5. Les *vers du cercueil* se trouvent aussi dans la *Consolation à M. du Périer*, déjà citée *supra*, p. 130, n. 1. La formule est un lieu commun et, dans la Bible, les vers sont souvent associés à l'idée de la mort (cf. par exemple, *Job*, IV, 20, XXI, 26, etc.).

« (ô vanité des vanités[1] !) Que parlé-je de la puissance « des amitiés de la terre ? Voulez-vous, ma chère fille, « en connaître l'étendue ? Si un homme revenait à la « lumière, quelques années après sa mort, je doute « qu'il fût revu avec joie, par ceux-là même qui ont « donné le plus de larmes à sa mémoire : tant on forme « vite d'autres liaisons, tant on prend facilement « d'autres habitudes, tant l'inconstance est naturelle à « l'homme, tant notre vie est peu de chose même dans « le cœur de nos amis[2] !

« Remerciez donc la Bonté divine, ma chère fille, « qui vous retire si vite de cette vallée de misère[3]. « Déjà[a] le vêtement blanc et la couronne éclatante des « vierges se préparent pour vous sur les nuées ; déjà « j'entends la Reine des Anges qui vous crie : « Venez, « ma digne servante, venez, ma colombe[4], venez vous « asseoir sur un trône de candeur, parmi toutes ces « filles qui ont sacrifié leur beauté et leur jeunesse au « service de l'humanité, à l'éducation des enfants et

1. *Vanitas vanitatum et omnia vanitas* : c'est par ces mots que débute l'*Ecclésiaste*.

2. « Cette morale désolante, qui ne croit ni à l'amour constant, ni à l'amitié sincère, doit être étrangère à Atala ; elle ne peut y croire ni, par conséquent, y trouver des motifs de consolation », affirme Morellet, à qui son optimisme d'homme du XVIIIe siècle interdisait de comprendre de tels sentiments. Ceux-ci cependant constituent un des thèmes majeurs de la pensée de Chateaubriand : le P. Aubry tiendra des propos analogues sur l'inconstance des passions lorsque Chactas sera sur le point de le quitter (cf. *infra*, p. 148) et, à la fin de son existence, dans la *Vie de Rancé* (édit. F. Letessier, p. 54-55), l'écrivain développera le même sujet en des termes encore plus désabusés.

3. Cette expression qui, en langage pieux, désigne la vie présente par opposition aux béatitudes éternelles, ne figure pas dans l'Écriture, mais elle en est inspirée ; cf. notamment *Psaumes*, XXXIX, 3 : « Lacus miseriae » ; LXXXIII, 7 : « Vallis lacrymarum » ; *Job*, X, 22 : « Terra miseriae et tenebrarum ».

4. Le poétique terme de *colombe* est celui par lequel l'Époux du *Cantique des cantiques* désigne ordinairement sa bien-aimée.

« aux chefs-d'œuvre de la pénitence[1]. Venez, rose « mystique[2], vous reposer sur le sein de Jésus-Christ. « Ce cercueil, lit nuptial que vous vous êtes choisi, « ne sera point trompé ; et les embrassements de « votre céleste époux ne finiront jamais[a] ! »

« Comme le dernier rayon du jour abat les vents et répand le calme dans le ciel, ainsi la parole tranquille du vieillard apaisa les passions dans le sein de mon amante[3 b]. Elle ne parut plus occupée que de ma douleur, et des moyens de me faire supporter sa perte. Tantôt elle me disait qu'elle mourrait heureuse, si je lui promettais de sécher mes pleurs ; tantôt elle me parlait de ma mère, de ma patrie ; elle cherchait à me distraire de la douleur présente, en réveillant en moi une douleur passée. Elle m'exhortait à la patience, à la vertu. « Tu « ne seras pas toujours malheureux, disait-elle : si le « ciel t'éprouve aujourd'hui, c'est seulement pour te « rendre plus compatissant aux maux des autres[4]. Le « cœur, ô Chactas, est comme ces sortes d'arbres qui ne « donnent leur baume pour les blessures des hommes « que lorsque le fer les a blessés eux-mêmes. »

« Quand elle avait ainsi parlé, elle se tournait vers le missionnaire, cherchait auprès de lui le soulagement qu'elle m'avait fait éprouver, et tour à tour consolante

---

1. Le *Génie du Christianisme* (quatrième partie, liv. III, chap. VI et liv. VI, chap. III et IV) parle élogieusement des ordres religieux féminins, en particulier des Sœurs de la Charité créées par saint Vincent de Paul.

2. Formule empruntée aux litanies de la Sainte Vierge *(rosa mystica)*, où elle s'applique à Marie, et non, comme ici, à une simple créature.

3. Chactas emploie pour Atala la même expression que pour lui-même *supra*, p. 97, n. 2.

4. C'est ici, christianisé, à peu de chose près le sentiment exprimé par Didon s'adressant à Énée qu'elle vient de rencontrer (*Énéide*, I, 628-630) : « Moi aussi, j'ai traversé de longues épreuves... et l'expérience du malheur m'apprit à secourir les malheureux. »

et consolée, elle donnait et recevait la parole de vie sur la couche de la mort.

« Cependant l'ermite redoublait de zèle. Ses vieux os s'étaient[a] ranimés par l'ardeur de la charité, et toujours préparant des remèdes, rallumant le feu, rafraîchissant la couche, il faisait d'admirables discours sur Dieu et sur le bonheur des justes[1]. Le flambeau de la religion à la main, il semblait précéder Atala dans la tombe, pour lui en montrer les secrètes merveilles[2]. L'humble grotte était remplie de la grandeur de ce trépas chrétien, et les esprits célestes étaient, sans doute, attentifs à cette scène où la religion luttait seule contre l'amour, la jeunesse et la mort.

« Elle triomphait, cette religion divine, et l'on s'apercevait de sa victoire à une sainte tristesse qui succédait dans nos cœurs aux premiers transports des passions. Vers le milieu de la nuit, Atala sembla se ranimer pour répéter des prières que le religieux prononçait au bord de sa couche. Peu de temps après, elle me tendit la main, et avec une voix qu'on entendait à peine, elle me dit : « Fils d'Outalissi, te rappelles-tu cette première nuit où « tu me pris pour la Vierge des dernières amours ? Sin-« gulier présage de notre destinée ! » Elle s'arrêta ; puis elle reprit : « Quand je songe que je te quitte pour tou-« jours, mon cœur fait un tel effort pour revivre, que je « me sens presque le pouvoir de me rendre immortelle « à force d'aimer. Mais, ô mon Dieu, que votre volonté « soit faite[3] ! » Atala se tut pendant quelques instants ;

1. Dans le *Génie du Christianisme* (première partie), le huitième et dernier chapitre du livre VI est intitulé *Bonheur des justes*.

2. « Le Sauvage idolâtre ne peut ni entendre, ni dire un mot de tout cela ; mais je demande ici ce que la tombe a de merveilleux : ce que la religion nous enseigne de l'autre vie est admirable sans doute ; mais ces merveilles ne sont pas dans la tombe. » (Abbé Morellet.)

3. Parole du *Pater*, qu'on peut lire dans le Sermon sur la montagne et que Jésus répète au cours de son agonie du mont des Oliviers

elle ajouta : « Il ne me reste plus qu'à vous demander « pardon des maux que je vous ai causés. Je vous ai « beaucoup tourmenté par mon orgueil et mes caprices[1]. « Chactas, un peu de terre jeté sur mon corps va mettre « tout un monde entre vous et moi, et vous délivrer « pour toujours du poids de mes infortunes. »

« Vous pardonner, répondis-je noyé de larmes, « n'est-ce pas moi qui ai causé tous vos malheurs ? » « Mon ami, dit-elle en m'interrompant, vous m'avez « rendue très heureuse, et si j'étais à recommencer la « vie, je préférerais encore le bonheur de vous avoir « aimé quelques instants dans un exil infortuné, à « toute une vie de repos dans ma patrie. »

« Ici la voix d'Atala s'éteignit ; les ombres de la mort se répandirent autour de ses yeux et de sa bouche[2] ; ses doigts errants cherchaient à toucher quelque chose ; elle conversait tout bas avec des esprits invisibles[3]. Bientôt, faisant un effort, elle essaya, mais en vain, de détacher de son cou le petit crucifix ; elle me pria de le dénouer moi-même, et elle me dit :

« Quand je te parlai pour la première fois, tu vis « cette croix briller à la lueur du feu sur mon sein ; « c'est le seul bien que possède Atala. Lopez, ton père

---

(*Saint Matthieu*, VI, 10, et XXVI, 42). On retrouvera encore ce sentiment de soumission à la volonté divine *infra*, p. 142.

1. Morellet se demande, non sans raison, « où, quand, comment, à quelle occasion », durant les trente et quelques jours de leur aventure, la jeune Sauvage, si dévouée à Chactas, a pu le tourmenter ainsi. « C'est là, ajoute-t-il, la confession d'une coquette très civilisée ; et quand la pauvre fille eût eu ces belles dispositions, elle n'a eu ni l'occasion, ni le temps de s'y livrer. » — Voir un commentaire des dernières paroles échangées entre Atala et Chactas dans l'article de M. André Gavoty, p. 735.

2. Réminiscence vraisemblable de divers passages du *Livre de Job*, III, 5 ; XII, 22 ; XXIV, 18 ; XXVIII, 3 : « Qu'il soit couvert des ténèbres et de l'ombre de la mort, qu'une noire obscurité l'environne... »

3. Même accent ossianique que *supra*, p. 86, n. 3

« et le mien, l'envoya à ma mère peu de jours après ma « naissance[a]. Reçois donc de moi cet héritage, ô mon « frère, conserve-le en mémoire de mes malheurs. Tu « auras recours à ce Dieu des infortunés dans les cha- « grins de ta vie. Chactas[b], j'ai une dernière prière à te « faire. Ami, notre union aurait été courte sur la « terre, mais il est après cette vie une plus longue vie. « Qu'il serait affreux d'être séparée de toi pour jamais ! « Je ne fais que te devancer aujourd'hui, et je te vais « attendre dans l'empire céleste. Si tu m'as aimée, « fais-toi[c] instruire dans la religion chrétienne, qui « préparera notre réunion. Elle fait sous tes yeux un « grand miracle, cette religion, puisqu'elle me rend « capable de te quitter, sans mourir dans les angoisses « du désespoir[1]. Cependant, Chactas, je ne veux de « toi qu'une simple promesse, je sais trop ce qu'il en « coûte pour te demander un serment. Peut-être ce « vœu te séparerait-il de quelque femme plus heureuse « que moi... O ma mère[d], pardonne à ta fille. O Vierge, « retenez votre courroux. Je retombe dans mes fai- « blesses, et je te dérobe, ô mon Dieu, des pensées « qui ne devraient être que pour toi ! »

« Navré de douleur, je promis[e] à Atala d'embrasser un jour la religion chrétienne[2]. A ce spectacle, le Solitaire se levant d'un air inspiré, et étendant les bras vers la voûte de la grotte : « Il est temps, s'écria-t-il, il est « temps d'appeler Dieu ici ! »

« A peine a-t-il prononcé ces mots, qu'une force surnaturelle me contraint de tomber à genoux, et m'incline

1. Idée profondément chrétienne. Dans sa vieillesse, Chateaubriand devait écrire à son ami Clausel de Coussergues : « Adieu, je finis cette lettre presque en pleurant ; mais les chrétiens ne se quittent que pour se retrouver. » Cf. aussi *Vie de Rancé*, édit. F. Letessier, p. 343.

2. Sur la manière dont sera tenue cette promesse, cf. *infra*, p. 160, n. 3.

la tête au pied du lit d'Atala. Le prêtre ouvre un lieu secret où était renfermée une urne d'or, couverte d'un voile de soie ; il se prosterne et adore profondément. La grotte parut soudain illuminée ; on entendit dans les airs les paroles des anges et les frémissements des harpes célestes ; et lorsque le Solitaire tira le vase sacré de son tabernacle, je crus voir Dieu lui-même sortir du flanc de la montagne.

« Le prêtre ouvrit le calice[1] ; il prit entre ses deux doigts une hostie blanche comme la neige, et s'approcha d'Atala, en prononçant des mots mystérieux. Cette sainte avait les yeux levés au ciel, en extase. Toutes ses douleurs parurent suspendues, toute sa vie se rassembla sur sa bouche ; ses lèvres s'entr'ouvrirent et vinrent avec respect chercher le Dieu caché sous le pain mystique. Ensuite[a] le divin vieillard trempe un peu de coton dans une huile consacrée ; il en frotte les tempes d'Atala[b], il regarde un moment la fille mourante, et tout à coup ces fortes paroles lui échappent : « Partez, « âme chrétienne : allez rejoindre votre Créateur[2] ! » Relevant alors ma tête abattue, je m'écriai, en regardant le vase où était l'huile sainte : « Mon père, ce remède « rendra-t-il la vie à Atala ? » « Oui, mon fils, dit le « vieillard en tombant dans mes bras, la vie éter« nelle[3] ! » Atala venait d'expirer. »

---

1. Chateaubriand confond ici le *calice* (qui sert à la consécration du vin pendant la messe) avec le *ciboire* (où sont conservées les hosties consacrées). — De même, plus loin, dans l'administration du dernier sacrement, comme le remarque Sage, p. 431, n. 10, « il y a un peu de fantaisie : le prêtre devait faire une onction en forme de croix sur les yeux, les oreilles, le nez, la bouche, les mains et les pieds de la malade ». — Sur l'extrême-onction, cf. *Génie du Christianisme* (première partie, liv. I, chap. XI).

2. Cette formule résume la première des longues oraisons de l'*Ordo commendationis animae* pour les agonisants : « Proficiscere, anima christiana... »

3. Le comte de Marcellus (*Chateaubriand et son temps*, p. 228) trouve

Dans cet endroit, pour la seconde fois depuis le commencement de son récit, Chactas fut obligé de s'interrompre. Ses pleurs l'inondaient, et sa voix ne laissait échapper que des mots entrecoupés. Le Sachem aveugle ouvrit son sein, il en tira le crucifix d'Atala.

« Le voilà, s'écria-t-il, ce gage de l'adversité ! O René, ô mon fils, tu le vois ; et moi, je ne le vois plus ! Dis-moi, après tant d'années, l'or n'en est-il point altéré ? N'y vois-tu point la trace de mes larmes ? Pourrais-tu reconnaître l'endroit qu'une sainte a touché de ses lèvres ? Comment Chactas n'est-il point encore chrétien ? Quelles frivoles raisons de politique et de patrie l'ont jusqu'à présent retenu dans les erreurs de ses pères ? Non, je ne veux pas tarder plus longtemps. La terre me crie : « Quand donc descendras-tu « dans la tombe, et qu'attends-tu pour embrasser une « religion divine ? » O terre, vous ne m'attendrez pas longtemps : aussitôt qu'un prêtre[a] aura rajeuni dans l'onde cette tête blanchie par les chagrins, j'espère me réunir à Atala. Mais achevons ce qui me reste à conter de mon histoire. »

« une heureuse imitation de cette pensée, cette fois merveilleusement concise », dans le *Jocelyn* de Lamartine (Prologue, v. 75) :

Il a gagné la mort. — Oui, lui dis-je, et le ciel.

Il ajoute : « Les deux poètes du XIXe siècle n'avaient-ils pas alors l'un et l'autre dans la mémoire la sublime parole du vieux Corneille (*Polyeucte*, acte V, scène 3, v. 1679) :

Où le conduisez-vous ? — A la mort. — A la gloire. »

Dans *Les Martyrs*, livre XXIV, Chateaubriand a repris ce même effet : « Sors pour mourir, s'écria le gardien. — Pour vivre, répondit Eudore » (O. C., IV, 322).

LES FUNÉRAILLES[1]

« JE n'entreprendrai point, ô René, de te peindre aujourd'hui le désespoir qui saisit mon âme, lorsque Atala eut rendu le dernier soupir. Il faudrait avoir plus de chaleur qu'il ne m'en reste ; il faudrait que mes yeux fermés se pussent rouvrir au soleil, pour lui demander compte des pleurs qu'ils versèrent à sa lumière[2]. Oui, cette lune qui brille à présent sur nos têtes, se lassera d'éclairer les solitudes du Kentucky ; oui, le fleuve qui porte maintenant nos pirogues, suspendra le cours de ses eaux, avant que mes larmes cessent de couler pour Atala[3] ! Pendant deux jours entiers, je fus insensible aux discours de l'ermite. En

---

1. Dans un article des *Annales de Normandie* (mai 1953, p. 190-193), intitulé *La couleur romantique dans les Contes de Maupassant*, M. Robert Garapon établit un parallèle entre le récit des funérailles d'Atala et une page de *Miss Harriet* (édit. Conard, p. 33-35) : l'héroïne de Maupassant, une vieille Anglaise éprise d'un amour impossible pour un jeune peintre, se suicide par désespoir, et c'est au jeune homme que revient le triste devoir de faire sa toilette mortuaire. « Les détails de beauté que l'on trouve à chaque ligne chez Chateaubriand, note l'auteur de cette étude, se transforment régulièrement chez Maupassant en détails de laideur ; mais l'émotion que les deux écrivains cherchent à communiquer à leurs lecteurs reste fondamentalement la même : c'est la pitié que tout être humain ressent devant la mort causée par l'amour. »

2. « Ceci ne s'entend point. Comment Chactas pourra-t-il peindre mieux son désespoir, lorsqu'il *aura demandé compte au soleil* des larmes qu'il a versées avant qu'il fût aveugle ? Que ce compte lui soit rendu ou non, son désespoir sera toujours au-dessus de l'expression ; c'est ce qu'il veut dire, et ce qu'il pourrait dire plus simplement ou, du moins, plus intelligiblement. » (Abbé Morellet.)

3. Mouvement de rhétorique qui énonce des « impossibilités » ou « adynata », comme on en rencontre par exemple chez Virgile, dans les *Bucoliques*, I, 59-64 ; VIII, 27-28 et 53-57.

essayant de calmer mes peines, cet excellent homme ne se servait point des vaines raisons de la terre, il se contentait de me dire : « Mon fils, c'est la volonté « de Dieu[1] », et il me pressait dans ses bras. Je n'aurais jamais cru qu'il y eût tant de consolation dans ce peu de mots du chrétien résigné, si je ne l'avais éprouvé moi-même.

« La tendresse, l'onction, l'inaltérable patience du vieux serviteur de Dieu, vainquirent enfin[a] l'obstination de ma douleur. J'eus honte des larmes que je lui faisais répandre. « Mon père, lui dis-je, c'en est trop : que les « passions d'un jeune homme ne troublent plus la paix « de tes jours. Laisse-moi emporter les restes de mon « épouse ; je les ensevelirai dans quelque coin du « désert, et si je suis encore condamné à la vie, je « tâcherai de me rendre digne de ces noces éternelles « qui m'ont été promises par Atala. »

« A ce retour inespéré de courage, le bon père tressaillit de joie ; il s'écria : « O sang de Jésus-Christ, « sang de mon divin maître, je reconnais là tes mérites ! « Tu sauveras sans doute ce jeune homme. Mon Dieu, « achève ton ouvrage. Rends la paix à cette âme « troublée, et ne lui laisse de ses malheurs que d'hum- « bles et utiles souvenirs. »

« Le juste refusa de m'abandonner le corps de la fille de Lopez, mais il me proposa de faire venir ses Néophytes, et de l'enterrer avec[b] toute la pompe chrétienne ; je m'y refusai à mon tour. « Les malheurs et les « vertus d'Atala, lui dis-je, ont été inconnus des « hommes ; que sa tombe, creusée furtivement par « nos mains, partage[c] cette obscurité ! » Nous convînmes que nous partirions le lendemain au lever du soleil pour enterrer Atala sous l'arche du pont naturel, à

1. Même sentiment *supra*, p. 115, 136.

l'entrée des Bocages de la mort. Il fut aussi résolu que nous passerions la nuit en prières auprès du corps de cette sainte.

« Vers le soir, nous transportâmes ses précieux restes à une ouverture de la grotte, qui donnait vers le nord. L'ermite les avait roulés dans une pièce de lin d'Europe, filé par sa mère : c'était le seul bien qui lui restât de sa patrie, et depuis longtemps il le destinait à son propre tombeau[1]. Atala était couchée sur un gazon de sensitives[2] de montagnes ; ses pieds, sa tête, ses épaules et une partie de son sein étaient découverts. On voyait dans ses cheveux une fleur de magnolia fanée... celle-là même que j'avais déposée sur le lit de la vierge, pour la rendre féconde[3]. Ses lèvres, comme un bouton de rose cueilli depuis deux matins, semblaient languir et sourire. Dans ses joues d'une blancheur éclatante, on distinguait quelques veines bleues. Ses beaux yeux étaient fermés, ses pieds modestes étaient joints, et ses mains d'albâtre pressaient sur son cœur un crucifix d'ébène ; le scapulaire de ses vœux était passé à son cou. Elle paraissait enchantée par l'Ange de la mélancolie, et par le double sommeil de l'innocence et de la tombe[4]. Je

---

1. Ce geste d'ultime sacrifice, qui marque le comble de la charité chrétienne, est comparé par M. H. Guillemin (*op. cit.*, p. 533) à celui du curé de Valneige donnant les planches de son lit pour faire un cercueil au « pauvre colporteur » juif à qui tous les villageois refusent une sépulture décente à cause de sa religion (*Jocelyn*, neuvième époque, v. 212).

2. Plante ainsi nommée à cause de l'irritabilité de ses feuilles qui s'abaissent au moindre contact ; elle est très répandue en Amérique tropicale et, « dans les chansons des Sauvages, l'âme d'une jeune fille est souvent comparée à elle » (*Voyage en Amérique*, O. C., VI, 93).

3. Cf. *supra*, p. 104, n. 1.

4. Ce rapprochement du *sommeil* et de la *tombe* est une banalité ; aussi n'est-il peut-être pas nécessaire d'en chercher l'origine dans *Saint Jean*, XI, 11-13, ou chez Le Tasse, *Jérusalem délivrée*, IX, 18 (cf. Chandler B. Beall, *op. cit.*, p. 60).

n'ai rien vu de plus céleste. Quiconque eût ignoré que cette jeune fille avait joui de[a] la lumière, aurait pu la prendre pour la statue de la Virginité endormie.

« Le religieux ne cessa de prier toute la nuit. J'étais assis en silence au chevet du lit funèbre de mon Atala. Que de fois, durant son sommeil, j'avais supporté sur mes genoux cette tête charmante ! Que de fois je m'étais penché sur elle, pour entendre et pour respirer son souffle ! Mais à présent aucun bruit ne sortait de ce sein immobile, et c'était en vain que j'attendais le réveil de la beauté !

« La lune prêta son pâle flambeau à cette veillée funèbre. Elle se leva au milieu de la nuit, comme une blanche vestale qui vient pleurer sur le cercueil d'une compagne. Bientôt elle répandit dans les bois ce grand secret de mélancolie, qu'elle aime à raconter aux vieux chênes et aux rivages antiques des mers[1]. De temps en temps, le religieux plongeait un rameau fleuri dans une eau consacrée, puis secouant la branche humide, il parfumait la nuit des baumes du ciel[2]. Parfois il répétait

---

1. M. G. Chinard voit « comme une première ébauche de cette phrase » dans un passage des *Natchez* (p. 188-189, n. 23) : « La mer me semblait murmurer des plaintes comme celles des arbres de mes forêts ; alors je lui racontais mon malheur, afin qu'elle le redît à son tour aux tombeaux de mes pères. » — Par ailleurs, Morellet, toujours insensible à la poésie, critique violemment ces quelques lignes : « Les vestales viennent là fort mal à propos. Ce n'est pas là le langage de la douleur... C'est là de la prose poétique, qui montre l'auteur à découvert, et non un discours dramatique approprié au personnage... Je demande aussi ce que c'est que *le grand secret de mélancolie* que la lune raconte aux chênes. Un homme de sens, en lisant cette phrase recherchée et contournée, en reçoit-il quelques idées nettes ?... » — Gustave Flaubert au contraire aimait répéter cette phrase à haute voix à cause de sa souveraine harmonie. — Cf. *infra*, Appendice II, p. 384.

2. « Quelle recherche pour dire que le prêtre aspergeait d'eau bénite le corps gisant !... Ces dénominations de *parfums* et de *baumes du ciel* ne peuvent être données à un peu d'eau commune et salée,

sur un air antique quelques vers d'un vieux poète nommé Job ; il disait[1] :

« J'ai passé comme une fleur ; j'ai séché comme « l'herbe des champs.

« Pourquoi la lumière a-t-elle été donnée à un « misérable, et la vie à ceux qui sont dans l'amertume « du cœur ? »

« Ainsi chantait l'ancien des hommes. Sa voix grave et un peu cadencée, allait roulant dans le silence des déserts. Le nom de Dieu et du tombeau sortait de tous les échos, de tous les torrents, de toutes les forêts. Les roucoulements de la colombe de Virginie, la chute d'un torrent dans la montagne, les tintements de la cloche[2] qui appelait les voyageurs, se mêlaient à ces chants funèbres, et l'on croyait entendre dans les Bocages de la mort le chœur lointain des décédés, qui répondait à la voix du Solitaire.

---

qui n'a ni baume, ni parfum... Enfin, comment Chactas, idolâtre..., a-t-il pu ou peut-il voir, dans l'eau bénite, *les parfums du ciel?* » (Abbé Morellet.)

1. Cf. Sage, p. 432, n. 1 : « Le P. Aubry récite, à sa manière simplifiée, l'*Office des défunts*. Le premier « vers » qu'il cite est inspiré, si l'on veut, de la Leçon cinquième du second Nocturne : « Homo... quasi flos egreditur et conteritur » (*Job*, XIV, 1). Mais il pourrait être aussi tiré du *Psaume* CI, 12 : « Ego sicut foenum arui » ou du *Psaume* CII, 15 : « Homo sicut foenum dies ejus, tanquam flos agri, sic efflorebit », ou encore d'*Isaïe*, XL, 7-8 : « Exsiccatum est foenum et cecidit flos ». Le second « vers » n'est pas dans l'*Office des Morts;* il est extrait de *Job*, III, 20 : « Quare misero data est lux et vita his qui amaritudine animae sunt ? »

2. Si la cloche tinte pendant que le P. Aubry est en prières, le fait confirmerait l'hypothèse formulée par Sage (p. 421), selon laquelle il appartiendrait à une communauté de missionnaires. Cf. *supra*, p. 95, n. 2.

« Cependant une barre d'or se forma dans l'Orient[1]. Les éperviers criaient sur les rochers, et les martres rentraient dans le creux des ormes : c'était le signal du convoi d'Atala. Je chargeai le corps sur mes épaules ; l'ermite marchait devant moi, une bêche à la main. Nous commençâmes[a] à descendre de rochers en rochers ; la vieillesse et la mort ralentissaient également nos pas. A la vue du chien qui nous avait trouvés dans la forêt, et qui maintenant, bondissant de joie, nous traçait une autre route, je me mis à fondre en larmes. Souvent la longue chevelure d'Atala, jouet des brises matinales, étendait son voile d'or sur mes yeux[2] ; souvent[b] pliant sous le fardeau, j'étais obligé de le déposer sur la mousse, et de m'asseoir auprès, pour reprendre des forces. Enfin, nous arrivâmes au lieu marqué par ma douleur ; nous descendîmes sous l'arche du pont. O mon fils, il eût fallu voir un jeune Sauvage et un vieil ermite, à genoux l'un vis-à-vis de l'autre dans un désert, creusant avec leurs mains un tombeau pour une pauvre

1. Flaubert paraît s'être souvenu de cette phrase dans *Salammbô*, chap. 1 : « Une barre lumineuse s'éleva du côté de l'Orient... »

2. Cf. *Odérahi*, p. 211 : « Je vis mon père Ourahou chargé du corps de sa fille qu'il tenait par les mains, suspendue derrière lui : la longue chevelure de mon épouse couvrait son visage baigné de pleurs... » L'expression est fort semblable, mais les circonstances diffèrent, puisque c'est le père, et non l'amant de la jeune Indienne qui porte son cadavre. — D'autre part, on peut être surpris de voir Atala, métisse d'une Indienne et d'un Espagnol, affublée d'une *chevelure d'or*... M. André Gavoty) art. cit., p. 117, 305 et 724) tire de ce détail un de ses arguments majeurs pour démontrer que l'amante de Chactas eut pour modèle Mme de Belloy : celle-ci en effet avait « une chevelure châtain doré d'une exceptionnelle abondance » ; son portrait la montre « de la nuance *auburn* et à reflets d'or ». Ainsi, Chateaubriand « revoit nettement l'image de son inspiratrice », il est « obsédé par le mirage de son modèle », au point de commettre une grave erreur contre la vraisemblance.

fille dont le corps était étendu près de là, dans la ravine desséchée d'un torrent[1] !

« Quand notre ouvrage fut achevé, nous transportâmes la beauté dans son lit d'argile[2]. Hélas, j'avais espéré de préparer une autre couche pour elle ! Prenant alors un peu de poussière dans ma main, et gardant un silence effroyable, j'attachai, pour la dernière fois, mes yeux sur le visage d'Atala. Ensuite je répandis la terre du sommeil sur un front[a] de dix-huit printemps[3]; je vis graduellement disparaître les traits de ma sœur[b], et ses grâces se cacher sous le rideau de l'éternité ; son sein surmonta quelque temps le sol noirci, comme un lis blanc s'élève du milieu d'une sombre argile : « Lopez, « m'écriai-je alors, vois ton fils inhumer ta fille[c] ! » et j'achevai de couvrir Atala de la terre du sommeil.

« Nous retournâmes à la grotte, et je fis part au missionnaire du projet que j'avais formé de me fixer près de lui. Le saint, qui connaissait merveilleusement le cœur de l'homme, découvrit ma pensée et la ruse de ma douleur. Il me dit : « Chactas, fils d'Outalissi, tandis « qu'Atala a vécu, je vous ai sollicité moi-même de « demeurer auprès de moi ; mais à présent[d] votre sort

---

1. M. Guillemin (*op. cit.*, p. 533) estime qu'il « n'est pas téméraire de penser qu'en contant la lugubre histoire du tisserand » (*Jocelyn*, neuvième époque, v. 1684-1856), Lamartine s'est souvenu des funérailles d'Atala ; plusieurs détails précis portent à y croire (tombe sous l'arche d'un pont, dans le lit d'un torrent ; époux portant lui-même la morte ; Jocelyn « creusant de ses mains la fosse au cimetière », etc.).

2. C'est ce moment précis du drame que le peintre Girodet a immortalisé dans son *Atala au tombeau;* ce tableau, qui figura au Salon de 1808, fut acheté en 1818 par le roi Louis XVIII et appartient au musée du Louvre.

3. « Quelle froide antithèse que celle de *la terre antique* avec *le front de dix-huit printemps !* Quelle recherche dans les expressions d'un homme désolé ! » (Abbé Morellet.)

« est changé : vous vous devez à votre patrie[1]. Croyez-« moi, mon fils, les douleurs ne sont point éternelles ; « il faut tôt ou tard qu'elles finissent, parce que le cœur « de l'homme est fini ; c'est une de nos grandes « misères : nous ne sommes pas même capables d'être « longtemps malheureux[2]. Retournez au Meschacebé : « allez consoler votre mère, qui vous pleure tous les « jours, et qui a besoin de votre appui. Faites-vous « instruire dans la religion de votre Atala, lorsque « vous en trouverez l'occasion[3], et souvenez-vous que « vous lui avez promis d'être vertueux et chrétien. « Moi, je veillerai ici sur son tombeau. Partez, mon « fils. Dieu, l'âme de votre sœur, et le cœur de votre « vieil ami vous suivront[a]. »

« Telles furent les paroles de l'homme du rocher ; son autorité était trop grande, sa sagesse trop profonde, pour ne pas lui obéir. Dès le lendemain, je quittai mon vénérable hôte qui, me pressant sur son cœur, me donna ses derniers conseils, sa dernière bénédiction et ses dernières larmes. Je passai au tombeau ; je fus surpris d'y trouver une petite croix qui se montrait au-dessus de la mort, comme on aperçoit encore le mât d'un vaisseau qui a fait naufrage. Je jugeai que le solitaire était venu

---

1. Fénelon dit de même à Chactas dans *Les Natchez* (édit. Chinard, p. 223) : « Mon fils, chaque homme se doit à sa patrie... (Votre devoir) est de retourner dans votre pays... »

2. Sur cette idée, cf. *supra*, p. 133, n. 3. — Pour Morellet, cette opinion « n'est qu'un paradoxe qui ne soutient pas l'examen ».

3. Cf. Sage, p. 434-435 : « Cette latitude consentie à une âme pourtant si bien disposée n'est-elle pas singulière ? Mais, justement parce que Chactas est un jeune Sauvage au cœur droit, dont le vieux missionnaire est assuré qu'il pratiquera toujours la loi naturelle, l'adhésion expresse au Christianisme n'est pas pour lui d'une urgente nécessité. Ce qui importe d'abord, c'est qu'il soit « vertueux » : il sera déjà chrétien par là ; le baptême, *à l'occasion*, couronnera ses vertus. » Il deviendra d'ailleurs « un homme d'une vertu digne des anciens sages du paganisme » (*Les Natchez*, édit. Chinard, p. 157-158).

prier au tombeau, pendant la nuit ; cette marque d'amitié et de religion fit couler[a] mes pleurs en abondance. Je fus tenté de rouvrir la fosse, et de voir encore une fois ma bien-aimée ; une crainte religieuse me retint. Je m'assis sur la terre, fraîchement remuée. Un coude[b] appuyé sur mes genoux, et la tête soutenue dans ma main, je demeurai enseveli dans la plus amère rêverie[1]. O René, c'est là que je fis, pour la première fois, des réflexions sérieuses sur la vanité de nos jours, et la plus grande vanité de nos projets ! Eh ! mon enfant, qui ne les a point faites ces réflexions ! Je ne suis plus qu'un vieux cerf blanchi par les hivers[2] ; mes ans le disputent à ceux de la corneille : eh bien ! malgré tant de jours accumulés sur ma tête, malgré une si longue expérience de la vie, je n'ai point encore rencontré d'homme qui n'eût été trompé dans ses rêves de félicité, point de cœur qui n'entretînt une plaie cachée. Le cœur le plus serein en apparence, ressemble au puits naturel de la savane Alachua : la surface en paraît calme et pure, mais quand vous regardez au fond du bassin, vous apercevez un large crocodile, que le puits nourrit dans ses eaux[3].

« Ayant ainsi vu le soleil se lever et se coucher sur ce lieu de douleur, le lendemain au premier cri de la cigogne, je me préparai[c] à quitter la sépulture sacrée. J'en partis comme de la borne d'où je voulais m'élancer dans la carrière de la vertu. Trois fois j'évoquai l'âme

---

1. L'attitude de Chactas assis sur la tombe d'Atala suggère à miss M. H. Miller (*op. cit.*, p. 109-114) d'intéressantes remarques sur le rêveur et le penseur chez Chateaubriand et chez Ossian, ainsi que des rapprochements avec divers passages des *Martyrs*, des *Natchez* et de *René*. Cf. *infra*, p. 239, p. 1.

2. Cf. *infra*, Appendice II, p. 384.

3. Cf. *supra*, p. 52, n. 3.

d'Atala[1] ; trois fois le Génie du désert répondit à mes cris sous l'arche funèbre. Je saluai ensuite l'Orient, et je découvris au loin, dans les sentiers de la montagne, l'ermite qui se rendait à la cabane de quelque infortuné. Tombant à genoux et embrassant étroitement la fosse, je m'écriai : « Dors en paix dans cette terre étrangère, « fille trop malheureuse ! Pour prix de ton amour, de « ton exil et de ta mort, tu vas être abandonnée, même « de Chactas ! » Alors versant des flots de larmes, je me séparai de la fille de Lopez, alors je m'arrachai de ces lieux, laissant au pied du monument de la nature, un monument plus auguste[a] : l'humble tombeau de la vertu. »

1. On comparera ce triple cri de Chactas avec un usage funéraire des Indiens rapporté par le *Voyage en Amérique* (O. C., VI, 119) : « Au lever du soleil, on pousse de grands hurlements sur le cercueil d'écorce où gît le cadavre ; au coucher du soleil, les hurlements recommencent : *cela dure trois jours*, au bout desquels le défunt est enterré. » — D'autre part, L. Hogu (art. cit., p. 160) a cru voir là « l'écho d'une coutume bretonne », signalée par A. Le Braz (*Les légendes de la mort chez les Bretons*, I, 320) : « Il est un moyen à la portée de tous pour reconnaître si une âme est damnée ou non. Il suffit de se rendre, au sortir du cimetière, dans un lieu élevé et découvert où l'on ait vue sur une certaine étendue de pays : de là-haut, *on crie le nom du mort par trois fois dans trois directions différentes...* » — Il est fort possible qu'ici Chateaubriand ait « contaminé » les deux pratiques, la bretonne et l'indienne.

ÉPILOGUE

CHACTAS, fils d'Outalissi, le Natché, a fait cette histoire à René l'Européen. Les pères l'ont redite aux enfants, et moi, voyageur aux terres lointaines, j'ai fidèlement rapporté ce que[a] des Indiens m'en ont appris. Je vis dans ce récit le tableau du peuple chasseur et du peuple laboureur, la religion, première législatrice des hommes, les dangers de l'ignorance et de l'enthousiasme religieux, opposés aux lumières, à la charité et au véritable esprit de l'Évangile[b], les combats des passions et des vertus dans un cœur simple, enfin le triomphe du Christianisme sur le sentiment le plus fougueux et la crainte la plus terrible, l'amour et la mort.

Quand un Siminole me raconta cette histoire, je la trouvai fort instructive et parfaitement belle, parce qu'il y mit la fleur du désert, la grâce de la cabane, et une simplicité à conter la douleur, que je ne me flatte pas d'avoir conservées. Mais une chose me restait à savoir. Je demandais ce qu'était devenu le P. Aubry, et personne ne me le pouvait dire. Je l'aurais toujours ignoré, si[c] la Providence, qui conduit tout, ne m'avait découvert ce que je cherchais. Voici comment la chose se passa :

J'avais parcouru les rivages du Meschacebé, qui formaient autrefois la barrière méridionale de la Nouvelle France[d], et j'étais curieux de voir au nord l'autre merveille de cet empire, la cataracte de Niagara[1]. J'étais arrivé tout près de cette chute, dans l'ancien pays des Agonnonsioni[2], lorsqu'un matin, en traversant une plaine, j'aperçus une femme assise sous un arbre, et tenant un enfant mort sur ses genoux. Je m'approchai[a] doucement de la jeune mère, et je l'entendis qui disait[3] :

---

1. Le « voyageur aux terres lointaines » qui prend la parole dans l'*Épilogue* d'*Atala*, c'est évidemment Chateaubriand lui-même. Mais on admet maintenant que, quoi qu'il en ait dit dans le *Voyage en Amérique* et, plus tard, dans les *Mémoires d'Outre-Tombe*, il n'alla point dans la vallée du Meschacebé-Mississipi ; en tout cas, s'il s'en approcha en descendant le cours de l'Ohio avec des trappeurs et des trafiquants, ce fut après s'être rendu à la cataracte du Niagara, et non avant. La réalité de sa visite à ce fameux site n'a jamais été sérieusement mise en doute : J. Bédier la datait de la fin d'août et du début de septembre 1791.

2. Les Iroquois. *(Note de Chateaubriand.)*

« Le nom d'Iroquois est purement français... Leur nom propre est *Agonnosionni* qui veut dire *Faiseurs de cabanes*, parce qu'ils les bâtissent beaucoup plus solides que les autres Sauvages » (Charlevoix, cité par J.-M. Gautier, *op. cit.*, p. 43. — Cf. *Voyage en Amérique*, O. C., VI, 199, où on lit la forme *Agannonsioni*).

3. Cet épisode (qui n'est pas sans analogie avec celui qu'on a vu *supra*, p. 61-62) a été dans son ensemble inspiré par un souvenir du séjour que fit Carver chez les Indiens (cf. G. Chinard, *op. cit.*, p. 268-269) : « Pendant que j'habitais avec eux, un mari et une femme dont la cabane était voisine de la mienne perdirent un enfant de quatre ans. Ils furent si affligés de la mort de cet enfant chéri que le père en mourut ; la mère se consola en pensant que le père, bon chasseur, pourvoirait à la nourriture de son fils au pays des Esprits. La conduite subséquente de cette bonne Indienne me confirma dans mon opinion et me convainquit que, malgré la suspension apparente de sa douleur, elle ne laissait pas d'éprouver le regret d'être séparée de ses proches... Elle allait tous les soirs au pied de l'arbre sur les branches duquel étaient exposés les restes des personnes chéries et, après avoir coupé une boucle de ses cheveux, qu'elle jetait à terre, elle déplorait ses malheurs. Une récapitulation des actions que son fils aurait faites s'il eût vécu était le sujet le plus fréquent de ses plaintes funèbres : « Si tu avais continué de vivre parmi nous, disait-elle, cher enfant, « combien un arc aurait été bien placé entre tes mains et combien tes « flèches auraient été funestes aux ennemis de notre nation. Tu aurais « souvent bu leur sang et mangé leur chair, et un grand nombre d'es-

« Si tu étais resté parmi nous, cher enfant, comme ta « main eût bandé l'arc avec grâce ! Ton bras eût « dompté l'ours en fureur ; et sur le sommet de la « montagne, tes pas auraient défié le chevreuil à la « course. Blanche hermine[a] du rocher, si jeune, être « allé dans le pays des âmes ! Comment feras-tu pour « y vivre ? Ton père n'y est point pour t'y nourrir de « sa chasse. Tu auras froid, et aucun esprit ne te don-« nera des peaux pour te couvrir. Oh ! il faut que je « me hâte de t'aller rejoindre, pour te chanter des « chansons, et te présenter mon sein. »

Et la jeune mère chantait[b] d'une voix tremblante, balançait l'enfant sur ses genoux, humectait ses lèvres du lait maternel[1], et prodiguait à la mort tous les soins qu'on donne à la vie.

Cette femme voulait faire sécher le corps de son fils sur les branches d'un arbre, selon la coutume indienne[2], afin de l'emporter ensuite aux tombeaux de ses pères. Elle dépouilla donc le nouveau-né, et respirant[c] quelques instants sur sa bouche, elle dit : « Ame de mon fils, âme

---

« claves auraient récompensé tes travaux ; avec tes bras nerveux tu « aurais saisi le buffle blessé, ou combattu l'ours furieux. Tes pieds « légers t'auraient fait atteindre l'élan ou rendu l'égal du daim à la « course sur le sommet des montagnes ; que de belles actions tu aurais « exécutées si tu étais resté avec nous jusqu'à ce que l'âge t'eût donné « des forces et que ton père t'eût instruit... » — V. Hugo s'est inspiré de ce passage d'*Atala* dans une œuvre de jeunesse, *La Canadienne suspendant au palmier le corps de son enfant* (*V. Hugo raconté par un témoin de sa vie*, édit. Hetzel, I, 207).

1. Chateaubriand ne donne pas l'âge de l'enfant mort, qui a quatre ans chez Carver ; même dans ces conditions, un allaitement aussi tardif ne serait pas invraisemblable, si l'on en croit le *Voyage en Amérique* (O. C., VI, 67) : « Un grand garçon de sept à huit ans venait téter sa mère... L'enfant n'est jamais sevré de force... »

2. Cf. *Voyage en Amérique* (O. C., VI, 119) : « Quand un Sauvage meurt l'hiver à la chasse, son corps est conservé sur les branches des arbres ; on ne lui rend les derniers honneurs qu'après le retour des guerriers... Cela se pratiquait jadis ainsi chez les Moscovites. » — Voir aussi l'extrait de Carver qui vient d'être cité.

« charmante, ton père t'a créée jadis sur mes lèvres par « un baiser[1] ; hélas, les miens n'ont pas le pouvoir de te « donner une seconde naissance ! » Ensuite elle découvrit son sein, et embrassa ces restes glacés, qui se[a] fussent ranimés au feu du cœur maternel, si Dieu ne s'était réservé le souffle qui donne la vie.

Elle se leva et chercha des yeux un arbre[b] sur les branches duquel elle pût exposer son enfant. Elle choisit un érable à fleurs rouges, festonné de guirlandes d'apios[2], et qui exhalait les parfums les plus suaves. D'une main elle en abaissa les rameaux inférieurs, de l'autre elle y plaça le corps ; laissant alors échapper la branche, la branche retourna à sa position naturelle, emportant la dépouille de l'innocence, cachée dans un feuillage odorant. Oh ! que cette coutume indienne est touchante ! Je vous ai vu dans vos campagnes désolées, pompeux monuments des Crassus et des César[3], et je vous préfère encore ces tombeaux aériens du Sauvage, ces mausolées de fleurs et de verdure que parfume l'abeille, que balance le zéphir, et où le rossignol[4] bâtit son nid et fait entendre sa plaintive mélodie. Si c'est la dépouille[c] d'une jeune fille que la main d'un

---

1. Cf. *Voyage en Amérique* (O. C., VI, 119, : « Selon l'opinion des Sauvages, c'est le père qui crée l'âme de l'enfant, la mère n'en engendre que le corps. » — Même idée dans *Les Natchez* (édit. Chinard, p. 331).

2. L'*apios* (sorte de papilionacée, aux tiges volubiles et dont les fleurs en grappes simples sont fort odorantes) est décrit par Charlevoix, chez qui il est dessiné sur une planche (J.-M. Gautier, *op. cit.*, p. 17).

3. En réalité, à cette date, Chateaubriand n'était jamais encore allé en Italie ; son premier séjour à Rome, comme secrétaire d'ambassade, eut lieu du 27 juin 1803 au 21 janvier 1804 (*Mémoires*, II, 91 et 128). Cf. aussi *infra*, p. 194, n. 1.

4. M. G. Chinard remarque (édit. d'*Odérahi*, p. 83, n. 1) qu'il n'y a point de rossignol en Amérique ; mais Chateaubriand avait une grande admiration pour cet oiseau chanteur, comme le montre le *Génie du Christianisme* (première partie, liv. V, chap. v).

amant a suspendue à l'arbre de la mort ; si ce sont les restes d'un enfant chéri, qu'une mère a placés dans la demeure des petits oiseaux, le charme redouble encore. Je m'approchai de celle qui gémissait au pied de l'érable ; je lui imposai les mains sur la tête[a], en poussant les trois cris de douleur[1]. Ensuite, sans lui parler, prenant comme elle un rameau, j'écartai les insectes qui bourdonnaient[b] autour du corps de l'enfant. Mais je me donnai de garde d'effrayer une colombe voisine. L'Indienne lui disait[c] : « Colombe, si tu n'es pas l'âme « de mon fils qui s'est envolée[2], tu es, sans doute, « une mère qui cherche quelque chose pour faire « un nid. Prends de ces cheveux, que je ne laverai « plus dans l'eau d'esquine[3] ; prends-en pour coucher « tes petits : puisse le grand Esprit te les conserver[4] ! »

Cependant la mère pleurait de joie en voyant la politesse de l'étranger. Comme nous faisons ceci, un jeune homme approcha, et dit. « Fille de Céluta[5], retire notre

---

1. Charlevoix signale que, chez les Indiens, « ceux qui pleuraient les morts mettaient les deux mains sur la tête de tous ceux qu'ils rencontraient » (L. Hogu, art. cit., p. 133). — Sur les trois cris, cf. probablement *supra*, p. 150, n. 1.

2. Cette croyance indienne se retrouve ailleurs, par exemple dans *Les Natchez* (édit. Chinard, p. 401) où Céluta, voyant un oiseau qui s'envole, demande : « Est-ce que tu crois que ma fille va mourir, puisque la colombe s'est envolée ? » — A. Le Braz (*Les légendes de la mort chez les Bretons*, I, 341 ; II, 80) rappelle que, selon une tradition qui a cours en Bretagne, « les enfants morts sans baptême errent dans l'air sous forme d'oiseaux et qu'ils ont un petit cri plaintif comme un vagissement ».

3. Selon Le Page du Pratz (cité par G. Chinard dans *Les Natchez*, p. 271, n. 10), « l'esquine tient de la liane et de la ronce... Outre la vertu sudorifique qu'elle possède, elle a celle de faire croître les cheveux, et les femmes des naturels s'en servent dans ce dessein avec succès... Elles la font bouillir et se lavent la tête avec cette eau... »

4. Le *Génie du Christianisme* (première partie, liv. V, chap. VI) consacre une page très poétique aux nids des oiseaux.

5. Ainsi, *Atala* se rattache aux *Natchez* : l'Européen René, marié à la jeune Indienne Céluta, a eu d'elle une fille, Amélie. Après la mort tragique de ses parents, « celle-ci parut triste le reste de sa vie,

« enfant, nous ne séjournerons pas plus longtemps ici, « et nous partirons au premier soleil. » Je dis alors : « Frère, je te souhaite un ciel bleu, beaucoup de che- « vreuils, un manteau de castor, et l'espérance[1]. Tu n'es « donc pas de ce désert ? » « Non, répondit le jeune « homme, nous sommes des exilés, et nous allons cher- « cher une patrie. » En disant cela, le guerrier baissa la tête dans son sein, et avec le bout de son arc, il abattait la tête des fleurs. Je vis qu'il y avait des larmes au fond de cette histoire, et je me tus. La femme retira son fils des branches de l'arbre, et elle le donna à porter à son époux. Alors je dis[a] : « Voulez-vous me permettre d'al- « lumer votre feu cette nuit ? » « Nous n'avons point « de cabane, reprit le guerrier ; si vous voulez nous « suivre, nous campons au bord de la chute. » « Je le « veux bien, répondis-je », et nous partîmes ensemble[2].

Nous arrivâmes bientôt au bord de la cataracte[3], qui

---

qui fut courte. Elle eut elle-même, d'un mariage sans amour, une fille plus malheureuse que sa mère ». (Édit. Chinard, p. 502.) C'est, comme il sera précisé *infra*, p. 160, cette *fille de la fille de René* qui figure ici.

1. Dans *Les Natchez* (p. 209-210), Chactas accueille de même un étranger : « Chasseur, je te souhaite un ciel bleu, beaucoup de chevreuils et un manteau de castor. De quel désert es-tu ?... » — L. Hogu (art. cit., p. 138) rapporte de Carver une formule de salut analogue en « style indien » : « Que le Grand Esprit te... donne un ciel sans nuage et des eaux tranquilles pendant le jour ; puisses-tu coucher toutes les nuits dans une peau de castor... » — Cf. *infra*, Appendice II, p. 384.

2. L'*Essai sur les Révolutions* (deuxième partie, dernier chap.), répété par les *Mémoires* (I, 302), rapporte qu'effectivement Chateaubriand rencontra, aux abords de la cataracte, une famille indienne ; mais elle était « composée de deux femmes, avec deux petits enfants à la mamelle, et de trois guerriers » et il ne s'agissait pas d'*exilés*.

3. L'*Essai sur les Révolutions* contient un premier état de cette description (deuxième partie, chap. XXIII, en note) (O. C., I, 543-544) ; nous soulignons les passages qui diffèrent du texte d'*Atala :* « Elle est formée par la rivière Niagara qui sort du lac Erié et se jette dans l'Ontario. *A environ neuf milles de ce dernier lac se trouve la chute ;* sa hauteur perpendiculaire *peut être d'environ deux cents pieds. Mais ce qui contribue à la rendre si violente, c'est que,* depuis le lac Erié *jusqu'à la*

s'annonçait par d'affreux mugissements. Elle est formée par la rivière Niagara, qui sort du lac Érié, et se jette dans le lac Ontario ; sa hauteur perpendiculaire est de cent quarante-quatre pieds. Depuis le lac Érié jusqu'au Saut, le fleuve accourt, par une pente rapide[a], et au moment de la chute, c'est moins un fleuve qu'une mer, dont les torrents se pressent à la bouche béante d'un gouffre. La cataracte se divise en deux branches, et se courbe en fer à cheval. Entre les deux chutes s'avance

---

cataracte, le fleuve *arrive toujours en déclinant* par une pente rapide, *dans un cours de près de six lieues ; en sorte qu'au moment même du saut,* c'est moins *une rivière* qu'*une mer impétueuse,* dont *les cent mille torrents* se pressent à la bouche béante d'un gouffre. La cataracte se divise en deux branches et se courbe *en un fer à cheval d'environ un demi-mille de circuit.* Entre les deux chutes s'avance *un énorme rocher creusé en-dessous,* qui pend avec tous ses *sapins* sur le chaos des ondes. La masse du fleuve, qui se précipite au midi, *se bombe* et s'arrondit *comme* un vaste cylindre *au moment qu'elle quitte le bord,* puis se déroule en nappe de neige et brille au soleil de toutes les couleurs *du prisme :* celle qui tombe *au nord* descend dans une ombre effrayante, *comme* une colonne d'eau du déluge. *Des arcs-en-ciel sans nombre* se courbent et se croisent sur l'abîme, *dont les terribles mugissements se font entendre à soixante milles à la ronde. L'onde, frappant le roc ébranlé,* rejaillit en tourbillons d'écume, qui, *s'élevant* au-dessus des forêts, *ressemblent aux fumées épaisses* d'un vaste embrasement. *Des rochers démesurés et gigantesques, taillés en forme de fantômes, décorent la scène sublime ; des noyers sauvages, d'un aubier rougeâtre et écailleux, croissent chétivement sur ces squelettes fossiles. On ne voit auprès aucun animal vivant, hors des aigles qui, en planant au-dessus de la cataracte où ils viennent chercher leur proie, sont entraînés par le courant d'air et forcés de descendre en tournoyant au fond de l'abîme. Quelque carcajou tigré, se suspendant par sa longue queue à l'extrémité d'une branche abaissée, essaie d'attraper les débris des corps noyés des élans et des ours que la remole jette à bord...* » — On remarquera que, de l'*Essai* à *Atala*, Chateaubriand simplifie et épure son texte initial. De semblables reprises d'une œuvre à une autre sont fréquentes chez lui et il s'en justifiait un jour en déclarant : « Pourquoi me donnerais-je la peine de mettre en d'autres mots un sujet que j'ai déjà traité et qui me convient ici ? » — Cette description est sans doute faite d'après une vision directe ; cependant, M. G. Chinard (*Modern Philology*, 1911, p. 137) pense que l'auteur a pu : 1° se souvenir de ce que Carver écrit du Saut de Saint-Antoine sur le Mississipi ; 2° subir l'influence d'Isaac Weld (*Travels*, p. 373), « qui a laissé l'étude la plus complète et la plus documentée sur le Niagara ».

une île creusée en dessous, qui pend avec tous ses arbres sur le chaos des ondes. La masse du fleuve qui se précipite au midi, s'arrondit en un vaste cylindre, puis se déroule en nappe de neige, et brille au soleil de toutes les couleurs. Celle qui tombe au levant descend dans une ombre effrayante ; on dirait une colonne d'eau du déluge. Mille arcs-en-ciel se courbent et se croisent sur l'abîme. Frappant le roc ébranlé, l'eau rejaillit en tourbillons d'écume, qui s'élèvent au-dessus des forêts, comme les fumées d'un vaste embrasement. Des pins, des noyers sauvages, des rochers taillés en forme de fantômes, décorent la scène. Des aigles entraînés par le courant d'air, descendent en tournoyant au fond du gouffre ; et des carcajous se suspendent par leurs queues flexibles[1] au bout d'une branche abaissée, pour saisir dans l'abîme les cadavres brisés des élans et des ours.

Tandis qu'avec un plaisir mêlé de terreur je contemplais ce spectacle, l'Indienne et son époux me quittèrent. Je les cherchai en remontant le fleuve au-dessus de la chute, et bientôt je les trouvai dans un endroit convenable à leur deuil. Ils étaient couchés sur l'herbe avec des vieillards, auprès de quelques ossements humains enveloppés dans des peaux de bêtes. Étonné de tout ce que je voyais depuis quelques heures, je m'assis[a] auprès de la jeune mère, et je lui dis : « Qu'est-ce que tout ceci, « ma sœur ? » Elle me répondit : « Mon frère, c'est la « terre de la patrie ; ce sont les cendres de nos aïeux, « qui nous suivent dans notre exil[2]. » « Et comment,

---

1. Ce trait est de Charlevoix : « Le carcajou, dont la queue est si longue qu'il en fait plusieurs tours sur son corps..., se mettant en station sur quelque branche, attend ainsi (les orignaux) ». Cf. *Voyage en Amérique* (O. C., VI, 107) : « ... il se couche *sur une branche abaissée...* » Le carcajou est en réalié un simple blaireau.

2. Ce transfert des ossements des morts a quelque chose de macabre qui rappelle le *Festin des âmes* (cf. *supra*, p. 69-72). — L'attachement

« m'écriai-je, avez-vous été réduits à un tel malheur ? » La fille de Céluta repartit : « Nous sommes les restes « des Natchez[1]. Après le massacre que les Français « firent de notre nation pour venger leurs frères, ceux « de nos frères qui échappèrent aux vainqueurs, trou- « vèrent un asile chez les Chikassas nos voisins[2]. « Nous y sommes demeurés assez longtemps tran- « quilles ; mais il y a sept lunes que les blancs de la « Virginie se sont emparés de nos terres, en disant « qu'elles leur ont été données par un roi d'Europe. « Nous avons levé les yeux au ciel et, chargés des restes « de nos aïeux, nous avons pris notre route à travers « le désert. Je suis accouchée pendant la marche ; « et comme mon lait était mauvais, à cause de la dou- « leur, il a fait mourir mon enfant. » En disant cela, la jeune mère essuya ses yeux avec sa chevelure ; je pleurais aussi.

Or, je dis bientôt : « Ma sœur, adorons le grand « Esprit, tout arrive par son ordre. Nous sommes tous

---

des Indiens aux restes de leurs défunts est aussi relevé dans le *Voyage en Amérique* (O. C., VI, 119) : « Dans les calamités nationales, la première chose à laquelle on pense, c'est à sauver les trésors de la tombe : on ne reconnaît de propriété légale que là où sont ensevelis les ancêtres. Quand les Indiens ont plaidé leurs droits de possession, ils se sont toujours servis de cet argument : « Dirons-nous aux os de nos pères : « Levez-vous et suivez-nous dans une terre étrangère ? » Cet argument n'étant point écouté, qu'ont-ils fait ? Ils ont emporté les ossements qui ne les pouvaient suivre. » Ces détails sont empruntés à Charlevoix.

1. Sur la fin des Natchez, cf. *supra*, p. 3, n. 1.

2. Les *Chikassas* (ou *Chichacas*) avaient, selon Charlevoix, poussé les Natchez à la révolte qui amena l'anéantissement de leur nation ; ils recueillirent les survivants du massacre de 1731. Dès lors, l'histoire des deux peuplades est confondue. Assez tôt cependant, semble-t-il, un groupe de Natchez passa chez les Creeks, dont le territoire se trouvait en Alabama et en Georgie. Au début de ce siècle (1907), parmi les Cherokees, il y avait encore cinq personnes qui parlaient le Natchez. Mais il semble peu probable que des membres de l'infortuné peuple aient jamais remonté jusqu'au Niagara (G. Chinard, édit. des *Natchez*, p. 501, n. 219).

« voyageurs[1] ; nos pères l'ont été comme nous ; mais « il y a un lieu où nous nous reposerons. Si je ne « craignais[a] d'avoir la langue aussi légère que celle d'un « blanc, je vous demanderais si vous avez entendu « parler de Chactas, le Natché ? » A ces mots, l'Indienne me regarda et me dit : « Qui est-ce qui vous a « parlé de Chactas, le Natché ? » Je répondis : « C'est « la sagesse. » L'Indienne reprit : « Je vous dirai « ce que je sais, parce que vous avez éloigné les « mouches du corps de mon fils[2], et que vous venez « de dire de belles paroles sur le grand Esprit. Je « suis la fille de la fille de René l'Européen, que Chactas « avait adopté. Chactas, qui avait reçu le baptême[3], « et René mon aïeul si malheureux, ont péri dans le « massacre. » « L'homme va toujours de douleur en « douleur, répondis-je en m'inclinant. Vous pourriez « donc aussi m'apprendre des nouvelles du P. Aubry ? »

---

1. Même accent de soumission que *supra*, p. 115, 136, 142. — Sur l'image du voyageur, voir aussi p. 98, n. 2.

2. Sur la phobie que les Indiens paraissent avoir eue des mouches qui attaquent les cadavres, cf. *supra*, p. 54, n. 3 ; *Voyage en Amérique* (O. C., VI, 157) : « Le sang de nos proches tués dans la dernière guerre n'a point été essuyé ; leurs corps n'ont point été recouverts : il faut aller les garantir des mouches » ; *Les Natchez* (édit. Chinard, p. 204).

3. Cette affirmation est en contradiction partielle avec le récit de la mort de Chactas dans *Les Natchez* (édit. Chinard, p. 461) : « Faisant un dernier effort, le Sachem tira de son sein un crucifix que lui avait donné Fénelon (rencontré par lui lors de son voyage en Europe). « Atala, dit-il, d'une voix ranimée, que je meure dans ta religion ! « que j'accomplisse ma promesse au P. Aubry ! Je n'ai point été « purifié par l'eau sainte ; mais je demande au ciel le baptême de « désir... » Cette forme de baptême est acceptée par l'Église ; mais on peut s'étonner que des Sauvages en aient connu la valeur et aussi que le vertueux Indien, ami du P. Souël (cf. *infra*, p. 181) durant de longues années, n'ait jamais reçu le sacrement rituel. — La fin de Chactas, mort de vieillesse et d'épuisement, précède de peu celle de René, assassiné par Ondouré et les ennemis des Français (*Les Natchez*, p. 460-461 et 491).

« Il n'a pas été plus heureux que Chactas, dit l'In-« dienne. Les Chéroquois[1], ennemis des Français, péné-« trèrent à sa Mission[a] ; ils y furent conduits par le son « de la cloche qu'on sonnait pour secourir les voya-« geurs[2]. Le P. Aubry se pouvait sauver[3] ; mais il ne « voulut pas abandonner ses enfants, et il demeura « pour les encourager à mourir, par son exemple. « Il fut brûlé avec de grandes tortures ; jamais on ne « put tirer de lui un cri qui tournât à la honte de son « Dieu, ou au déshonneur de sa patrie. Il ne cessa, « durant le supplice, de prier pour ses bourreaux, et « de compatir au sort des victimes. Pour lui arracher

---

1. Les *Chéroquois* (ou *Cherokees*) formaient avec les Muscogulges et les Siminoles la confédération des Creeks (cf. *supra*, p. 58, n. 2).

2. Sur cette cloche, cf. *supra*, p. 93, 95 et 145.

3. Ce refus de fuir alors qu'il le pouvait semble un trait emprunté à la relation de la mort du P. Daniel par Charlevoix (L. Hogu, art. cit., p. 129) ; mais l'ensemble du récit est inspiré par celui que fait le même auteur du martyre du P. de Brébeuf, missionnaire chez les Hurons du Canada : « Il se riait également des menaces et des tortures ; mais la vue de ses chers néophytes cruellement traités à ses yeux répandait une grande amertume sur la joie qu'il ressentait de voir ses espérances accomplies... Les Iroquois le firent monter seul sur un échafaud et s'acharnèrent sur lui... Tout cela n'empêchait pas le serviteur de Dieu de parler d'une voix forte, tantôt aux Hurons qui ne le voyaient plus, tantôt à ses bourreaux qu'il exhortait à craindre la colère du ciel... Un moment on lui amena son compagnon (le P. Lallemant) qu'on avait enveloppé depuis les pieds jusqu'à la tête d'écorce de pin et on se préparait à y mettre le feu. Dès que le P. Lallemant aperçut le P. Brébeuf dans l'affreux état où on l'avait mis, il frémit d'abord, ensuite lui dit ces paroles de l'Apôtre : *Nous avons été mis en spectacle au monde, aux anges et aux hommes...* Il courut se jeter à ses pieds et baisa respectueusement ses plaies... Les barbares enfoncèrent dans le gosier du P. de Brébeuf un fer rougi au feu... Son courage étonna les barbares et ils en furent choqués, quoique accoutumés à essuyer les bravades de leurs prisonniers en semblables occasions. » Le *Génie du Christianisme* (quatrième partie, liv. III, chap. VIII) s'étend longuement sur le martyre des PP. de Brébeuf et Lallemant (qui date de 1649) : ce dernier est remplacé dans *Atala* par un « Sauvage chrétien » ; la vraisemblance n'y perd rien, car les Indiens n'hésitaient pas à torturer leurs frères convertis.

« une marque de faiblesse, les Chéroquois amenèrent « à ses pieds un Sauvage chrétien, qu'ils[a] avaient horri- « blement mutilé. Mais ils furent bien surpris, quand « ils virent le jeune homme se jeter à genoux, et baiser « les plaies du vieil ermite qui lui criait : « Mon enfant[b], « nous avons été mis en spectacle aux anges et aux « hommes. » Les Indiens furieux lui plongèrent un « fer rouge dans la gorge, pour l'empêcher de parler. « Alors ne pouvant plus consoler les hommes, il « expira.

« On dit que les Chéroquois, tout accoutumés qu'ils « étaient à voir des Sauvages souffrir avec constance, « ne purent s'empêcher d'avouer qu'il y avait dans « l'humble courage du P. Aubry quelque chose qui « leur était inconnu, et qui surpassait tous les courages « de la terre. Plusieurs d'entre eux, frappés de cette « mort, se sont faits chrétiens[1].

« Quelques années après, Chactas, à son retour de la « terre des blancs[2], ayant appris les malheurs du chef de « la prière, partit pour aller recueillir ses cendres et « celles d'Atala. Il arriva[c] à l'endroit où était située la « Mission, mais il put à peine le reconnaître. Le lac « s'était débordé, et la savane était changée en un « marais ; le pont naturel, en s'écroulant, avait enseveli « sous ses débris le tombeau d'Atala et les Bocages de « la mort[3]. Chactas erra longtemps dans ce lieu ; il

1. Chateaubriand a pu emprunter ce détail aux *Lettres édifiantes*, VI, 66 : « (A la mort d'un chrétien dans les tortures) plusieurs de ces barbares, touchés d'un spectacle qui leur était si nouveau, se convertirent. » (L. Hogu, art. cit., p. 136).

2. Sur son séjour en Europe, cf. *supra*, p. 38, n. 1.

3. Cet anéantissement de la mission du P. Aubry suggère à l'abbé P. Sage (*op. cit.*, p. 429) les remarques suivantes : « Hélas ! cette douce évocation n'est que le rêve d'une heure : la petite société arcadienne campée dans le Paradis retrouvé, est promise, comme celle de Bernardin de Saint-Pierre, à la destruction et à la mort si elle vient à rencontrer

« visita la grotte du Solitaire qu'il trouva remplie de
« ronces et de framboisiers, et dans laquelle une biche
« allaitait son faon. Il s'assit sur le rocher de la Veillée
« de la mort, où il ne vit que quelques plumes tombées
« de l'aile de l'oiseau de passage[1]. Tandis qu'il y pleu-
« rait, le serpent familier[2] du missionnaire sortit des
« broussailles voisines, et vint s'entortiller à ses pieds.
« Chactas réchauffa dans son sein ce fidèle ami, resté
« seul au milieu de ces ruines. Le fils d'Outalissi[a] a
« raconté que plusieurs fois aux approches de la nuit,
« il avait cru voir les ombres d'Atala et du P. Aubry
« s'élever dans la vapeur du crépuscule[3]. Ces visions
« le remplirent d'une religieuse frayeur[b] et d'une joie
« triste.

---

l'humanité réelle, cupide et méchante... Chateaubriand, en 1801, ne paraît guère croire à l'avènement d'une société chrétienne sur la terre. » Un même pessimisme se retrouve dans le *Génie du Christianisme* (quatrième partie, liv. IV, chap. v), en conclusion des pages sur les colonies des jésuites au Paraguay : « Tout cela n'existe plus ! » Ce n'est que beaucoup plus tard que l'espérance prendra sa place dans la doctrine de Chateaubriand et viendra éclairer sa vision de l'histoire (*Mémoires*, IV, 483). — On rapprochera ce retour de Chactas de celui de René au château paternel (cf. *infra*, p. 226-228) et de divers passages des *Natchez* (édit. Chinard, p. 251-252, 404, 445-446), ainsi que des dernières lignes de *Paul et Virginie* (édit. M. Souriau, p. 225-226).

1. Deux chapitres du *Génie du Christianisme* (première partie, liv. V) sont consacrés aux migrations des oiseaux. Quant au thème de l' « oiseau de passage », symbole de la destinée humaine, il reparaît souvent à travers l'œuvre entière de Chateaubriand (cf. par exemple à ce sujet *Vie de Rancé*, édit. F. Letessier, p. 106, n. 2 ; *René*, *infra*, p. 213, etc.).

2. Cf. *Voyage en Amérique* (O. C., VI, 108) : « Les Indiens apprivoisent les serpents au point de les faire venir coucher l'hiver dans des boîtes placées au foyer d'une cabane. Ces singuliers pénates sortent de leurs habitacles au printemps pour retourner dans les bois. »

3. Cette apparition sera la dernière trace d'influence ossianique qu'avec miss M. H. Miller (*op. cit.*, p. 118) nous relèverons dans *Atala*. — M. H. Guillemin (*op. cit.*, p. 532) estime avec vraisemblance que ce texte de Chateaubriand peut avoir proposé à Lamartine l'idée première de la *Vision* qui termine *Jocelyn* et dans laquelle apparaissent les ombres rayonnantes des deux amants de Valneige.

« Après avoir cherché vainement le tombeau de sa « sœur et celui de l'ermite, il était près d'abandonner[a] « ces lieux, lorsque la biche de la grotte se mit à bondir « devant lui[1]. Elle s'arrêta au pied de la croix de la « Mission. Cette croix[b] était alors à moitié entourée « d'eau ; son bois était rongé de mousse, et le pélican « du désert aimait à se percher sur ses bras vermoulus. « Chactas jugea que la biche reconnaissante l'avait « conduit au tombeau de son hôte. Il creusa sous la « roche qui jadis servait d'autel, et il y trouva[c] les « restes d'un homme et d'une femme[2]. Il ne douta « point que ce ne fussent ceux du prêtre et de la vierge, « que les anges avaient peut-être ensevelis dans ce « lieu ; il les enveloppa[d] dans des peaux d'ours, et « reprit le chemin de son pays emportant les précieux « restes, qui résonnaient sur ses épaules comme le « carquois de la mort. La nuit, il les mettait sous sa « tête, et il avait des songes d'amour et de vertu. « O étranger[e], tu peux contempler ici cette poussière « avec celle de Chactas lui-même ! »

Comme l'Indienne achevait de prononcer ces mots, je me levai ; je m'approchai des cendres sacrées, et me prosternai devant elles en silence. Puis m'éloignant à grands pas, je m'écriai : « Ainsi passe sur la terre tout « ce qui fut bon, vertueux, sensible ! Homme, tu n'es « qu'un songe rapide[3], un rêve douloureux ; tu n'existes

---

1. Cette intervention providentielle de la biche a peut-être son origine dans ce que Chateaubriand avait lu du cerf canadien « que l'on peut apprivoiser » et de sa femelle « qui est charmante » (*Voyage en Amérique*, O. C., VI, 104).

2. Le choix de cet emplacement pour la sépulture du missionnaire paraît à L. Hogu (art. cit., p. 135) une réminiscence des *Lettres édifiantes*, XVII, 322 : « Ils l'inhumèrent à l'endroit même où il avait célébré la veille le saint sacrifice de la messe. »

3. Cf. Pindare, *Huitième Pythique*, v. 96 : « L'homme est le rêve d'une ombre. » — Toute cette fin d'alinéa a les accents désespérés de maints passages de *René*.

« que par le malheur ; tu n'es quelque chose que par la « tristesse de ton âme et l'éternelle mélancolie de ta « pensée ! »

Ces réflexions m'occupèrent toute la nuit. Le lendemain, au point du jour, mes hôtes me quittèrent. Les jeunes guerriers[a] ouvraient la marche, et les épouses la fermaient ; les premiers étaient chargés des saintes reliques ; les secondes portaient leurs nouveau-nés ; les vieillards cheminaient lentement au milieu, placés entre leurs aïeux et leur postérité, entre les souvenirs et[b] l'espérance, entre la patrie perdue et la patrie à venir[1]. Oh ! que de larmes sont répandues, lorsqu'on abandonne[c] ainsi la terre natale, lorsque du haut de la colline de l'exil, on découvre pour la dernière fois le toit où l'on fut nourri et le fleuve de la cabane, qui continue de couler tristement à travers les champs solitaires de la patrie !

Indiens infortunés que j'ai vus errer dans les déserts du Nouveau-Monde, avec les cendres de vos aïeux, vous qui m'aviez donné l'hospitalité malgré votre misère, je ne pourrais vous la rendre aujourd'hui, car j'erre, ainsi que vous, à la merci des hommes ; et moins

1. Ce départ des Indiens rappelle (aux vieillards et au transfert des ossements près) les circonstances dans lesquelles Chateaubriand quitta la famille de Sauvages qu'il avait rencontrée au Niagara (*Essai sur les Révolutions*, deuxième partie, dernier chap.) : « Le lendemain, à mon réveil, j'aperçus la troupe déjà prête pour le départ... Nos amis prirent la route du nord... Les guerriers partirent devant, poussant le cri de marche ; les femmes cheminaient derrière, chargées des bagages et des petits enfants qui, suspendus dans des fourrures aux épaules de leurs mères, se détournaient en souriant... »

heureux dans mon exil, je n'ai point emporté les os de mes pères[1].

---

1. Ce dernier paragraphe d'*Atala* est comme un second état, très condensé, de celui qui clôt l'*Essai sur les Révolutions* : « Bienfaisants Sauvages ! Vous qui m'avez donné l'hospitalité..., qu'il me soit permis de vous payer ici un tribut de reconnaissance. Puissiez-vous jouir longtemps de votre précieuse indépendance !... Êtes-vous toujours ensemble, toujours heureux ? Parlez-vous quelquefois de l'étranger de la forêt ?... Généreuse famille, son sort est bien changé depuis la nuit qu'il passa avec vous ; mais du moins est-ce une consolation pour lui si, tandis qu'il existe au-delà des mers, persécuté des hommes de son pays, son nom... est encore prononcé avec attendrissement par de pauvres Indiens. » — Cf. *infra*, Appendice II, p. 384-386.

RENÉ

EXTRAIT DE LA PRÉFACE DE 1805[1]

René, qui accompagne *Atala* dans la présente édition, n'avait point encore été imprimé à part. Je ne sais s'il continuera d'obtenir la préférence que plusieurs personnes lui donnent sur *Atala*[2]. Il fait suite naturelle à cet épisode[3], dont il diffère néanmoins par le style et par le ton. Ce sont à la vérité les mêmes lieux et les mêmes personnages, mais ce sont d'autres mœurs et un autre ordre de sentiments et d'idées. Pour toute préface, je citerai encore les passages du *Génie du Christianism* et de la *Défense*, qui se rapportent à *René*.

---

1. Ce texte fait suite, sans interruption, à celui qui s'achève p. 26.

2. Dans le *Mercure de France* du 25 germinal an X-15 avril 1802, Fontanes écrivait seulement de *René* : « On y retrouve tout le talent qu'on aime dans *Atala*. » Mais un article anonyme de la même revue (15 floréal-5 mai) était plus explicite : « Peut-être même que, jugeant ce petit ouvrage d'après le mérite de la composition et les difficultés vaincues, *les lecteurs préféreront aux amours de Chactas les rêveries du jeune René*. » Toutefois il semble que, si son influence devait être plus importante, *René* eut un succès moins immédiat et moins éclatant qu'*Atala*, comme le marquent les *Mémoires* (II, 42) : « Un épisode du *Génie du Christianisme*, qui fit moins de bruit qu'*Atala*, a déterminé un des caractères de la littérature nouvelle. »

3. *Fait suite*, quant à la chronologie et au sens. Mais, lorsque les deux épisodes parurent incorporés au *Génie du Christianisme*, *René*, formant le 4e livre de la seconde partie, *précédait Atala*. Et le critique de la *Décade philosophique* (nos 27, 28 et 29, an X) d'ironiser à ce propos en rendant compte du *Génie* : « L'auteur prévient dans sa préface que *René*, qui devait d'abord suivre *Atala*, le précède ; qu'arrive-t-il ? On croit que cela n'y fait rien, et qu'il n'importe guère

Que *René* soit devant ou *René* soit derrière ;

mais ce n'est pas une transposition aussi indifférente ; et le fait est qu'en commençant l'histoire de *René*, on n'en comprend pas un mot. »

Extrait du *Génie du Christianisme*, IIe Partie, Liv. III, Chap. IX, intitulé : « *Du Vague des Passions.* »

« Il reste à parler d'un état de l'âme, qui, ce nous semble, n'a pas encore été bien observé : c'est celui qui précède le développement des grandes passions, lorsque toutes les facultés, jeunes, actives, entières, mais renfermées, ne se sont exercées que sur elles-mêmes, sans but et sans objet. Plus les peuples avancent en civilisation, plus cet état du *vague* des passions augmente ; car il arrive alors une chose fort triste : le grand nombre d'exemples qu'on a sous les yeux, la multitude de livres qui traitent de l'homme et de ses sentiments, rendent habile, sans expérience. On est détrompé sans avoir joui ; il reste encore des désirs, et l'on n'a plus d'illusions. L'imagination est riche, abondante et merveilleuse, l'existence pauvre, sèche et désenchantée. On habite, avec un cœur plein, un monde vide ; et sans avoir usé de rien, on est désabusé de tout.

« L'amertume que cet état de l'âme répand sur la vie, est incroyable ; le cœur se retourne et se replie en cent manières, pour employer[a] des forces qu'il sent lui être inutiles. Les Anciens ont peu connu cette inquiétude secrète[1], cette aigreur des passions étouffées qui fer-

1. Cette affirmation a pu légitimement être contestée. Musset, dans la première de ses *Lettres de Dupuis et Cotonet* (septembre 1836), critique les prétentions des romantiques et vise en particulier ce passage du *Génie* quand il écrit : « La mélancolie, disaient-ils, était inconnue « aux Anciens ; c'est elle qui, jointe à l'esprit d'analyse et de contro- « verse..., a introduit dans l'art un type nouveau. » A parler franc..., cette mélancolie inconnue aux Anciens ne nous fut pas d'une digestion facile. Quoi ! disions-nous, Sapho expirante, Platon regardant le ciel n'ont pas ressenti quelque tristesse ? Le vieux Priam redemandant son fils mort, à genoux devant le meurtrier et s'écriant : « Souviens- « toi de ton père, ô Achille ! » n'éprouvait point quelque mélancolie ? Le beau Narcisse, couché dans les roseaux, n'était point malade de

mentent toutes ensemble : une grande existence politique, les jeux du gymnase et du champ de Mars, les affaires du forum et de la place publique, remplissaient tous leurs moments, et ne laissaient aucune place aux ennuis du cœur.

« D'une autre part, ils n'étaient pas enclins aux exagérations, aux espérances, aux craintes sans objet, à la mobilité des idées et des sentiments, à la perpétuelle inconstance, qui n'est qu'un dégoût constant : dispositions que nous acquérons dans la société intime des femmes. Les femmes, chez les peuples modernes, indépendamment de la passion qu'elles inspirent, influent encore sur tous les autres sentiments. Elles ont dans leur existence un certain abandon qu'elles font passer dans la nôtre ; elles rendent notre caractère d'homme moins décidé ; et nos passions, amollies par le mélange des leurs, prennent à la fois quelque chose d'incertain et de tendre.

« Enfin, les Grecs et les Romains, n'étendant guère leurs regards au-delà de la vie, et ne soupçonnant point des plaisirs plus parfaits que ceux de ce monde, n'étaient point portés, comme nous, aux rêveries et aux désirs par le caractère de leur religion. C'est dans le génie du Christianisme qu'il faut surtout chercher la raison de ce

---

quelque dégoût des choses de la terre ? Et la jeune nymphe qui l'aimait, cette pauvre Écho si malheureuse, n'était-elle donc pas le parfait symbole de la mélancolie solitaire, lorsque, épuisée par sa douleur, il ne lui restait que les os et la voix ?... » Sainte-Beuve (*Chateaubriand et son groupe*, I, 278-279) de son côté ajoute : « On ne chercherait pas en vain (la mélancolie moderne) dans Lucrèce, le poète de la nature. Saint Augustin la trouvait déjà dans Virgile et il en est lui-même le plus sensible exemple. C'est elle que saint Chrysostome essayait de traiter dans le jeune Stagyre. On la trouverait encore, cette mélancolie croissante, cherchant un refuge dans le cloître aux premiers jours du Christianisme... » (Cf. *ibid.*, I, 306). On pourrait citer aussi Catulle, Tibulle, Properce, Ovide qui, bien qu'anciens, furent mélancoliques et subirent l'influence de « la société intime des femmes ».

vague des sentiments répandu chez les hommes modernes. Formée pour nos misères et pour nos besoins, la religion chrétienne nous offre sans cesse le double tableau des chagrins de la terre et des joies célestes, et par ce moyen elle a fait dans le cœur une source de maux présents et d'espérances lointaines, d'où découlent d'inépuisables rêveries. Le chrétien se regarde toujours comme un voyageur qui passe ici bas dans une vallée de larmes[1], et qui ne se repose qu'au tombeau. Le monde n'est point l'objet de ses vœux, car il sait que l'*homme vit peu de jours*[2], et que cet objet lui échapperait vite.

« Les persécutions qu'éprouvèrent les premiers fidèles augmentèrent en eux ce dégoût des choses de la vie. L'invasion des Barbares y mit le comble, et l'esprit humain en reçut une impression de tristesse, et peut-être même une légère teinte de misanthropie, qui ne s'est jamais bien effacée. De toutes parts s'élevèrent des couvents, où se retirèrent des malheureux trompés par le monde, ou des âmes qui aimaient mieux ignorer certains sentiments de la vie, que de s'exposer à les voir cruellement trahis. Une prodigieuse mélancolie fut le fruit de cette vie monastique ; et ce sentiment, qui est d'une nature un peu confuse, en se mêlant à tous les autres, leur imprima son caractère d'incertitude. Mais en même temps, par un effet bien remarquable, le vague même où la mélancolie plonge les sentiments, est ce qui la fait renaître ; car elle s'engendre au milieu des passions, lorsque ces passions, sans objet, se consument d'elles-mêmes dans un cœur solitaire.

---

1. Sur cette expression, cf. *supra*, p. 134, n. 3.
2. Expression inspirée du *Livre de Job*, XIV, 1 : « *Homo* natus de muliere *brevi tempore vivens*... »

« Il suffirait de joindre quelques infortunes à cet état indéterminé des passions, pour qu'il pût[a] servir de fond à un drame admirable. Il est étonnant que les écrivains modernes n'aient pas encore songé à peindre cette singulière position de l'âme. Puisque nous manquons d'exemples, nous serait-il permis de donner aux lecteurs un épisode extrait, comme *Atala*, de nos anciens *Natchez ?* C'est la vie de ce jeune René, à qui Chactas a raconté son histoire. Ce n'est pour ainsi dire, qu'*une pensée ;* c'est la peinture du *vague des passions*, sans aucun mélange d'aventures, hors un grand malheur envoyé pour punir René, et pour effrayer les jeunes hommes qui, livrés à d'inutiles rêveries, se dérobent criminellement aux charges de la société. Cet épisode sert encore à prouver la nécessité des abris du cloître pour certaines calamités de la vie, auxquelles il ne resterait que le désespoir et la mort, si elles étaient privées des retraites de la religion[1]. Ainsi le double but de notre ouvrage, qui est de faire voir comment le génie du Christianisme a modifié les arts, la morale, l'esprit, le caractère, et les *passions* même des peuples modernes, et de montrer quelle prévoyante sagesse a dirigé les institutions chrétiennes ; ce double but, disons-nous, se trouve également rempli dans l'histoire de René[2b]. »

---

1. On verra, à diverses reprises *infra*, p. 176-177, 192, 221, cette idée que les cloîtres sont des refuges indispensables à ceux qui ne peuvent s'adapter à la vie sociale. Chateaubriand ne varia pas d'opinion sur ce point et, dans la *Vie de Rancé* (édit. F. Letessier, p. 198), il cite ce mot de Napoléon sur la nécessité des maisons religieuses : « Là se pourront réfugier ceux à qui le monde ne convient pas, ou qui ne conviennent pas au monde. »

2. On trouve un premier état de ce chapitre dans la *Lettre à M. de Fontanes sur la deuxième édition de Mme de Staël : De la Littérature...*, article publié dans le *Mercure de France* (1er nivôse an IX-22 décembre 1800) (O. C., III, 649-650) : « ... La religion chrétienne, en retenant ce que celle de Moïse avait de sublime, en a adouci les autres

Extrait de la *Défense du Génie du Christianisme*[1]

« On a déjà fait remarquer la tendre sollicitude des critiques[2] pour la pureté de la religion ; on devait donc s'attendre qu'ils se formaliseraient des deux épisodes que l'auteur a introduits dans son livre. Cette objection particulière rentre dans la grande objection qu'ils ont opposée à tout l'ouvrage, et elle se détruit par la réponse générale qu'on y a faite plus haut[3].

---

traits. Faite pour les misères et pour les besoins de notre cœur, elle est essentiellement tendre et mélancolique. Elle nous représente toujours l'homme comme un voyageur qui passe ici bas dans une vallée de larmes, et qui ne se repose qu'au tombeau. Le Dieu qu'elle offre à nos adorations est le Dieu des infortunés ; il a souffert lui-même, les enfants et les faibles sont les objets de sa prédilection, et il chérit ceux qui pleurent.

« Les persécutions qu'éprouvèrent les premiers fidèles augmentèrent sans doute leur penchant aux méditations sérieuses. L'invasion des Barbares mit le comble à tant de calamités, et l'esprit humain en reçut une impression de tristesse qui ne s'est jamais effacée. Tous les liens qui attachent à la vie étant brisés à la fois, il ne resta plus que Dieu pour espérance, et les déserts pour refuge. Comme au temps du déluge, les hommes se sauvèrent sur le sommet des montagnes, emportant avec eux les débris des arts et de la civilisation. Les solitudes se remplirent d'anachorètes qui, vêtus de feuilles de palmier, se dévouaient à des pénitences sans fin, pour fléchir la colère céleste. De toutes parts s'élevèrent des couvents, où se retirèrent des malheureux trompés par le monde, et des âmes qui aimaient mieux ignorer certains sentiments de l'existence, que de s'exposer à les voir cruellement trahis. Une prodigieuse mélancolie dut être le fruit de cette vie monastique ; car la mélancolie s'engendre du vague des passions, lorsque ces passions, sans objet, se consument d'elles-mêmes dans un cœur solitaire. »

1. Sur la *Défense du Génie du Christianisme*, cf. *supra*, p. 25, n. 2.

2. « Il s'agit ici des philosophes uniquement. » *(Note de Chateaubriand.)*

3. Voici comment la *Défense du Génie* (O. C., II, 702) résume cette « grande objection », « la seule que fassent les critiques » : « On ne doit pas parler de la religion sous les rapports purement humains, ni considérer ses beautés littéraires et poétiques. C'est nuire à la religion même, c'est en ravaler la dignité, c'est toucher au voile du sanctuaire, c'est profaner l'arche sainte, etc. Pourquoi l'auteur ne s'est-il pas

Encore une fois, l'auteur a dû combattre des poèmes et des romans impies, avec des poèmes et des romans pieux ; il s'est couvert des mêmes armes dont il voyait l'ennemi revêtu : c'était une conséquence naturelle et nécessaire du genre d'apologie qu'il avait choisi. Il a cherché à donner l'exemple avec le précepte. Dans la partie théorique de son ouvrage, il avait dit que la religion embellit notre existence, corrige les passions sans les éteindre, jette un intérêt singulier sur tous les sujets où elle est employée ; il avait dit que sa doctrine et son culte se mêlent merveilleusement aux émotions du cœur et aux scènes de la nature ; qu'elle est enfin la seule ressource dans les grands malheurs de la vie : il ne suffisait pas d'avancer tout cela, il fallait encore le prouver. C'est ce que l'auteur a essayé de faire dans les deux épisodes de son livre. Ces épisodes étaient en outre une amorce préparée à l'espèce de lecteurs pour qui l'ouvrage est spécialement écrit. L'auteur avait-il donc si mal connu le cœur humain, lorsqu'il a tendu ce piège innocent aux incrédules ? Et n'est-il pas probable que tel lecteur n'eût jamais ouvert le *Génie du Christianisme*, s'il n'y avait cherché *René* et *Atala* ?

> Sai che là corre il mondo, ove più versi
> Delle sue dolcezze il lusinghier Parnaso,
> E che'l vero, condito in molli versi,
> I più schivi alletando ha persuaso[1].

---

contenté d'employer les raisonnements de la théologie ? Pourquoi ne s'est-il pas servi de cette logique sévère qui ne met que des idées saines dans la tête des enfants, confirme dans la foi le chrétien, édifie le prêtre et satisfait le docteur ? » — Une telle critique méconnaissait évidemment les intentions essentielles de l'écrivain et jetait à bas tout son système apologétique et poétique.

1. Vers du Tasse, *Jérusalem délivrée*, I, 3 : « (O Muse) tu sais bien que le monde accourt là où le doux Parnasse prodigue le plus ses

« Tout ce qu'un critique impartial qui veut entrer dans l'esprit de l'ouvrage, était en droit d'exiger de l'auteur, c'est que les épisodes de cet ouvrage eussent une tendance visible à faire aimer la religion et à en démontrer l'utilité. Or, la nécessité des cloîtres pour certains malheurs de la vie, et pour ceux-là même qui sont les plus grands, la puissance d'une religion qui peut seule fermer des plaies que tous les baumes de la terre ne sauraient guérir, ne sont-elles pas invinciblement prouvées dans l'histoire de René ? L'auteur y combat en outre le travers particulier des jeunes gens du siècle, le travers qui mène directement au suicide. C'est J.-J. Rousseau qui introduisit le premier parmi nous ces rêveries si désastreuses et si coupables. En s'isolant des hommes, en s'abandonnant à ses songes, il a fait croire à une foule de jeunes gens, qu'il est beau de se jeter ainsi dans le vague de la vie. Le roman de Werther a développé depuis ce germe de poison. L'auteur du *Génie du Christianisme*, obligé de faire entrer dans le cadre de son apologie quelques tableaux pour l'imagination, a voulu dénoncer cet espèce de vice nouveau, et peindre les funestes conséquences de l'amour outré de la solitude[1]. Les couvents offraient autrefois des retraites à ces âmes contemplatives, que la nature appelle impérieusement aux méditations. Elles y trouvaient auprès de Dieu de quoi remplir le vide qu'elles sentent en elles-mêmes, et souvent l'occasion d'exercer de rares et sublimes vertus. Mais depuis la destruction

tendresses et que la vérité, exprimée en des vers caressants, a conquis par sa séduction les plus réticents esprits. »

1. Citant et commentant ces quelques lignes, Sainte-Beuve (*op. cit.*, I, 310, note) remarque : « Comment accommoder ces paroles avec ce qu'il dit dans ses *Mémoires* (I, 515) : « Je reconnais tout d'abord que, « dans la première jeunesse, *Ossian*, *Werther*, les *Rêveries du Promeneur*

des monastères et les progrès de l'incrédulité[1], on doit s'attendre à voir se multiplier au milieu de la société (comme il est arrivé en Angleterre), des espèces de solitaires tout à la fois passionnés et philosophes, qui ne pouvant ni renoncer aux vices du siècle, ni aimer ce siècle, prendront la haine des hommes pour l'élévation du génie, renonceront à tout devoir divin et humain, se nourriront à l'écart des plus vaines chimères, et se plongeront de plus en plus dans une misanthropie orgueilleuse qui les conduira à la folie, ou à la mort.

« Afin d'inspirer plus d'éloignement pour ces rêveries criminelles, l'auteur a pensé qu'il devait prendre la punition de René dans le cercle de ces malheurs épouvantables, qui appartiennent moins à l'individu qu'à la famille de l'homme,et que les Anciens attribuaient à la fatalité. L'auteur eût choisi le sujet de Phèdre s'il n'eût été traité par Racine. Il ne restait que celui d'Érope et

« *solitaire...*, ont pu s'apparenter à mes idées ; mais *je n'ai rien caché,* « *rien dissimulé du plaisir que me causaient des ouvrages où je me délectais.* » On vient de voir, en effet, jusqu'à quel point il s'est montré tendre et reconnaissant... »

1. Le *Génie du Christianisme* (troisième partie, liv. IV, chap. v) montre « que l'incrédulité est la principale cause de la décadence du goût et du génie ». — Quant à *ce qui est arrivé en Angleterre,* Chateaubriand l'avait exposé dans des articles du *Mercure de France,* parus entre 1800 et 1802 et consacrés à divers poètes (Young, Gray, Beattie, etc.) ; l'un de ces essais, intitulé *De l'Angleterre et des Anglais,* est en particulier assez dur dans les jugements qu'il porte (cf. O. C., VI, 365-400). — Dans son *Essai sur la Littérature anglaise* (publié en 1836), l'écrivain reviendra sur les conséquences de l'extension du scepticisme en pays britannique ; il écrira par exemple : « Sous le rapport religieux, la réformation conduit insensiblement à l'indifférence ou à l'absence de foi ; la raison en est que l'indépendance de l'esprit aboutit à deux abîmes : le doute ou l'incrédulité. » Il insistera sur les malheurs rencontrés, aux XVIIe et XVIIIe siècles, par les écrivains anglais, dont plusieurs se suicidèrent et qui fondèrent « cette école de poètes mélancoliques, transformés de nos jours dans l'école des poètes désespérés » (O. C., XI, 563, 721, 739, 741, 774, etc..)

de Thyeste[1] chez les Grecs, ou d'Amnon et de Thamar chez les Hébreux[2]; et bien qu'il ait été aussi transporté sur notre scène[3], il est toutefois moins connu que celui de Phèdre[4]. Peut-être aussi s'applique-t-il mieux au caractère que l'auteur a voulu peindre. En effet, les folles rêveries de René commencent le mal, et ses extravagances l'achèvent : par les premières, il égare l'imagination d'une faible femme ; par les dernières, en voulant attenter à ses jours, il oblige cette infortunée à se réunir à lui ; ainsi le malheur naît du sujet, et la punition sort de la faute.

« Il ne restait qu'à sanctifier, par le Christianisme, cette catastrophe empruntée à la fois de l'antiquité

---

1. « Sén. *in Atr. et Th.* Voyez aussi Canacé et Macareus, et Caune et Byblis dans les *Métamorphoses* et dans les *Héroïdes* d'Ovide. J'ai rejeté comme trop abominable le sujet de Myrrha, qu'on retrouve encore dans celui de Loth et de ses filles. » *(Note de Chateaubriand.)*

2. « *Reg.* 13, 14. » *(Note de Chateaubriand.)*

3. « Dans l'*Abufar* de M. Ducis. » *(Note de Chateaubriand.)*

4. Dans son article qui a pour titre *Quelques origines littéraires de René* (*Publications of the Modern Language Association of America*, XLIII, mars 1928, p. 288-302), M. Gilbert Chinard commente amplement les diverses allusions contenues dans ces quelques lignes. 1° Il élimine l'*Atrée et Thyeste* de Sénèque, dont le sujet n'est pas la séduction d'Érope par son frère Thyeste, mais seulement la vengeance qu'Atrée tire de celui-ci. — 2° Il estime impossible de comparer, même de loin, à *René* l'histoire du viol de Thamar par Amnon (*Deuxième livre des Rois*, XIII, 1-22), « crime d'une brute cynique, relaté comme un constat de police ». — 3° Il insiste au contraire avec raison sur « l'analyse bien plus fouillée des amours illicites » faite par Ovide dans diverses œuvres : *Héroïdes*, IV (Histoire de Phèdre) ; X, 21-32 (Canacé devient la maîtresse de son frère Macarée. Cf. *infra*, p. 219, n. 1) ; *Métamorphoses*, IX, 456-463 et 468-471 (Byblis, « au caractère nuancé, déjà presque une Amélie », avoue dans une lettre à son frère la passion coupable qu'elle éprouve pour lui et s'enfuit dans un désert où elle est transformée en fontaine) ; X, 321-334 (Myrrha s'éprend de son père Cynaras) — Sur les amours involontaires, et pourtant sordides, de Loth et de ses deux filles, auxquelles Chateaubriand fait allusion en note, cf. *Genèse*, XIX, 30-38. — 4° Dans *Abufar*, tragédie de Jean-François Ducis parue en 1795, Farhan, fils du héros éponyme de la pièce, est amoureux de sa propre sœur (cf. *infra*, p. 199, n. 2).

païenne et de l'antiquité sacrée. L'auteur, même alors, n'eut pas tout à faire ; car il trouva cette histoire presque naturalisée chrétienne dans une vieille ballade de Pèlerin[1], que les paysans chantent encore dans plusieurs provinces[2]. Ce n'est pas par les maximes répandues dans un ouvrage, mais par l'impression que cet ouvrage laisse au fond de l'âme, que l'on doit juger de sa moralité. Or, la sorte d'épouvante et de mystère qui règne dans l'épisode de René, serre et contriste le cœur sans y exciter d'émotion criminelle. Il ne faut pas perdre de vue qu'Amélie meurt heureuse et guérie, et que René finit misérablement. Ainsi, le vrai coupable est puni, tandis que sa trop faible victime, remettant son âme blessée entre les mains de *celui qui retourne*

---

1. Quelle est cette *vieille ballade du Pèlerin?* On aimerait le savoir, car sa connaissance éclairerait la genèse de *René*. Les *Mémoires* (IV, 289) y font une autre allusion : « Je sais encore la chanson qu'on chantait le soir en traversant les landes :

> C'est le chevalier des Landes,
> Malheureux chevalier.
> Quand il fut dans la lande,
> A ouï les sings sonner. »

Delandine de Saint-Esprit (*Nouvelles de Chateaubriand*, Paris, Barba, 1833, t. II, p. 11) a écrit : « Lorsqu'on entend, sous le chaume rustique, dans les montagnes du Forez, la complainte du *malheureux chevalier*, on donne un souvenir à l'auteur qui a saisi ce faible canevas pour l'agrandir par son génie en y traçant une leçon pour les égarements du cœur. » (Cf. *Bulletin Chateaubriand*, 2e année, 1931, n° 1, p. 39 et n° 2, p. 84-85.) Une enquête personnelle auprès des archives départementales de la Loire, demeurée sans résultat positif, me permet de croire que le renseignement de Delandine n'est pas fondé. Aussi bien, les termes dont usent les *Mémoires* semblent faire allusion à une ballade entendue et chantée en Bretagne par Chateaubriand enfant ; le mot *sing* (sonnerie de cloches), qu'on retrouve dans la *Vie de Rancé* (édit. F. Letessier, p. 133), ferait en effet penser à une origine celtique ou flamande... De toute façon, il y a là une petite énigme littéraire et folklorique qui reste à résoudre.

2. « C'est le chevalier des Landes,
Malheureux chevalier, etc. »
(Note de Chateaubriand.)

le malade sur sa couche[1], sent renaître une joie ineffable du fond même des tristesses de son cœur. Au reste, le discours du P. Souël ne laisse aucun doute sur le but et les moralités religieuses de l'histoire de René[2]. »

On voit, par le chapitre cité du *Génie du Christianisme*, quelle espèce de passion nouvelle j'ai essayé de peindre ; et, par l'extrait de la *Défense*, quel vice non encore attaqué j'ai voulu combattre. J'ajouterai que, quant au style, *René* a été revu avec autant de soin qu'*Atala*[3], et qu'il a reçu le degré de perfection que je suis capable de lui donner.

---

1. Cette expression en italique n'est pas une citation exacte de l'Écriture, mais elle est inspirée des textes sacrés. Cf. *Psaumes*, XL, 4 : « Dominus opem ferat illi super lectum doloris » et surtout les passages des Évangiles (*Marc*, II, 9-12 ; *Luc*, V, 23-25 ; *Jean*, V, 5-9) qui rapportent la guérison du paralytique : « Ait paralytico : Tibi dico : Tolle lectum tuum et vade in domum tuam. Coram illis tulit lectum in quo jacebat... »

2. Sur ce discours, cf. *infra*, p. 242-243.

3. Cf. *supra*, p. 22 : « J'ai passé quatre ans à revoir cet épisode, mais aussi il est tel qu'il doit rester. C'est la seule *Atala* que je reconnaîtrai à l'avenir. »

RENÉ

En arrivant chez les Natchez, René avait été obligé de prendre une épouse, pour se conformer aux mœurs des Indiens[1] ; mais il ne vivait point avec elle. Un penchant mélancolique l'entraînait au fond des bois[2] ; il y passait seul des journées entières, et semblait sauvage parmi des sauvages. Hors Chactas, son père adoptif, et le P. Souël[3], missionnaire au fort Rosa-

1. Sur l'arrivée de René chez les Natchez, son mariage, le nom de Céluta, cf. supra le *Prologue* d'*Atala*, p. 39, n. 2 et 3. — On sait que René est le second nom de baptême de l'écrivain (*Mémoires*, I, 28) : mais il signa ses ouvrages François-Auguste (et non François-René) de Chateaubriand, soit qu'il ignorât ses exacts prénoms, soit qu'il tentât ainsi de ne pas être confondu avec son héros.

2. Ce goût de René pour les bois, qu'on retrouvera *infra*, p. 208, avait appartenu à Chateaubriand au temps de sa jeunesse bretonne (*Mémoires*, I, 60, 62, etc.). Par ailleurs, il avait publié à Londres, en 1796, une élégie imitée du poète anglais Gray et intitulée *Les tombeaux champêtres* (O. C., III, 545), où le même sentiment se trouvait exprimé :

> Ici dort, à l'abri des orages du monde,
> Celui qui fut longtemps jouet de leur fureur.
> Des forêts il chercha la retraite profonde
> Et la mélancolie habita dans son cœur...

3. Ce missionnaire a réellement existé. Jean-François Souël, né le 27 mai 1695, entré au noviciat le 8 juillet 1715 à Nancy, appartenait à la Compagnie de Jésus (Province de Champagne) ; arrivé en Louisiane en 1726, il fut massacré en décembre 1729, non loin de Vicksburg, par les Yasous révoltés (cf. *infra*, p. 245) ; Charlevoix a raconté sa destinée. Mais ici, comme dans *Les Natchez* (édit. Chinard, p. 157), le jeune jésuite mort à trente-quatre ans est devenu un vieillard comparable au P. Aubry et appartient comme lui à la famille des

lie [1], il avait renoncé au commerce des hommes. Ces deux vieillards avaient pris beaucoup d'empire sur son cœur : le premier, par une indulgence aimable ; l'autre, au contraire, par une extrême sévérité. Depuis la chasse du castor[2], où le Sachem aveugle raconta ses aventures à René, celui-ci n'avait jamais[a] voulu parler des siennes. Cependant Chactas et le missionnaire désiraient vivement connaître par quel malheur un Européen bien né avait été conduit à l'étrange résolution[b] de s'ensevelir dans les déserts de la Louisiane. René avait toujours donné pour motifs de ses refus, le peu d'intérêt de son histoire qui se bornait, disait-il, à celle de ses pensées et de ses sentiments[3]. « Quant à l'événement « qui m'a déterminé à passer en Amérique, ajoutait-il, « je le dois ensevelir dans un éternel oubli[4]. »

« prêtres littéraires » ; toutefois, comme le remarque l'abbé P. Sage (*op. cit.*, p. 420), le P. Souël n'existe guère dans le roman que pour énoncer le jugement qui le termine.

1. Colonie française aux Natchez. (*Note de Chateaubriand.)*

En 1714, les Français de l'établissement de Biloxi, commandés par Bienville, étaient revenus en force au pays des Natchez pour venger le meurtre de quatre des leurs : un traité fut conclu, en vertu duquel les Sauvages bâtirent un fort, baptisé Fort-Rosalie, en l'honneur de Mme de Pontchartrain, femme du chancelier de France (cf. *Les Natchez*, édit. Chinard, p. 137, n. 39). D'après Charlevoix, ce retranchement n'était « qu'une espèce de redoute fermée par une simple palissade » et située sur une colline.

2. Cf. *supra*, p. 39.

3. Dans *Les Natchez* (édit. Chinard, p. 116), René répond à Chactas qui l'interroge sur son passé : « Indien, ma vie est sans aventures et le cœur de René ne se raconte pas. » En se montrant seulement préoccupé *de ses pensées et de ses sentiments*, c'est-à-dire de son univers intérieur, le héros ressemble à Chateaubriand et à sa sœur Lucile : « Quand nous parlions du monde, c'était de celui que nous portions au dedans de nous et qui ressemblait bien peu au monde véritable » ; du reste, le jeune chevalier de Combourg « s'applaudissait d'avoir placé les fables de sa félicité hors du cercle des réalités humaines » (*Mémoires*, I, 119 et 130).

4. Similitude d'expression avec *Paul et Virginie* (édit. M. Souriau,

Quelques années s'écoulèrent de la sorte, sans que les deux vieillards lui pussent arracher son secret. Une lettre[a] qu'il reçut d'Europe, par le bureau des Missions étrangères[1], redoubla tellement sa tristesse, qu'il fuyait jusqu'à ses vieux amis. Ils n'en furent que plus ardents à le presser de leur ouvrir son cœur ; ils y mirent tant de discrétion, de douceur et d'autorité, qu'il fut enfin obligé de les satisfaire. Il prit donc jour avec eux, pour leur raconter, non les aventures de sa vie, puisqu'il n'en avait point éprouvées, mais les sentiments secrets de son âme.

Le 21 de ce mois que les Sauvages appellent *la lune des fleurs*[2], René se rendit à la cabane de Chactas. Il donna le bras au Sachem[3], et le conduisit sous un sassafras[4], au bord du Meschacebé. Le P. Souël ne tarda pas à arriver au rendez-vous. L'aurore se levait : à quelque distance dans la plaine, on apercevait le village des Natchez, avec son bocage de mûriers, et ses cabanes

p. 217) : « Voilà le monument immortel qui lui est réservé sur une terre où tout passe et où la mémoire même de la plupart des rois est bientôt *ensevelie dans un éternel oubli.* »

1. La *Société des Missions étrangères*, fondée en 1651, avait son siège à Paris, au faubourg Saint-Germain (angle des rues du Bac et de Babylone). Autorisée par des lettres patentes de Louis XIV en 1663 et de Louis XVI en 1775, elle fut supprimée par la Révolution (1791) et rétablie en 1805.

2. Le mois de mai. Cf. *supra*, p. 43, n. 2.

3. Cf. *supra*, p. 39, n. 4.

4. Le *sassafras* (ou *laurus sassafras*) est, d'après Imlay (cité par Chinard, édit. des *Natchez*, p. 108, n. 3), « un arbre haut et large, à l'écorce fine et craquelée par endroits, dont le bois, assez semblable à celui du cannelier, dégage un agréable parfum ». Comme l'a remarqué M. J. Pommier (*Autour de René*, *Revue d'Histoire littéraire*, 1937, p. 264), ce nom d'arbre exotique figure cinq fois dans *Odérahi ;* Chateaubriand l'emploie aussi dans le *Génie du Christianisme*, le *Voyage en Amérique* et *Les Natchez*.

qui ressemblent à des ruches d'abeilles[1]. La colonie française et le fort Rosalie se montraient sur la droite, au bord du fleuve. Des tentes, des maisons à moitié bâties, des forteresses commencées, des défrichements couverts de Nègres, des groupes de Blancs et d'Indiens, présentaient dans ce petit espace, le contraste des mœurs sociales et des mœurs sauvages[2]. Vers l'Orient, au fond de la perspective, le soleil commençait à paraître entre les sommets brisés des Apalaches, qui se dessinaient comme des caractères d'azur dans les hauteurs[a] dorées du ciel ; à l'occident, le Meschacebé roulait ses ondes dans un silence magnifique, et formait la bordure du tableau avec une inconcevable grandeur[3].

Le jeune homme et le missionnaire admirèrent quelque temps cette belle scène, en plaignant le Sachem qui ne pouvait plus en jouir ; ensuite le P. Souël et Chactas s'assirent sur le gazon, au pied de l'arbre ; René prit sa place au milieu d'eux, et après un moment de silence, il parla[b] de la sorte à ses vieux amis :

« Je ne puis, en commençant mon récit, me défendre d'un mouvement de honte. La paix de vos cœurs, respectables vieillards, et le calme de la nature autour

1. Le rendez-vous des trois amis est rapporté en termes analogues dans *Les Natchez* (édit. Chinard, p. 378-379). Le « grand village » des Natchez est décrit par Charlevoix (cité *ibid.*, p. 509-510) ; mais l'image des *ruches d'abeilles* est de Chateaubriand.

2. On rencontre un contraste semblable dans la mission du P. Aubry (cf. *supra*, p. 110).

3. Citant ce passage, Sainte-Beuve remarque (*op. cit.*, I, 301-302) : « Le cadre, qui ne fait jamais défaut chez M. de Chateaubriand, est admirablement posé... Quand on se plaît à encadrer si glorieusement son ennui, il ne saurait être incurable. » — Sur le goût de Chateaubriand pour les vastes horizons, cf. *supra*, p. 99, n. 3. — En employant ici le mot *tableau* (qui reviendra *infra*, p. 200, 240), comme le mot *perspective*, l'auteur souligne nettement combien, dans son esprit, ses descriptions sont conçues comme des œuvres d'art.

de moi, me font rougir du trouble et de l'agitation de mon âme[1].

« Combien vous aurez pitié de moi ! Que mes éternelles inquiétudes vous paraîtront misérables ! Vous qui avez épuisé tous les chagrins de la vie, que penserez-vous d'un jeune homme sans force et sans vertu, qui trouve en lui-même son tourment, et ne peut guère se plaindre que des maux qu'il se fait à lui-même ? Hélas, ne le condamnez pas ; il a été trop puni !

« J'ai coûté la vie à ma mère en venant au monde[2] ; j'ai été tiré de son sein avec le fer. J'avais un frère que mon père bénit, parce qu'il voyait en lui son fils aîné[3]. Pour moi, livré de bonne heure à des mains étrangères, je fus élevé loin du toit paternel[4].

« Mon humeur[a] était impétueuse, mon caractère inégal. Tour à tour bruyant et joyeux, silencieux et triste, je rassemblais autour de moi mes jeunes compagnons ; puis, les abandonnant tout à coup, j'allais m'asseoir à

---

1. Nouvelle réminiscence de *Paul et Virginie* (cité dans l'*Essai sur les Révolutions*, première partie, chap. XLI ; O. C., I, 390): « C'est un instinct commun à tous les êtres sensibles et souffrants de se réfugier dans les lieux les plus sauvages et les plus déserts : comme si des rochers étaient des remparts contre l'infortune, et comme si *le calme de la nature* pouvait apaiser *les troubles malheureux de l'âme.* »

2. Si la naissance de Chateaubriand fut accompagnée de circonstances pénibles (cf. *supra*, p. 116, n. 4), du moins ne coûta-t-elle pas la vie à sa mère ; il semble que ce trait soit emprunté aux *Confessions* de J.-J. Rousseau (édit. de la Pléiade, p. 7) : « Je naquis infirme et malade ; *je coûtai la vie à ma mère*, et ma naissance fut le premier de mes malheurs. »

3. On ne trouve point dans les *Mémoires* d'affirmation de ce genre ; mais, d'après ce qu'on sait du caractère de M. de Chateaubriand et de ses prétentions « féodales » (cf. Georges Collas, *René-Auguste de Chateaubriand*, *passim* et surtout p. 245-260), il apparaît fort possible qu'il ait manifesté une préférence pour son aîné, héritier du nom et des domaines, au détriment d'un cadet fantasque et qu'il ne comprenait guère.

4. Les *Mémoires* (I, 30) parlent avec plus d'amertume encore de la mise en nourrice du petit François-René : « En sortant du sein de ma mère, je subis mon premier exil : on me relégua à Plancouët. »

l'écart, pour contempler la nue fugitive, ou entendre la pluie tomber sur le feuillage[1].

« Chaque automne[a], je revenais au château paternel, situé au milieu des forêts, près d'un lac, dans une province reculée[2].

« Timide et contraint devant mon père[3], je ne trouvais l'aise et le contentement qu'auprès de ma sœur Amélie[4]. Une douce conformité d'humeur et de goûts

---

1. Cette psychologie de René s'accorde avec ce que les premiers livres des *Mémoires* nous apprennent du caractère de Chateaubriand adolescent. Cependant, aux souvenirs personnels, s'ajoutent des réminiscences littéraires : 1° de poètes anglais, tels que Gray (*Les Tombeaux champêtres*, déjà cité *supra*, p. 181, n. 2), Thomson (*Les Saisons*) et surtout Beattie (*Le Minstrel ou les progrès du Génie*) : l'Edwin de ce poème, traduit par Chateaubriand et publié en juillet 1802 (cf. *Mélanges littéraires*, O. C., VI, 399-405), présente plus d'un trait de caractère commun avec René) ; 2° des *Confessions* de Rousseau (édit. de la Pléiade, p. 41) : « J'atteignis ainsi ma seizième année, inquiet, mécontent de tout et de moi, sans goût de mon état, sans plaisir de mon âge, dévoré de désirs dont j'ignorais l'objet, pleurant sans sujet de larmes, soupirant sans savoir quoi ; enfin caressant tendrement mes chimères, faute de rien voir autour de moi qui les valût. Les dimanches, mes camarades venaient me chercher, après le prêche, pour aller m'ébattre avec eux. Je leur aurais volontiers échappé si j'avais pu ; mais une fois en train de leurs jeux, j'étais plus ardent et j'allais plus loin qu'un autre : difficile à ébranler et à retenir. » Sainte-Beuve, citant ce passage (*Lundis*, t. III, art. sur Rousseau), remarque : « Nous venons là de reconnaître la première forme des pensées et presque des phrases de René. »

2. C'est évidemment le château de Combourg, tel qu'il apparaîtra dans les *Mémoires* (I, 101-143), avec plus de précision. Cf. aussi, dans *Les Martyrs* (liv. IX) la description de la forteresse où séjourne Eudore au début de l'épisode de Velléda.

3. Telle était la timidité de Chateaubriand et des siens, « transformés en statues par la présence de (son) père », lors des fameuses « soirées » passées dans le manoir breton ; l'écrivain déclare ailleurs : « Sous les regards de mon père, je demeurais immobile et la sueur couvrait mon front. » (*Mémoires*, I, 111 et 133.)

4. Amélie, ici, c'est Lucile : née le 7 août 1764, celle-ci avait quatre ans de plus que son frère. Sur leur affectueuse intimité, leurs rêveries, leurs promenades, etc..., cf. *Mémoires*, I, 118-123.

m'unissait étroitement à cette sœur[1] ; elle était un peu plus âgée que moi. Nous aimions à gravir les coteaux ensemble, à voguer sur le lac, à parcourir les bois à la chute des feuilles[2] : promenades dont le souvenir remplit encore mon âme de délices. O illusions de l'enfance et de la patrie, ne perdez-vous jamais vos douceurs ?

« Tantôt nous marchions en silence, prêtant l'oreille au sourd mugissement de l'automne[3], ou[a] au bruit des feuilles séchées, que nous traînions tristement sous nos pas[4] ; tantôt, dans nos jeux innocents, nous poursuivions l'hirondelle[5] dans la prairie, l'arc-en-ciel sur les collines pluvieuses ; quelquefois aussi nous murmurions des vers que nous inspirait le spectacle de la nature. Jeune[b], je cultivais les Muses[6] ; il n'y a rien de plus

---

1. Réminiscence possible de certaines expressions de Rousseau dans *La Nouvelle Héloïse :* « Le ciel a mis *une conformité* secrète entre nos affections ainsi qu'*entre nos goûts* et nos âges » (première partie, lettre 1) ; « une parfaite *conformité de goûts et d'humeurs*, avec des tempéraments contraires *(m')unit à toi* dès l'enfance » (deuxième partie, lettre 5).

2. On retrouvera *infra*, p. 211-214, ce goût de René pour l'automne.

3. Cf. *Mémoires*, I, 131 : « ... *les grandes voix de l'automne* sortaient des marais et des bois... »

4. Même notation dans *Le Minstrel* (O. C., VI, 402) : « Le vent siffle tristement dans les herbes jaunies, et chasse devant lui les feuilles séchées. » — L'arc-en-ciel est probablement aussi une réminiscence de Beattie : « Elle est passée, la pluie de l'orage... Dans l'orient obscur, déployant un arc immense, l'iris brille au soleil couchant... La brillante apparition s'éloigne à mesure que tu la poursuis... »

5. De nombreux oiseaux passent dans *René* comme dans les autres œuvres de Chateaubriand ; mais il avait une prédilection pour l'hirondelle, qu'il associe à maintes circonstances importantes de sa vie. Cf. *Mémoires*, I, 59, 116, 130, 139 (« mes hirondelles ») ; III, 241 ; IV, 297-298 (l'hirondelle de Bischofsheim) ; *Itinéraire de Paris à Jérusalem* (édit. Malakis, II, 17), *infra*, p. 317, n. 2, etc. Voir aussi, Maurice Rat, *Chateaubriand et l'hirondelle*, *in Figaro Littéraire*, 8 septembre 1956.

6. *Mémoires*, I, 120 : « Ce fut dans une de ces promenades que Lucile, m'entendant parler avec ravissement de la solitude, me dit : « Tu devrais peindre tout cela. » Ce mot me révéla la Muse ; un souffle divin passa sur moi. Je me mis à bégayer des vers, comme si c'eût été ma langue naturelle. Jour et nuit, je chantais mes plaisirs,

poétique, dans la fraîcheur de ses passions, qu'un cœur de seize années. Le matin de la vie[1] est comme le matin du jour, plein de pureté, d'images et d'harmonies.

« Les dimanches et les jours de fête, j'ai souvent entendu, dans le grand bois, à travers les arbres, les sons de la cloche lointaine[2] qui appelait au temple l'homme des champs. Appuyé contre le tronc d'un ormeau, j'écoutais en silence le pieux murmure. Chaque frémissement de l'airain portait à mon âme naïve l'innocence des mœurs champêtres, le calme de la solitude, le charme de la religion, et la délectable mélancolie des souvenirs de ma première enfance[3]. Oh ! quel cœur si mal fait n'a tressailli au bruit des cloches de son lieu natal, de ces cloches qui frémirent de joie sur son

---

c'est-à-dire mes bois et mes vallons ; je composais une foule de petites idylles ou tableaux de la nature... » Ces premiers vers de Chateaubriand, publiés seulement en 1828, se lisent dans ses O. C., III, 533-544.

1. L'expression *matin de la vie*, déjà ancienne (Littré cite plusieurs exemples du XVIIe siècle, dont un de Massillon), se rencontre en particulier chez Bernardin de Saint-Pierre, *Paul et Virginie* (édit. M. Souriau, p. 133) : « *Au matin de la vie*, ils en avaient toute la fraîcheur. » — M. H. Guillemin (*op. cit.*, p. 534) compare la pureté exaltée de René et d'Amélie avec celle qui s'empare de Jocelyn et de Laurence dans le poème de Lamartine (quatrième époque, v. 15-suiv.) et avec les lignes que le jeune prêtre écrit à sa sœur (sixième époque, v. 264-suiv.) pour évoquer leur commune jeunesse,

Monde de sentiment, d'amour et d'innocence.

2. La sensibilité de Chateaubriand à la poésie des sonneries de cloches est également exprimée dans le *Génie du Christianisme* (quatrième partie, liv. I, chap. 1), la *Vie de Rancé* (édit. F. Letessier, p. 133), les *Mémoires*, I, 132-133. — Les cloches tiennent une place importante chez les poètes anglais : Beattie, *Le Minstrel :* « Quand la cloche du soir, balancée dans les airs, chargeait de ses gémissements la brise solitaire, le jeune Edwin, marchant avec lenteur, et prêtant une oreille attentive, se plongeait dans le fond des vallées » ; Gray, *Les Tombeaux champêtres :*

Dans les airs frémissants j'entends le long murmure
De la cloche du soir qui tinte avec lenteur.

(cf. O. C., VI, 403 et III, 545).

3. Comparer ces sentiments avec ceux exprimés dans la romance du *Dernier Abencérage*, *infra*, p. 316-318.

berceau, qui annoncèrent son avènement à la vie, qui marquèrent le premier battement de son cœur, qui publièrent dans tous les lieux d'alentour la sainte allégresse de son père, les douleurs et les joies encore plus ineffables de sa mère ! Tout se trouve dans les rêveries enchantées où nous plonge le bruit de la cloche natale : religion, famille, patrie, et le berceau[a] et la tombe, et le passé et l'avenir[1].

« Il est vrai qu'Amélie et moi nous jouissions plus que personne de ces idées graves et tendres, car nous avions tous les deux un peu de tristesse au fond du cœur : nous tenions cela de Dieu ou de notre mère[2].

« Cependant mon père fut atteint d'une maladie qui le conduisit en peu de jours au tombeau. Il expira dans mes bras[3]. J'appris à connaître la mort sur les lèvres de celui qui m'avait donné la vie. Cette impression fut grande ; elle dure encore. C'est la première fois que l'immortalité de l'âme s'est présentée clairement à mes yeux. Je ne pus croire que ce corps inanimé était en moi l'auteur de la pensée : je sentis qu'elle me devait venir d'une autre source ; et dans une sainte douleur qui approchait de la joie, j'espérai me rejoindre un jour à l'esprit de mon père.

---

1. Charmes du pays natal, de la nature solitaire, de la religion sont trois thèmes chers à Chateaubriand, qui les traite toujours avec émotion, en particulier dans le *Génie du Christianisme*.

2. Les *Mémoires* (I, 26-27) nous apprennent que Mme de Chateaubriand était naturellement spirituelle, enjouée, « aussi pétulante et animée que (son mari) était immobile et froid » : « La contrariété qu'elle éprouva la rendit mélancolique, de légère et gaie qu'elle était. Obligée de se taire quand elle eût voulu parler, elle s'en dédommageait par une espèce de tristesse bruyante, entrecoupée de soupirs... »

3. En réalité, lorsque M. de Chateaubriand, goutteux depuis longtemps, mourut à Combourg (6 septembre 1786) d'une attaque d'apoplexie, la seconde en quelques mois, son fils était en garnison à Cambrai : il avait quitté le château paternel le 9 août et apprit son deuil par une lettre de Lucile (*Mémoires*, I, 156, et G. Collas, *op. cit.*, p. 258-260).

« Un autre phénomène me confirma dans cette haute idée. Les traits paternels avaient pris au cercueil quelque chose de sublime[1]. Pourquoi cet étonnant mystère ne serait-il pas l'indice de notre immortalité ? Pourquoi la mort qui sait tout, n'aurait-elle pas gravé sur le front de sa victime les secrets d'un autre univers ? Pourquoi n'y aurait-il pas dans la tombe quelque grande vision de l'éternité[2] ?

« Amélie accablée de douleur, était retirée au fond d'une tour, d'où elle entendit retentir, sous les voûtes du château gothique, le chant des prêtres du convoi et les sons de la cloche funèbre[3].

---

1. Cf. *infra*, Appendice II, p. 386. — « Les poètes modernes ont commencé par mettre le pied dans les vestiges de M. de Chateaubriand», déclare Sainte-Beuve (*op. cit.*, I, 303), qui cite ici le *Crucifix* de Lamartine :

> De son pieux espoir son front gardait la trace,
> Et sur ses traits frappés d'une auguste beauté
> La douleur fugitive avait empreint sa grâce,
> Et la mort sa majesté.

Cette image se retrouvera aussi chez V. Hugo, *Contemplations*, VI, 13, *Cadaver :*

> Qu'est-ce que le sépulcre ? et d'où vient, penseurs sombres,
> Cette sérénité formidable des morts ?
> C'est que le secret s'ouvre et que l'être est dehors ;
> C'est que l'âme qui voit, qui brille, qui flamboie,
> Rit, et que le corps même a sa terrible joie...

2. Cette preuve de l'immortalité de l'âme est peu convaincante. Un critique anonyme, auteur de *Notes critiques sur le Génie du Christianisme* (1803), remarque à propos de ce passage : « Cette grande vision de l'éternité, qui est, je crois, celle de l'auteur, ne pourrait avoir lieu que pour l'âme séparée du corps, et non pour le corps séparé de l'âme. Comment donc les traits du mort s'en ressentiraient-ils ? » — Cf. cependant là-dessus une méditation pleine d'intensité que contiennent les *Mémoires*, II, 545-546.

3. Chateaubriand adapte ici à son roman divers souvenirs combourgeois : c'est lui-même qui, dans son adolescence « était niché dans une espèce de cellule isolée, au haut de la tourelle (d'un) escalier » et, dans son « donjon », il entendait le vent souffler et « les souterrains (du manoir) qui poussaient des gémissements » (*Mémoires*, I, 109 et 117).

« J'accompagnai mon père à son dernier asile ; la terre se referma sur sa dépouille ; l'éternité et l'oubli le pressèrent de tout leur poids ; le soir même l'indifférent passait sur sa tombe[1] ; hors pour sa fille et pour son fils, c'était déjà comme s'il n'avait jamais été.

« Il fallut quitter le toit paternel, devenu l'héritage de mon frère : je me retirai avec Amélie chez de vieux parents[2].

« Arrêté à l'entrée des voies trompeuses de la vie[3], je les considérais l'une après l'autre, sans m'y oser engager. Amélie m'entretenait souvent du bonheur de la vie religieuse ; elle me disait que j'étais le seul lien qui la retînt dans le monde, et ses yeux s'attachaient sur moi avec tristesse.

« Le cœur ému par ces conversations pieuses, je portais souvent mes pas vers un monastère[a], voisin de mon nouveau séjour ; un moment même j'eus la tentation

---

1. Chateaubriand fut toujours très sensible à l'indifférence des hommes pour la misère de leurs semblables. Voir à ce sujet *Vie de Rancé*, édit. F. Letessier, p. 54-55. Ce thème a souvent inspiré les poètes ; cf. V. Hugo, *Feuilles d'Automne*, VI, *A un voyageur :*

> Les morts durent bien peu : laissons-les sous la pierre !
> Hélas ! dans le cercueil ils tombent en poussière
> Moins vite qu'en nos cœurs.

et Baudelaire, *Fleurs du Mal*, C :

> Nous devrions pourtant lui porter quelques fleurs.
> Les morts, les pauvres morts ont de grandes douleurs.

2. Cf. *Mémoires*, I, 160 et 585 ; G. Collas, *op. cit.*, p. 261-265. En février-mars 1787, la famille Chateaubriand se réunit à Combourg : « On régla les partages ; cela fait, nous nous dispersâmes, comme des oiseaux s'envolent du nid paternel. » Le château devint la propriété de l'aîné Jean-Baptiste, mais celui-ci n'y résida jamais et le vieux manoir fut confié à la garde d'un intendant. François-René partagea son temps entre ses garnisons, Paris et Fougères ; Lucile vécut chez sa sœur Julie de Farcy.

3. Les *voies de la vie* sont une expression tirée des *Psaumes*, XV, 11 : « Notas mihi fecistis *vias vitae.* »

d'y cacher ma vie[1]. Heureux ceux qui ont fini leur voyage, sans avoir quitté le port[2], et qui n'ont point, comme moi, traîné d'inutiles jours sur la terre !

« Les Européens incessamment agités sont obligés de se bâtir des solitudes[3]. Plus notre cœur est tumultueux et bruyant, plus le calme et le silence nous attirent. Ces hospices de mon pays, ouverts aux malheureux et aux faibles, sont souvent cachés dans des vallons qui portent au cœur le vague sentiment de l'infortune et l'espérance d'un abri ; quelquefois aussi on les découvre sur de hauts sites où l'âme religieuse, comme une plante des montagnes, semble s'élever vers le ciel pour lui offrir ses parfums[4].

---

1. Il ressort des *Mémoires* (I, 105 et 134-136) qu'après avoir renoncé à la marine, Chateaubriand songea un instant à entrer dans les ordres : « Je déclarai ma volonté ferme d'embrasser l'état ecclésiastique : la vérité est que je ne cherchais qu'à gagner du temps, car j'ignorais ce que je voulais. » Et, après deux ou trois années de « délire », plutôt que de faire un mauvais prêtre, il déclara à sa mère qu'il « n'était pas assez fortement appelé » à la vie religieuse et opta pour la carrière militaire.

2. Cette formule peut s'interpréter au figuré, avec le sens de la phrase d'*Atala* (*supra*, p. 62) : « Heureux ceux qui meurent au berceau... » — Toutefois, Chateaubriand est souvent revenu sur le thème de la vanité des voyages. Cf. *De l'Angleterre et des Anglais* (juillet 1801) : « L'homme veut tout voir, et puis il se plaint quand il a tout vu... » (*Mélanges littéraires*, O. C., VI, 365) ; *Les Natchez* (édit. Chinard, p. 117) : « Tout se réduit souvent, pour le voyageur, à échanger, dans la terre étrangère, des illusions contre des souvenirs » ; *Mémoires*, I, 72 : « Plus sages et plus heureux que moi, les Trémaudan n'ont point perdu de vue les tours du château que j'ai quitté depuis trente ans ; ... ils ne sont point sortis du port dans lequel je ne rentrerai plus » ; 90, 138 : « Bientôt j'allais quitter ma patrie pour émietter mes jours en divers climats » ; IV, 587 : « L'homme n'a pas besoin de voyager pour s'agrandir ; il porte en lui l'immensité. »

3. Cf. *Livre de Job*, III, 14 : « ... cum regibus et consulibus terrae *qui aedificant sibi solitudines.* » — Sur l'attrait des monastères pour les âmes inquiètes, cf. *supra*, p. 173, n. 1 et *infra*, p. 221.

4. Insistant sur les *harmonies de la religion chrétienne avec les scènes de la nature et les passions du cœur humain*, le *Génie du Christianisme* (troisième partie, liv. V, chap. II) formule sur le site des monastères cette

« Je vois encore le mélange majestueux des eaux et des bois de cette antique abbaye où je pensai dérober ma vie aux caprices du sort ; j'erre encore au déclin du jour dans ces cloîtres retentissants et solitaires. Lorsque la lune éclairait à demi les piliers des arcades, et dessinait leur ombre sur le mur opposé[1], je m'arrêtais à contempler la croix qui marquait le champ de la mort, et les longues herbes qui croissaient entre les pierres des tombes. O hommes, qui ayant vécu loin du monde, avez passé du silence de la vie au silence de la mort, de quel dégoût de la terre vos tombeaux[a] ne remplissaient-ils point mon cœur !

« Soit inconstance naturelle, soit préjugé contre la vie monastique, je changeai mes desseins ; je me résolus à voyager. Je dis adieu à ma sœur ; elle me serra dans ses bras avec un mouvement qui ressemblait à de la joie, comme si elle eût été heureuse de me quitter ; je ne pus me défendre d'une réflexion amère sur l'inconséquence des amitiés humaines[2].

---

remarque : « Les premiers solitaires, livrés à ce goût délicat et sûr de la religion qui ne trompe jamais lorsqu'on n'y mêle rien d'étranger, ont choisi dans les diverses parties du monde les sites les plus frappants pour y fonder leurs monastères. Il n'y a point d'ermite qui ne saisisse aussi bien que Claude le Lorrain ou Le Nôtre le rocher où il doit placer sa grotte... Tout le monde a vu en Europe de vieilles abbayes cachées dans les bois où elles ne se décèlent aux voyageurs que par leurs clochers perdus dans la cime des chênes... Nous avons parlé des couvents européens dans l'histoire de *René* et retracé quelques-uns de leurs effets au milieu des scènes de la nature. » Au reste dans son *Voyage au Mont-Blanc*, paru en 1806, il s'élèvera contre l'idée que les sites influeraient sur l'âme de l'homme et contre les matérialistes faisant de celle-ci « une espèce de plante soumise aux variations de l'air » (O. C., VI, 350).

1. Ces jeux d'ombres et de lumières sont d'un grand peintre : on en verra d'autres *infra* (sur des ruines, p. 195 ; à travers les nuages, p. 214 ; dans le manoir abandonné, p. 228 ; sur la mer, p. 236). Cf. aussi maints passages des *Mémoires* en clair-obscur ou éclairés par l'éclat fantomatique de la lune (I, 61, 110, 116, 132, etc.).

2. Cette idée sera reprise et développée *infra*, p. 204.

« Cependant, plein d'ardeur, je m'élançai seul sur cet orageux océan du monde, dont je ne connaissais ni les ports, ni les écueils. Je visitai d'abord les peuples qui ne sont plus ; je m'en allai m'asseyant sur les débris de Rome et de la Grèce[1] : pays de forte et d'ingénieuse mémoire, où les palais sont ensevelis dans la poudre, et les mausolées des rois cachés sous les ronces[2]. Force de la nature, et faiblesse de l'homme : un brin d'herbe perce souvent le marbre le plus dur de ces tombeaux, que tous ces morts, si puissants, ne soulèveront jamais[3] !

« Quelquefois une haute colonne se montrait seule debout dans un désert, comme une grande pensée s'élève, par intervalles, dans une âme que le temps et le malheur ont dévastée[4].

---

1. Chateaubriand ne devait voir ces pays que plus tard (cf. *supra*, p. 154, n. 3, et *Mémoires*, II, 48). Sainte-Beuve note au sujet de ce passage (*op. cit.*, p. 305) : « René ne fait autre chose que tracer ici (et c'est sa gloire d'avoir été le premier à le concevoir et à le remplir) l'itinéraire poétique que tous les talents de notre âge suivront ; car tous, à commencer par Chateaubriand lui-même..., ils parcourront avec des variantes d'impressions le même cercle, et recommenceront le même pèlerinage : l'Italie, la Grèce, l'Orient. »

2. Lamartine développe le même thème dans les *Méditations poétiques*, *L'Homme*, v. 119-suiv. :

Des empires détruits je méditai la cendre.
Dans ses sacrés tombeaux Rome m'a vu descendre.
Des mânes les plus saints troublant le froid repos,
J'ai pesé dans mes mains la cendre des héros...

3. Remarque inspirée sans doute en partie par un souvenir de Juvénal, *Satires*, X, 144-145 :

... saxis cinerum custodibus, ad quae
Discutienda valent sterilis mala robora fici.

(« ... les pierres, gardiennes des cendres, que la faible tige d'un figuier sauvage suffit à désagréger »).

4. Cf. Sainte-Beuve, *op. cit.*, p. 304 : « On a fort critiqué dans le temps cette comparaison, comme expliquant le réel par l'abstrait, le plus connu par ce qui l'est moins. La critique, dans le cas présent, me paraît tomber à faux. Il est naturel à René de mieux connaître encore son désert intérieur que celui de la Campagne Romaine, et

« Je méditai sur ces monuments dans tous les accidents et à toutes les heures de la journée. Tantôt ce même soleil qui avait vu jeter les fondements de ces cités, se couchait majestueusement, à mes yeux, sur leurs ruines ; tantôt la lune se levant dans un ciel pur, entre deux urnes cinéraires à moitié brisées, me montrait les pâles tombeaux. Souvent aux rayons de cet astre qui alimente les rêveries, j'ai cru voir le Génie des souvenirs, assis tout pensif à mes côtés[1].

« Mais je me lassai de fouiller dans des cercueils, où[a] je ne remuais trop souvent qu'une poussière criminelle.

« Je voulus voir si les races vivantes m'offriraient plus de vertus, ou moins de malheurs que les races évanouies. Comme je me promenais[b] un jour dans une grande cité, en passant derrière un palais, dans une cour retirée et déserte, j'aperçus une statue qui indiquait du doigt un lieu fameux par un sacrifice[2]. Je fus frappé

---

d'y tout rapporter. Cela lui est plus commode et plus familier. Il sait mieux les réalités du dedans que les ombres et les phénomènes du dehors. »

1. On relève dans tout ce passage une visible influence des *Ruines* de Volney (1791) : chap. I : *Le Voyage;* chap. II : *La Méditation;* chap. III : *Le Fantôme:* (On voit apparaître) « dans le mélange du clair-obscur de la lune, ... au travers des colonnes d'un temple voisin, ... le Génie des tombeaux et des ruines ». — *Le Minstrel* de Beattie parle aussi « des tombeaux et des cadavres pâles » *(graves and corses pale)*. — Miss M. H. Miller (*op. cit.*, p. 119) signale le caractère ossianique de pareils détails. — Le *Génie des souvenirs* est évoqué d'une manière sculpturale qu'on retrouve *infra*, p. 199 (« Le passé et le présent sont deux statues incomplètes... ») et dans la peinture d'Atala expirée (cf. *supra*, p. 144).

2. A Londres, derrière White-Hall, la statue de Charles IIe. *(Note de Chateaubriand.)*

Chateaubriand ici met en œuvre ses souvenirs sur Londres, où il avait passé la majeure partie de son émigration. — Sur tout ce passage et l'identification de cette statue, cf. M. Duchemin, *Chateaubriand à White-Hall* (art. de la *Revue d'Histoire littéraire*, 1910, p. 271-280, repris, avec des compléments, dans *Chateaubriand. Essais de critique*, Paris, Vrin, 1938, p. 59-76). Chateaubriand mentionne ce monument du silence de ces lieux ; le vent seul gémissait[a] autour du marbre tragique. Des manœuvres étaient couchés avec indifférence au[b] pied de la statue, ou taillaient des pierres en sifflant. Je leur demandai ce que signifiait ce monument : les uns purent à peine me le dire, les autres ignoraient la catastrophe qu'il retraçait. Rien ne m'a plus donné la juste mesure des événements de la vie, et du peu que nous sommes. Que sont devenus ces personnages qui firent tant de bruit ? Le temps a fait un pas, et la face de la terre a été renouvelée[1].

« Je recherchai surtout dans mes voyages les artistes et ces hommes divins qui chantent les Dieux sur la lyre[2], et la félicité des peuples qui honorent les lois, la religion et les tombeaux.

« Ces chantres sont de race divine, ils possèdent le seul talent incontestable dont le ciel ait fait présent à la terre[3]. Leur vie est à la fois naïve et sublime ; ils

---

à quatre autres reprises dans son œuvre : *Essai sur les Révolutions* (deuxième partie, chap. XVI, note) ; *De l'Angleterre et des Anglais* (juillet 1801) (O. C., VI, 373) ; *Vie de Rancé* (édit. F. Letessier, p. 200) ; *Mémoires*, I, 251. — Comme l'a montré M. Duchemin, il s'agit de la statue, non de Charles II, mais de Jacques II (élevée en souvenir du supplice de Charles Ier, à l'endroit où il avait été exécuté par la volonté de Cromwell). Cette confusion s'explique, non par une défaillance de mémoire, mais (cf. la variante de *René*) par un sacrifice volontaire de la vérité à l'art, le rapprochement entre Charles Ier et Charles II étant, dans la forme, plus saisissant que la réalité. — Pour le travail du style, une comparaison détaillée s'impose entre notre texte, celui de l'*Essai sur les Révolutions* et celui de l'article de juillet 1801.

1. Cf. *Psaumes*, CIII, 31 : « Creabuntur et *renovabis faciem terrae.* »

2. Cela signifie que René, selon la mode du temps, fait de ses voyages des pèlerinages d'histoire littéraire. Ainsi Chateaubriand lui-même devait emporter en Orient « Racine, Virgile, Le Tasse et Homère » et relire à Venise Rousseau et Byron (cf. *Itinéraire*, édit. Malakis, I, 235, et *Mémoires*, IV, 359-368).

3. Sainte-Beuve met cette phrase en épigraphe à une de ses *Poésies de J. Delorme*, dédiée à Lamartine. Sur cette conception du poète, reprise par les grands romantiques, cf. A. Monglond, *Le pré-romantisme français*, II, 165-168 : *Le sacerdoce de l'homme de lettres*. La même dée se retrouve chez Bernardin de Saint-Pierre, *Vœux d'un solitaire*

célèbrent les Dieux avec une bouche d'or, et sont les plus simples des hommes ; ils causent comme des immortels ou comme de petits enfants ; ils expliquent les lois de l'univers, et ne peuvent comprendre les affaires les plus innocentes de la vie ; ils ont des idées merveilleuses de la mort, et meurent, sans s'en apercevoir, comme des nouveau-nés[1].

« Sur les monts de la Calédonie[2], le dernier Barde

(1789) : « Illustres écrivains semblables à la Vénus de Lucrèce, sans vous, rien ne se fait d'agréable dans la sphère de l'intelligence et n'est permanent dans les champs de la mémoire... Oh ! songez que vous exercez le plus noble, le plus aimable, le plus nécessaire et le plus sain de tous les arts, puisque c'est l'art de Dieu même. » Même idée chez A. Chénier, fragments de l'*Amérique :*

> Le poète divin, tout esprit, tout pensée,
> Ne sent point dans un corps son âme embarrassée.
> Il va percer le ciel aux murailles d'azur.

Edwin, le *Minstrel* de Beattie, s'écrie aussi avec enthousiasme: « Salut, savants maîtres de la lyre, poètes, enfants de la nature, amis de l'homme et de la vérité... » (O. C., VI, 403). Lamartine reprendra le même thème dans *Jocelyn*, quatrième époque, v. 373-suiv. :

> Hommes prédestinés, mystérieuses vies,
> Dont tous les sentiments coulent en mélodies...

et sixième époque, v. 665-suiv. :

> Je livre aux bardes saints mon âme et mes oreilles ;
> J'écoute avec le cœur ces chœurs mélodieux...
> Oh ! de l'humanité ces hommes sont la voix :
> Les mots harmonieux s'ordonnent à leur choix...

1. Sur cette idée, cf. *Atala*, p. 62, n. 1.

2. Ce paragraphe est, dans l'ensemble de *René*, le passage où l'accent ossianique est le plus caractérisé (cf. M. H. Miller, *op. cit.*, p. 110-111) : Les *quatre pierres rongées de mousse*, le *torrent*, le *chevreuil*, le *vent* sur la *bruyère* se retrouvent chez Macpherson, à qui sont empruntés aussi les noms de *Cona*, *Morven*, *Selma*, *Fingal* et les *fantômes homicides*. On peut citer, dans l'*Essai sur les Révolutions* (deuxième partie, chap. XXXVII et LIV), deux développements tout pénétrés de l'influence d'Ossian et comparables dans leur détail à celui-ci (cf. O. C., I, 574 et 604-605, note). Il faut remarquer que dans *Werther*, lettre LXI, Gœthe a placé un long couplet ossianique (où l'on retrouve aussi *les quatre pierres couvertes de mousses*) et que le héros de *Jocelyn* (deuxième époque, v. 43-suiv.) se transporte par la pensée dans la Calédonie de légende. Sur l'enthousiasme de Chateaubriand pour Ossian, cf. *supra*, p. 39, n. 1 ; *Préface* des *Mélanges et poésies* (1826) : « Lorsqu'en 1793, la

qu'on ait ouï dans ces déserts me chanta les poèmes dont un héros consolait jadis sa vieillesse[a]. Nous étions assis sur quatre pierres rongées de mousse ; un torrent coulait à nos pieds ; le chevreuil paissait à quelque distance parmi les débris d'une tour, et le vent des mers sifflait sur la bruyère de Cona[b]. Maintenant la religion chrétienne, fille aussi des hautes montagnes, a placé des croix sur les monuments des héros de Morven, et touché la harpe de David[1], au bord du même torrent où Ossian fit gémir la sienne. Aussi pacifique que les divinités de Selma étaient guerrières, elle garde des troupeaux où Fingal livrait des combats, et elle a répandu des anges de paix dans les nuages qu'habitaient des fantômes homicides.

« L'ancienne et riante Italie m'offrit la foule de ses chefs-d'œuvre[2]. Avec quelle sainte et poétique horreur j'errais dans ces vastes édifices consacrés par les arts à la religion ! Quel labyrinthe de colonnes ! Quelle succession d'arches et de voûtes ! Qu'ils sont beaux ces bruits qu'on entend autour des dômes, semblables aux rumeurs des flots dans l'Océan, aux murmures des

---

Révolution me jeta en Angleterre, j'étais grand partisan du Barde écossais : j'aurais, la lance au poing, soutenu son existence envers et contre tous, comme celle du vieil Homère » ; *Génie du Christianisme* (troisième partie, liv. V, chap. v).

1. L'Ancien Testament représente à diverses reprises le roi David jouant de la harpe *(cithara)*. Cf. en particulier *Premier Livre des Rois*, XVI, 23 : « David tollebat citharam et percutiebat » ; XVIII, 10 ; XIX, 9, etc.

2. Il s'agit maintenant de l'Italie chrétienne, que Chateaubriand ne connaissait, elle aussi, que par les livres et les gravures ; il en parle avec une grandiloquente imprécision (le mot *dômes* peut être une allusion aux cathédrales de Milan, de Florence ou à Saint-Pierre de Rome). Cf. *Génie du Christianisme* (troisième partie, liv. I, chap. VIII : *Des églises gothiques*) et *Mémoires*, I, 64, 93 : « (Au collège de Rennes...) les arts me transportaient ; j'ai passionnément aimé la musique et l'architecture. »

vents dans les forêts, ou à la voix de Dieu dans son temple[1] ! L'architecte bâtit, pour ainsi dire, les idées du poète et les fait toucher aux sens.

« Cependant[a] qu'avais-je appris jusqu'alors avec tant de fatigue ? Rien de certain parmi les anciens, rien de beau parmi les modernes. Le passé et le présent sont deux statues incomplètes : l'une a été retirée toute mutilée du débris des âges ; l'autre n'a pas encore reçu sa perfection de l'avenir.

« Mais peut-être, mes vieux amis, vous surtout, habitants du désert, êtes-vous[b] étonnés que dans ce récit de mes voyages, je ne vous aie pas une seule fois entretenus des monuments de la nature ?

« Un jour, j'étais monté au sommet de l'Etna[2],

---

1. Cette fin de phrase est une réminiscence probable de la prophétie d'*Habacuc*, II, 20 : « Dominus autem in templo sancto suo : sileat a facie ejus omnis terra. »

2. M. G. Chinard (*Publications of the Modern Language Association of America*, XLIII, mars 1928) voit « une ébauche des voyages de René » dans l'*Abufar* de Ducis (acte II, scène 7) (cf. *supra*, p. 178, n. 3 et 4) ; le héros, Farhan, erre partout comme René et déclare :

> Je dis que le destin, que le ciel dans mon âme
> Versa de nos climats et l'ardeur et la flamme ;
> Qu'un besoin fatigant, un désir furieux
> De sortir de moi-même et de voir d'autres cieux,
> Un de ces mouvements qui commandent en maître,
> Que l'instinct nous inspire ou la raison peut-être,
> M'ont emporté partout, dans ces champs fécondés
> Par les trésors du Nil dont ils sont inondés,
> Sous ces affreux rochers battus par la tempête,
> Où ce fleuve s'enfonce et cache encore sa tête.
> J'ai couru les déserts et les palais des rois,
> Observé chaque peuple, et leur culte, et leurs lois,
> Leurs trésors, leurs soldats, leurs mœurs, leurs origines,
> Visité des tombeaux, des temples, des ruines ;
> Quelquefois, sur l'Atlas, médité près des cieux
> L'éternité du temps, l'immensité des lieux...

Mais, comme on l'a noté, on ne rencontre chez Ducis aucun volcan. Où donc Chateaubriand a-t-il pu prendre l'idée d'emmener son personnage au sommet de l'un d'eux ?

M. Raymond Lebègue (*René sur la bouche de l'Etna*, art. paru dans volcan qui brûle au milieu d'une île. Je vis le soleil se lever dans l'immensité de l'horizon au-dessous de moi, la Sicile resserrée comme un point à mes pieds, et la mer déroulée au loin dans les espaces. Dans cette vue perpendiculaire du tableau, les fleuves ne me semblaient plus que des lignes[a] géographiques tracées sur une carte ; mais, tandis que d'un côté mon œil apercevait ces objets, de l'autre il plongeait dans le cratère de l'Etna, dont je découvrais les entrailles brûlantes[b], entre les bouffées d'une noire vapeur.

« Un jeune homme plein de passions, assis sur la bouche d'un volcan[1], et pleurant sur les mortels dont à

---

la *Rivista di Letterature moderne*, Florence, mars-juin 1948, p. 15-19) a montré, d'une manière fort pertinente (d'après le livre de H. Tuzet, *Voyageurs français en Sicile au temps du Romantisme*, Paris, Boivin, 1945, p. 223-241), que l'ascension de l'Etna avait été mise à la mode par l'Anglais Brydone : celui-ci avait visité la Sicile en 1770 et la relation de son voyage, parue en 1773 (première traduction française : 1776), obtint un grand succès. On y lit une phrase qui a dû inspirer Chateaubriand : « Nous contemplons toute la Sicile comme *sur une carte*... En jetant les yeux un peu plus en avant, vous embrassez l'île entière, et vous voyez toutes ses villes, rivières et montagnes tracées *sur la* grande *carte* de la nature, les îles adjacentes, toute la côte d'Italie, aussi *loin* que peut s'étendre la vue... » (Brydone était au sommet de la montagne au lever du soleil). La comparaison de la carte géographique a mis en branle l'imagination de l'écrivain, qui retient seulement les rivières, dont les sinuosités, vues d'en haut, donnent l'impression d'une carte ; les îles et les côtes voisines lui suggèrent l'image de la mer déroulée au loin. En plaçant l'objet au centre du tableau, Chateaubriand obéit à l'esthétique picturale de son temps.

Brydone parle du cratère *vomissant des torrents de fumée*, ce qui peut correspondre aux *bouffées d'une noire vapeur*. Mais il ne fait nulle mention d'*entrailles brûlantes*. Celles-ci, selon M. Jacques Voisine (*Le volcan de « René »*, art. paru dans les *French Studies*, Oxford, 1951, p. 149-153), ont une autre origine littéraire. Dans les *Letters of an Italian Nun and an English Gentleman* (roman anonyme, attribué à tort à J.-J. Rousseau et paru en 1781), on peut lire *(Lettre XV)* le récit d'une ascension du Vésuve et ces lignes : « Naples is the most beautiful city of the universe..., (but) the only object which can engage my attention is the angry volcano (Vesuvius) that is now casting forth its *burning entrails*... »

1. « Cela donne au lecteur un frisson ; mais la position n'est pas

peine il voyait à ses pieds les demeures, n'est sans doute, ô vieillards, qu'un objet[a] digne de votre pitié ; mais, quoi que vous puissiez penser de René, ce tableau vous offre l'image de son caractère et de son existence[b]: c'est ainsi que toute ma vie j'ai eu devant les yeux une création à la fois immense et imperceptible, et un abîme ouvert à mes côtés[1]. »

En prononçant ces derniers mots, René se tut, et tomba subitement dans la rêverie. Le P. Souël[c] le regardait avec étonnement , et le vieux Sachem aveugle qui n'entendait plus parler le jeune homme, ne savait que penser de ce silence.

René avait les yeux attachés sur un groupe d'Indiens qui passaient gaiement dans la plaine. Tout à coup sa physionomie s'attendrit, des larmes coulent de ses yeux, il s'écrie :

« Heureux Sauvages ! Oh ! que ne puis-je jouir de la paix qui vous accompagne toujours ! Tandis qu'avec si peu de fruit je parcourais tant de contrées, vous, assis tranquillement sous vos chênes, vous laissiez couler les jours sans les compter. Votre raison n'était que vos

---

seulement incommode, elle est inconcevable pour tout voyageur qui a vu, de ses yeux, l'énorme cratère de l'Etna. » (R. Lebègue). — Lorsque, le 5 janvier 1804, il montera sur le Vésuve, Chateaubriand dira, avec plus de vraisemblance : « Me voilà au haut du Vésuve, écrivant assis *à* la bouche du volcan. » (O. C., VI, 300). Cette ascension sera la suite réelle du voyage fictif de René sur l'Etna...

1. La méditation de René a pu être suggérée par les considérations qu'inspire à Brydone le souvenir d'Empédocle : « Si la philosophie existe sur la terre, elle devrait fixer ici sa demeure... L'âme y prend un degré de sérénité dont très peu de sages, à ce que je pense, pourraient se vanter. » Mais le héros de notre roman tire une conclusion tout opposée à cette sérénité. — On notera un souvenir pascalien des *deux infinis* dans la *création à la fois immense et imperceptible*, comme dans l'*abîme ouvert à (ses) côtés;* mais la similitude d'expression, dans ce second cas, est tout extérieure et il n'y a rien de commun entre la réalité du gouffre volcanique et l'hallucination morbide dont souffrait l'auteur des *Pensées*.

besoins, et vous arriviez, mieux que moi, au résultat de la sagesse, comme[a] l'enfant, entre les jeux et le sommeil. Si cette mélancolie qui s'engendre de l'excès du bonheur atteignait quelquefois votre âme, bientôt vous sortiez de cette tristesse passagère, et votre regard levé vers le Ciel, cherchait avec attendrissement ce je ne sais quoi inconnu qui prend pitié du pauvre Sauvage[1]. »

Ici la voix de René expira de nouveau, et le jeune homme pencha la tête sur sa poitrine. Chactas, étendant le bras dans l'ombre, et prenant le bras de son fils, lui cria d'un ton ému : « Mon fils ! mon cher fils ! » A ces accents, le frère d'Amélie revenant à lui, et rou-

---

1. Sur les idées développées dans ce paragraphe, cf. R. Gonnard, *La légende du Bon Sauvage* (Libr. de Médicis, 1946). Ces rêveries sur le bonheur des Sauvages viennent de Rousseau qui dit, par exemple, dans le *Discours sur l'inégalité* : « Les désirs (du Sauvage) ne passent pas ses besoins physiques. » Marmontel chante dans *Les Incas* « la vie heureuse et simple du peuple sauvage » et déclare : « Rien de plus doux, de plus tranquille, de plus innocent que ces peuples. Toute leur vie était une paisible enfance... » — Le présent couplet de *René* est la reprise d'un passage de l'*Essai sur les Révolutions* (première partie, chap. XLVI), consacré à la Scythie heureuse et sauvage :

« Ainsi je l'ai vu sous les érables de l'Érié, ce favori de la nature qui sent beaucoup et pense peu, *qui n'a d'autre raison que ses besoins, et qui arrive au résultat de la philosophie comme l'enfant, entre les jeux et le sommeil. Assis insouciant,* les jambes croisées à la porte de sa hutte, *il laisse s'écouler ses jours sans les compter.* L'arrivée des oiseaux passagers de l'automne, qui s'abattent à l'entrée de la nuit sur le lac, ne lui annoncent point la fuite des années, et la chute des feuilles de la forêt ne l'avertit que du retour des frimas. *Heureux* jusqu'au fond de l'âme, on ne découvre point sur le front de l'Indien, comme sur le nôtre, une expression inquiète et agitée. Il porte seulement avec lui *cette légère affection de mélancolie qui s'engendre de l'excès du bonheur,* et qui n'est peut-être que le pressentiment de son incertitude. Quelquefois, par cet instinct de tristesse particulier à son cœur, vous le surprendrez plongé dans la rêverie, les yeux attachés sur le courant d'une onde, sur une touffe de gazon agitée par le vent, ou sur les nuages qui volent fugitifs par-dessus sa tête, et qu'on a comparés quelque part aux illusions de la vie : *au sortir de ces absences de lui-même,* je l'ai souvent observé, *jetant un regard attendri et reconnaissant vers le ciel,* comme s'il eût cherché *ce je ne sais quoi inconnu, qui prend pitié du pauvre Sauvage.* »

gissant de son trouble, pria son père de lui pardonner.

Alors le vieux Sauvage : « Mon[a] jeune ami, les mouvements d'un cœur comme le tien ne sauraient être égaux ; modère seulement ce caractère qui[b] t'a déjà fait tant de mal. Si tu souffres plus qu'un autre des choses de la vie, il ne faut pas t'en étonner ; une grande âme doit contenir plus de douleur qu'une petite. Continue ton récit. Tu nous as fait parcourir une partie de l'Europe, fais-nous connaître ta patrie. Tu sais que j'ai vu la France, et quels liens m'y ont attaché ; j'aimerai à entendre parler de ce grand Chef[1], qui n'est plus, et dont j'ai visité la superbe cabane[2]. Mon enfant, je ne vis plus que par la mémoire. Un vieillard avec ses souvenirs ressemble au chêne décrépit de nos bois[3] : ce chêne ne se décore plus de son propre feuillage, mais il couvre quelquefois[c] sa nudité des plantes étrangères qui ont végété sur ses antiques rameaux. »

Le frère d'Amélie, calmé par ces paroles, reprit ainsi l'histoire de son cœur :

« Hélas ! mon père, je ne pourrai t'entretenir de ce grand siècle dont je n'ai vu que la fin dans mon enfance, et qui n'était plus lorsque je rentrai dans ma patrie. Jamais un changement plus étonnant et plus soudain ne s'est opéré chez un peuple. De la hauteur du génie, du respect pour la religion, de la gravité des mœurs, tout

---

1. Louis XIV. *(Note de Chateaubriand.)*

2. Voir au livre VI des *Natchez* (édit. Chinard, p. 195-suiv.) la visite que fait Chactas, lors de son séjour en France, « à la hutte du Chef des chefs », c'est-à-dire au palais de Versailles.

3. Cf. *infra*, Appendice II, p. 386. — Cette comparaison d'un vieillard à un chêne décrépit, qui revient à plusieurs reprises dans *Les Natchez* (édit. Chinard, p. 114, 117, 265, 293), est un souvenir d'Ossian (cf. M. H. Miller, *op. cit.*, p. 124-125) : « Fingal ne tombera point comme un chêne décrépit au bord d'un fleuve ignoré. » « Je me flétris comme un chêne antique de Morven que les vents ont dépouillé de ses rameaux », etc. Elle est reprise par Lamartine dans le premier Épilogue de *Jocelyn* (v. 97-106).

était subitement descendu à la souplesse de l'esprit, à l'impiété, à la corruption[1].

« C'était donc bien vainement que j'avais espéré retrouver dans mon pays de quoi calmer cette inquiétude, cette ardeur de désir qui me suit partout[2]. L'étude[a] du monde ne m'avait rien appris, et pourtant je n'avais plus la douceur de l'ignorance.

« Ma sœur, par une conduite inexplicable, semblait se plaire à augmenter mon ennui ; elle avait quitté Paris quelques jours avant mon arrivée. Je lui écrivis que je comptais l'aller rejoindre ; elle se hâta de me répondre pour me détourner de ce projet, sous prétexte qu'elle était incertaine du lieu où l'appelleraient ses affaires. Quelles tristes réflexions ne fis-je point alors sur l'amitié, que la présence attiédit, que l'absence efface, qui ne résiste point au malheur, et encore moins à la prospérité[3] !

« Je me trouvai bientôt plus isolé dans ma patrie,

---

1. Même avant de revenir au Christianisme, Chateaubriand avait insisté sur la décadence morale qui suivit la disparition de Louis XIV. Cf. *Essai sur les Révolutions* (deuxième partie, chap. XLII) : « Le duc d'Orléans brillait de génie, de grâce, d'urbanité ; mais il était l'homme le plus immoral de son siècle et le moins fait pour gouverner une nation volage... Ce fut alors que l'on vit naître la secte philosophique... Lorsque les nations se corrompent, il s'élève des hommes qui leur apprennent qu'il n'y a point de vengeance céleste... »

2. Même idée et formule analogue dans l'art. *De l'Angleterre et des Anglais* (O. C., VI, 365) : « Une certaine inquiétude pousse l'homme sans cesse hors de lui... »

3. Cette pensée mélancolique était familière à Chateaubriand. Cf. *Génie du Christianisme* (troisième partie, liv. IV, chap. IV) : « ... Les illusions des amitiés de la terre *qui s'en vont avec les années et les intérêts* (Bossuet) » ; *Vie de Rancé* (édit. F. Letessier, p. 55) : « L'amitié ? elle disparaît quand celui qui est aimé tombe dans le malheur, ou quand celui qui aime devient puissant » ; *Mémoires*, II, 402 : « L'attachement des hommes se refroidit aussi vite que le boulet qui les frappe. » Voir aussi *supra*, p. 133, n. 3, et p. 193, n. 2.

que je ne l'avais été sur une terre étrangère[1]. Je voulus me jeter pendant quelque temps dans un monde qui ne me disait rien et qui ne m'entendait pas. Mon âme, qu'aucune passion n'avait encore usée, cherchait un objet qui pût l'attacher ; mais je m'aperçus que je donnais plus que je ne recevais. Ce n'était ni un langage élevé, ni un sentiment profond qu'on demandait de moi. Je n'étais occupé qu'à rapetisser ma vie, pour la mettre au niveau de la société. Traité partout d'esprit romanesque, honteux du rôle que je jouais, dégoûté de plus en plus des choses et des hommes, je pris le parti de me retirer dans un faubourg pour y vivre totalement ignoré.

« Je trouvai d'abord assez de plaisir dans cette vie obscure et indépendante. Inconnu, je me mêlais à la foule : vaste désert d'hommes[2a] !

« Souvent assis dans une église peu fréquentée, je passais des heures entières en méditation. Je voyais de pauvres femmes venir se prosterner devant le Très-Haut, ou des pécheurs s'agenouiller au tribunal de la

---

1. On comparera les sentiments exprimés dans cet alinéa avec ce que les *Mémoires* (II, 11-18) racontent du retour de Chateaubriand en France après ses sept années d'émigration en Angleterre : s'il fut en réalité fort bien accueilli par Fontanes et ses amis, il éprouva du moins une certaine difficulté à se réadapter à la vie de sa patrie, bouleversée par la Révolution.

2. Cf. *De l'Angleterre et des Anglais :* « J'ai parcouru quelques régions du globe ; mais j'avoue que j'ai mieux observé le désert que les hommes, parmi lesquels, après tout, on trouve souvent la solitude. » Les *Mémoires* (I, 163) expriment un sentiment analogue, en rapportant les impressions de Chateaubriand à Paris, au cours de l'automne 1786 ou 1787 : « Quand la nuit approchait, j'allais à quelque spectacle : le désert de la foule me plaisait, quoiqu'il m'en coutât toujours un peu... de me mêler aux hommes. » Cf. *Nouvelle Héloïse* (deuxième partie, lettre 14) : « J'entre avec une secrète horreur dans ce vaste désert du monde. Ce chaos ne m'offre qu'une solitude affreuse... Je ne suis seul que dans la foule... » Ce thème sera développé sur un autre registre par Baudelaire *(Le Spleen de Paris*, XII : *Les Foules)*.

pénitence[1]. Nul ne sortait de ces lieux sans un visage plus serein, et les sourdes clameurs qu'on entendait au dehors semblaient être les flots des passions et les orages du monde qui venaient expirer au pied du temple du Seigneur. Grand Dieu, qui vis en secret couler mes larmes dans ces retraites sacrées, tu sais combien de fois je me jetai à tes pieds, pour te supplier de me décharger du poids de l'existence, ou de changer en moi le vieil homme[2] ! Ah ! qui n'a senti quelquefois le besoin de se régénérer, de se rajeunir aux eaux du torrent, de retremper son âme à la fontaine de vie[3] ? Qui ne se trouve quelquefois accablé du fardeau de sa propre corruption[4], et incapable de rien faire de grand, de noble, de juste ?

« Quand le soir était venu, reprenant le chemin de ma retraite, je m'arrêtais sur les ponts, pour voir se coucher le soleil[5]. L'astre, enflammant les vapeurs de la

1. On comparera ces impressions de René avec celles que ressentait Chateaubriand enfant en assistant aux offices du soir, l'hiver, à la cathédrale de Saint-Malo (*Mémoires*, I, 48-49).

2. L'expression *vieil homme*, *dépouiller le vieil homme* est employée par saint Paul, *Épître aux Éphésiens*, IV, 22 (« Deponere vos *veterem hominem* ») et *Épître aux Colossiens*, III, 9 (« Expoliantes vos *veterem hominem* cum actibus suis »).

3. Cette phrase contient une nouvelle réminiscence biblique. Cf. *Psaumes*, XXXV, 9-10 : « Et *torrente voluptatis tuae* potabis eos, quoniam apud te est *fons vitae*. »

4. Sans qu'il soit nécessaire de donner des références précises, signalons que les idées de *fardeau* et de *corruption* sont familières à l'Ancien et au Nouveau Testament.

5. C'est, semble-t-il, au temps de son exil à Londres que Chateaubriand avait pris l'habitude d'aller contempler le soleil couchant, comme le montre une phrase de l'*Essai sur les Révolutions* : « Que de fois cette soif vague de quelque chose m'a contraint de sortir des spectacles de nos cités, pour aller voir le soleil se coucher au loin sur quelque site sauvage. » Cf. un de ces couchants londoniens dans l'article *De l'Angleterre et des Anglais* (O. C., VI, 373). Ce spectacle ne cessa jamais de hanter l'esprit de l'écrivain. Dans *Les Martyrs* (liv. X), Velléda dit à Eudore : « Au bord du ruisseau, au pied de l'arbre, le

cité, semblait osciller lentement dans un fluide d'or, comme le pendule de l'horloge des siècles[1]. Je me retirais ensuite avec la nuit, à travers un labyrinthe de rues solitaires. En regardant les lumières qui brillaient dans les demeures des hommes, je me transportais par la pensée au milieu[a] des scènes de douleur et de joie qu'elles éclairaient ; et je songeais que sous tant de toits habités, je n'avais pas un ami[2]. Au milieu de mes réflexions, l'heure venait frapper à coups mesurés dans la tour de la cathédrale gothique[b] ; elle allait se répétant

---

long de cette haie..., *nous aurions admiré le coucher du soleil.* » Et, à la fin de sa carrière, il prête au réformateur de la Trappe une attitude analogue à celle de René et que n'atteste aucun témoignage historique : « Il suivait des sentiers au milieu des blés, *tenant les yeux attachés sur le soleil prêt à se coucher* parmi les moissons » (*Vie de Rancé*, édit. F. Letessier, p. 296).

1. Cette comparaison du soleil à une horloge a pu être suggérée à l'écrivain par la *Genèse*, I, 15 : « Dixitque Deus : Fiant luminaria in firmamento coeli et sint in signa et tempora et dies et annos » (« Qu'il y ait des luminaires dans l'étendue du ciel et que ce soit des signes pour marquer les époques, les jours et les années »). — Cf. *infra*, Appendice II, p. 386.

2. Un premier état, moins succinct, de cette méditation figure déjà dans l'*Essai sur les Révolutions* (deuxième partie, chap. XIII, *Aux infortunés*) : « Un infortuné parmi les enfants de la prospérité, ressemble à un gueux qui se promène en guenilles au milieu d'une société brillante : chacun le regarde et le fuit. Il doit donc éviter les jardins publics, le fracas, le grand jour ; le plus souvent même il ne sortira que la nuit. Lorsque la brune commence à confondre les objets, notre infortuné s'aventure hors de sa retraite et, traversant en hâte les lieux fréquentés, il gagne quelque chemin solitaire, où il puisse errer en liberté. Un jour il va s'asseoir au sommet d'une colline qui domine la ville et commande une vaste contrée ; il contemple les feux qui brillent dans l'étendue du paysage obscur, sous tous ces toits habités. Ici, il voit éclater le réverbère à la porte de cet hôtel, dont les habitants, plongés dans les plaisirs, ignorent qu'il est un misérable, occupé seul à regarder de loin la lumière de leurs fêtes, lui qui eut aussi des fêtes et des amis ! Il ramène ensuite ses regards sur quelque petit rayon tremblant dans une pauvre maison écartée du faubourg et il se dit : « Là, j'ai des frères. » — On remarquera que la solitude de René est encore plus complète que celle de l' « infortuné » de l'*Essai*.

sur tous les tons et à toutes les distances d'église en église[1]. Hélas ! chaque heure dans la société ouvre un tombeau, et fait couler des larmes.

« Cette vie, qui m'avait d'abord enchanté, ne tarda pas à me devenir insupportable. Je me fatiguai de la répétition des mêmes scènes et des mêmes idées. Je me mis à sonder mon cœur, à me demander ce que je désirais. Je ne le savais pas ; mais je crus tout à coup que les bois me seraient délicieux[2]. Me voilà soudain résolu d'achever, dans un exil champêtre, une carrière à peine commencée, et dans laquelle j'avais déjà dévoré des siècles.

« J'embrassai ce projet avec l'ardeur que je mets à tous mes desseins ; je partis précipitamment pour m'ensevelir dans une chaumière, comme j'étais parti autrefois pour faire le tour du monde[a].

« On m'accuse d'avoir des goûts inconstants, de ne pouvoir jouir longtemps de la même chimère, d'être la proie d'une imagination qui se hâte d'arriver au fond de mes plaisirs, comme si elle était accablée de leur durée ; on m'accuse de passer toujours le but que je puis atteindre : hélas ! je cherche seulement un bien inconnu, dont l'instinct me poursuit[3]. Est-ce ma faute,

1. Encore un souvenir d'Angleterre : cf. certaines impressions recueillies aux abords de Westminster, où Chateaubriand s'était même, une nuit, laissé enfermer (*Mémoires*, I, 440-442).

2. Sur le goût de René pour les bois, cf. *supra*, p. 181, n. 2.

3. Cf. *Essai sur les Révolutions* (première partie, chap. LXX) : « Est-ce un instinct indéterminé, un vide intérieur que nous ne saurions remplir, qui nous tourmente ? Je l'ai aussi sentie, cette soif vague de quelque chose. Elle m'a traîné dans les solitudes muettes de l'Amérique et dans les villes bruyantes de l'Europe ; je me suis enfoncé, pour la satisfaire, dans les épaisseurs des forêts du Canada et dans la foule qui inonde nos jardins et nos temples... Homme (est-ce) ta destinée de porter partout un cœur miné d'un désir inconnu ?... » Rousseau exprimait déjà un sentiment voisin dans sa *Lettre à M. de Malesherbes* du 26 janvier 1762 : « Je trouvais en moi un vide inexplicable que

si je trouve partout des bornes, si ce qui est fini n'a pour moi aucune valeur ? Cependant je sens que j'aime la monotonie des sentiments de la vie, et si j'avais encore la folie de croire au bonheur, je le chercherais dans l'habitude.

« La solitude absolue, le spectacle de la nature[1], me plongèrent bientôt dans un état presque impossible à décrire. Sans parents, sans amis, pour ainsi dire seul sur la terre[2], n'ayant point encore aimé, j'étais accablé[a] d'une surabondance de vie[3]. Quelquefois je rougissais subitement, et je sentais couler dans mon cœur, comme

---

rien n'aurait pu remplir, un certain élancement du cœur vers une autre source de jouissance dont je n'avais pas idée... » Et Ballanche, dans son livre *Du sentiment* (Lyon, 1801, p. 75-76), annonçait l'inquiétude de René : « Quel est l'homme... qui n'a pas souvent éprouvé le vide de son imagination, l'insatiabilité de ses désirs ? Quand il a voulu sonder sa conscience, n'a-t-il pas toujours aperçu dans son cœur un abîme que toutes les illusions des plaisirs, que toutes les merveilles des arts, que tous les trônes de l'ambition, que toutes les promesses de la gloire ne pourraient combler ? N'y a-t-il pas toujours vu, avec effroi, cette solitude immense, qui serait encore une solitude, quand même toutes les créatures viendraient y confondre tout l'amour qui est sur la terre ?... »

1. C'est à Combourg que Chateaubriand avait contracté l'habitude d'une contemplation passive de la nature. *Mémoires*, I, 110 : « Ma mère, Lucile et moi, nous regardions le ciel, les bois, les derniers rayons du soleil, les premières étoiles. »

2. Même idée et même expression au début de la *Première promenade* des *Rêveries du promeneur solitaire* (édit. de la Pléiade, p. 651) : « Me voici donc *seul sur la terre*, n'ayant plus de frère, de prochain, d'ami, de société que moi-même. » Cf. *Essai sur les Révolutions* (première partie, Introduction) : « Songez qu'on doit passer quelque chose à un infortuné *laissé sans ami sur la terre...* »

3. L'*Essai sur les Révolutions* (deuxième partie, chap. XIII) emploie une expression analogue pour traduire une pensée voisine : « Lorsque les chances de la destinée nous jettent hors de la société, *la surabondance de notre âme*, faute d'objet réel, se répand jusque sur l'ordre muet de la création... » — Cet accablement dû à un excès de forces inemployées, Chateaubriand le ressentit durant toute son existence (voir à ce sujet *Vie de Rancé*, édit. F. Letessier, p. 247, et *Mémoires*, IV, 115 et 122).

des ruisseaux d'une lave ardente[1] ; quelquefois je poussais des cris involontaires, et la nuit était également troublée de mes songes et de mes veilles. Il me manquait quelque chose pour remplir l'abîme de mon existence[2] : je descendais dans la vallée, je m'élevais sur la montagne, appelant de toute la force de mes désirs l'idéal objet d'une flamme future ; je l'embrassais dans les vents[3] ; je croyais l'entendre dans les gémissements du fleuve ; tout était ce fantôme imaginaire, et les astres dans les cieux, et le principe même de vie dans l'univers[4].

---

1. Selon M. J. Voisine (cf. *supra*, p. 199, n. 2), ces *ruisseaux de lave ardente* peuvent être une réminiscence des *Letters of an Italian Nun*... (Lettre XVII) : « I had formed, again and again, the desperate wish that *its burning streams* might overtake and consume me » (Il s'agit du Vésuve).

2. M. J. Pommier (*Revue d'Histoire littéraire*, 1937, p. 258) rapproche cette phrase de l'*Essai sur les Révolutions* (« Est-ce un vide intérieur que nous ne saurions remplir qui nous tourmente ? ») et du *Génie du Christianisme* (deuxième partie, liv. III, chap. II) (« Aimer, dit Massillon, ... c'est vouloir trouver dans l'objet aimé tout ce qui manque à notre cœur ; c'est l'appeler au secours de ce vide affreux que nous sentons en nous-mêmes... »). Miss M. H. Miller (*op. cit.*, p. 120) signale le caractère ossianique de ce « vague à l'âme ».

3. Même expression dans les *Mémoires*, I, 132 : « ... *embrassant les vents* qui m'échappaient ainsi que l'ombre... » Comme le remarque Sainte-Beuve (*op. cit.*, I, 307), le *fantôme imaginaire* que poursuit René se retrouve dans les *Mémoires*, au chapitre intitulé *Fantôme d'amour* (I, 125-127) : on doit en effet rapprocher le délire de notre héros de celui que connut le jeune Chateaubriand à Combourg, pendant « deux années entières ».

4. Cf. *infra*, Appendice II, p. 386 et *Génie du Christianisme*, (deuxième partie, liv. III, chap. II). Sainte-Beuve *(ibid.)* compare ce passage avec l'*Isolement* de Lamartine, « toujours avec la différence des complexions et des natures » ; mais, comme l'a montré M. H. Guillemin (*op. cit.*, p. 534), c'est plus encore avec *Jocelyn* (troisième époque, v. 68-suiv.) que le rapprochement s'impose :

> J'entrouvre en vain mes bras au vent, mon cœur est seul.
> Je jette en vain un nom au hasard de ce vide :
> Le désert seul hélas ! m'entoure et me répond.
> Je vais du lac au pic, et de la grotte au pont ;
> Je reviens sur mes pas, je m'assieds, je me lève...

« Toutefois cet état de calme et de trouble, d'indigence et de richesse, n'était pas sans quelques charmes. Un jour[a] je m'étais amusé à effeuiller une branche de saule sur un ruisseau, et à attacher une idée à chaque feuille que le courant entraînait. Un roi qui craint de perdre sa couronne par une révolution subite, ne ressent pas des angoisses plus vives que les miennes, à chaque accident qui menaçait les débris[b] de mon rameau. O faiblesse des mortels ! O enfance du cœur humain qui ne vieillit jamais ! Voilà donc à quel degré de puérilité notre superbe raison peut descendre ! Et encore est-il vrai que bien des hommes attachent leur destinée à des choses d'aussi peu de valeur que mes feuilles de saule[1].

« Mais comment exprimer cette foule de sensations fugitives, que j'éprouvais dans mes promenades ? Les sons que rendent les passions dans le vide d'un cœur solitaire, ressemblent au murmure que les vents et les eaux font entendre dans le silence d'un désert : on en jouit, mais on ne peut les peindre[2].

« L'automne me surprit au milieu de ces incerti-

---

1. Ainsi le héros de Gœthe (*Werther*, lettre XXVIII) cueille des fleurs sur son passage, en fait un bouquet, puis le jette dans la rivière et s'arrête à le voir s'enfoncer insensiblement ; mais il ne tire de là aucune réflexion philosophique. — Dans *Odérabi* (p. 105), Ontérée « se plaît à poursuivre la branche entraînée par les torrents ». — Chez Lamartine, Jocelyn et Laurence (quatrième époque, v. 163-166) renouvellent le geste de René :

> Nous effeuillions sur l'eau des tiges dans nos mains ;
> Je ne sais quel attrait des yeux pour l'eau limpide
> Nous faisait regarder et suivre chaque ride
> Réfléchir, soupirer, rêver sans dire un mot,
> Et perdre et retrouver notre âme à chaque flot.

2. Cf. l'article de Chateaubriand sur *Young* (26 mars 1802) (*Mélanges littéraires*, O. C., VI, 382) : « Les souvenirs sont comme les échos des passions ; et le son qu'ils répètent prennent par l'éloignement quelque chose de vague et de mélancolique qui les rend plus séduisants que l'accent des passions mêmes. »

tudes[1] : j'entrai avec ravissement dans les mois des tempêtes[2]. Tantôt j'aurais voulu être un de ces guerriers errant au milieu des vents, des nuages et des fantômes[3] ; tantôt j'enviais jusqu'au sort du pâtre que je voyais réchauffer ses mains à l'humble feu de broussailles qu'il avait allumé au coin d'un bois[4]. J'écoutais ses chants mélancoliques, qui me rappelaient que dans tout pays, le chant naturel de l'homme est triste, lors même qu'il exprime le bonheur. Notre cœur est un instrument incomplet, une lyre où il manque des cordes, et où nous sommes forcés de rendre les accents de la joie sur le ton consacré aux soupirs[5].

---

1. Les *Mémoires* (I, 130-131) reprennent et développent la rêverie automnale de René, dont on trouve aussi le rappel dans *Les Natchez* (édit. Chinard, p. 433) : « La saison déclinait vers l'automne ; saison mélancolique où l'oiseau de passage qui s'envole, la verdure qui se flétrit, la feuille qui tombe, la chaleur qui s'éteint, le jour qui s'abrège, la nuit qui s'étend... rappellent la destinée de l'homme. »

2. Dans son article sur *Young* (O. C., VI, 380), Chateaubriand cite et traduit un vers des *Saisons* du poète anglais Thomson, dont cette phrase de *René* paraît un écho :

Pleas'd have I wander'd thro' your rough domain

(« Combien de fois n'ai-je point erré avec ravissement dans les régions des tempêtes ! »)

3. Nouvelle réminiscence ossianique (cf. *supra*, p. 197, n. 2).

4. A Combourg, Chateaubriand aimait ainsi s'arrêter à contempler les paysans et à méditer sur leur sort. Cf. *Mémoires*, I, 130.

5. Chateaubriand était particulièrement sensible à la musique, comme le montrent de nombreux passages de ses *Mémoires* (I, 128, 129, etc.) et celle des voix humaines était peut-être pour lui la plus émouvante de toutes, surtout quand il s'agissait de voix féminines (cf. *infra*, p. 218 et 237, n. 1). — Le critique Ginguené a vigoureusement repris l'image du *cœur, instrument incomplet* : « (C'est un) de ces traits exagérés et bizarres, que les hommes qui veulent comprendre ce qu'ils lisent ne peuvent aimer, et que les autres n'aiment que par cela même qu'ils ne les comprennent pas » (*Décade philosophique*, an X-1802, p. 83-85). La trouvaille est pourtant fort belle ; elle fait songer à Pascal (*Pensées*, édit. Brunschvicg, n° 111) : « On croit toucher des orgues ordinaires, en touchant l'homme. Ce sont des orgues, à la vérité, mais bizarres, changeantes, variables... » ; et Lamartine (*Préface*

« Le jour je m'égarais sur de grandes bruyères[1] terminées par des forêts. Qu'il fallait peu de chose à ma rêverie : une feuille séchée que le vent chassait devant moi, une cabane dont la fumée s'élevait dans la cime dépouillée des arbres, la mousse qui tremblait au souffle du nord sur le tronc d'un chêne, une roche écartée, un étang désert où le jonc flétri murmurait ! Le clocher du hameau, s'élevant au loin dans la vallée, a souvent[a] attiré mes regards ; souvent j'ai suivi des yeux les oiseaux de passage qui volaient au-dessus de ma tête. Je me figurais les bords ignorés, les climats lointains où ils se rendent ; j'aurais voulu être sur leurs ailes. Un secret instinct me tourmentait ; je sentais que je n'étais moi-même qu'un voyageur[2] ; mais une voix du ciel

des *Méditations*, écrite en 1849) s'exprimera d'une façon voisine pour définir sa poésie : « J'ai donné à ce qu'on nommait la Muse, au lieu d'une lyre à sept cordes de convention, les fibres mêmes du cœur de l'Homme, touchées et émues par les innombrables frissons de l'âme et de la nature. »

1. Si la bruyère (qu'on a déjà rencontrée, *supra*, p. 198) appartient au décor ossianique (M. H. Miller, *op. cit.*, p. 106), c'est aussi essentiellement une plante de la Bretagne (*Mémoires*, I, 62 : « Nous n'aperçûmes que des bruyères guirlandées de bois », etc.). On la retrouve naturellement dans *Les Martyrs*, livre IX (« L'Armorique ne m'offrit que des bruyères, des bois, des vallées étroites... ») et son souvenir hantait tellement l'esprit de l'écrivain qu'il la fait pousser jusqu'en Amérique méridionale, où on ne la rencontre pas (*Les Natchez*, édit. Chinard, p. 339).

2. Si l'on peut, dans tout cet alinéa, trouver certaines réminiscences de l'attitude du « rêveur » selon Ossian (cf. M. H. Miller, *op. cit.*, p. 109), l'essentiel rappelle les automnes à Combourg (*Mémoires*, I, 130-131, et *Itinéraire de Paris à Jérusalem*, édit. Malakis, II, 17) : « Je me rappelle que, dans mon enfance, je passais des heures entières à voir, avec je ne sais quel plaisir triste, voltiger les hirondelles en automne ; *un secret instinct me disait que je serais voyageur comme ces oiseaux.* » Cette même idée est exprimée au début de l'article *De l'Angleterre et des Anglais :* « Si un sentiment sublime n'attachait pas l'homme à sa patrie, *sa condition la plus naturelle sur la terre serait celle du voyageur* ». — Par ailleurs, le thème des *oiseaux de passage* (traité au propre ou symboliquement) est familier à Chateaubriand : *Génie du Christianisme* (première partie, liv. V, chap. VII et VIII : *Migration des oiseaux*) ;

semblait me dire : « Homme, la saison de ta migration « n'est pas encore venue ; attends que le vent de la « mort se lève, alors tu déploieras ton vol vers ces « régions inconnues que ton cœur demande. »

« Levez-vous vite, orages désirés[1], qui devez emporter René dans les espaces d'une autre vie ! Ainsi disant, je marchais à grands pas, le visage enflammé, le vent sifflant dans ma chevelure[2], ne sentant ni pluie ni frimas, enchanté, tourmenté, et comme possédé par le démon de mon cœur.

« La nuit, lorsque l'aquilon ébranlait ma chaumière[3a], que les pluies tombaient en torrent sur mon toit, qu'à travers ma fenêtre je voyais la lune sillonner les nuages amoncelés, comme un pâle vaisseau qui

---

Vie de Rancé, édit. F. Letessier, p. 106, 220 ; *Mémoires*, I, 47, 97, etc. Cf. *supra*, p. 163, n. 1, et *infra*, Appendice II, p. 387.

1. On trouve maintes invocations analogues dans les œuvres attribuées à Ossian : « Levez-vous, ô vents orageux d'Érin ; mugissez, ouragans des bruyères ; puissé-je mourir au milieu de la tempête, enlevé dans un nuage par les fantômes irrités des morts !... » « Levez-vous, vents d'automne, soufflez sur la noire bruyère ! » (Monglond, *Revue d'Histoire littéraire*, 1920, p. 615-616). Le héros de *Werther* (lettre LXXV) exprime des sentiments aussi véhéments : « Que j'aurais brisé de bon cœur cette misérable enveloppe pour voler, libre d'entraves, avec les ouragans, déchirer les nues avec la tempête, et rouler parmi les flots mugissants... » Et Ontérée dans *Odérahi* (p. 93) : « Et quand entendrai-je à travers le souffle des orages la voix du Grand-Être m'appeler auprès de lui ? » L'origine lointaine de ces diverses invocations est sans doute le *Cantique des cantiques*, IV, 16 : « Surge, aquilo, et veni, auster... » Lamartine se souviendra du cri de René dans l'*Isolement (Premières Méditations)* :

Et moi, je suis semblable à la feuille flétrie :
Emportez-moi comme elle, orageux aquilons !

2. Autre trait ossianique : « The wind whistled thro' his locks » (M. H. Miller, *op. cit.*, p. 125). Cf. *Jocelyn* (deuxième époque, v. 46-49 et 70). — Chateaubriand connut pareille exaltation et mêmes errances à Combourg (*Mémoires*, I, 132).

3. Transposition d'un souvenir de Combourg. Cf. *Mémoires*, I, 117 : « Quelquefois, le vent laissait échapper des plaintes ; tout à coup ma porte *était ébranlée* avec violence... » — Sur les jeux d'ombres et de lumière, cf. *supra*, p. 193, n. 1.

laboure les vagues, il me semblait que la vie redoublait au fond de mon cœur, que j'aurais eu la puissance de créer des mondes[1]. Ah ! si j'avais pu faire partager à une autre les transports que j'éprouvais ! O Dieu ! si tu m'avais donné une femme selon mes désirs ; si, comme à notre premier père, tu m'eusses amené par la main une Ève tirée de moi-même... Beauté céleste, je me serais prosterné devant toi ; puis, te prenant dans mes bras, j'aurais prié l'Éternel de te donner le reste de ma vie[2].

« Hélas ! j'étais seul, seul sur la terre ! Une langueur secrète s'emparait de mon corps. Ce dégoût de la vie que j'avais ressenti dès mon enfance, revenait[a] avec une force nouvelle. Bientôt mon cœur ne fournit plus d'aliment à ma pensée, et je ne m'apercevais de mon existence que par un profond sentiment d'ennui[3].

« Je luttai quelque temps contre mon mal, mais avec

---

1. Même ardeur dans la lettre que René adresse à Céluta à la fin des *Natchez* (édit. Chinard, p. 436) : « Le cœur de René s'ouvre maintenant devant toi : vois-tu le monde extraordinaire qu'il renferme ? Il sort de ce cœur des flammes qui manquent d'aliment, qui dévoreraient la création sans être rassasiées... »

2. Commentant ces « immortels accents », Sainte-Beuve (*op. cit.*, I, 308) ajoute : « On retrouve là, adouci, à peine, le cri de Chactas dans la forêt, le cri d'Eudore tenant Velléda sur le rocher. » (Cf. *supra*, p. 92-93, et *Les Martyrs*, livre X (O. C., IV, 149-150). On retrouve surtout l'accent des pages consacrées à la poursuite de la Sylphide dans les *Mémoires*, I, 125-132. — Sur l'allusion à l'Écriture, cf. *Genèse*, I, 22 : « ... et aedificavit Dominus costam quam tulerat de Adam in mulierem *et adduxit eam ad Adam...* ».

3. M. A. Monglond (*Le Préromantisme français*, I, 236-237) nomme, parmi les possibles ancêtres littéraires de *René*, le *Tiridate* de Campistron, tragédie parue en 1691 ; il en cite notamment ce passage :

Au milieu de la cour cherchant la solitude,
Nourrissant son esprit de son inquiétude,
Insensible aux objets qui flattaient ses désirs,
Il respire à regret, il languit sans plaisirs ;
Et son cœur dévoré du mal qui l'empoisonne,
Confond dans ses dégoûts tout ce qui l'environne.

indifférence et sans avoir la ferme résolution de le vaincre. Enfin, ne pouvant trouver de remède à cette étrange blessure de mon cœur, qui n'était nulle part et qui était partout, je résolus de quitter la vie[1].

« Prêtre du Très-Haut, qui m'entendez, pardonnez à un malheureux que le ciel avait presque privé de la raison. J'étais plein de religion, et je raisonnais en impie ; mon cœur aimait Dieu[a], et mon esprit le méconnaissait ; ma conduite, mes discours, mes sentiments, mes pensées, n'étaient que contradiction, ténèbres, mensonges. Mais l'homme sait-il bien toujours ce qu'il veut, est-il toujours sûr de ce qu'il pense ?

« Tout m'échappait à la fois, l'amitié, le monde, la retraite. J'avais essayé de tout, et tout m'avait été fatal[2]. Repoussé par la société, abandonné d'Amélie, quand la solitude vint à me manquer, que me restait-il ? C'était la dernière planche sur laquelle j'avais espéré me sauver, et je la sentais encore s'enfoncer dans l'abîme !

« Décidé que j'étais à me débarrasser du poids de la vie, je résolus de mettre toute ma raison dans cet acte insensé. Rien ne me pressait ; je ne fixai point le moment du départ, afin de savourer à longs traits les derniers moments de l'existence, et de recueillir toutes mes

---

1. On lira dans les *Mémoires* (I, 134) comment, au moment le plus aigu de sa crise d'adolescence, Chateaubriand avait tenté vainement de se tuer avec un vieux fusil de chasse ; il fait précéder son récit d'une remarque à comparer avec les excuses que René présente au P. Souël : « Me voici arrivé à un moment où j'ai besoin de quelque force pour confesser ma faiblesse. L'homme qui attente à ses jours montre moins la vigueur de son âme que la défaillance de sa nature. »

2. Même inquiétude et même impossibilité d'y apporter remède chez J.-J. Rousseau, *Rêveries du promeneur solitaire*, 8e *promenade* (édit. de la Pléiade, p. 728-729) : « Jamais je n'étais parfaitement content ni d'autrui, ni de moi-même. Le tumulte du monde m'étourdissait, la solitude m'ennuyait ; j'avais sans cesse besoin de changer de place, et je n'étais bien nulle part... »

forces, à l'exemple d'un Ancien, pour sentir mon âme s'échapper[1].

« Cependant je crus nécessaire[a] de prendre des arrangements concernant ma fortune, et je fus obligé d'écrire à Amélie. Il m'échappa quelques plaintes sur son oubli, et je laissai sans doute percer l'attendrissement qui surmontait peu à peu mon cœur. Je m'imaginais pourtant avoir bien dissimulé mon secret ; mais ma sœur accoutumée à lire dans les replis de mon âme, le devina sans peine. Elle fut alarmée du ton de contrainte qui régnait dans ma lettre, et de mes questions sur des affaires dont je ne m'étais jamais occupé. Au lieu de me répondre, elle me vint tout à coup surprendre.

« Pour bien sentir quelle dut[b] être dans la suite l'amertume de ma douleur, et quels furent mes premiers transports en revoyant Amélie, il faut vous figurer que c'était la seule personne au monde que j'eusse aimée[2], que tous mes sentiments se venaient confondre en elle, avec la douceur des souvenirs de mon enfance. Je reçus donc Amélie dans une sorte d'extase de cœur. Il y avait si longtemps que je n'avais trouvé quelqu'un

---

1. Cet Ancien, c'est sans doute Canus Julius, condamné à mort par Caligula et dont Sénèque rapporte les dernières paroles (*De tranquillitate animi*, XIV, 9) : « Quid, Cane, nunc cogitas ? aut quae tibi mens est ? — Observare, inquit Canus, proposui illo velocissimo momento *an sensurus sit animus exire se.* » — Montaigne (*Essais*, liv. II, chap. VI ; édit. de la Pléiade, p. 352-353) développe cette anecdote et prête à Canus des propos dont Chateaubriand paraît s'être souvenu : « Je pensais, lui répondit-il, à me tenir prêt et bandé de toute ma force pour voir si, en cet instant de la mort, si court et si bref, je pourrai apercevoir quelque délogement de l'âme, et si elle aura quelque ressentiment de son issue... »

2. Cf. *Mémoires*, I, 118 : « Je croissais auprès de ma sœur Lucile ; *notre amitié était toute notre vie.* » D'autre part, comme Amélie est aussi Charlotte Ives, l'affirmation de René peut s'appliquer à la jeune Anglaise, qui laissa à Chateaubriand « le plus doux, le plus tendre souvenir » (*ibid.*, I, 457) et fut effectivement la première femme qu'il aima d'amour.

qui m'entendît, et devant qui je pusse ouvrir mon âme !

« Amélie se jetant dans mes bras, me dit : « Ingrat[a],
« tu veux mourir, et ta sœur existe ! Tu soupçonnes
« son cœur ! Ne t'explique point, ne t'excuse point,
« je sais tout ; j'ai tout compris, comme si j'avais été
« avec toi. Est-ce moi que l'on trompe, moi, qui ai
« vu naître tes premiers sentiments ? Voilà[b] ton mal-
« heureux caractère, tes dégoûts, tes injustices. Jure,
« tandis que je te presse sur mon cœur, jure que c'est
« la dernière fois que tu te livreras à tes folies ; fais le
« serment de ne jamais attenter à tes jours. »

« En prononçant ces mots, Amélie me regardait avec compassion et tendresse, et couvrait mon front de ses baisers ; c'était presque une mère, c'était quelque chose de plus tendre. Hélas ! mon cœur se rouvrit à toutes les joies ; comme un enfant, je ne demandais qu'à être consolé ; je cédai à l'empire d'Amélie ; elle exigea un serment solennel ; je le fis sans hésiter, ne soupçonnant même pas que désormais je pusse être malheureux.

« Nous fûmes plus d'un mois à nous accoutumer à l'enchantement d'être ensemble. Quand le matin, au lieu de me trouver seul, j'entendais la voix de ma sœur, j'éprouvais un tressaillement de joie et de bonheur. Amélie avait reçu de la nature quelque chose de divin ; son âme avait les mêmes grâces innocentes que son corps ; la douceur de ses sentiments était infinie ; il n'y avait rien que de suave et d'un peu rêveur dans son esprit ; on eût dit que son cœur, sa pensée et sa voix soupiraient comme de concert ; elle tenait de la femme la timidité et l'amour, et de l'ange la pureté et la mélodie[1].

---

1. Cf. le portrait de Lucile dans les *Mémoires*, I, 119-120. Il est curieux de noter que, pour peindre Amélie, Chateaubriand emploie des termes analogues à ceux dont il se sert, à diverses reprises, pour parler de la musique. Voir notamment *Mémoires*, I, 129 : « ... la musique,

« Le moment était venu où j'allais expier toutes mes inconséquences. Dans mon délire j'avais été jusqu'à désirer d'éprouver un malheur, pour avoir du moins un objet réel de souffrance : épouvantable souhait que Dieu, dans sa colère, a trop exaucé !

« Que vais-je vous révéler, ô mes amis ! Voyez[a] les pleurs qui coulent de mes yeux. Puis-je même... Il y a quelques jours, rien n'aurait pu m'arracher ce secret... A présent tout est fini !

« Toutefois, ô vieillards, que[b] cette histoire soit à jamais ensevelie dans le silence : souvenez-vous qu'elle n'a été racontée que sous l'arbre du désert.

« L'hiver finissait, lorsque je m'aperçus qu'Amélie perdait le repos et la santé qu'elle commençait à me rendre. Elle maigrissait ; ses yeux se creusaient ; sa démarche était languissante, et sa voix troublée[1]. Un

---

art qui tient le milieu entre la nature matérielle et la nature intellectuelle, qui peut dépouiller l'amour de son enveloppe terrestre ou donner un corps à l'ange du ciel. Selon les dispositions de celui qui les écoute, ces mélodies sont des pensées ou des caresses » ; IV, 444, 555 : « ... ces décentes mélodies qui tiennent de la femme et de l'ange » ; *Vie de Rancé*, édit. F. Letessier, p. 291-292.

1. M. G. Chinard (*Publications of the Modern Language Association of America*, mars 1928) rapproche ce passage des *Héroïdes* d'Ovide (X, 21-32) où Canacé, devenue la maîtresse de Macarée son frère, exprime ainsi sa détresse : « Pourquoi, frère, m'as-tu jamais aimée plus qu'un frère ? Pourquoi ai-je été à ton égard ce que ne doit pas être une sœur ? Moi-même je me suis enflammée : j'ai senti dans mon cœur amolli je ne sais quel dieu dont on m'avait parlé. Mon teint avait perdu ses couleurs, mes membres s'étaient décharnés, ma bouche prenait avec dégoût quelques aliments ; le sommeil ne venait qu'à grand-peine ; la nuit me paraissait une année ; je gémissais enfin sans éprouver aucune douleur. Je ne pouvais me rendre compte des raisons qui me faisaient agir ainsi. J'ignorais l'amour, mais c'était lui. » — Chez Bernardin de Saint-Pierre, l'héroïne de *Paul et Virginie* (édit. M. Souriau, p. 135) ressent des troubles analogues à la naissance de l'amour : « Cependant, depuis quelque temps, Virginie se sentait agitée d'un mal inconnu. Ses beaux yeux se marbraient de noir ; son teint jaunissait ; une langueur universelle abattait son corps. La sérénité n'était plus sur son front, ni le sourire sur ses lèvres. On la voyait

jour, je la surpris tout en larmes au pied d'un crucifix. Le monde, la solitude, mon absence, ma présence, la nuit, le jour, tout l'alarmait. D'involontaires soupirs venaient expirer sur ses lèvres ; tantôt elle soutenait, sans se fatiguer, une longue course ; tantôt elle se traînait à peine ; elle prenait et laissait son ouvrage, ouvrait un livre sans pouvoir lire, commençait une phrase qu'elle n'achevait pas[1], fondait tout à coup en pleurs, et se retirait pour prier.

« En vain je cherchais à découvrir son secret. Quand je l'interrogeais, en la pressant dans mes bras, elle me répondait, avec un sourire, qu'elle était comme moi, qu'elle ne savait pas ce qu'elle avait.

« Trois mois se passèrent de la sorte, et son état devenait pire chaque jour. Une correspondance mystérieuse me semblait être la cause de ses larmes, car elle paraissait ou plus tranquille ou plus émue, selon les lettres qu'elle recevait. Enfin, un matin, l'heure à laquelle nous déjeunions ensemble étant passée, je monte à son appartement ; je frappe, on ne me répond point ; j'entrouvre la porte, il n'y avait personne dans la chambre. J'aperçois sur la cheminée un paquet à mon adresse. Je le saisis en

tout à coup gaie sans joie, et triste sans chagrin... Elle errait çà et là dans les lieux les plus solitaires de l'habitation, cherchant partout du repos et ne le trouvant nulle part. » Chateaubriand a pu aussi se souvenir d'une autre remarque formulée dans le même roman (*ibid.*, p. 211-212) : « L'âme d'un amant retrouve partout les traces de l'objet aimé. La nuit et le jour, le calme des solitudes et le bruit des habitations, le temps même qui emporte tant de souvenirs, rien ne peut l'en écarter ». — Enfin, il avait pu observer sur Charlotte Ives les symptômes de l'amour qui paraît : « Miss Ives devenait plus réservée ; elle cessa de m'apporter des fleurs ; elle ne voulut plus chanter... » (*Mémoires*, I, 456).

1. L. Hastings Naylor (*Chateaubriand and Virgil*, Baltimore, 1930) signale avec raison que cette phrase est une réminiscence précise de l'*Énéide*, IV, 76 : « (Dido) incipit effari mediaque in voce resistit » (« Didon commence une phrase et s'arrête au milieu d'un mot »).

tremblant, je l'ouvre, et je lis cette lettre, que je conserve pour m'ôter à l'avenir tout mouvement de joie[a] .

A René

« Le Ciel m'est témoin[1], mon frère, que je donnerais « mille fois ma vie pour vous épargner un moment de « peine ; mais, infortunée que je suis, je ne puis rien « pour votre bonheur. Vous me pardonnerez donc de « m'être dérobée de chez vous, comme une coupable : « je n'aurais pu résister à vos prières, et cependant il « fallait partir... Mon Dieu, ayez pitié de moi !

« Vous savez, René, que j'ai toujours eu du penchant « pour la vie religieuse : il est temps que je mette à pro- « fit les avertissements du Ciel. Pourquoi ai-je attendu « si tard ? Dieu m'en punit. J'étais restée pour vous « dans le monde... Pardonnez, je suis toute troublée « par le chagrin que j'ai de vous quitter.

« C'est à présent, mon cher frère, que je sens bien « la nécessité de ces asiles, contre lesquels je vous ai vu « souvent vous élever. Il est des malheurs qui nous « séparent pour toujours des hommes : que devien- « draient alors de pauvres infortunées ?... Je suis « persuadée que vous-même, mon frère, vous trouve- « riez le repos dans ces retraites de la religion[2] : la « terre n'offre rien qui soit digne de vous.

« Je ne vous rappellerai point votre serment : je « connais la fidélité de votre parole. Vous l'avez juré, « vous vivrez pour moi. Y a-t-il rien de plus misérable, « que de songer sans cesse à quitter la vie ? Pour un

---

1. Ce début de la lettre d'Amélie, toute pénétrée d'accent religieux, paraît être un souvenir biblique. Cf. *Deutéronome*, IV, 26 ; XXX, 19 : « Testes invoco hodie coelum et terram... »

2. Sur la nécessité des monastères pour certaines âmes, cf. *supra*, p. 173, 176-177, 192.

« homme de votre caractère, il est si aisé de mourir[a] !
« Croyez-en votre sœur, il est plus difficile de vivre.

« Mais, mon frère, sortez au plus vite de la solitude, « qui ne vous est pas bonne[1] ; cherchez quelque occupa- « tion[2]. Je sais que vous riez amèrement de cette néces- « sité où l'on est en France de *prendre un état*. Ne mépri- « sez pas tant l'expérience et la sagesse de nos pères. Il « vaut mieux, mon cher René, ressembler un peu plus « au commun des hommes, et avoir un peu moins de « malheur.

« Peut-être trouveriez-vous dans le mariage un sou- « lagement à vos ennuis. Une femme, des enfants « occuperaient vos jours. Et quelle est la femme qui ne « chercherait pas à vous rendre heureux[3] ! L'ardeur de « votre âme, la beauté de votre génie, votre air noble « et passionné, ce regard fier et tendre, tout vous « assurerait de son amour et de sa fidélité. Ah ! avec « quelles délices ne te presserait-elle pas dans ses bras « et sur son cœur ! Comme tous ses regards, toutes ses « pensées seraient attachés sur toi pour prévenir tes « moindres peines[b] ! Elle serait tout amour, toute « innocence devant toi ; tu croirais retrouver une « sœur.

« Je pars pour le couvent de.... Ce monastère, bâti au « bord de la mer, convient à la situation de mon âme.

---

1. Dans son discours, le P. Souël reviendra sur cette idée : « La solitude est mauvaise à celui qui n'y vit pas avec Dieu. » Cf. *infra*, p. 243, n. 1.

2. Amélie suit ici l'avis de Rousseau, suivant lequel le devoir social est le meilleur remède au dégoût de la vie ; dans *La Nouvelle Héloïse* (troisième partie, lettre 21), Milord Edouard écrivait à Saint-Preux : « Il faut, pour vous rendre à vous-même, que vous sortiez d'au-dedans de vous, et ce n'est que dans l'agitation d'une vie active que vous pouvez trouver le repos. » — D'où le conseil de *prendre un état*, c'est-à-dire de *choisir une profession* (Littré).

3. On opposera cet éloge du mariage aux paroles prononcées par le P. Aubry sur le même sujet (cf. *supra*, p. 132, n. 1).

« La nuit, du fond de ma cellule, j'entendrai le murmure « des flots qui baignent les murs du couvent ; je songe- « rai à ces promenades que je faisais avec vous, au « milieu des bois, alors que nous croyions retrouver le « bruit des mers dans la cime agitée des pins[1]. Aimable « compagnon de mon enfance, est-ce que je ne vous « verrai plus[2] ? A peine plus âgée que vous, je vous « balançais dans votre berceau ; souvent nous avons « dormi ensemble. Ah ! si un même tombeau nous « réunissait un jour[3] ! Mais non : je dois dormir seule « sous les marbres glacés de ce sanctuaire où reposent « pour jamais ces filles qui n'ont point aimé.

« Je ne sais si vous pourrez lire ces lignes à demi « effacées par mes larmes. Après tout, mon ami, un « peu plus tôt, un peu plus tard, n'aurait-il pas fallu « nous quitter ? Qu'ai-je besoin de vous entretenir de « l'incertitude et du peu de valeur de la vie ? Vous vous « rappelez le jeune M... qui fit naufrage à l'Ile-de- « France[4]. Quand vous reçûtes sa dernière lettre,

---

1. Il est permis de noter l'apparition tardive de la mer dans *René*, alors que l'océan avait joué un rôle capital dans la jeunesse de l'auteur (*Mémoires*, I, 9, 45, 96, etc.). Quant à la confusion du bruit des flots et de celui du vent dans la cime des pins, Chateaubriand en fut hanté toute sa vie. Cf. *Voyage au Mont-Blanc :* « Les bruits du pin..., quand ils sont violents, ressemblent au mugissement de la mer... » (O. C., VI, 344) ; *Vie de Rancé*, édit. F. Letessier, p. 142, 147.

2. M. A. Monglond (*Le Préromantisme français*, I, 236-237), qui a comparé la mélancolie du Tiridate de Campistron à celle de René, cite ces vers, où le héros de la tragédie fait ses adieux à sa sœur :

Je ne te verrai plus, ô sœur fatale et chère !
Les mers entre nous deux vont servir de barrière.
Je ne te verrai plus, et toutes tes beautés
N'agiront plus de loin sur mes sens enchantés.

3. Souvenirs probables de *Paul et Virginie* (édit. M. Souriau, p. 96 et 224) : « (Leurs mères) prenaient plaisir à les mettre ensemble dans le même bain et à les coucher dans le même berceau... » « On a mis auprès de Virginie, au pied des mêmes roseaux, son ami Paul... »

4. Selon A. Bardoux (*La comtesse de Beaumont*, Paris, 1884, p. 13-14), ce jeune M... serait Auguste de Montmorin, frère de Mme de Beau-

« quelques mois après sa mort, sa dépouille terrestre « n'existait même plus[1], et l'instant où vous commen- « ciez son deuil en Europe était celui où on le finissait « aux Indes[a]. Qu'est-ce donc que l'homme, dont la « mémoire périt si vite[2] ? Une partie de ses amis[b] ne « peut apprendre sa mort, que l'autre n'en soit déjà « consolée ! Quoi, cher et trop cher René, mon souve- « nir s'effacera-t-il si promptement de ton cœur ? « O mon frère, si je m'arrache à vous dans le temps, « c'est pour n'être pas séparée de vous dans l'éternité. »

AMÉLIE.

P. S. « Je joins ici l'acte de donation de mes « biens ; j'espère que vous ne refuserez pas cette « marque de mon amitié[3]. »

---

mont, officier de marine mort dans une tempête, en 1793, à son retour de l'île de France (île Maurice).

1. Dans la première préface du *Génie du Christianisme* (citée dans les *Mémoires*, I, 491-492), Chateaubriand employait une expression analogue, en rappelant la lettre que sa sœur, Mme de Farcy, lui avait adressée en Angleterre pour lui apprendre la mort de leur mère : « Quand la lettre me parvint au delà des mers, *ma sœur elle-même n'existait plus ;* elle était morte aussi des suites de son emprisonnement... » (Le rapprochement de ce texte avec celui de *René* a donné lieu, dans la *Revue d'Histoire littéraire* (1930, p. 570-572), à un article de M. Émile Bouvier : *Un passage de « René » et la conversion de Chateaubriand*, dont la conclusion est assez peu convaincante.)

2. Idée dont l'expression se retrouve à diverses reprises dans les textes sacrés. Cf. *Deutéronome*, XXXII, 26 ; *Job*, XVIII, 17 ; *Psaumes*, IX, 7 ; XXXIII, 17 ; CIX, 15 ; *Ecclésiaste*, I, 11 ; II, 16 ; *Livre de la Sagesse*, II, 4, etc.

3. M. G. Chinard (art. cité) rapproche la lettre d'Amélie de deux sources littéraires qui ont pu l'inspirer en quelque manière : 1° Dans *L'Homme sauvage* de Sébastien Mercier (1767), une sœur écrit à son frère, qui l'a autrefois séduite, une lettre d'adieu ayant fourni quelques traits à celle d'Amélie : comme celle-ci, elle est retirée dans un couvent, « sainte solitude que la religion et le repentir habitent... ; dans ce saint asile, ne trouble point ce culte qu'une faible créature doit à son créateur... Ce peu de jours que j'ai à vivre et que le chagrin et la douleur minent à pas lents... vont s'écouler dans les austérités et les larmes de

« La foudre qui fût tombée à mes pieds ne m'eût pas causé plus d'effroi que cette lettre. Quel secret Amélie me cachait-elle ? Qui la forçait si subitement à embrasser la vie religieuse ? Ne m'avait-elle rattaché à l'cxistence par le charme de l'amitié que pour me délaisser tout à coup ? Oh ! pourquoi était-elle venue me détourner de mon dessein ! Un mouvement de pitié l'avait rappelée auprès de moi, mais bientôt fatiguée d'un pénible devoir, elle se hâte de quitter un malheureux qui n'avait qu'elle sur la terre. On croit avoir tout fait quand on a empêché un homme de mourir ! Telles étaient mes plaintes. Puis faisant un retour sur moi-même : « Ingrate Amélie, disais-je, si tu avais été à « ma place, si, comme moi, tu avais été perdue dans « le vide de[a] tes jours[1], ah ! tu n'aurais pas été abandonnée de ton frère. »

« Cependant, quand je relisais la lettre, j'y trouvais je ne sais quoi de si triste et de si tendre, que tout mon cœur se fondait. Tout à coup il me vint une idée qui me donna quelque espérance : je m'imaginai qu'Amélie avait peut-être conçu une passion pour un homme qu'elle n'osait avouer. Ce soupçon[b] sembla m'expliquer sa mélancolie, sa correspondance mystérieuse, et le ton passionné qui respirait dans sa lettre. Je lui écrivis aussitôt pour la supplier de m'ouvrir son cœur[c].

« Elle ne tarda pas à me répondre, mais sans me

---

la pénitence... » 2° Mais Amélie séparée de René, c'est encore bien plus Héloïse éloignée d'Abélard : on lira utilement à ce sujet un fragment de la *Lettre à M. de Fontanes sur la 2e édition de l'ouvrage de Mme de Staël* (1801) (O. C., III, 645-646) (« Héloïse aime, Héloïse brûle ; mais là s'élèvent des murs glacés ; là tout s'éteint sous des marbres insensibles ; là des châtiments ou des récompenses éternelles attendent sa chute ou son triomphe... ») et quelques pages du *Génie du Christianisme* (deuxième partie, liv. III, chap. v).

1. Cf. *Livre de Job*, VII, 3 : « Sic et ego habui menses vacuos et noctes. »

découvrir son secret : elle me mandait seulement qu'elle avait obtenu les dispenses du noviciat, et qu'elle allait prononcer ses vœux.

« Je fus révolté de l'obstination d'Amélie,[a] du mystère de ses paroles, et de son peu de confiance en mon amitié.

« Après avoir hésité un moment sur le parti que j'avais à prendre, je résolus d'aller à B... pour faire un dernier effort auprès de ma sœur. La terre où[b] j'avais été élevé se trouvait sur la route. Quand j'aperçus les bois où j'avais passé les seuls moments heureux de ma vie, je ne pus retenir mes larmes, et il me fut impossible de résister à la tentation de leur dire un dernier adieu[1].

« Mon frère aîné avait[c] vendu l'héritage paternel[2], et

---

1. Suivant les *Mémoires* (I, 139-140), depuis son départ pour le régiment de Navarre, Chateaubriand ne revit Combourg que trois fois : après le décès de son père (fin de 1786), en décembre 1788, puis avant son embarquement à Saint-Malo vers l'Amérique (printemps 1791) : « Le château était abandonné, je fus obligé de descendre chez le régisseur. Lorsqu'en errant dans le grand Mail, j'aperçus du fond d'une allée obscure le perron désert, la porte et les fenêtres fermées, je me trouvai mal. Je regagnai avec peine le village ; j'envoyai chercher mes chevaux et je partis au milieu de la nuit. » On pourrait croire que *René* a évoqué cette dernière visite. En fait, la lettre que Chateaubriand écrivit le 24 juin 1801 à Mme de Staël, prouve que l'écrivain était revenu à Combourg une quatrième fois avant de publier son roman : « J'ai voyagé ; j'ai revu le *toit paternel*, la Révolution a passé là, c'est tout vous dire... » Cette visite, postérieure à la tourmente, explique le délabrement du château et l'émotion intense que Chateaubriand éprouva. Le silence que gardent les *Mémoires* de cette ultime visite à Combourg s'expliquerait, selon M. Paul Gautier (*Chateaubriand et Mme de Staël*, art. de la *Revue des Deux Mondes*, 1903), par le désir de l'auteur de mieux s'identifier à son héros : « Il a placé sa dernière visite à Combourg avant son départ pour l'Amérique, parce que c'est avant de partir pour la Louisiane que René va revoir le château paternel. » — Sur l'impression générale qui se dégage de cet épisode, cf. *supra*, p. 162, n. 3.

2. En réalité, le domaine de Combourg, après avoir été pillé sous la Révolution, resta à la famille de Chateaubriand. — Maints détails de la présente description sont à rapprocher de celle que donnent les *Mémoires* (I, 62-65) du château au temps où le poète y vint pour la

le nouveau propriétaire ne l'habitait pas. J'arrivai au château par la longue avenue de sapins ; je traversai à pied les cours désertes ; je m'arrêtai à regarder les fenêtres fermées ou demi-brisées, le chardon qui croissait au pied des murs, les feuilles qui jonchaient le seuil des portes, et ce perron solitaire où j'avais vu si souvent mon père et ses fidèles serviteurs. Les marches étaient déjà couvertes de mousse ; le violier jaune croissait entre leurs pierres déjointes et tremblantes[1]. Un gardien inconnu m'ouvrit brusquement les portes. J'hésitais à franchir le seuil ; cet homme s'écria : « Eh bien[a] ! allez-vous faire comme cette étrangère « qui vint ici il y a quelques jours ? Quand ce fut pour « entrer, elle s'évanouit, et je fus obligé de la[b] reporter « à sa voiture. » Il me fut aisé de reconnaître l'*étrangère* qui, comme moi, était venue chercher dans ces lieux des pleurs et des souvenirs !

« Couvrant un moment mes yeux de mon mouchoir, j'entrai sous le toit de mes ancêtres. Je parcourus les appartements sonores où l'on n'entendait que le bruit de mes pas[2]. Les chambres étaient à peine éclairées par

---

première fois : on y remarque « l'allée de charmilles dont les cimes s'entrelaçaient au-dessus de nos têtes », « l'avant-cour plantée de noyers », « la cour de gazon appelée la *Cour Verte* », « les fenêtres grillées » et « le large perron, roide et droit, de vingt-deux marches, sans rampes, sans garde-fou ».

1. *Violier :* nom ancien et familier de la *giroflée.* — Il semble que Chateaubriand eut une sorte de prédilection pour les plantes saxatiles. Cf. *Mémoires*, I, 116 : « Le jour, j'avais en perspective les créneaux de la courtine opposée, où végétaient des scolopendres et croissait un prunier sauvage »; IV, 409 ; *Vie de Rancé*, édit. F. Letessier, p. 152, 158.

2. Il peut s'agir d'une impression auditive recueillie lors de la visite de 1801, aussi bien que de la transposition d'un souvenir des fameuses soirées de Combourg : « Lorsqu'en se promenant il s'éloignait du foyer, ... on ne le voyait plus ; *on l'entendait seulement encore marcher* dans les ténèbres... » (*Mémoires*, I, 110).

la faible lumière[a] qui pénétrait entre les volets fermés : je visitai celle où ma mère avait perdu la vie en me mettant au monde, celle où se retirait mon père, celle où j'avais dormi dans mon berceau, celle enfin où l'amitié avait reçu mes premiers vœux dans le sein d'une sœur. Partout les salles étaient détendues[1], et l'araignée filait sa toile dans les couches abandonnées. Je sortis précipitamment de ces lieux, je m'en éloignai à grands pas, sans oser tourner la tête. Qu'ils sont doux, mais qu'ils sont rapides, les moments que les frères et les sœurs passent dans leurs jeunes années, réunis sous l'aile de leurs vieux parents ! La famille de l'homme n'est que d'un jour ; le souffle de Dieu la disperse comme une fumée[2]. A peine le fils connaît-il le père, le père le fils, le frère la sœur, la sœur le frère ! Le chêne voit germer ses glands autour de lui : il n'en est pas ainsi des enfants des hommes[3] !

---

1. « *Détendre :* détacher ce qui est tendu, déployé : *détendre* une tapisserie... On dit, dans le même sens, *détendre* un salon, une chambre à coucher (c'est-à-dire : en ôter les tentures, les tapisseries) » (d'après Littré).

2. Cf. *Livre de Job*, IV, 9 : « Flante Deo periisse et spiritu irae ejus esse consumptos », et *Psaumes*, LXVII, 3 : « Sicut deficit fumus, deficiant. »

3. Malgré son accent biblique, cette fin de paragraphe n'a pas de correspondance précise dans l'Écriture. — Le *Mercure de France* du 15 floréal an X remarqua ces pages : « Il n'est personne qui n'ait senti le charme douloureux de cette dernière visite au château paternel. » — On peut la comparer au pèlerinage que Werther fait à son pays natal (*Werther*, lettres XLIX et L) : les circonstances et les sentiments présentent une grande similitude. — Dans *Milly ou la terre natale* (*Harmonies poétiques et religieuses*, liv. III, 2, v. 232-suiv.), Lamartine a développé un thème analogue :

> La vie a dispersé, comme l'épi sur l'aire,
> Loin du champ paternel, les enfants et la mère,
> Et ce foyer chéri ressemble aux nids déserts
> Dont l'hirondelle a fui pendant de longs hivers.
> Déjà l'herbe qui croît sur les dalles antiques

« En arrivant à B...[1], je me fis conduire au couvent ; je demandai à parler à ma sœur. On me dit qu'elle ne recevait personne. Je lui écrivis : elle me répondit que, sur le point de se consacrer à Dieu, il ne lui était pas permis de donner une pensée au monde ; que si je l'aimais, j'éviterais de l'accabler de ma douleur. Elle ajoutait : « Cependant si votre projet est de paraître à « l'autel le jour de ma profession, daignez m'y servir de « père ; ce rôle est le seul digne de votre courage, le « seul qui convienne à notre amitié, et à mon repos. »

« Cette froide fermeté qu'on opposait à l'ardeur de mon amitié, me jeta dans de violents transports. Tantôt j'étais près de retourner sur mes pas ; tantôt je voulais rester, uniquement pour troubler le sacrifice. L'enfer me suscitait jusqu'à la pensée de me poignarder dans l'église, et de mêler mes derniers soupirs aux vœux qui m'arrachaient ma sœur. La supérieure du couvent me fit prévenir qu'on avait préparé un banc dans le sanctuaire, et elle m'invitait à me rendre à la cérémonie qui devait avoir lieu dès le lendemain.

« Au lever de l'aube, j'entendis le premier son des cloches... Vers dix heures[a], dans une sorte d'agonie, je me traînai au monastère. Rien ne peut plus être tragique quand on a assisté à un pareil spectacle ; rien ne peut plus être douloureux quand on y a survécu[2].

Efface autour des murs les sentiers domestiques
Et le lierre, flottant comme un manteau de deuil,
Couvre à demi la porte et rampe sur le seuil.

1. Sur l'identification de cette ville, cf. *infra*, p. 235, n. 2.

2. A propos de la prise de voile d'Amélie, M. J. Pommier (*Revue d'Histoire littéraire*, 1937, p. 264) remarque : « L'extrême exactitude dans le narré de la cérémonie semble supposer la consultation d'un rituel. On se croirait presque en présence d'une page du *Génie* sur le culte. » — M. A. Monglond (*Le Préromantisme français*, I, 256-258) signale que, depuis les *Lettres portugaises* (1669), les prises de voile étaient un thème littéraire répandu dans les romans du XVIIIe siècle.

« Un peuple immense remplissait l'église. On me conduit au banc du sanctuaire ; je me précipite à genoux sans presque savoir où j'étais, ni à quoi j'étais résolu. Déjà le prêtre attendait à l'autel ; tout à coup la grille

---

Il en cite en particulier, dans *Eugenio et Virginia*, roman de Mme Brayer de Saint-Léon (1799, t. II, p. 21-22), une qui ressemble à celle d'Amélie : « Une foule immense remplissait l'église ; tout ce qu'il y avait de personnes distinguées dans les villes de San-Cipriano, placées près de la grille, fixait des regards attendris sur l'intéressante novice, dont la beauté, les grâces modestes faisaient naître une admiration qui s'exprimait sourdement par des regrets et des murmures. Virginia prononça la fatale formule d'une voix forte et élevée ; ses yeux brillaient d'un éclat céleste ; mais, bientôt après, une pâleur extrême se répandit sur sa charmante figure ; et lorsqu'on plaça sur sa tête le drap mortuaire, emblème funèbre de son renoncement au monde, elle parut près de s'évanouir. L'abbesse, qui n'avait cessé de veiller à tous ses mouvements, l'emmena chez elle immédiatement après la cérémonie ; et là, par les discours les plus affectueux, les plus consolants, elle parvint à ranimer ses forces et son courage ». L'attitude de René rappelle aussi celle d'Eugenio apercevant Virginia à l'office d'un jour de fête : « Une jeune novice chanta d'abord. Virginia s'avança ensuite au milieu du chœur... Le plus profond silence régnait... lorsque des soupirs et quelques sanglots se firent entendre. Au même instant, un jeune homme enveloppé d'un manteau sortit de l'église avec précipitation : tout le monde se rangea pour lui faire place ; mais Virginia avait déjà reconnu Eugenio ; et immobile, respirant à peine, elle était devenue aussi pâle, aussi froide que la colonne de marbre blanc contre laquelle elle venait de s'appuyer » (*ibid.*, t. II, p. 30-31). M. André Monglond remarque aussi que, dans le roman de Mme de Staël paru, comme *René*, en 1802, Delphine, comme Amélie, au moment de prononcer ses vœux, accorde à voix basse un souvenir à Léonce. Il ne peut être question, ici, d'influence, mais le rapprochement n'en est que plus significatif. « Chateaubriand et Mme de Staël puisent à la même tradition pour traduire des états d'âme analogues. » — Enfin, dans un article des *Annales romantiques* (t. IX, 1912, p. 118-127), intitulé *Chateaubriand et sa cousine Mère des Séraphins*, M. Eugène Herpin rappelle comment, le 5 mai 1780, Chateaubriand assista, avec sa famille, à la consécration religieuse de sa cousine germaine Marie-Anne-Renée de Chateaubriand du Plessis (1761-1832) ; la cérémonie, célébrée à Saint-Malo, au couvent des Ursulines, nommé N.-D. des Victoires, « laissa dans son âme un impérissable souvenir et lui inspira évidemment la prise de voile qu'il a décrite dans *René* ». (Cette religieuse est nommée dans les *Mémoires*, I, 51, note de 1831, et dans la *Vie de Rancé*, édit. F. Letessier, p. 199 ; elle était la sœur d'Armand de Chateaubriand, fusillé à Paris en 1809 sur l'ordre de Napoléon).

mystérieuse s'ouvre, et Amélie s'avance, parée de toutes les pompes du monde. Elle était si belle, il y avait sur son visage quelque chose de si divin, qu'elle excita un mouvement de surprise et d'admiration. Vaincu par la glorieuse douleur de la sainte, abattu par les grandeurs de la religion, tous mes projets de violence s'évanouirent ; ma force m'abandonna ; je me sentis lié par une main toute-puissante[1], et, au lieu de blasphèmes et de menaces, je ne trouvai dans mon cœur que de profondes adorations et les gémissements de l'humilité.

« Amélie se place sous un dais. Le sacrifice[a] commence à la lueur des flambeaux, au milieu des fleurs et des parfums, qui devaient rendre l'holocauste agréable[2]. A l'offertoire, le prêtre se dépouilla de ses ornements, ne conserva qu'une tunique de lin, monta en chaire, et, dans un discours simple et pathétique, peignit le bonheur de la vierge qui[b] se consacre au Seigneur. Quand il prononça ces mots : « Elle a paru comme « l'encens qui se consume dans le feu[3] », un grand calme et des odeurs célestes semblèrent se répandre dans l'auditoire ; on se sentit comme à l'abri sous les ailes de la colombe mystique[4], et l'on eût cru voir les anges descendre sur l'autel[5] et remonter vers les cieux avec des parfums et des couronnes.

1. De même dans *Atala* (cf. *supra*, p. 120), quelques mots du P. Aubry suffisent pour arrêter le courroux de Chactas et le faire tomber à genoux.

2. Réminiscence probable du *Lévitique*, I, 9, 13, 17 ; VIII, 21, etc. : « Holocaustum et oblatio suavissimi odoris... »

3. Souvenir de l'*Ecclésiastique*, L, 9 : « Apparuit... quasi ignis effulgens et thus ardens in igne. »

4. L'image des *ailes qui protègent* revient à diverses reprises dans l'Écriture, en particulier dans les *Psaumes*, XVI, 8 ; XXXV, 8 ; LVI, 2 ; LX, 5 : « Protegar in velamento alarum tuarum... ». Quant à la *colombe mystique*, c'est évidemment le Saint-Esprit, tel qu'il apparut au baptême de Jésus (*Saint Matthieu*, III, 16, etc.).

5. Ainsi, aux offices de la cathédrale de Saint-Malo, le petit Chateau-

« Le prêtre achève son discours, reprend ses vêtements, continue le sacrifice. Amélie, soutenue de deux jeunes religieuses, se met à genoux sur la dernière marche de l'autel. On vient alors me chercher, pour remplir les fonctions paternelles. Au bruit de mes pas chancelants dans le sanctuaire, Amélie est prête à défaillir. On[a] me place à côté du prêtre, pour lui présenter les ciseaux. En ce moment je sens renaître mes transports ; ma fureur va éclater, quand Amélie, rappelant son courage, me lance un regard où il y a tant de reproche et de douleur que j'en suis atterré[b]. La religion triomphe. Ma sœur profite de mon trouble ; elle avance hardiment la tête. Sa superbe chevelure tombe de toutes parts sous le fer sacré ; une longue robe d'étamine remplace pour elle les ornements du siècle, sans la rendre moins touchante ; les ennuis de son front se cachent sous un bandeau de lin ; et le voile mystérieux, double symbole de la virginité et de la religion, accompagne sa tête dépouillée. Jamais elle n'avait paru si belle. L'œil de la pénitente était attaché sur la poussière du monde, et son âme était dans le ciel.

« Cependant Amélie n'avait point encore prononcé ses vœux ; et pour mourir au monde[1] il fallait qu'elle passât à travers le tombeau. Ma sœur se couche sur le marbre ; on étend sur elle un drap mortuaire ; quatre flambeaux en marquent les quatre coins. Le prêtre,

briand était saisi d'une ferveur extraordinaire : « Je voyais les cieux ouverts, les anges offrant notre encens et nos vœux ; je courbais mon front... » (*Mémoires*, I, 49). Cf. *supra*, p. 139, les impressions de Chactas au moment où Atala reçoit la communion.

1. *Mourir au monde*, c'est, dans la langue pieuse, renoncer pour toujours à la société des hommes. Cette expression, dont Littré ne donne pas d'exemples antérieurs au XVIIe siècle, a peut-être son origine dans un passage de saint Paul, *Épître aux Colossiens*, II, 20 : « Si ergo *mortui estis* cum Christo *ab elementis hujus mundi...* »

l'étole au cou, le livre à la main, commence l'Office des morts ; de jeunes vierges le continuent. O joies de la religion, que vous êtes grandes, mais que vous êtes terribles ! On m'avait contraint de me placer à genoux, près de ce lugubre appareil. Tout à coup un murmure confus sort de dessous le voile sépulcral ; je m'incline, et ces paroles épouvantables (que je fus seul à entendre), viennent frapper mon oreille : « Dieu de miséricorde, « fais que je ne me relève jamais de cette couche « funèbre, et comble de tes biens un frère qui n'a point « partagé ma criminelle passion ! »

« A ces mots échappés du cercueil, l'affreuse vérité m'éclaire ; ma raison s'égare, je me laisse tomber sur le linceul de la mort, je presse ma sœur dans mes bras, je m'écrie : « Chaste épouse de Jésus-Christ, reçois mes « derniers embrassements à travers les glaces du trépas « et les profondeurs de l'éternité, qui te séparent déjà « de ton frère ! »

« Ce mouvement, ce cri, ces larmes, troublent la cérémonie, le prêtre s'interrompt, les religieuses ferment la grille, la foule s'agite et se presse vers l'autel ; on m'emporte sans connaissance. Que je sus peu de gré à ceux qui me rappelèrent au jour ! J'appris, en rouvrant les yeux, que le sacrifice[a] était consommé[1], et que ma sœur avait été saisie d'une fièvre ardente. Elle me faisait prier de ne plus chercher à la voir. O misère de ma vie : une sœur craindre de parler à un frère, et un frère craindre de faire entendre sa voix à une sœur[b] ! Je sortis du monastère comme de ce lieu d'expiation où des flammes nous préparent pour la vie céleste, où l'on a tout perdu comme aux enfers, hors l'espérance[2].

---

1. Cf. *Second Livre des Macchabées*, I, 23 : « Dumc onsummaretur sacrificium... » ; *Épître aux Hébreux*, IX, 6 : « ... sacrificiorum officia consummantes ».
2. Allusion au vers fameux de Dante, *Enfer*, III, 9 : « Lasciate ogni

« On peut trouver des forces dans son âme contre un malheur personnel ; mais devenir la cause involontaire du malheur d'un autre, cela est tout à fait insupportable. Éclairé sur les maux de ma sœur, je me figurais ce qu'elle avait dû souffrir. Alors s'expliquèrent pour moi[a] plusieurs choses que je n'avais pu comprendre : ce mélange de joie et de tristesse, qu'Amélie avait fait paraître au moment de mon départ pour mes voyages, le soin qu'elle prit de m'éviter à mon retour, et cependant cette faiblesse qui l'empêcha si longtemps d'entrer dans un monastère ; sans doute la fille malheureuse s'était flattée de guérir ! Ses projets de retraite, la dispense du noviciat, la disposition de ses biens en ma faveur, avaient apparemment produit cette correspondance secrète qui servit à me tromper.

« O mes amis, je sus donc ce que c'était[b] que de verser des larmes, pour un mal qui n'était point imaginaire ! Mes passions, si longtemps indéterminées[1], se précipitèrent sur cette première proie avec fureur. Je trouvai même une sorte de satisfaction inattendue dans la plénitude de mon chagrin, et je m'aperçus, avec un secret mouvement de joie, que la douleur n'est pas une affection qu'on épuise comme le plaisir.

« J'avais voulu quitter la terre avant l'ordre du Tout-Puissant ; c'était un grand crime : Dieu m'avait envoyé Amélie à la fois pour me sauver et pour me punir. Ainsi, toute pensée coupable, toute action criminelle

---

speranza, voi ch'entrate » (« Laissez toute espérance, vous qui entrez »). — Chateaubriand expose ses idées sur le Purgatoire, dont le principe « est fondé sur la raison même, puisqu'il y a un état de tiédeur entre le vice et la vertu, qui ne mérite ni les peines de l'Enfer, ni les récompenses du Paradis », dans le *Génie du Christianisme* (première partie, liv. VI, chap. VI et surtout deuxième partie, liv. IV, chap. XV) ; il en fait la description dans *Les Martyrs*, livre XXI (O. C., IV, 293-294).

1. Cf. *supra*, p. 170, le début du chapitre du *Génie* intitulé *Du vague des passions*.

entraîne après elle des désordres et des malheurs. Amélie me priait de vivre, et je lui devais bien de ne pas aggraver ses maux. D'ailleurs (chose étrange !) je n'avais plus envie de mourir depuis que j'étais réellement malheureux. Mon chagrin était devenu une occupation qui remplissait tous mes moments : tant mon cœur est naturellement pétri d'ennui et de misère !

« Je pris donc subitement une autre résolution ; je me déterminai à quitter l'Europe, et à passer en Amérique[1].

« On équipait, dans ce moment même, au port de B...[2], une flotte pour la Louisiane ; je m'arrangeai avec un des capitaines de vaisseau ; je fis savoir mon projet à Amélie, et je m'occupai de mon départ.

« Ma sœur avait touché aux portes de la mort[3] ; mais Dieu, qui lui destinait la première palme des vierges, ne voulut pas la rappeler si vite à lui ; son épreuve ici-bas fut prolongée. Descendue une seconde fois dans la pénible carrière de la vie, l'héroïne, courbée sous la croix, s'avança courageusement à l'encontre des douleurs[a], ne voyant plus que le triomphe dans le combat, et dans l'excès des souffrances, l'excès de la gloire.

« La vente du peu de bien qui me restait, et que je cédai à mon frère, les longs préparatifs d'un convoi, les vents contraires, me retinrent longtemps dans le port. J'allais chaque matin m'informer des nouvelles d'Amé-

---

1. Voir les raisons qui poussèrent Chateaubriand lui-même à partir pour l'Amérique *supra*, p. IV, n. 1.

2. Le port de B... ferait volontiers penser à Brest ; Chateaubriand a volontairement modifié la réalité, puisque c'est à Saint-Malo que le 7 ou 8 mai 1791, il s'embarqua pour le Nouveau-Monde (*Mémoires*, I, 243).

3. Cf. *Psaumes*, IX, 13 : « Qui exaltas me de portis mortis... » ; CVI, 18 : « Appropinquaverunt usque ad portas mortis ».

lie, et je revenais toujours avec de nouveaux motifs d'admiration et de larmes.

« J'errais sans cesse autour du monastère bâti au bord de la mer[1]. J'apercevais souvent, à une petite fenêtre grillée qui donnait sur une plage déserte, une religieuse assise dans une attitude pensive[2] ; elle rêvait à l'aspect de l'océan où apparaissait quelque vaisseau, cinglant aux extrémités de la terre. Plusieurs fois, à la clarté de la lune, j'ai revu la même religieuse aux[a] barreaux de la même fenêtre : elle contemplait la mer, éclairée par l'astre de la nuit, et semblait prêter l'oreille au bruit des vagues qui se brisaient tristement sur des grèves solitaires[3].

« Je crois encore entendre la cloche qui, pendant la nuit, appelait les religieuses aux veilles et aux prières. Tandis qu'elle tintait avec lenteur[4], et que les vierges s'avançaient en silence à l'autel du Tout-Puissant, je courais au monastère : là, seul au pied des murs, j'écoutais dans une sainte extase[b], les derniers sons des can-

---

1. Ce monastère, c'est, comme l'a fort bien montré M. E. Herpin (art. cité), le couvent des Ursulines de Saint-Malo, fondé en 1622 ; bâti au bord des remparts, il avait un aspect rébarbatif, avec ses fenêtres armées de solides barreaux ; après la Révolution, il fut transformé en caserne. Dans son enfance, Chateaubriand venait souvent aux offices célébrés dans sa chapelle. Les *Mémoires* (I, 48) citent ce monastère sous son nom malouin de couvent de la Victoire (ou des Victoires).

2. Miss M. H. Miller (*op. cit.*, p. 113) rapproche cette attitude pensive de la religieuse de celle où sont représentés ordinairement les héros ossianiques en état de rêverie.

3. On retrouve une première expression de ces sentiments dans la *Lettre à M. de Fontanes sur la deuxième édition de l'ouvrage de Mme de Staël* (O. C., III, 643-658) : « Combien elles étaient profondes les méditations du solitaire qui, à travers les barreaux de sa fenêtre, rêvait à l'aspect de la mer, peut-être agitée par l'orage ! »

4. Rencontre d'expression avec un vers de la traduction des *Tombeaux champêtres* de Gray (O. C., III, 545) :

Dans les airs frémissants, j'entends les longs murmures
De la cloche du soir qui tinte avec lenteur...

tiques, qui se mêlaient sous les voûtes du temple au faible bruissement des flots[1].

« Je ne sais comment toutes ces choses, qui auraient dû nourrir mes peines, en émoussaient au contraire l'aiguillon. Mes larmes avaient moins d'amertume lorsque je les répandais sur les rochers et parmi les vents. Mon chagrin même, par sa nature extraordinaire, portait avec lui quelque remède : on jouit de ce qui n'est pas commun, même quand cette chose est un malheur[2]. J'en conçus presque l'espérance que ma sœur deviendrait à son tour moins misérable.

« Une lettre que je reçus d'elle avant mon départ sembla[a] me confirmer dans ces idées. Amélie se plaignait tendrement de ma douleur, et m'assurait que le temps diminuait la sienne. « Je ne désespère pas de mon « bonheur, me disait-elle. L'excès même du sacrifice, à « présent que le sacrifice est consommé, sert à me « rendre quelque paix. La simplicité de mes compagnes, « la pureté de leurs vœux, la régularité de leur vie, tout « répand du baume sur mes jours. Quand j'entends « gronder les orages, et que l'oiseau de mer vient « battre des ailes à ma fenêtre, moi, pauvre colombe du « ciel, je songe au bonheur que j'ai eu de trouver un « abri contre la tempête[3]. C'est ici la sainte montagne,

---

1. Cf. encore la *Lettre à M. de Fontanes...* : « Oh ! comme ils devaient être tristes, les tintements de la cloche religieuse qui, dans le calme des nuits, appelaient les vestales aux veilles et aux prières, et se mêlaient sous les voûtes du temple, aux derniers sons des cantiques et aux faibles bruissements des flots lointains ! » Voir aussi *Mémoires*, I, 48 : « Mon oreille était frappée par la douce voix de quelques femmes invisibles : l'harmonie de leurs cantiques se mêlait aux mugissements des flots. »

2. Sainte-Beuve note à propos de cette phrase et non sans malveillance (*op. cit.*, I, 309) : « Il peut désormais caresser à son gré sa chimère, c'est-à-dire l'orgueil et l'isolement dans le malheur. Tel qu'il est et que nous le connaissons, il est récompensé par cette conclusion romanesque bien plus qu'il n'en est puni. Étrange moralité ! »

3. Souvenir de deux passages d'*Isaïe*, LX, 8 : « Qui sunt isti qui

« le sommet élevé d'où l'on entend les derniers bruits « de la terre, et les premiers concerts du ciel ; c'est ici « que la religion[a] trompe doucement une âme sen- « sible[1] : aux plus violentes amours elle substitue une « sorte de chasteté brûlante où l'amante et la vierge « sont unies ; elle épure les soupirs ; elle change en une « flamme incorruptible une flamme périssable ; elle « mêle[b] divinement son calme et son innocence à ce « reste de trouble et de volupté d'un cœur qui cherche « à se reposer, et d'une vie qui se retire[2]. »

« Je ne sais ce que le ciel me réserve, et s'il a voulu m'avertir que les orages accompagneraient partout mes pas. L'ordre était donné pour le départ de la flotte ; déjà plusieurs vaisseaux avaient appareillé au baisser[3]

---

ut nubes *volant* et *quasi columbae ad suas fenestras ?* » et IV, 6 : « Et tabernaculum erit ... *in absconsionem a turbine* et a pluvia. »

1. Déjà Rousseau, dans *La Nouvelle Héloïse* (cinquième partie, lettre 5) avait défini sainte Thérèse « un cœur amoureux qui se donne le change et veut se tromper d'objet ». Comme le remarque M. H. Guillemin (*op. cit.*, p. 534), « le destin d'Amélie, entrée en religion et qui porte, caché dans son cœur, le secret d'un amour interdit, n'est-il pas déjà un peu celui du curé de Valneige ?... Toute la vie de Jocelyn, après qu'il a perdu Laurence, n'est qu'un long effort pour tromper son désespoir, au service de Dieu. »

2. Suivant l'expression de M. G. Chinard (art. cité), on trouve le « canevas » de cette lettre d'Amélie dans le poème de l'Anglais Pope sur *Héloïse et Abélard*, traduit par Chateaubriand dans le *Génie du Christianisme* (deuxième partie, liv. III, chap. v) : « Heureuse la vierge sans tache qui oublie le monde, et que le monde oublie. L'éternelle joie de son âme est de sentir que toutes ses prières sont exaucées, tous ses vœux résignés. Le travail et le repos partagent également ses jours ; son sommeil facile cède sans effort aux pleurs et aux veilles. Ses désirs sont réglés : ses goûts toujours les mêmes ; elle s'enchante par ses larmes, et ses soupirs sont pour le Ciel. La grâce répand autour d'elle ses rayons les plus sereins ; des anges lui soufflent tout bas les plus beaux songes. Pour elle, l'époux prépare l'anneau nuptial ; pour elle, de blanches vestales entonnent l'hyménée ; c'est pour elle que fleurit la rose d'Éden qui ne se fane jamais, et que les séraphins répandent les parfums de leurs ailes. Elle meurt enfin au son des harpes célestes, et s'évanouit dans les visions d'un jour éternel. »

3. Cette expression (pour le *coucher* du soleil) est déjà employée

du soleil ; je m'étais arrangé pour passer la dernière nuit à terre, afin d'écrire ma lettre d'adieux à Amélie. Vers minuit, tandis que je m'occupe de ce soin, et que je mouille mon papier de mes larmes, le bruit[a] des vents vient frapper mon oreille. J'écoute ; et au milieu de la tempête, je distingue les coups de canon d'alarme, mêlés au glas de la cloche monastique. Je vole sur le rivage où tout était désert, et où l'on n'entendait que le rugissement des flots. Je m'assieds sur un rocher[1]. D'un côté s'étendent les vagues étincelantes, de l'autre les murs sombres du monastère se perdent confusément dans les cieux[b]. Une petite lumière paraissait à la fenêtre grillée. Était-ce toi, ô mon Amélie, qui prosternée au pied du crucifix, priais le Dieu des orages d'épargner ton malheureux frère ? La tempête sur les flots, le calme dans ta retraite ; des hommes brisés sur des écueils, au pied de l'asile que rien ne peut troubler ; l'infini de l'autre côté du mur d'une cellule ; les fanaux[c] agités des vaisseaux, le phare immobile du couvent ; l'incertitude[d] des destinées du navigateur, la vestale connaissant[e] dans un seul jour tous les jours futurs de sa vie ; d'une autre part, une âme telle que la tienne, ô Amélie, orageuse comme l'océan ; un naufrage plus

---

par Rousseau (*Rêveries du promeneur solitaire*, 5e promenade, édit. de la Pléiade, p. 699) ; on la retrouve dans *Les Natchez* (édit. Chinard, p. 393).

1. Miss M. H. Miller (*op. cit.*, p. 110) cite ce passage parmi ceux où se ressent l'influence d'Ossian ; on voit en effet souvent, chez le barde calédonien, des personnages assis sur un rocher pour rêver au milieu de la tempête. — D'autre part, M. G. Chinard (art. cité) remarque que Zidzem, le triste héros de l'*Homme sauvage*, par Sébastien Mercier, vient aussi, après avoir assisté à la prise de voile de sa sœur Mariamne, promener son désespoir autour du couvent où celle-ci s'est retirée. Et, dans *Les Incas* de Marmontel, Alonzo, épris de la prêtresse du Soleil, « allait nourrir sa profonde mélancolie autour de l'enceinte sacrée des murs qui renfermaient Cora » (J. Pommier, *Revue d'Histoire littéraire*, 1937, p. 263).

affreux que celui du marinier : tout ce tableau est encore profondément gravé dans ma mémoire[1]. Soleil de ce ciel nouveau maintenant témoin de mes larmes, écho du rivage américain qui répétez les accents de René, ce fut le lendemain de cette nuit terrible, qu'appuyé sur le gaillard de mon vaisseau, je vis s'éloigner pour jamais ma terre natale ! Je contemplai longtemps sur la côte les derniers balancements des arbres de la patrie, et les faîtes du monastère qui s'abaissaient à l'horizon[2]. »

Comme René achevait de raconter son histoire, il tira un papier de son sein, et le donna au P. Souël ; puis, se jetant dans les bras de Chactas, et étouffant ses sanglots, il laissa le temps au missionnaire de parcourir la lettre qu'il venait de lui remettre[a].

Elle était de la Supérieure de.... Elle contenait le récit

---

1. On lit, comme un premier état de ce récit, tout en contrastes violents, dans la *Lettre à M. de Fontanes...*, déjà citée : « Combien elles étaient profondes les méditations du solitaire qui, à travers les barreaux de sa fenêtre, rêvait à l'aspect de la mer peut-être agitée par l'orage ! la tempête sur les flots, le calme dans la retraite ! des hommes brisés par des écueils au pied de l'asile de la paix ! l'infini de l'autre côté du mur d'une cellule, de même qu'il n'y a que la pierre du tombeau entre l'éternité et la vie !... » — M. G. Chinard rapproche la tempête de notre roman de celle qui s'élève alors que René est en prison à la Nouvelle-Orléans (*Les Natchez*, p. 359).

2. Les *Mémoires* (I, 243-244) donnent d'une manière analogue les impressions de Chateaubriand quittant la France pour l'Amérique : « On leva l'ancre, moment solennel parmi les navigateurs. Le soleil se couchait quand le pilote côtier nous quitta... Mes regards restaient attachés sur Saint-Malo ; je venais d'y laisser ma mère toute en larmes. J'apercevais les clochers et les dômes des églises..., les murs, les remparts, les forts, les tours... Le jusant... nous entraîna au large, les lumières du rivage diminuèrent peu à peu et disparurent... » — Jugeant le départ de René, Sainte-Beuve (*op. cit.*, I, 309) écrit : « Cette dernière nuit passée à terre, son cri lointain d'adieu à sa sœur et au vieux monde, son dernier salut au matin du départ, tout cela est d'une beauté accomplie d'expression et d'images. »

des derniers moments de la sœur Amélie de la Miséricorde, morte victime de son zèle et de sa charité, en soignant ses compagnes attaquées d'une maladie contagieuse[1]. Toute la communauté était inconsolable, et l'on y regardait Amélie comme une sainte. La Supérieure ajoutait que, depuis trente ans qu'elle était à la tête de la maison, elle n'avait jamais vu de religieuse d'une humeur aussi douce et aussi égale, ni qui fût plus contente d'avoir quitté les tribulations du monde[2].

Chactas pressait René dans ses bras ; le vieillard pleurait. « Mon enfant, dit-il à son fils, je voudrais que le P. Aubry fût ici, il tirait du fond de son cœur je ne sais quelle paix qui, en les calmant, ne semblait cependant point étrangère aux tempêtes[3] ; c'était la lune dans une nuit orageuse ; les nuages errants ne peuvent l'emporter dans leur course ; pure et inaltérable, elle s'avance tranquille au-dessus d'eux. Hélas, pour moi, tout me trouble et m'entraîne ! »

Jusqu'alors le P. Souël, sans proférer une parole, avait écouté d'un air austère l'histoire de René. Il portait en secret un cœur compatissant, mais il montrait au dehors un caractère inflexible ; la sensibilité du Sachem le fit sortir du silence[a4] :

---

1. Ainsi mourra le curé de Valneige, en soignant ses paroissiens frappés par une épidémie. Cf. *Jocelyn*, Prologue, v. 73-76 :

> Tout le temps qu'a duré la grande maladie,
> Il leur a tout donné, Monsieur, jusqu'à sa vie ;
> Car c'est en confessant, jour et nuit, tel et tel,
> Qu'il a gagné la mort. — Oui, lui dis-je, et le ciel !

2. Lucile de Chateaubriand n'entra pas en religion et vivait encore au moment où parut *René*. Mariée en 1796 au chevalier de Caud, septuagénaire qui la laissa veuve après six mois d'union, elle mena dès lors une vie menacée par un déséquilibre mental de plus en plus grand ; quand elle mourut en 1804, son état nerveux était tout proche de la folie et il est même possible qu'elle ait attenté à ses jours.

3. Cf. *supra*, p. 133, n. 1.

4. Le P. Souël n'a jusqu'ici été qu'un témoin muet du récit de René

« Rien, dit-il au frère d'Amélie, rien ne mérite, dans « cette histoire, la pitié qu'on vous montre ici. Je vois « un jeune homme entêté de chimères, à qui tout déplaît « et qui s'est soustrait aux charges de la société pour se « livrer à d'inutiles rêveries. On n'est point, monsieur[1], « un homme supérieur parce qu'on aperçoit le monde « sous un jour odieux. On ne hait les hommes et la vie, « que faute de voir assez loin. Étendez un peu plus « votre regard, et vous serez bientôt convaincu que « tous ces maux dont vous vous plaignez sont de purs « néants. Mais quelle honte de ne pouvoir songer au « seul malheur réel de votre vie, sans être forcé de

---

(cf. *supra*, p. 181, n. 3). Sainte-Beuve (*op. cit.*, I, 310) estime pour sa part que le vrai roman se termine au moment où le héros perd de vue la terre de sa patrie : « Les paroles de réprimande qu'adresse le vénérable P. Souël à ce malade si content de l'être ne sont que pour l'assortiment et pour fournir le prétexte d'insérer un tel épisode troublant dans un ouvrage consacré au Christianisme. Elles sont sévères sans être pénétrantes et efficaces. J'appelle cela une moralité plaquée. » Chateaubriand semble s'être par avance justifié d'une telle interprétation dans ses *Mémoires*, II, 42-44 ; mais, s'il a de bonne foi condamné dans *René* « une infirmité de (son) siècle », il semble bien que la génération romantique ait été plus séduite par l'aventure et la confession du héros que par les belles et fortes paroles du missionnaire. — Il est possible de comparer son sermon à celui du P. Aubry (cf. *supra*, p. 128-135) et au discours que Fénelon tient à Chactas dans *Les Natchez* (édit. Chinard, p. 219-222 et n. 12). Par ailleurs, l'homélie du P. Souël n'est pas sans lien avec la littérature romanesque antérieure : dans *L'Homme sauvage* de Sébastien Mercier, le sieur Williams, ancien Sauvage converti au Christianisme, « rend grâces de tout son cœur à la Providence qui a daigné le retirer de ce labyrinthe d'erreurs où il était plongé » et montre la nécessité de corriger la nature par la religion (cf. G. Chinard, art. cité) ; d'autre part, en soulignant que la moralité du sermon de Souël « n'est pas proprement chrétienne », mais d'une portée sociale, M. J. Pommier (*Revue d'Histoire littéraire*, 1937, p. 264) le compare à celui que, dans *Odérahi* (p. 206-207), le vieil Omourayou fait à Ontérée (après qu'il a tenté de se suicider), pour lui enseigner que « faire du bien est le baume de tous les maux de la vie ».

1. Ce mot solennel et impérieux, assez inattendu dans un roman indien, souligne encore l'inflexibilité du ton sur lequel est prononcé le discours du P. Souël.

« rougir ! Toute la pureté, toute la vertu, toute la « religion, toutes les couronnes d'une sainte rendent à « peine tolérable la seule idée de vos chagrins. Votre « sœur a expié sa faute ; mais, s'il faut dire ici ma « pensée, je crains que, par une épouvantable justice, « un aveu sorti du sein de la tombe, n'ait troublé votre « âme à son tour. Que faites-vous seul au fond des « forêts où vous consumez vos jours, négligeant tous « vos devoirs ? Des saints, me direz-vous, se sont « ensevelis dans les déserts ? Ils y étaient avec leurs « larmes[a] et employaient à éteindre leurs passions le « temps que vous perdez peut-être à allumer les « vôtres. Jeune présomptueux qui avez cru que « l'homme se peut suffire à lui-même ! La solitude « est mauvaise à celui qui n'y vit pas avec Dieu[1] ; elle « redouble les puissances de l'âme, en même temps « qu'elle leur ôte tout sujet pour s'exercer. Quiconque « a reçu des forces, doit les consacrer au service de ses « semblables ; s'il les laisse inutiles, il en est d'abord « puni par une secrète misère, et tôt ou tard le ciel lui « envoie un châtiment effroyable[2]. »

Troublé par ces paroles, René releva du sein de Chactas sa tête humiliée. Le Sachem aveugle se prit à

1. Paraphrase du mot de l'*Ecclésiaste*, IV, 10 : « Vae soli... » Cf. *supra*, p. 87, n. 1.

2. *Les Natchez* (édit. Chinard, p. 503) s'achèvent sur des considérations analogues à celles qui terminent ce discours : « René porta le double châtiment de ses passions coupables. On ne fait point sortir les autres de l'ordre, sans avoir en soi quelque principe de désordre ; et celui qui, même involontairement, est la cause de quelque malheur ou de quelque crime n'est jamais innocent aux yeux de Dieu. » — On peut se demander si le sermon du missionnaire aura quelque influence sur la destinée de René : M. Chinard (*ibid.*, p. 489, n. 209) croit en discerner une, quand le héros « se laisse aller peu à peu aux sentiments les plus tendres et les plus affectueux » et décide de retourner auprès de sa femme et de sa fille, dans « cette petite société supérieure à tout ce qui existait sur la terre » : résolution qui n'aura pas de suite puisque le complot des Indiens amènera sa mort aussitôt après.

sourire ; et ce sourire de la bouche, qui ne se mariait plus à celui des yeux, avait quelque chose de mystérieux et de céleste. « Mon fils, dit le vieil amant d'Atala, il « nous parle sévèrement ; il corrige et le vieillard et le « jeune homme, et il a raison. Oui, il faut que tu « renonces à cette vie extraordinaire qui n'est pleine « que de soucis : il n'y a de bonheur que dans les voies « communes.

« Un jour le Meschacebé, encore assez près de sa « source, se lassa de n'être qu'un limpide ruisseau. Il « demande des neiges aux montagnes, des eaux aux « torrents, des pluies aux tempêtes, il franchit ses rives, « et désole ses bords charmants. L'orgueilleux[a] ruisseau « s'applaudit d'abord de sa puissance ; mais voyant que « tout devenait désert sur son passage ; qu'il coulait, « abandonné dans la solitude ; que ses eaux étaient tou- « jours troublées, il regretta l'humble lit que lui avait « creusé la nature, les oiseaux, les fleurs, les arbres et les « ruisseaux, jadis modestes compagnons de son pai- « sible cours[1]. »

Chactas cessa[b] de parler, et l'on entendit la voix du flammant[2] qui, retiré dans les roseaux du Meschacebé, annonçait un orage pour le milieu du jour. Les trois amis reprirent la route de leurs cabanes : René[c] marchait en silence entre le missionnaire qui priait Dieu, et le Sachem aveugle qui cherchait sa route. On dit que, pressé par les deux vieillards, il retourna chez son épouse, mais sans y trouver le bonheur. Il périt peu

---

1. Cette poétique parabole semble le développement d'une idée formulée dans l'*Essai sur les Révolutions* (seconde partie, chap. XXII), quand Chateaubriand expose la doctrine d'Épicure : « Une vie heureuse n'est ni un torrent rapide, ni une eau léthargique, mais un ruisseau qui passe lentement et en silence, répétant dans son onde limpide les fleurs et la verdure de ses rivages. »

2. Sur les *flammants*, cf. *supra*, p. 32, n. 1.

de temps après avec Chactas et le P. Souël, dans le massacre des Français et des Natchez à la Louisiane[1]. On montre encore un rocher où il allait s'asseoir au soleil couchant[2].

1. D'après *Les Natchez* (édit. Chinard, p. 461), Chactas meurt d'épuisement et de vieillesse avant le meurtre de René par Ondouré (*ibid.*, p. 491) ; ce premier crime précède de peu le massacre des Blancs (p. 495), lui-même suivi de l'assassinat du P. Souël par les Yazous (p. 500). Les Français de la Nouvelle-Orléans interviennent alors et vengent leurs compatriotes en tuant un grand nombre de Natchez, dont les rares survivants s'enfuient au désert. — Le véritable P. Souël fut effectivement tué le 11 décembre 1729, dans des circonstances que relate Charlevoix : « Revenant sur le soir de visiter le chef des Yazous, il reçut, dans le temps qu'il passait une rivière, plusieurs coups de fusil dont il expira sur l'heure... Le P. Souël était fort aimé de ces barbares ; mais ils souffraient impatiemment qu'il leur reprochât sans cesse le péché infâme qui fit périr Sodome et auquel ils étaient fort sujets ; et il y a bien de l'apparence que ce fut la principale cause de sa mort... »

2. Ainsi *René* s'achève sur l'image ossianique du rêveur solitaire (cf. *supra*, p. 239, n. 1). On lisait déjà dans l'*Essai sur les Révolutions* (première partie, chap. LXX) : « Que de fois (cette vague soif de quelque chose) m'a contraint de sortir des spectacles de nos cités *pour aller voir le soleil se coucher au loin* sur quelque site sauvage !... » Même attitude dans les *Mémoires* (I, 128) : « Au nord du château s'étendait une lande semée de pierres druidiques ; *j'allais m'asseoir sur une de ces pierres au soleil couchant.* » Et Lamartine dira dans l'*Isolement :*

Souvent sur la montagne, à l'ombre du vieux chêne,
Au coucher du soleil, tristement je m'assieds...

LES AVENTURES
DU
DERNIER ABENCÉRAGE

AVERTISSEMENT[a]

Les Aventures du dernier Abencérage sont écrites depuis à peu près une vingtaine d'années[1] : le portrait que j'ai tracé des Espagnols explique assez pourquoi cette nouvelle n'a pu être imprimée sous le gouvernement impérial. La résistance des Espagnols à Buonaparte, d'un peuple désarmé à ce conquérant qui avait vaincu les meilleurs soldats de l'Europe, excitait alors l'enthousiasme de tous les cœurs susceptibles d'être touchés par les grands dévouements et les nobles sacrifices[2]. Les ruines de Saragosse fumaient encore, et la censure n'aurait pas permis des éloges où elle eût découvert, avec raison, un intérêt caché pour les victimes. La peinture des vieilles mœurs de l'Europe, les souvenirs de la gloire d'un autre temps, et ceux de la cour d'un de nos plus brillants monarques,

1. Sur le caractère approximatif de cette affirmation, cf. *supra*, *Introduction*, p. LVII.

2. Voir *infra*, p. 277, l'éloge des Espagnols que Chateaubriand biffa de son manuscrit lorsqu'il songea à publier sa nouvelle en 1813. On lira d'autres jugements sur les habitants de la péninsule ibérique dans le *Congrès de Vérone*, chap. XXXIX en particulier (O. C., 9-11 et 134-135) (l'écrivain est plus réservé dans sa louange : « Nous trouvâmes l'Espagne fort civilisée en 1807 parce que nous y arrivions de la Barbarie... »), ainsi que dans les *Mémoires*, II, 385-390. La résistance héroïque de Saragosse, dirigée par Palafox, et la prise de la ville par les Français de Lannes (15 juin 1808-21 février 1809) furent l'occasion d'une lutte sanglante fort coûteuse pour Napoléon et qui, selon Chateaubriand, « annonça la délivrance de l'univers ».

n'auraient pas été plus agréables à la censure[1], qui d'ailleurs commençait à se repentir de m'avoir tant de fois laissé parler de l'ancienne monarchie et de la religion de nos pères : ces morts que j'évoquais sans cesse faisaient trop penser aux vivants.

On place souvent dans les tableaux quelque personnage difforme pour faire ressortir la beauté des autres : dans cette nouvelle, j'ai voulu peindre trois hommes d'un caractère également élevé, mais ne sortant point de la nature, et conservant, avec des passions, les mœurs et les préjugés même de leur pays. Le caractère de la femme est aussi dessiné dans les mêmes proportions. Il faut au moins que le monde chimérique, quand on s'y transporte, nous dédommage du monde réel[2].

On s'apercevra facilement que cette nouvelle est l'ouvrage d'un homme qui a senti les chagrins de l'exil, et dont le cœur est tout à sa patrie.

C'est sur les lieux mêmes que j'ai pris, pour ainsi

---

1. Moins que des difficultés avec la censure impériale, qu'il savait éventuellement chercher à amadouer (cf. Duchemin, *op. cit.*, p. 256, n. 2), Chateaubriand craignait sans doute de rendre prématurément publique une œuvre riche de brûlants souvenirs personnels. D'ailleurs, la police de Napoléon était, semble-t-il, spécialement pointilleuse sur ce qui touchait à l'Espagne : par exemple, le littérateur Augustin-François Creuzé de Lesser (1771-1839) publia seulement en 1814 des *Romances espagnoles imitées en romances françaises* composées en 1806, « dans le moment où une tyrannie sans exemple obligeait la France à combattre une nation qu'elle estime » et il ajoutait : « Rien ne me défendait d'écrire cet ouvrage. Tout m'ordonnait de le garder en portefeuille. »

2. Cf. *Mémoires*, I, 130 : « Je m'applaudissais d'avoir placé les fables de ma félicité hors du cercle des réalités humaines. » Mais il s'agit simplement de rêveries et non, comme ici, de productions littéraires ; de ces dernières, Chateaubriand avait dit, au terme de son *Itinéraire de Paris à Jérusalem* (édit. Malakis, II, 305) : « Je sais que les lettres, dont le commerce est si doux quand il est secret, ne nous attirent au dehors que des orages » : phrase désabusée, bien digne d'être écrite dans l'atmosphère étouffante de l'Empire.

dire, les vues de Grenade, de l'Alhambra[1], et de cette mosquée transformée en église, qui n'est autre chose que la cathédrale de Cordoue[2]. Ces descriptions sont donc une espèce d'addition à ce passage de l'*Itinéraire* :

« De Cadix, je me rendis à Cordoue : j'admirai la mosquée qui fait aujourd'hui la cathédrale de cette ville. Je parcourus l'ancienne Bétique, où les poètes avaient placé le bonheur. Je remontai jusqu'à Andujar, et je revins sur mes pas pour voir Grenade. L'Alhambra me parut digne d'être regardé même après les temples de la Grèce. La vallée de Grenade est délicieuse, et ressemble beaucoup à celle de Sparte : on conçoit que les Maures regrettent un pareil pays. » (*Itinér.*, VIIe et dernière partie)[3].

Il est souvent fait allusion dans cette nouvelle à

1. Cette « prise de vues » fut en réalité très rapide, puisque, ainsi qu'on l'a vu *supra*, p. LVI, Chateaubriand ne consacra à Grenade qu'un jour et demi, dont il passa une demi-journée à se reposer des fatigues provoquées par ses précédentes courses (12-14 avril 1807). Comme l'a dit récemment M. L. Stinglhamber (*Chateaubriand à Grenade ?*, *Bulletin de l'Association Guillaume Budé*, décembre 1952, p. 95) : « Chateaubriand n'a vu l'Espagne qu'à la course et Grenade en bousculade. » Du moins eut-il de l'ancienne capitale mauresque une vision intense qui mit en branle son imagination de poète et lui permit de vivifier les nombreux emprunts qu'il fit ensuite à ses auxiliaires habituels, les livres.

2. Chateaubriand avait traversé Cordoue à la hâte dans la journée du 10 avril, si l'on suit M. Duchemin (*op. cit.*, p. 291-292), et avait dû prendre tout juste le temps d' « admirer la mosquée qui fait aujourd'hui la cathédrale de cette ville » (*Itinéraire*, édit. Malakis, II, 302). — La mosquée de Cordoue, construite du VIIIe au XIe siècle, était un immense édifice quadrangulaire de près de vingt trois mille mètres carrés, soutenu par huit cent cinquante colonnes de marbre formant dix-neuf nefs ; cette mosquée, — la seconde du monde arabe par ses dimensions après celle de la Kaaba à la Mecque, — fut consacrée à la Vierge lors de la reconquête de la ville par les chrétiens (1236), mais elle resta intacte jusqu'au XVIe siècle : on édifia alors en son milieu une cathédrale imposante, achevée au XVIIIe.

3. Édit. Malakis, II, 302.

l'histoire des Zégris et des Abencérages[1] ; cette histoire est si connue qu'il m'a semblé superflu d'en donner un précis dans cet avertissement. La nouvelle d'ailleurs contient les détails suffisants pour l'intelligence du texte.

1. Chateaubriand parle d'*histoire* là où il faudrait dire *légende*. 1° Historiquement, Abencérages et Zégris furent les noms de deux des tribus maures de Grenade, qui en comptait plus d'une trentaine. Les Abencérages, comme ministres et chambellans, jouèrent un certain rôle politique dans le premier tiers du XVe siècle ; en particulier, ils soutinrent Mohammed X Abenazar contre son rival au trône, Mohammed al Saghir : celui-ci, roi entre 1427 et 1429, fit assassiner une partie des Abencérages, dont le chef et quelques survivants s'enfuirent auprès du roi de Castille (cf. *Grande Encyclopédie*, I, 82). — 2° Les traditions légendaires, qui prirent naissance tant du côté musulman que du côté espagnol avant et après la reconquête de Grenade (1492), furent la source des fictions développées par Perez de Hita dans les *Guerras civiles de Granada*, reprises par Florian dans *Gonzalve de Cordoue* et dont voici l'essentiel. Les Abencérages, braves et généreux, sont en rivalité constante avec les Zégris, vaillants, mais orgueilleux et perfides. L'Abencérage Aben-Hamet (qui donnera son nom au héros de Chateaubriand) aime une princesse (Zoraïde chez Florian, Alfaïma ailleurs), mais il a pour rival le roi Boabdil qui épouse la belle sultane et exile Aben-Hamet. Celui-ci revient en secret et retrouve la reine dans les jardins du Généralife. Des Zégris les y surprennent, avertissent Boabdil qui, jaloux, fait massacrer Aben-Hamet et les Abencérages dans la Cour des Lions à l'Alhambra : les têtes des victimes sont entassées dans la cuve de la fontaine qui orne cette cour et ceux qui ont échappé aux meurtriers quittent la ville, dont leur départ hâtera la ruine. — En ne rapportant pas ici cette sanglante aventure, Chateaubriand avait raison, comme le remarque Marjorie A. Chaplyn (*Le roman mauresque en France de Zayde au Dernier Abencérage*, Paris, 1928, p. 142), car on lisait encore *Gonzalve de Cordoue* et la traduction des *Guerras civiles* procurée par Sané.

LES AVENTURES DU DERNIER ABENCÉRAGE

LORSQUE Boabdil, dernier roi de Grenade[1], fut obligé d'abandonner le royaume de ses pères, il s'arrêta

1. Sur le personnage historique de Boabdil (Abou-Abdala-Mohammed), ses origines, sa rivalité avec son père Mulay-Abdul-Hassan, ses luttes et ses alliances avec les souverains d'Aragon-Castille Ferdinand et Isabelle, le siège de Grenade, la résistance peu tenace et la capitulation du dernier roi maure, voir J. Calmette et E. Déprez, *Histoire du Moyen Age* (Collection Glotz, t. VII, deuxième partie, p. 409-416). — La fuite de Boabdil hors de sa capitale (il avait obtenu de conserver un petit royaume personnel dans les Alpujarras, au sud de Grenade) est contée par tous les auteurs. Chateaubriand s'est peut-être souvenu plus particulièrement du *Voyage en Espagne* de Swinburne, p. 198-199 : « *Abouabdoullah*... étant sur le chemin de *Purchena*, lieu fixé pour sa résidence, s'arrêta sur la montagne de *Padul*, afin de considérer pour la dernière fois sa bien aimée ville de Grenade. La vue de cette ville et de son palais, auxquels il disait alors un éternel adieu, fit évanouir tout le courage qu'il avait montré jusqu'à ce moment ; il répandit un déluge de larmes, et, dans l'amertume de son âme, il lui échappa les plaintes les plus amères sur la dureté de sa destinée. La sultane *Ayxa*, sa mère, lui reprocha sa faiblesse en lui disant : « Tu fais bien de pleurer comme « une femme sur la perte d'un royaume que tu n'as pas su défendre, et « pour lequel tu n'as pas voulu mourir en homme. » Ce prince fut le dernier roi maure qui régna en Espagne. » — Sur la route qui conduit de Grenade à la Méditerranée, à quinze kilomètres de la ville et non loin du village de Padul, existe un lieu dit *col du Suspiro del Moro* (855 m. d'altitude) dont le nom conserve le souvenir de cette scène, *mais d'où l'on ne découvre pas la mer*, distante encore de soixante kilomètres (sur la hantise de la mer dans l'âme de Chateaubriand, cf. *supra*, p. 223, n. 1, et *Vie de Rancé*, édit. F. Letessier, p. 142, où l'on relève une erreur comparable à celle que nous signalons ici).

au sommet du mont Padul. De ce lieu élevé on découvrait la mer[a] où l'infortuné monarque allait s'embarquer pour l'Afrique ; on apercevait aussi Grenade, la Véga et le Xénil[1], au bord duquel s'élevaient les tentes de Ferdinand et d'Isabelle. A la vue de ce beau pays et des cyprès qui marquaient encore çà et là les tombeaux des musulmans, Boabdil se prit à verser des larmes. La sultane Aïxa, sa mère, qui l'accompagnait dans son exil avec les grands qui composaient jadis sa cour, lui dit : « Pleure maintenant comme une femme un royaume que tu n'as pas su défendre comme un homme. » Ils descendirent de la montagne, et Grenade disparut à leurs yeux pour toujours.

Les Maures d'Espagne, qui partagèrent le sort de leur roi, se dispersèrent en Afrique. Les tribus des Zégris et des Gomèles s'établirent dans le royaume de Fez, dont elles tiraient leur origine. Les Vanégas et les Alabès s'arrêtèrent sur la côte, depuis Oran jusqu'à Alger ; enfin les Abencérages se fixèrent dans les environs[b] de Tunis. Ils formèrent, à la vue des ruines de Carthage, une colonie que l'on distingue encore aujourd'hui des Maures d'Afrique, par l'élégance de ses mœurs et la douceur de ses lois[2].

1. La *Vega* est la belle plaine, irriguée et fertile, qui s'étend surtout au sud et à l'ouest de Grenade ; elle est arrosée par le *Genil* (ou *Jenil*), dont Chateaubriand transpose le nom en *Xénil*, selon l'usage français qui traduit aussi *Jerez* par *Xérès*.

2. Dans cet alinéa, Chateaubriand paraît mettre en œuvre des renseignements épars chez les auteurs qu'il a lus. Cf. par exemple une note de Sané (t. I, p. 13 de sa traduction de Perez de Hita) : « Les Zégris, les Vanégas et les Muças descendaient des rois de Fez... » Les Maures d'Espagne se glorifient constamment de leurs lointaines origines africaines dans l'*Histoire chevaleresque* de Hita. Voir aussi l'*Itinéraire de Paris à Jérusalem* (édit. Malakis, II, 253) : « Les Tunisiens sont moins cruels et plus civilisés que le peuple d'Alger. Ils ont recueilli les Maures d'Andalousie, qui habitent le village de Tub-Urbo, à six lieues de Tunis... » (Détails empruntés au *Voyage dans... la Barbarie*, de T. Shaw, La Haye, 1743, t. I, p. 196 et 212).

Ces familles portèrent dans leur patrie nouvelle le souvenir de leur ancienne patrie[a]. Le *Paradis de Grenade*[1] vivait toujours dans leur mémoire, les mères en redisaient le nom aux enfants qui suçaient encore la mamelle. Elles les berçaient avec les romances des Zégris et des Abencérages[2]. Tous les cinq jours on priait dans la mosquée, en se tournant vers Grenade[3]. On invoquait Allah, afin qu'il rendît à ses élus cette terre de délices. En vain le pays des Lotophages[4] offrait aux exilés ses fruits, ses eaux, sa verdure, son brillant soleil ; loin des *Tours Vermeilles*[5], il n'y avait ni fruits agréables, ni fontaines limpides, ni fraîche verdure, ni soleil digne d'être regardé. Si l'on montrait

---

1. Sané écrit, dans sa préface à l'*Histoire chevaleresque* (t. I, p. XXXIX) : « ... le Paradis de Grenade, comme les Maures l'appellent encore dans leurs éternels regrets ».

2. Sur les romances nombreuses qui furent inspirées par les luttes autour de Grenade, cf. *supra*, p. LXVII, et Marjorie A. Chaplyn, *op. cit.*, p. 7-25 : *Les romances de la frontière et les romances mauresques.*

3. C'est en réalité *cinq fois par jour* que le Coran commande aux musulmans de se tourner pour prier vers La Mecque, à laquelle Chateaubriand substitue Grenade dans la pratique religieuse de ses Abencérages.

4. Selon l'*Odyssée*, IX, v. 82-104, les Lotophages sont un peuple du Couchant, chez qui Ulysse fut entraîné par une tempête et d'où il eut grand-peine à emmener ses gens ; les Anciens les localisaient dans la Tripolitaine actuelle et, plus précisément, dans l'île de Djerba, proche du golfe de Gabès, au sud de la Tunisie, dans le nord de laquelle s'étaient installés les derniers Abencérages. Cf. d'autres allusions aux Lotophages dans l'*Itinéraire* (édit. Malakis, I, 265 ; II, 244) et dans *Les Martyrs*, liv. XI, n. 17 (O. C., IV, 154 et 463).

5. Tours d'un palais de Grenade. (*Note de Chateaubriand.*)

Les Tours Vermeilles (*Torres Bermejas*) occupent l'extrémité ouest du Monte Mauror, au sud de l'Alhambra, à laquelle elles sont reliées par une muraille. Selon Théophile Gautier (*Voyage en Espagne*, chap. XI), « elles sont ainsi nommées à cause de leur couleur et on les prétend d'origine romaine ou même phénicienne » ; en réalité, elles paraissent avoir été édifiées au XIe ou XIIe siècle et restaurées au XVIe.

à quelque banni les plaines de la Bagrada, il secouait la tête et s'écriait en soupirant : « Grenade[1] ! »

Les Abencérages surtout conservaient le plus tendre et le plus fidèle souvenir de la patrie. Ils avaient quitté avec un mortel regret le théâtre de leur gloire, et les bords qu'ils firent si souvent retentir de ce cri d'armes : « Honneur et Amour[2]. » Ne pouvant plus lever la lance dans les déserts, ni se couvrir du casque dans une colonie de laboureurs, ils s'étaient consacrés à l'étude des simples[3], profession estimée chez les Arabes à l'égal du métier des armes. Ainsi cette race de guerriers qui jadis faisait des blessures s'occupait maintenant de l'art de les guérir. En cela elle avait retenu quelque chose de son premier génie, car les chevaliers pansaient souvent eux-mêmes les plaies de l'ennemi qu'ils avaient abattu.

La cabane de cette famille, qui jadis eut des palais, n'était point placée dans le hameau des autres exilés, au pied de la montagne du Mamélife[4] ; elle était bâtie

---

1. Cf. *Itinéraire* (édit. Malakis, I, 198-199) : « (Les Turcs) n'ont point... la délicatesse des Arabes, que le charme du ciel et de la terre séduit toujours et qui pleurent encore aujourd'hui Grenade perdue. »

2. Dans le *Tancrède* de Voltaire (acte III, scène 1), pièce que cite l'*Essai sur les Révolutions* (première partie, chap. XXIV, note de 1826), le héros déclare à ses écuyers :

> Conservez ma devise, elle est chère à mon cœur.
> Les mots en sont sacrés : *c'est l'amour et l'honneur.*

3. Cette pacifique occupation n'est pas invraisemblable de la part des Arabes, qui furent d'habiles médecins. Mais n'oublions pas non plus que, depuis J.-J. Rousseau, la botanique et l'herborisation étaient considérées comme une source de plaisirs pour les infortunés (Cf. à ce sujet l'*Essai sur les Révolutions* (deuxième partie, chap. XIII) (O. C., I, 509-510).

4. Le Mamélife (pour *Hamman Lif :* bains du nez ; certains auteurs écrivent *Emmelif* et *Mamelif*) est cité à deux reprises dans l'*Itinéraire* (édit. Malakis, II, 68 et 252) : « De Tunis, ... on voit à l'Orient les montagnes du Mamélife : montagnes singulièrement déchirées, d'une figure bizarre, et au pied desquelles on trouve les eaux chaudes connues des Anciens. »

parmi les débris mêmes de Carthage, au bord de la mer, dans l'endroit où saint Louis mourut sur la cendre, et où l'on voit aujourd'hui un ermitage mahométan[a1]. Aux murailles de la cabane étaient attachés des boucliers de peau de lion, qui portaient empreintes sur un champ d'azur deux figures de sauvages, brisant une ville avec une massue. Autour de cette devise on lisait ces mots : « *C'est peu de chose !* » armes et devise des Abencérages[2]. Des lances ornées de pennons blancs et bleus, des alburnos[3], des casaques[b] de satin tailladé étaient rangés auprès des boucliers, et brillaient au milieu des cimeterres et des poignards. On voyait encore suspendus çà et là des gantelets, des mors enrichis de pierreries, de larges étriers d'argent, de longues épées dont le fourreau avait été brodé par les mains des princesses, et des éperons d'or que

1. Ici Chateaubriand exploite des souvenirs personnels, qu'on retrouve dans l'*Itinéraire* (édit. Malakis, II, 285, 292, 299...) : « ... nous jetâmes l'ancre en face des ruines de Carthage... ; j'apercevais quelques cabanes de Maures, un ermitage musulman sur la pointe d'un cap avancé... Du sommet de Byrsa, l'œil embrasse les ruines de Carthage... Je découvrais des aqueducs, des villages maures, des ermitages mahométans, des minarets... Les terribles Vandales, les légers Maures passaient tour à tour devant ma mémoire, qui m'offrait pour dernier tableau saint Louis expirant sur les ruines de Carthage... Le lundi matin, 25 août, sentant que son heure approchait, il se fit coucher sur un lit de cendres, où il demeura étendu... »

2. Perez de Hita (*Histoire chevaleresque*, t. II, p. 60-61) signale que l'étendard de l'Abencérage Muça avait « pour devise... un sauvage brisant la mâchoire à un lion et un autre sauvage détruisant un monde avec sa massue. Au bas était écrit : *C'est peu de chose !* » Le même auteur rappelle (*ibid.*, t. I, p. 113) que le blanc et le bleu étaient les couleurs favorites des Abencérages.

3. *Alburnos :* ce mot (qui se trouve dans l'*Histoire chevaleresque*, t. I, p. 117, sous la forme *albornoz*) est ainsi expliqué par Sané : « Manteau à capuce..., fait d'une espèce de drap grossier et velu. » Littré en donne l'étymologie : « C'est le même que *burnous*, avec l'article arabe *al* ».

les Yseult, les Genièvre, les Oriane[1], chaussèrent jadis à de vaillants chevaliers.

Sur des tables, au pied de ces trophées de la gloire, étaient posés des trophées d'une vie pacifique : c'étaient des plantes cueillies sur les sommets de l'Atlas et dans le désert de Zaara[2] ; plusieurs même avaient été apportées de la plaine de Grenade. Les unes étaient propres à soulager les maux du corps ; les autres devaient étendre leur pouvoir jusque sur les chagrins de l'âme. Les Abencérages estimaient surtout celles qui servaient à calmer les vains regrets, à dissiper les folles illusions et ces espérances de bonheur toujours naissantes, toujours déçues. Malheureusement ces simples avaient des vertus opposées, et souvent le parfum d'une fleur de la patrie était comme une espèce de poison pour les illustres bannis.

Vingt-quatre ans s'étaient écoulés depuis la prise de Grenade[3]. Dans ce court espace de temps quatorze Abencérages avaient péri par l'influence d'un nouveau climat, par les accidents d'une vie errante, et surtout

---

1. Yseult est l'héroïne du *Roman de Tristan;* Genièvre, épouse du roi Arthur, figure en particulier dans *Lancelot ou le Chevalier à la charrette* de Chrétien de Troyes ; Oriane, princesse de Bretagne, est aimée d'Amadis de Gaule, dans le roman qui porte le nom de celui-ci. Cependant, Chateaubriand ne put connaître ces œuvres médiévales et leurs personnages que par les adaptations et les extraits en *genre troubadour*, publiés dans la seconde moitié du XVIIIe siècle, notamment par le comte de Tressan.

2. *Zaara :* orthographe qui paraît assez fantaisiste de *Sahara.* — Sur les bienfaits de l'herborisation, cf. *supra*, p. 256, n. 3.

3. Grenade fut prise par les Chrétiens le 2 janvier 1492 ; le voyage d'Aben-Hamet se situe donc en 1516. Mais, comme on le verra *infra*, p. 301, il arrive à Grenade peu après la capture de François Ier à Pavie, le 24 février 1525... On peut résoudre cette contradiction d'une façon satisfaisante en voyant dans le chiffre *vingt-quatre* un simple lapsus de Chateaubriand, ou une coquille non corrigée, pour *trente-quatre*. Ainsi l'action de la nouvelle se déroulerait de 1526 à 1529 et, dans son ensemble, la chronologie en serait acceptable.

par le chagrin, qui mine sourdement les forces de l'homme. Un seul rejeton était tout l'espoir de cette maison fameuse. Aben-Hamet portait le nom de cet Abencérage qui fut accusé par les Zégris d'avoir séduit la sultane Alfaïma[1]. Il réunissait en lui la beauté, la valeur, la courtoisie, la générosité de ses ancêtres, avec ce doux éclat et cette légère expression de tristesse que donne le malheur noblement supporté. Il n'avait que vingt-deux ans lorsqu'il perdit son père ; il résolut alors de faire un pèlerinage au pays de ses aïeux, afin de satisfaire au besoin de son cœur, et d'accomplir un dessein qu'il cacha soigneusement à sa mère.

Il s'embarque à l'Échelle de Tunis[2] ; un vent favorable le conduit à Carthagène ; il descend du navire, et prend aussitôt la route de Grenade : il s'annonçait comme un médecin arabe qui venait herboriser parmi les rochers de la Sierra Nevada. Une mule paisible le portait lentement dans le pays où les Abencérages volaient[a] jadis sur de belliqueux coursiers : un guide marchait en avant, conduisant deux autres mules ornées de sonnettes et de touffes de laine de diverses couleurs[3]. Aben-Hamet traversa les grandes bruyères[4] et les bois

---

1. Cf. *supra*, p. 252, n. 1.

2. Cf. *Itinéraire* (édit. Malakis, II, 245) : « ... nous jetâmes l'ancre devant la Goulette, échelle ou port de Tunis. » *Échelle :* terme de marine. Proprement, lieu où un bâtiment pousse à terre une échelle ou une planche pour y opérer le débarquement de ses passagers ou de ses marchandises » (Littré).

3. *Mémoires*, I, 62 : « Nous sortîmes de Saint-Malo, ... ma mère, mes quatre sœurs et moi, dans une énorme berline... Huit chevaux parés comme les mulets en Espagne, sonnettes au cou, grelots aux brides, housses et franges de laine de diverses couleurs, nous traînaient... ». Chateaubriand avait lui-même parcouru une partie de l'Espagne dans une voiture traînée par six mulets, comme en témoigne son domestique (*Itinéraire de Paris à Jérusalem*, par Julien..., Paris, Champion, 1904, p. 118).

4. Sur la passion de Chateaubriand pour la bruyère, plante plutôt bretonne qu'andalouse, cf. *supra*, p. 213, n. 1. — Du reste, s'il ne

de palmiers du royaume de Murcie : à la vieillesse de ces palmiers, il jugea qu'ils devaient avoir été plantés par ses pères, et son cœur fut pénétré de regrets. Là s'élevait une tour où veillait la sentinelle[a] au temps de la guerre des Maures et des Chrétiens ; ici se montrait une ruine dont l'architecture annonçait une origine moresque ; autre sujet de douleur pour l'Abencérage ! Il descendait de sa mule, et sous prétexte de chercher des plantes, il se cachait un moment dans ces débris pour donner un libre cours à ses larmes. Il reprenait ensuite sa route, en rêvant au bruit des sonnettes de la caravane et au chant monotone de son guide. Celui-ci n'interrompait sa longue romance que pour encourager ses mules, en leur donnant le nom de *belles* et de *valeureuses*, ou pour les gourmander, en les appelant *paresseuses* et *obstinées*.

Des troupeaux de moutons qu'un berger conduisait comme une armée dans des plaines jaunes et incultes, quelques voyageurs solitaires, loin de répandre la vie sur le chemin, ne servaient qu'à le faire paraître[b] plus triste et plus désert. Ces voyageurs portaient tous une épée à la ceinture : ils étaient enveloppés dans un manteau, et un large chapeau rabattu leur couvrait à demi le visage. Ils saluaient en passant Aben-Hamet, qui ne distinguait dans ce noble salut que le nom de *Dieu*, de *Seigneur* et de *Chevalier*. Le soir à la *venta*[1] l'Abencérage prenait sa place au milieu des étrangers, sans être importuné de leur curiosité indiscrète. On ne lui parlait point, on ne le questionnait point ; son turban, sa

parcourut pas lui-même la route de Carthagène à Grenade, du moins a-t-il dû, dans cette fin de paragraphe et au début du suivant, rapporter des impressions et des souvenirs personnels de sa rapide excursion à travers l'Espagne mauresque.

1. *Venta :* auberge espagnole (on retrouvera ce mot *infra*, p. 319, en note).

robe, ses armes, n'excitaient aucun étonnement. Puisque Allah avait voulu que les Maures d'Espagne perdissent leur belle patrie[1], Aben-Hamet ne pouvait s'empêcher d'en estimer les graves conquérants.

Des émotions encore plus vives attendaient l'Abencérage au terme de sa course. Grenade est bâtie[2] au pied de la Sierra Nevada, sur deux hautes collines que sépare une profonde vallée. Les maisons placées sur la pente des coteaux, dans l'enfoncement de la vallée, donnent à la ville[a] l'air et la forme d'une grenade entr'ouverte, d'où lui est venu son nom. Deux rivières, le Xénil et le Douro, dont l'une roule des paillettes d'or, et l'autre des sables d'argent[3], lavent le pied des collines, se réunissent et serpentent ensuite au milieu d'une plaine charmante, appelée la Véga. Cette plaine

1. Sur le fatalisme musulman, cf. *infra*, p. 264, n. 1, et p. 321.

2. Le site de Grenade a été maintes fois dépeint par les voyageurs. Ici, plutôt que de l'Anglais Swinburne (*Voyage en Espagne*, p. 186), Chateaubriand paraît, ainsi que l'a montré M. L. Stinglhamber (art. cité, p. 102), s'inspirer du *Voyage pittoresque* du comte de Laborde, qui écrit : « Grenade est comparée, dans son assiette et son développement, au fruit dont elle porte le nom : l'écorce entr'ouverte représente les deux collines qui dominent la ville, et les graines, la multitude de maisons entassées dans le vallon intermédiaire... Bâtie sur deux collines et dans le vallon qui les sépare, arrosée par deux rivières dont l'une, le Darro, la traverse, et l'autre, le Génil, baigne ses murailles, voisine de la Sierra Nevada qui l'abrite au nord et à l'est, dominant une plaine fertile et riante de dix lieues d'étendue, si célébrée sous le nom de Véga, on chercherait en vain une position plus avantageuse... La proximité des montagnes et l'abondance des eaux y tempèrent l'ardeur du climat et entretiennent sur le sol une verdure éternelle... Air pur, site enchanteur, climat délicieux, tout ce qui séduit les sens et l'imagination se réunit pour en rendre le séjour non moins agréable que salutaire... »

3. Ce trait vient de Swinburne : « Le *Dauro* charrie quelquefois de l'or, le *Xénille* entraîne de l'argent vierge... » — Le nom exact de l'affluent grenadin du Genil est *Darro* : c'est un torrent au cours assez bref ; le *Douro* (ou *Duero*) est au contraire un fleuve de 850 kilomètres, qui traverse la Castille, le Léon et le nord du Portugal pour se jeter dans l'Atlantique : Chateaubriand l'avait franchi à la fin d'avril 1807, en faisant route de Ségovie à Burgos.

que domine Grenade est couverte de vignes, de grenadiers, de figuiers, de mûriers, d'orangers ; elle est entourée par des montagnes[a] d'une forme et d'une couleur admirables. Un ciel enchanté, un air pur et délicieux[b], portent dans l'âme une langueur secrète dont le voyageur qui ne fait que passer a même de la peine à se défendre. On sent que dans ce pays les tendres passions auraient promptement étouffé les passions héroïques, si l'amour, pour être véritable, n'avait pas toujours besoin d'être accompagné de la gloire[1].

Lorsque Aben-Hamet découvrit le faîte des premiers édifices de Grenade, le cœur lui battit avec tant de violence qu'il fut obligé d'arrêter sa mule[2]. Il croisa les bras sur sa poitrine, et, les yeux attachés sur la ville sacrée, il resta muet et immobile. Le guide s'arrêta à son tour, et comme tous les sentiments élevés sont aisément compris d'un Espagnol, il parut touché et devina que le Maure revoyait son ancienne patrie. L'Abencérage rompit enfin le silence.

« Guide, s'écria-t-il[3], sois heureux ! ne me cache

---

1. On reconnaît ici l'accent de la fameuse phrase citée par Sainte-Beuve : « ... les regards attachés sur l'étoile du soir, je lui demandais des vents pour cingler plus vite, *de la gloire pour me faire aimer* ». (Cf. *Mémoires*, IV, 406-407, n. 20, et Appendices I et XVIII, ainsi que *supra*, p. LI, n. 1.)

2. Même émotion chez René apercevant le paysage de son enfance (*supra*, p. 226) : « Quand j'aperçus les bois où j'avais passé les seuls moments heureux de ma vie, je ne pus retenir mes larmes... »

3. Ce dialogue d'Aben-Hamet avec son guide est inspiré de la romance

Abenamar, Abenamar,
Moro de la Moreria...

citée par Perez de Hita et ainsi traduite par Sané (t. I, p. 39-40) : (Le roi Juan Ier, voyageant aux bords du Genil, s'adresse au Maure Abenamar) : « Abenamar ! Abenamar ! enfant basané de la brûlante Afrique, sais-tu que le jour de ta naissance a donné lieu à de grands pronostics ? Un calme profond régnait sur les ondes, et la lune entrait point la vérité, car le calme régnait dans les flots le jour de ta naissance, et la lune entrait dans son croissant. Quelles sont ces tours qui brillent comme des étoiles au-dessus d'une verte forêt[1] ? »

« C'est l'Alhambra », répond le guide.

« Et cet autre château, sur cette autre colline ? » dit Aben-Hamet.

« C'est le Généralife, répliqua l'Espagnol. Il y a dans ce château un jardin planté de myrtes où l'on prétend qu'Abencérage fut surpris[a] avec la sultane Alfaïma. Plus loin vous voyez l'Albaïzyn, et plus près de nous les Tours Vermeilles[2]. »

---

dans son croissant. Un Maure qui naît dans de pareils signes ne doit jamais déguiser la vérité.

ABENAMAR

Je suis fils d'un Maure et d'une captive chrétienne ; je ne mentirai jamais, dût-il m'en coûter la vie. Dès mes plus tendres ans, ma mère, en me peignant le mensonge sous les couleurs les plus odieuses, me recommandait toujours de dire la vérité. Interroge-moi donc, grand roi ! je vais te répondre avec toute la candeur de l'enfance.

DON JUAN

Je te sais bon gré de ta franchise. Quels sont ces châteaux qui s'élèvent si pompeusement dans les airs ?

ABENAMAR

C'est l'Alhambra, seigneur, et sa Mosquée dont les portiques sont d'un travail merveilleux. Cet autre château que tu vois là-bas, c'est le Généralife, dont le parc enchanteur n'a point de rival. Aperçois-tu plus loin cette grande forteresse ? Ce sont les Tours Vermeilles... »

1. Comparaison empruntée littéralement au *Voyage en Espagne* de Swinburne (p. 213), qui l'appliquait déjà aux tours de l'Alhambra, après l'avoir trouvée dans un ancien auteur arabe.

2. L'Alhambra (en arabe : *la rouge*, à cause de la couleur chaude de ses pierres) est située à l'est de Grenade, sur une colline qui domine la ville de 150 mètres ; entourée d'une enceinte de 726 et 150 mètres de côtés, elle comprend un ensemble de tours, salles, bassins et jardins, achevé vers 1275-1280 et en partie détruit par Charles-Quint. Le Généralife (*Djennat-el-Arif : jardin élevé*), ancienne maison de campagne des sultans grenadins, surtout remarquable par ses jardins. ses eaux et son panorama, s'étend à l'est et au nord-est de l'Alhambra, — L'Albaïzyn (ou Albaïcin : *Rabad-el-Bayydzîn* : *quartier des propriétaires de faucons*), au nord-est de la ville, couvre le coteau qui s'élève en face de l'Alhambra, sur la rive droite du Darro : c'est là que se réfugièrent

Chaque mot du guide perçait le cœur d'Aben-Hamet. Qu'il est cruel d'avoir recours à des étrangers pour apprendre à connaître les monuments de ses pères, et de se faire raconter par des indifférents l'histoire de sa famille et de ses amis ! Le guide, mettant fin aux réflexions d'Aben-Hamet, s'écria : « Marchons, seigneur Maure ; marchons, Dieu l'a voulu ! Prenez courage. François Ier n'est-il pas aujourd'hui même prisonnier dans notre Madrid ? Dieu l'a voulu. » Il ôta son chapeau, fit un grand signe de croix et frappa ses mules. L'Abencérage, pressant la sienne à son tour, s'écria : « C'était écrit[1] », et ils descendirent vers Grenade.

Ils passèrent près du gros frêne célèbre par le combat de Muça et du grand-maître de Calatrava, sous le

---

et vécurent, après la Reconquête, les Maures qui n'avaient pas quitté leur ancienne patrie. — Les Tours Vermeilles (cf. *supra*, p. 225, n. 5) sont au contraire au sud de l'Alhambra. — Comme le remarque M. L. Stinglhamber (art. cité, p. 99-100), arrivant de Carthagène, c'est-à-dire par l'est, Aben-Hamet ne peut avoir de Grenade la vision que lui prête Chateaubriand : « Le point de vue qui découvre à la fois l'Alhambra, le Généralife, l'Albaïcin et, *plus près*, les Tours Vermeilles est tout juste à l'opposé... De la route de Carthagène, les Tours Vermeilles ne se voient même pas, cachées par la montagne de l'Alhambra qui s'élève au premier plan, *devant elles*. » L'auteur du *Dernier Abencérage* ne rapporte donc pas un souvenir personnel, mais il suit fidèlement la suggestion de la romance d'Abenamar (dernière ligne de notre citation).

1. Expression que les musulmans ont sans cesse à la bouche, et qu'ils appliquent à la plupart des événements de la vie. (*Note de Chateaubriand.*)

Ce fatalisme des musulmans est bien connu. Mais il semble qu'en cette fin d'alinéa, dans les propos du guide et dans ceux d'Aben-Hamet, Chateaubriand se soit souvenu d'un passage de Volney, *Voyage en Syrie et en Égypte* (1787, 2 vol., t. I, p. 218) : « Quand un malheur survient, *C'était écrit*, dit le musulman. *Louange à Dieu, Dieu l'a voulu*, dit le chrétien... » Cf. *id.*, *ibid.*, t. II, p. 450 : « Que le musulman essuie une grande perte, qu'il soit dépouillé, ruiné, il dit tranquillement : *C'était écrit.* » Cet ouvrage de Volney est une source importante de l'*Itinéraire* (cf. édit. Malakis, II, 491, index). Cf. aussi *infra*, p. 321.

dernier roi de Grenade[1]. Ils firent le tour de la promenade Alameïda[2], et pénétrèrent dans la cité par la porte d'Elvire. Ils remontèrent le Rambla et arrivèrent bientôt sur une place qu'environnaient de toutes parts des maisons d'architecture moresque. Un kan[3a] était ouvert sur cette place pour les Maures d'Afrique, que le commerce de soies de la Véga attirait en foule à Grenade. Ce fut là que le guide conduisit Aben-Hamet.

L'Abencérage était trop agité pour goûter un peu de repos dans sa nouvelle demeure ; la patrie le tourmentait. Ne pouvant résister aux sentiments qui troublaient son cœur, il sortit au milieu de la nuit pour errer dans les rues de Grenade. Il essayait de reconnaître avec ses yeux ou ses mains quelques-uns des monuments que les vieillards lui avaient si souvent décrits. Peut-être que ce haut édifice dont il entrevoyait les murs à travers les ténèbres était autrefois la demeure des Abencérages ;

---

1. Ce combat est fameux dans la légende grenadine : Perez de Hita (*Histoire chevaleresque*, t. I, p. 49-50) le décrit et montre don Rodrigue, grand maître de l'ordre de Calatrava, attendant « au gros frêne » le prince Abencérage Muça, qu'il tuera en combat singulier. Cf. Marjorie A. Chaplyn, *op. cit.*, p. 29, 30, 36, 37, etc.

2. L'itinéraire que suivent Aben-Hamet et son guide pour entrer à Grenade ne manque pas de fantaisie et d'imprévu : arrivant de Carthagène, ils auraient dû pénétrer dans Grenade par l'est ou le nord. Or nous les retrouvons ici sur l'*Alameïda* (ou *promenade plantée de peupliers*, signalée par Swinburne, *Voyage en Espagne*, p. 244), exactement au sud de la ville, sur la rive droite du Genil, à son confluent avec le Darro : ils n'ont pu y parvenir qu'en contournant la ville vers l'est, par un long circuit autour du Généralife... Quant à la *porte d'Elvire*, qui les conduit à l'intérieur de la cité, elle en est située à l'ouest (à l'actuelle *Explanada de Elvira* arrive la route de Malaga et Séville !). Enfin, il est difficile de préciser ce que sont *le Rambla (avenue)* et la place où ils arrivent. (Cf. L. Stinglhamber, art. cit., p. 99.) Chateaubriand procède évidemment avec la souveraine désinvolture d'un artiste, et non avec le soin rigoureux d'un archéologue !

3. « *Kan* : en Orient, station pour les caravanes dans les villes ou sur les routes » (Littré). Chateaubriand introduit en Espagne un souvenir de son voyage en Asie ; l'*Itinéraire* (édit. Malakis, I, 354) décrit notamment le kan de Ménémen-Skélessi, près de Smyrne.

peut-être était-ce sur cette place solitaire que se donnaient ces fêtes qui portèrent la gloire de Grenade jusqu'aux nues[1]. Là passaient les quadrilles superbement vêtus de brocarts ; là s'avançaient les galères chargées d'armes et de fleurs, les dragons qui lançaient des feux et qui recélaient dans leurs flancs d'illustres guerriers ; ingénieuses inventions du plaisir et de la galanterie[a].

Mais, hélas ! au lieu du son des anafins[2], du bruit des trompettes et des chants d'amour, un silence profond régnait autour d'Aben-Hamet. Cette ville muette avait changé d'habitants, et les vainqueurs reposaient sur la couche des vaincus. « Ils dorment donc, ces fiers Espagnols, s'écriait le jeune Maure indigné, sous ces toits dont ils ont exilé mes aïeux[b] ! Et moi, Abencérage, je veille inconnu, solitaire, délaissé, à la porte du palais de mes pères ! »

Aben-Hamet réfléchissait alors sur les destinées humaines, sur les vicissitudes de la fortune[3], sur la

---

1. Ces fêtes et les réjouissances auxquelles elles donnaient lieu sont très longuement évoquées et peintes dans l'*Histoire chevaleresque* de Perez de Hita (cf. Marjorie A. Chaplyn, *op. cit.*, p. 30-34). Chateaubriand a retenu ici quelques traits de ces scènes luxueuses et galantes : « ... une quadrille de chevaliers... arrivait... Leurs livrées étaient de damas rouge et blanc, avec des galons d'or et d'argent... Derrière marchait un chevalier monté sur un superbe coursier. Il était vêtu à la turque ; ses parements ainsi que ses cimiers étaient de brocart rouge à frange d'or... Une galère entrait dans le cirque : l'or resplendissait sur les mâts et sur les antennes... » Ailleurs est décrit « un énorme serpent qui vomissait du feu, ... qui s'entrouvrit par le milieu du corps, ... laissant jaillir les héros cachés dans ses flancs sulfureux ». Un monstre analogue vaut à celui qui l'a imaginé « un bijou d'or comme une récompense due à sa galante et ingénieuse invention ». (*Histoire chevaleresque*, I, 178, 196, 203-204, 210, etc.)

2. Une note de Sané à sa traduction de l'*Histoire chevaleresque* (t. I, p. 17) définit les *anafins* « des espèces de flûtes usitées chez les Arabes ».

3. Cf. les méditations de René sur les ruines grecques et romaines (*supra*, p. 194) et cette remarque de Chateaubriand dans l'*Itinéraire* (édit. Malakis, I, 206) : « Je me laissai entraîner à ces réflexions que

chute des empires, sur cette Grenade enfin, surprise par ses ennemis au milieu des plaisirs, et changeant tout à coup ses guirlandes de fleurs contre des chaînes ; il lui semblait voir ses citoyens abandonnant leurs foyers en habits de fête, comme des convives qui, dans le désordre de leur parure, sont tout à coup chassés de la salle du festin par un incendie[1].

Toutes ces images, toutes ces pensées se pressaient dans l'âme d'Aben-Hamet ; plein de douleur et de regret, il songeait surtout à exécuter le projet qui l'avait amené à Grenade[2] : le jour le surprit. L'Abencérage s'était égaré : il se trouvait loin du kan, dans un faubourg écarté de la ville. Tout dormait ; aucun bruit ne troublait le silence des rues ; les portes et les fenêtres des maisons étaient fermées[a] : seulement la voix du coq proclamait dans l'habitation du pauvre le retour des peines et des travaux[3].

Après avoir erré longtemps sans pouvoir retrouver

---

chacun peut faire, et moi plus qu'un autre, sur les vicissitudes des destinées humaines. » La fin du paragraphe est probablement suggérée par une remarque de Sané (*Histoire chevaleresque*, t. I, p. 11) : « Un esprit observateur... s'attachera au spectacle... d'une nation qui périt au sein des jeux, toujours armée et toujours en habits de fête..., peuple qui, banni tout à l'heure de ses autels et de sa superbe patrie, se couronne de fleurs... Sous un point de vue plus grave, c'est la chute d'un empire célèbre. »

1. Cette comparaison fait songer à l'incendie de Persépolis par Alexandre le Grand au cours d'une orgie (cf. par exemple, Plutarque, *Vie d'Alexandre*, 59).

2. Sur ce projet secret et qui ne sera révélé au lecteur que plus tard cf. *supra*, p. 259 et *infra*, p. 281, 326.

3. S'il fallait proposer une source à cette phrase, on pourrait songer aux premiers vers du *Moretum* de Virgile, où le poète latin raconte le réveil d'un pauvre paysan romain :

Jam nox hibernas bis quinque peregerat horas,
Excubitorque diem cantu praedixerat ales,
Similus exigui cultor cum rusticus agri...
Membra levat sensim...

sa route, Aben-Hamet entendit une porte s'ouvrir. Il vit sortir une jeune femme, vêtue à peu près comme ces reines gothiques sculptées sur les monuments de nos anciennes abbayes[1]. Son corset noir, garni de jais[2], serrait sa taille élégante ; son jupon court, étroit et sans plis, découvrait une jambe fine et un pied charmant[3] ; une mantille également noire était jetée sur sa tête : elle tenait avec sa main gauche, cette mantille croisée et fermée comme une guimpe au-dessous de son menton, de sorte que l'on n'apercevait de tout son visage que ses grands yeux et sa bouche de rose[a]. Une duègne accompagnait ses pas ; un page portait devant elle un livre d'église[b] ; deux varlets[4], parés de ses couleurs, suivaient à quelque distance la belle inconnue : elle se rendait à la prière matinale, que les tintements d'une cloche annonçaient dans un monastère voisin.

---

1. On reconnaît à cette phrase celui qui, avec le *Génie du Christianisme*, avait remis en honneur l'art médiéval et, suivant le mot de Théophile Gautier, « restauré la cathédrale gothique », — avant de déplorer, à la fin de sa vie, le nombre de ses imitateurs et « la manie du Moyen âge qui nous hébète à présent » (*Mémoires*, II, 249).

2. Le costume de Blanca n'est pas celui du XVIe siècle. Selon le comte de Laborde, en son *Voyage en Espagne*, le costume des femmes était à cette époque lointaine « une robe avec une mante ou un petit manteau et un petit chapeau orné de cordons et de houppes ». L'héroïne de l'*Abencérage* porte le vêtement des Espagnoles contemporaines du passage de Chateaubriand, des élégantes que l'on voit dans les tableaux de Goya.

3. Ce trait physique pouvait s'appliquer à Natalie de Noailles. Étienne Delécluze, qui la vit familièrement à l'atelier du peintre David, a noté « *son pied fin et élégant*... et sa démarche, ... qui annonçait une femme fort distinguée » (*L. David, son école et son temps*, Paris, 1855, p. 34).

4. *Varlet :* « Il s'est dit, dans les temps de l'ancienne chevalerie, à peu près comme se dit page aujourd'hui » (Littré). Cet archaïsme, remis en usage par le style troubadour, se retrouve au temps du Romantisme et Chateaubriand l'emploie dans ses *Mémoires*, I, 106 : « ... un manoir où l'on aurait à peine aperçu cent chevaliers, leurs dames, leurs écuyers, leurs varlets... » — Sur le thème des cloches qui tintent, cf. *supra*, p. 188, n. 2.

Aben-Hamet crut voir l'ange Israfil ou la plus jeune des houris[1]. L'Espagnole, non moins surprise, regardait l'Abencérage, dont le turban, la robe et les armes embellissaient encore la noble figure. Revenue de son premier étonnement, elle fit signe à l'étranger de s'approcher avec une grâce et une liberté particulières aux femmes de ce pays[a][2]. « Seigneur Maure, lui dit-elle, vous paraissez nouvellement arrivé à Grenade[b] : vous seriez-vous égaré ? »

« Sultane des fleurs, répondit Aben-Hamet, délices des yeux des hommes, ô esclave chrétienne, plus belle que les vierges de la Géorgie[3], tu l'as deviné ! je suis étranger dans cette ville : perdu au milieu de ses palais, je n'ai pu retrouver le kan des Maures. Que Mahomet touche ton cœur et récompense ton hospitalité ! »

« Les Maures sont renommés pour leur galante-

---

1. Selon les Musulmans, l'ange Israfil (*le seigneur de la trompette*) est l'ange de la Résurrection. — Quant aux houris (*celles qui ont des yeux de gazelle*), ce sont des femmes divinement belles que le Coran (LX, 56-78) promet dans la vie future aux fidèles d'Allah.

2. Cette *liberté* des femmes espagnoles n'est pas ordinairement signalée par les voyageurs. Th. Gautier notera cependant en 1840 (*Voyage en Espagne*, chap. VIII) : « Il m'a semblé que les femmes, en Espagne, avaient la haute main et jouissaient d'une plus grande liberté qu'en France... », mais il s'agit ici d'autorité, et non d'allure. — Dans l'*Abencérage*, la liberté de l'héroïne s'explique par une nécessité de l'intrigue romanesque et peut-être aussi par la ressemblance de Blanca avec son modèle : Natalie de Noailles, écrit M. Duchemin (*op. cit.*, p. 329-330), « dans le milieu conformiste de Méréville, faisait un peu figure d'indépendante et, pour que fussent, sinon acceptées, du moins tolérées, ses libres allures, elle devait s'appliquer à ménager les susceptibilités d'un entourage... peut-être secrètement jaloux de ses audaces, en tout cas effarouché ».

3. Chateaubriand fait ici sienne une phrase de Sané (*op. cit.*, t. I, p. 207) : « (Lindaraxa) aurait pu rivaliser de beauté avec une de ces vierges de la Géorgie, l'orgueil et la gloire de l'Orient. »

rie[1] », reprit l'Espagnole avec le plus doux sourire ; « mais je ne suis ni sultane des fleurs, ni esclave, ni contente d'être recommandée à Mahomet. Suivez-moi, seigneur chevalier[a] : je vais vous reconduire au kan des Maures. »

Elle marcha légèrement devant l'Abencérage, le mena jusqu'à la porte du kan, le lui montra de la main, passa derrière un palais et disparut.

A quoi tient donc le repos de la vie ? La patrie n'occupe plus seule et tout entière l'âme d'Aben-Hamet : Grenade a cessé d'être pour lui déserte, abandonnée, veuve, solitaire ; elle est plus chère que jamais à son cœur, mais c'est un prestige nouveau qui embellit ses ruines ; au souvenir des aïeux se mêle à présent un autre charme. Aben-Hamet a découvert le cimetière où reposent les cendres des Abencérages ; mais en priant, mais en se prosternant, mais en versant des larmes filiales, il songe que la jeune Espagnole a passé quelquefois sur ces tombeaux, et il ne trouve plus ses ancêtres si malheureux.

C'est en vain qu'il ne veut s'occuper que de son pèlerinage au pays de ses pères[2] ; c'est en vain qu'il parcourt les coteaux du Douro et du Xénil, pour y

---

1. Non pas les Maures de l'histoire, souvent capables de trahisons barbares et d'actions sanguinaires, mais d'une manière générale ceux de la légende romanesque, telle que l'imaginèrent les auteurs de romances et Ginez Perez de Hita en particulier ; en France, Mme de Villedieu intitulait son roman mauresque *Les Galanteries grenadines* (1673). Sur cette question, cf. Marjorie A. Chaplyn, *op. cit.*, p. 37, 38, 57, 73, 87-93, 97, 98.

2. Aben-Hamet, préoccupé par le souvenir de Blanca, fait songer au héros du *Gonzalve de Cordoue* de Florian : celui-ci « porte partout avec lui » l'image de Zuléma, dont il ignore tout et qu'il n'a rencontrée qu'une fois (t. I, p. 270-271). Les sentiments des deux personnages, faits d'inquiétude, de mélancolie, d'espérance et de désespoir, sont fort ressemblants.

cueillir des plantes au lever de l'aurore : la fleur qu'il cherche maintenant, c'est la belle chrétienne[a]. Que d'inutiles efforts il a déjà tentés pour retrouver le palais de son enchanteresse ! Que de fois il a essayé de repasser par les chemins que lui fit parcourir son divin guide ! Que de fois il a cru reconnaître le son de cette cloche, le chant de ce coq qu'il entendit près de la demeure de l'Espagnole ! Trompé par des bruits pareils, il court aussitôt de ce côté, et le palais magique ne s'offre point à ses regards ! Souvent encore le vêtement uniforme des femmes de Grenade lui donnait un moment d'espoir : de loin toutes les chrétiennes ressemblaient à la maîtresse de son cœur ; de près pas une n'avait sa beauté ou sa grâce. Aben-Hamet avait enfin parcouru les églises pour découvrir l'étrangère[b] ; il avait même pénétré jusqu'à la tombe de Ferdinand et d'Isabelle[1] ; mais c'était aussi le plus grand sacrifice qu'il eût jusqu'alors fait à l'amour.

Un jour il herborisait dans la vallée du Douro[2].

---

1. Les libérateurs de Grenade, Ferdinand et Isabelle, morts respectivement en 1516 et 1504, furent solennellement inhumés en 1521 dans une chapelle édifiée sur le côté droit de la cathédrale de Grenade entre 1505 et 1507.

2. Chateaubriand n'eut pas le temps de parcourir la vallée du Darro. Aussi, M. L. Stinglhamber (art. cité, p. 100-101) voit-il dans cet alinéa « la description d'un homme qui n'y a pas été voir ou qui aurait tout oublié... Tout cet à peu près, ce vague, cette abstraction sent... le paysage en chambre, le travail d'atelier ». Et le critique rétablit, non sans malveillance, la réalité topographique. Celle-ci nous importe peu et, pour apprécier l'art de Chateaubriand, il suffit de comparer son texte avec celui qui lui sert de source, une fois de plus, le *Voyage en Espagne* de Swinburne (p. 256-257) : « Nous descendîmes dans la charmante vallée du *Dauro*, où nous remarquâmes les restes d'un pont et d'une tour du temps des Maures... De dessus un petit banc de gazon... d'abord on découvre dans le bas d'où... les... clochers s'élèvent en groupe..., un ruisseau... Ensuite, vers le midi, on voit les pentes des montagnes habillées de verdure, et couronnées par les tourelles de l'Alhambra, les bois en amphithéâtre, les jardins du Généralife... ; vers le nord l'Albaycin, ainsi que d'innombrables jardins, des vergers

Le coteau du midi soutenait sur sa pente fleurie les murailles de l'Alhambra et les jardins du Généralife ; la colline du nord était décorée par l'Albaïzyn, par de riants vergers, et par des grottes qu'habitait un peuple nombreux. A l'extrémité occidentale de la vallée on découvrait les clochers de Grenade qui s'élevaient en groupe du milieu des chênes-verts et des cyprès. A l'autre extrémité, vers l'orient, l'œil rencontrait sur des pointes de rochers, des couvents, des ermitages, quelques ruines de l'ancienne Illibérie, et dans le lointain les sommets de la Sierra Nevada. Le Douro roulait au milieu du vallon, et[a] présentait le long de son cours de frais moulins, de bruyantes cascades, les arches brisées d'un aqueduc romain, et les restes d'un pont du temps des Maures.

Aben-Hamet n'était plus ni assez infortuné, ni assez heureux, pour bien goûter le charme de la solitude : il parcourait avec distraction et indifférence ces bords enchantés. En marchant à l'aventure, il suivit une allée d'arbres qui circulait sur[b] la pente du coteau de l'Albaïzyn. Une maison de campagne, environnée d'un bocage d'orangers, s'offrit bientôt à ses yeux : en approchant du bocage, il entendit les sons d'une voix et d'une guitare[c]. Entre la voix, les traits et les regards d'une femme, il y a des rapports qui ne trompent jamais un homme que l'amour possède[1]. « C'est ma houri ! »

---

et des cavernes peuplées d'habitants... Nous... remontâmes la rivière... On passe au milieu de maisons de campagne et de couvents situés d'une manière romantique, de moulins, de chutes d'eau... Nous tournâmes du côté du midi ; nous passâmes par les ruines d'un petit aqueduc, et retournâmes sur la montagne, sur le sommet de laquelle on voit une suite de pierres entassées que l'on dit être les restes de l'ancienne Illibérie. » (Le véritable nom romain de Grenade était *Illiberis*.)

1. Même idée et même sentiment dans *Gonzalve de Cordoue* (t. I, p. 293), où le héros reconnaît aussitôt Zuléma « à cette voix, à ces accents qui retentissent en (son) cœur ». — Sur *houri*, cf. *supra*, p. 269, n. 1.

dit Aben-Hamet ; et il écoute, le cœur palpitant : au nom des Abencérages plusieurs fois répété, son cœur bat encore plus vite. L'inconnue chantait une romance castillane qui retraçait l'histoire[a] des Abencérages et des Zégris[1]. Aben-Hamet ne peut plus résister à son émotion ; il s'élance à travers une haie de myrtes et tombe au milieu d'une troupe de jeunes femmes effrayées qui fuient en poussant des cris. L'Espagnole qui venait de chanter et qui tenait encore la guitare s'écrie : « C'est le seigneur Maure ! » Et elle rappelle ses compagnes. « Favorite des Génies, dit l'Abencérage, je te cherchais comme l'Arabe cherche une source dans l'ardeur du midi ; j'ai entendu les sons de ta guitare, tu célébrais les héros de mon pays, je t'ai devinée à la beauté de tes accents, et j'apporte à tes pieds le cœur d'Aben-Hamet. »

« Et moi, répondit Doña Blanca, c'était en pensant à vous que je redisais la romance des Abencérages. Depuis que je vous ai vu, je me suis figuré que ces chevaliers Maures vous ressemblaient. »

Une légère rougeur monta au front de Blanca en prononçant ces mots. Aben-Hamet se sentit prêt à tomber aux genoux de la jeune chrétienne, à lui déclarer qu'il était le dernier Abencérage ; mais un reste de prudence le retint ; il craignit que son nom, trop fameux à Grenade, ne donnât des inquiétudes au gouverneur. La guerre des Morisques était à peine terminée[2], et la présence d'un Abencérage dans ce

---

1. De même chez Florian (t. II, p. 156), Zuléma chante devant Gonzalve « une antique romance connue chez les Grenadins » et remarque l'émotion du héros qui rougit.

2. On appelle *Morisques* les Maures qui restèrent en Espagne du Sud après la Reconquête : convertis en apparence au Christianisme, mais toujours suspects, ils étaient étroitement surveillés et formaient une population de parias. La politique de contrainte que l'archevêque de Tolède, Ximénès de Cisneros, employa pour intégrer à

moment pouvait inspirer aux Espagnols de justes craintes. Ce n'est pas qu'Aben-Hamet s'effrayât d'aucun péril, mais il frémissait à la pensée d'être obligé de s'éloigner pour jamais de la fille de don Rodrigue.

Doña Blanca descendait d'une famille qui tirait son origine du Cid de Bivar et de Chimène, fille du comte Gomez de Gormas[1]. La postérité du vainqueur de Valence-la-Belle tomba, par l'ingratitude de la cour de Castille, dans une extrême pauvreté ; on crut même pendant plusieurs siècles qu'elle s'était éteinte, tant elle devint obscure. Mais vers le temps de la conquête de Grenade, un dernier rejeton de la race des Bivars, l'aïeul de Blanca, se fit reconnaître moins encore à ses titres qu'à l'éclat de sa valeur. Après l'expulsion des Infidèles, Ferdinand donna au descendant du Cid les biens de plusieurs familles maures, et le créa duc de Santa-Fé[2]. Le nouveau duc fixa sa demeure à Grenade,

---

l'Église les Morisques de Grenade amena une révolte de ces derniers, qui furent vigoureusement châtiés (1500-1501). Il y eut d'autres soulèvements en 1568-1570 et en 1609 : les Morisques furent alors expulsés massivement et leur départ amena la décadence économique de l'Espagne. (Cf. J. Calmette et E. Déprez, *Histoire du Moyen Age*, Collection Glotz, t. VII, deuxième partie, p. 587-588 ; H. Sée et A. Rébillon, *Le XVI*e *siècle*, Collection Clio, p. 190 et 196.)

1. Il est bien connu que le Cid Campeador n'eut point de descendance mâle et que son nom s'éteignit avec lui. Cependant, à la guerre de Grenade participa un *Señor del Cid*, appelé aussi *Rodrigo de Bivar;* mais il n'était pas issu du Campeador, ni d'une famille « tombée dans une extrême pauvreté », puisqu'il était fils de l'illustre cardinal Mendoza ; le roi Ferdinand ne le créa pas duc de Santa-Fé, mais marquis de Zenete (sur ce personnage, cf. Hernando del Pulgar, *Coronica de los Señores Reyes Catolicos*, 1780, p. 336-341). Chateaubriand connut-il l'existence de ce noble espagnol ? Il n'est pas permis de l'affirmer et peut-être a-t-il simplement inventé un descendant du Cid (en se trouvant par hasard en accord partiel avec la réalité), comme dans *Les Martyrs*, il avait fait d'Eudore un descendant de Philopoemen, et de Cymodocée, « une Homéride ».

2. La ville de Santa-Fé (Sainte-Foi) avait été bâtie en quatre-vingts jours par l'armée catholique non loin de Grenade pendant le siège de celle-ci.

et mourut jeune encore, laissant un fils unique déjà marié, don Rodrigue, père de Blanca.

Doña Thérésa de Xérès, femme de don Rodrigue, mit au jour un fils qui reçut à sa naissance le nom de Rodrigue comme tous ses aïeux, mais que l'on appela don Carlos, pour le distinguer de son père. Les grands événements que don Carlos eut sous les yeux, dès sa plus tendre jeunesse, les périls auxquels il fut exposé presque au sortir de l'enfance, ne firent que rendre plus grave et plus rigide un caractère naturellement porté à l'austérité. Don Carlos comptait à peine quatorze ans, lorsqu'il suivit Cortez au Mexique[1] : il avait supporté tous les dangers, il avait été témoin de toutes les horreurs de cette étonnante aventure ; il avait assisté à la chute du dernier roi d'un monde jusqu'alors inconnu. Trois ans après cette catastrophe, don Carlos s'était trouvé en Europe à la bataille de Pavie, comme pour voir l'honneur et la vaillance couronnés succomber sous les coups de la fortune. L'aspect d'un nouvel univers, de longs voyages sur des mers non encore parcourues, le spectacle des révolutions et des vicissitudes du sort, avaient fortement ébranlé l'imagination religieuse et mélancolique de don Carlos[2] : il était entré dans l'Ordre chevaleresque de Calatrava[3] et,

1. C'est en 1519 que Cortez partit à la conquête du Mexique (cf. Préface du *Voyage en Amérique*, O. C., VI, 22 et 25). Celle-ci dura trois ans, donna lieu à des luttes acharnées et se termina en 1521 par la prise de Mexico à la suite d'un long siège. — Don Carlos est donc né en 1505.

2. Ces traits conviennent moins au rigide et grave don Carlos qu'à Chateaubriand lui-même et à René, mélancoliques visiteurs du Nouveau-Monde.

3. Sur cet ordre à la fois religieux et militaire, dont les caractères initiaux évoluèrent par la suite (les chevaliers de Calatrava purent en particulier se marier), cf. *Génie du Christianisme* (quatrième partie, liv. V, chap. III) : « Vers l'an 1147, Alphonse le Batailleur, roi de Castille, enlève aux Maures la place de Calatrave en Andalousie.

renonçant au mariage malgré les prières de don Rodrigue, il destinait tous ses biens à sa sœur.

Blanca de Bivar, sœur unique de don Carlos, et beaucoup plus jeune que lui, était l'idole de son père : elle avait perdu sa mère[a], et elle entrait dans sa dix-huitième année, lorsque Aben-Hamet parut à Grenade. Tout était séduction dans cette femme enchanteresse[1] ; sa voix était ravissante, sa danse plus légère que le zéphyr : tantôt[b] elle se plaisait à guider un char comme Armide[2], tantôt elle volait sur le dos du plus rapide coursier de l'Andalousie, comme ces Fées charmantes qui apparaissaient à Tristan et à Galaor dans les forêts. Athènes l'eût prise pour Aspasie, et Paris pour Diane de Poitiers qui commençait à briller à la cour[3].

Huit ans après les Maures se préparent à la reprendre sur don Sanche, successeur d'Alphonse. Don Sanche, effrayé de ce dessein, fait publier qu'il donne la place à quiconque voudra la défendre... Un bénédictin de l'ordre des Cîteaux, dom Didace Vilasqués, et Raymond son abbé... font prendre les armes aux frères convers et fortifient la ville menacée. Les Maures, étant informés de ces préparatifs, renoncent à leur entreprise... et les frères convers se changent en chevaliers du nom de *Calatrava.* »

1. Cette phrase pouvait s'appliquer littéralement à Natalie de Noailles. Chateaubriand avait gardé toute sa vie « la mémoire de ces jours de séduction, d'enchantement et de délire » qu'il avait connus avec elle (phrase retranchée des *Mémoires*, IV, 406-407, n. 20). D'autre part, Hortense Allart écrivait à Sainte-Beuve, le 17 juillet 1848 : « La seule femme qu'il ait vraiment aimée, c'est la duchesse de M(ouchy) : c'était une enchanteresse qui lui a cédé tard. Il m'en parlait avec ravissement » (citée dans *Chateaubriand et son groupe*, II, 322). Cf. aussi Duchemin, *op. cit.*, p. 277-278.

2. Dans la *Jérusalem délivrée* du Tasse, Armide, jeune et belle magicienne sarrazine, s'introduit dans le camp des Croisés et, par sa coquetterie et ses charmes irrésistibles, séduit de nombreux guerriers parmi les plus valeureux, qu'elle retient prisonniers dans des jardins enchantés. — Galaor est le frère d'Amadis de Gaule dans le roman qui porte ce nom (cf. *supra*, p. 258, n. 1).

3. Diane de Poitiers (1499-1566) était dame d'honneur de la reine Claude de France, épouse de François Ier ; veuve en 1533, elle ne devint la favorite du futur Henri II qu'en 1536.

Mais avec les charmes d'une Française, elle avait les passions d'une Espagnole, et sa coquetterie naturelle n'ôtait rien à la sûreté, à la constance, à la force, à l'élévation des sentiments de son cœur.

Aux cris qu'avaient poussés les jeunes Espagnoles lorsque Aben-Hamet s'était élancé dans le bocage, don Rodrigue était accouru. « Mon père, dit Blanca, voilà le seigneur Maure dont je vous ai parlé. Il m'a entendue chanter, il m'a reconnue ; il est entré dans le jardin pour me remercier de lui avoir enseigné sa route. »

Le duc de Santa-Fé reçut l'Abencérage avec la politesse grave et pourtant naïve des Espagnols. On ne remarque chez cette nation aucun de ces airs serviles, aucun de ces tours de phrase qui annoncent l'abjection des pensées et la dégradation de l'âme. La langue du grand seigneur et du paysan est la même, le salut le même, les compliments, les habitudes, les usages sont les mêmes. Autant la confiance et la générosité de ce peuple envers les étrangers sont sans bornes, autant sa vengeance est terrible quand on le trahit. D'un courage héroïque, d'une patience à toute épreuve, incapable de céder à la mauvaise fortune, il faut qu'il la dompte ou qu'il en soit écrasé. Il a peu de ce qu'on appelle esprit, mais les passions exaltées lui tiennent lieu de cette lumière qui vient de la finesse et de l'abondance des idées. Un Espagnol qui passe le jour sans parler, qui n'a rien vu, qui ne se soucie de rien voir, qui n'a rien lu, rien étudié, rien comparé, trouvera dans la grandeur de ses résolutions les ressources nécessaires au moment de l'adversité[a].

C'était le jour de la naissance de don Rodrigue, et Blanca donnait à son père une *tertullia*[1], ou petite fête,

1. *Tertulia* (plutôt que *tertullia*) : réunion, réception, soirée. Th. Gau-

dans cette charmante solitude. Le duc de Santa-Fé invita Aben-Hamet à s'asseoir au milieu des jeunes femmes, qui s'amusaient du turban et de la robe de l'étranger. On apporta des carreaux[1] de velours, et l'Abencérage se reposa sur ces carreaux à la façon des Maures. On lui fit des questions sur son pays et sur ses aventures[a] : il y répondit avec esprit et gaieté. Il parlait le castillan le plus pur ; on aurait pu[b] le prendre pour un Espagnol, s'il n'eût presque toujours dit *toi* au lieu de *vous*. Ce mot avait quelque chose de si doux dans sa bouche, que Blanca ne pouvait se défendre d'un secret dépit, lorsqu'il s'adressait à l'une de ses compagnes.

De nombreux serviteurs parurent : ils portaient le chocolat, les pâtes de fruits et les petits pains de sucre de Malaga, blancs comme la neige, poreux et légers comme des éponges[2]. Après le Refresco, on pria Blanca

---

tier, qui assista en 1840 à quelques-unes d'entre elles, n'en fut guère enchanté (*Voyage en Espagne*, chap. VIII) : « Elles n'ont rien de remarquable... (et) ne doivent pas coûter très cher à ceux qui les donnent. Les rafraîchissements y brillent par leur absence : ni thé, ni glace, ni punch ; seulement sur une table sont disposés une douzaine de verres d'eau... » Il n'en va pas de même dans l'Andalousie poétique rêvée par Chateaubriand...

1. « *Carreau :* coussin carré pour s'asseoir ou s'agenouiller » (Littré).

2. Vers 1528, l'Espagne ne connaissait pas encore le chocolat, qui servit d'abord et pendant longtemps de médicament. — Chateaubriand se souvient peut-être de Nicolas Massias, *Le prisonnier en Espagne...* (Paris, de Laran, an VI, deuxième partie, p. 137) : « Dans les tertullas (sic), l'on sert *le chocolat* et de l'eau à la glace, dans laquelle on trempe une sucrerie blanche, légère comme de l'écume et *poreuse comme une éponge* dont elle tire son nom. » Mais il est plus probable qu'il a trouvé chez Bourgoing (*Tableau de l'Espagne moderne*, 4e édit., Paris, 1807, t. II, p. 368) la distinction entre le *refresco* (rafraîchissement), « léger goûter que l'on offre aux personnes dont on reçoit la visite » et la *tertulia*, à laquelle il sert de « prélude » ; celle-ci, « affaire d'importance », a lieu « dans les occasions solennelles, lorsqu'il s'agit de célébrer une noce, un baptême, l'anniversaire du maître de la maison » ; on y sert notamment « des petits pains de sucre, de forme carrée et de substance très spongieuse, qu'on appelle *azucar sponjado* ou *rosado* ».

d'exécuter une de ces danses de caractère, où elle surpassait les plus habiles Guitanas[1]. Elle fut obligée de céder aux vœux de ses amies. Aben-Hamet avait gardé le silence, mais ses regards suppliants parlaient au défaut de sa bouche. Blanca choisit une Zambra[2], danse expressive que les Espagnols ont empruntée des Maures.

Une des jeunes femmes commence à jouer sur la guitare l'air de la danse étrangère. La fille de don Rodrigue ôte son voile, et attache à ses mains blanches des castagnettes de bois d'ébène. Ses cheveux noirs tombent en boucles sur son cou d'albâtre[3] ; sa bouche

1. L'orthographe *guitanas* paraît peu correcte ; le mot *gitano* (féminin *gitana*) désigne une race de gens errants, d'origine inconnue et qui se disent eux-mêmes descendants des Égyptiens.

2. Selon l'*Histoire chevaleresque*, t. I, p. 23, la Zambra « était un air guerrier sur lequel les Maures allaient au combat et qui était aussi l'air d'une danse très vive et très agréable, encore connue en Espagne sous le nom de Zambra ou danse moresque ». Le nom de cette danse vaut ici par sa couleur exotique ; mais, comme le signale A. Le Breton (*Le Roman français au XIX*^e^ *siècle*, Paris, 1901, p. 7), de nombreuses héroïnes de romans contemporains de Chateaubriand aimaient, comme Blanca, faire valoir leur souplesse et leur habileté chorégraphique.

3. Ce trait rappelle encore Natalie de Noailles. Étienne Delécluze (*op. cit.*, p. 36 et 44) admirait « son cou d'une blancheur éblouissante » et constatait que « ses cheveux châtain foncé, entourés de bandelettes rouges, ... faisaient ressortir la blancheur de son cou... » Chateaubriand donne à Blanca des *cheveux noirs* sans doute pour accentuer son type espagnol et aussi pour obtenir un effet de contraste, analogue à celui qu'on remarque dans *Atala* (*supra*, p. 143) : « Ses mains d'*albâtre* pressaient sur son cœur un crucifix d'*ébène*. » — Par ailleurs, s'il est assez surprenant de voir une jeune noble espagnole se livrer en public à la danse, c'est que, par là aussi, l'héroïne du roman ressemble à son modèle ; Hyde de Neuville écrivait à propos de ce passage dans ses *Mémoires et souvenirs* (t. I, p. 445) : « J'ai cru souvent revoir l'amie commune qui nous avait charmés bien des fois en essayant les danses si attrayantes des pays que nous visitions ensemble. » Si la future duchesse de Mouchy avait dansé devant le ménage Hyde de Neuville, nul doute qu'elle dut en faire autant en présence de Chateaubriand et que ces deux paragraphes sont l'évocation même de souvenirs vécus.

et ses yeux sourient de concert ; son teint est animé par le mouvement de son cœur. Tout à coup elle fait retentir le bruyant ébène, frappe trois fois la mesure, entonne le chant de la Zambra et, mêlant sa voix aux sons de la guitare, elle part comme un éclair.

Quelle variété dans ses pas ! quelle élégance dans ses attitudes ! Tantôt elle lève ses bras avec vivacité, tantôt elle les laisse retomber avec mollesse. Quelquefois elle s'élance comme enivrée de plaisir, et se retire comme accablée de douleur. Elle tourne la tête, semble appeler quelqu'un d'invisible, tend modestement une joue vermeille au baiser d'un nouvel époux, fuit honteuse, revient brillante et consolée, marche d'un pas noble et presque guerrier, puis voltige de nouveau sur le gazon[1]. L'harmonie de ses pas, de ses chants, et des sons de sa guitare était parfaite. La voix de Blanca, légèrement voilée, avait cette sorte d'accent qui remue les passions jusqu'au fond de l'âme[2]. La musique espagnole, composée de soupirs, de mouvements vifs, de refrains tristes, de chants subitement arrêtés, offre un singulier mélange de gaieté et de mélancolie. Cette musique et cette danse fixèrent sans retour le destin du dernier Abencérage : elles auraient suffi pour troubler un cœur moins malade que le sien.

On retourna le soir à Grenade, par la vallée du Douro. Don Rodrigue, charmé des manières nobles[a] et polies d'Aben-Hamet, ne voulut point se séparer de lui qu'il

---

1. On retrouve les mêmes expressions dans *Les Natchez* (édit. Chinard, p. 408) pour peindre la danse d'une jeune Indienne : « Alors Mila... vient voltiger sur le gazon. Ses pieds et ses bras se déploient par des mouvements brillants et onduleux ; elle se balance comme un jeune peuplier caressé des brises ; le sourire de l'amour est sur ses lèvres, l'ivresse du plaisir dans ses yeux... »

2. « Soit qu'elle parlât, soit qu'elle chantât, le charme de sa voix était irrésistible », disait de Natalie le comte Molé, qui l'avait bien connue (cité par Duchemin, *op. cit.*, p. 310, n. 3).

ne lui eût promis de venir souvent amuser Blanca des merveilleux récits de l'Orient. Le Maure, au comble de ses vœux, accepta l'invitation du duc de Santa-Fé ; et dès le lendemain il se rendit au palais où respirait celle qu'il aimait plus que la lumière du jour.

Blanca se trouva bientôt engagée dans une passion profonde par l'impossibilité même où elle crut être d'éprouver jamais cette passion. Aimer un Infidèle, un Maure, un inconnu, lui paraissait une chose si étrange, qu'elle ne prit aucune précaution contre le mal qui commençait à se glisser dans ses veines ; mais aussitôt qu'elle en reconnut les atteintes, elle accepta ce mal en véritable Espagnole. Les périls et les chagrins qu'elle prévit ne la firent point reculer au bord de l'abîme, ni délibérer longtemps avec son cœur. Elle se dit : « Qu'Aben-Hamet soit chrétien, qu'il m'aime, et je le suis au bout de la terre. »

L'Abencérage ressentait de son côté toute la puissance d'une passion irrésistible : il ne vivait plus que pour Blanca. Il ne s'occupait plus des projets qui l'avaient amené à Grenade[1] : il lui était facile d'obtenir les éclaircissements qu'il était venu chercher, mais tout autre intérêt que celui de son amour s'était évanoui à ses yeux. Il redoutait même des lumières qui auraient pu apporter des changements dans sa vie. Il ne demandait rien, il ne voulait rien connaître, il se disait : « Que Blanca soit musulmane, qu'elle m'aime, et je la sers jusqu'à mon dernier soupir. »

Aben-Hamet et Blanca, ainsi fixés dans leur résolution, n'attendaient que le moment de se découvrir leurs sentiments. On était alors dans les plus beaux jours de

1. Il a déjà été fait allusion à ces « projets » *supra*, p. 259 et 267 ; mais ils ne seront clairement révélés au lecteur qu'*infra*, p. 326. Chateaubriand sait préparer et ménager ses effets dramatiques.

l'année. « Vous n'avez point encore vu l'Alhambra, dit la fille du duc de Santa-Fé à l'Abencérage. Si j'en crois quelques paroles qui vous sont échappées, votre famille est originaire de Grenade. Peut-être serez-vous bien aise de visiter le palais de vos anciens rois ? Je veux moi-même ce soir vous servir de guide. »

Aben-Hamet jura par le Prophète que jamais promenade ne pouvait lui être plus agréable[a].

L'heure fixée pour le pèlerinage à l'Alhambra étant arrivée, la fille de don Rodrigue monta sur une haquenée[1] blanche accoutumée à gravir les rochers comme un chevreuil. Aben-Hamet accompagnait la brillante Espagnole sur un cheval andalou équipé à la manière des Turcs. Dans la course rapide du jeune Maure, sa robe de pourpre s'enflait derrière lui, son sabre recourbé retentissait sur la selle élevée, et le vent agitait l'aigrette dont son turban était surmonté. Le peuple, charmé de sa bonne grâce, disait en le regardant passer[2] : « C'est un prince infidèle que doña Blanca va convertir. »

Ils suivirent[3] d'abord une longue rue qui portait

---

1. *Haquenée* (du moyen anglais *haquenei*, tiré de Hackney, ancien village des environs de Londres dont les chevaux étaient réputés) : « Cheval ou jument docile, marchant ordinairement à l'amble » (Littré). — A noter que la haquenée de Blanca deviendra une mule à l'alinéa suivant !

2. Souvenir probable, dans ce paragraphe, des *Mille et une Nuits, Histoire de Codadad et... de la princesse de Deryabar* (édit. Galland, t. VII, p. 286) : « Sur une belle mule blanche..., la princesse de Deryabar monta. Le chirurgien l'accompagnait, ... monté sur un beau cheval tartare... Tout le peuple était aux fenêtres ou dans les rues pour voir passer une si magnifique cavalcade... et ce ne fut qu'acclamations... »

3. Ici commence la fameuse visite de l'Alhambra par Blanca et Aben-Hamet, morceau central du *Dernier Abencérage*. S'il n'est pas certain qu'il ait parcouru l'ancien palais des rois de Grenade en compagnie de Natalie de Noailles (cf. *supra*, p. LVI, et *infra*, Appendice III), du moins Chateaubriand en prit-il une vision rapide, ainsi qu'en témoi-

encore le nom d'une illustre famille maure ; cette rue aboutissait à l'enceinte extérieure de l'Alhambra. Ils traversèrent ensuite un bois d'ormeaux, arrivèrent à une fontaine, et[a] se trouvèrent bientôt devant l'enceinte intérieure du palais de Boabdil. Dans une muraille flanquée de tours et surmontée de créneaux, s'ouvrait une porte appelée la Porte du Jugement. Ils franchirent cette première porte, et s'avancèrent[b] par un chemin étroit qui serpentait entre de hauts murs, et des masures à demi ruinées. Ce chemin les conduisit à la place des Algibes, près de laquelle Charles-Quint faisait alors élever un palais. De là, tournant vers le nord, ils s'arrêtèrent dans une cour déserte, au pied d'un mur sans ornements et dégradé par les âges. Aben-Hamet, sautant légèrement à terre, offrit la main à Blanca pour descendre de sa mule. Les serviteurs frappèrent à une porte abandonnée, dont l'herbe cachait le seuil : la porte s'ouvrit et laissa voir tout à coup les réduits secrets de l'Alhambra[1].

---

gnent l'*Itinéraire* (édit. Malakis, II, 302) (« L'Alhambra me parut digne d'être regardé, même après les temples de la Grèce »), le *Journal* de Julien, son domestique (p. 115-116), les *Mémoires*, II, 230. — Mais, pour raviver ses souvenirs personnels, l'écrivain s'est inspiré d'au moins deux sources, entre lesquelles il est difficile de faire un départ exact (car la seconde démarque souvent, semble-t-il, la première) : le *Voyage en Espagne* de Swinburne (p. 222-suiv.) et le *Voyage* du comte de Laborde (cf. L. Stinglhamber, art. cité, p. 103-104). Notons une fois pour toutes que, partant de pages souvent diffuses et dépourvues d'éclat véritable, il a su composer un ensemble peut-être inexact dans ses détails, mais d'une harmonie et d'une poésie inégalables.

1. Cf. Swinburne, *op. cit.*, p. 222-229 : « La route... passe à travers une rue étroite appellée Calle de los Gomeles, du nom d'une ancienne famille moresque. Ensuite on passe par une porte très massive, qui conduit dans l'enceinte extérieure de l'Alhambra, puis on continue... par une avenue très roide plantée d'ormes qui, se garnissant toujours de chaque côté, forment bientôt un bois... Une grande fontaine orne la plate-forme qui est presque au sommet de la montagne... Là, on tourne sur la gauche, et l'on passe sous les murs de l'enceinte intérieure... ; elle est composée d'une longue suite de murs avec de hauts

Tous les charmes, tous les regrets de la patrie, mêlés aux prestiges de l'amour, saisirent le cœur du dernier Abencérage. Immobile et muet, il plongeait[a] des regards étonnés dans cette habitation des Génies ; il croyait être transporté à l'entrée d'un de ces palais dont on lit la description dans les contes arabes[b]. De légères galeries, des canaux de marbre blanc bordés de citronniers et d'orangers en fleurs, des fontaines, des cours solitaires, s'offraient de toutes parts aux yeux d'Aben-Hamet, et, à travers les voûtes allongées des portiques, il apercevait d'autres labyrinthes et de nouveaux enchantements. L'azur du plus beau ciel se montrait entre des colonnes qui soutenaient une chaîne d'arceaux gothiques. Les murs, chargés d'arabesques, imitaient à la vue ces étoffes de l'Orient, que brode dans l'ennui du harem le caprice d'une femme esclave. Quelque chose de voluptueux, de religieux et de guerrier semblait respirer dans ce magique édifice ; espèce de cloître de l'amour, retraite mystérieuse où les rois

---

créneaux, interrompus... par des tours élevées et carrées... On trouve la principale entrée du château... ; elle est appelée la porte du Jugement. En sortant de ce passage, on entre dans une rue étroite remplie à droite par de misérables baraques, et fermée à gauche par les murs du château... Cette ruelle aboutit dans une grande place carrée, ou plaza de los Algibes... A main droite de la plaza de los Algibes, on trouve une porte solitaire qui servait autrefois d'entrée à quelques-unes des cours extérieures, qui ont été détruites par Charles-Quint lorsqu'il entreprit de faire élever sur cette même place son superbe palais... Fort près de là, vers le nord, il y a un amas de bâtiments... Les murs sont absolument dépouillés de toute espèce d'ornement... En tournant le palais de l'empereur, vous trouvez dans un angle une porte unie et sans le moindre ornement... » — *Plaza de los Algibes* veut dire *place des Citernes*, nom dû à la présence sous son sol d'immenses réservoirs, datant du XVIe siècle et alimentés d'une eau très pure dérivée du Darro. D'autre part, c'est en 1527 que Charles-Quint détruisit une partie de l'Alhambra pour y faire bâtir par l'architecte Machuca, disciple du Bramante, un palais qui demeura inachevé.

maures goûtaient tous les plaisirs, et oubliaient tous les devoirs de la vie[a1].

Après quelques instants de surprise et de silence, les deux amants entrèrent dans ce séjour de la puissance évanouie et des félicités passées. Ils firent d'abord le tour de la salle des Mésucar, au milieu du parfum des fleurs et de la fraîcheur des eaux. Ils pénétrèrent ensuite dans la cour des Lions[2]. L'émotion d'Aben-Hamet

---

1. Ce paragraphe est l'orchestration des impressions personnelles de Chateaubriand. Dans une lettre datée de Pau, 11 mai 1807, il écrivait déjà : « J'ai vu en Espagne les ruines de Grenade, qui sont un véritable enchantement, l'Alhambra est un palais des fées ; c'est une chose dont je n'avais aucune idée et qui n'existe que dans ce coin du monde » (*Correspondance générale*, I, 229). De plus, dans son compte rendu du *Voyage* de M. de Laborde, paru au *Mercure de France* de juillet 1807, il donnait une première esquisse de cet alinéa (O. C., VI, 518-519) : « L'Alhambra semble être l'habitation des génies : c'est un de ces édifices des *Mille et une Nuits*, que l'on croit voir moins en réalité qu'en songe. On ne peut se faire une juste idée de ces plâtres moulés et découpés à jour, de cette architecture de dentelles, de ces bains, de ces fontaines, de ces jardins intérieurs, où des orangers et des grenadiers sauvages se mêlent à des ruines légères. Rien n'égale la finesse et la variété des arabesques de l'Alhambra. Les murs, chargés de ces ornements, ressemblent à ces étoffes de l'Orient, que brodent, dans l'ennui du harem, des femmes esclaves. Quelque chose de voluptueux, de religieux et de guerrier fait le caractère de ce singulier édifice, espèce de cloître de l'amour, où sont encore retracées les aventures des Abencérages ; retraites où le plaisir et la cruauté habitaient ensemble, et où le roi maure faisait souvent tomber dans le bassin de marbre la tête charmante qu'il venait de caresser. »

Divers détails semblent avoir été suggérés par des remarques du comte de Laborde : « Cette cour *charme* au premier coup d'œil et donne l'idée de l'architecture mauresque... De ce moment on se croit *transporté au pays des fées* ou *dans ces belles retraites décrites par les auteurs arabes*... La forme (de cette seconde cour) est un carré *entouré d'un péristyle de colonnes légères* et *orné* sur les deux faces d'un avant-corps ou sorte de portique semblable au portail saillant de quelques *églises gothiques*... Le parement des murs rappelle *les étoffes* qui décorent l'intérieur des tentes... On peut se figurer ce qu'étaient *les asiles mystérieux où toutes les beautés de l'Orient venaient étaler leurs charmes. Séjour* propre à la *méditation* et à la *volupté*... » (L. Stinglhamber, art. cité, p. 103-104).

2. L'Alhambra comprend deux vastes patios (ou cours), que les amants parcourent et que Swinburne (*op. cit.*, p. 229 et 231-234)

augmentait à chaque pas. « Si tu ne remplissais mon âme de délices, dit-il à Blanca, avec quel chagrin me verrais-je obligé de te demander, à toi Espagnole, l'histoire de ces demeures ! Ah ! ces lieux sont faits pour servir de retraite au bonheur, et moi !... »

Aben-Hamet aperçut le nom de Boabdil enchâssé dans des mosaïques[1]. « O mon roi, s'écria-t-il, qu'es-tu devenu ? Où te trouverai-je dans ton Alhambra désert ? » Et les larmes de la fidélité, de la loyauté et de l'honneur couvraient les yeux du jeune Maure. « Vos anciens maîtres, dit Blanca, ou plutôt les rois de vos pères, étaient des ingrats. » — « Qu'importe ! repartit l'Abencérage, ils ont été malheureux ! »

Comme il prononçait ces mots, Blanca le conduisit dans un cabinet[2] qui semblait être le sanctuaire même

---

décrit ainsi, sans qu'il soit permis de dire que Chateaubriand le suive : 1° « La première chose que l'on voit est la cour appelée *Communa* ou *del Mesucar*, c'est-à-dire les bains publics. C'est un carré long, avec un bassin profond au milieu, plein d'une eau limpide... Sur chaque côté, il y a un parterre de fleurs et des allées d'orangers ; tout autour de la cour règne un péristyle pavé de marbre... » (Cette vaste cour rectangulaire, orientée nord-sud, est de nos jours plutôt appelée de *los Arrayanes* ou des Myrtes, le nom de *Mesucar*, *Mezouar* ou *Mexuar* en désignant une autre, plus petite et située au nord-ouest de la précédente ; d'où les remarques formulées par M. L. Stinglhamber, art. cité, p. 105, et qui ne valent que pour notre temps); 2° « Le *cuarto de los Leones* ou appartement des lions (doit son nom) à douze lions fort mal faits ; ils sont muselés ; le devant de leurs corps est soigné et poli, mais la partie postérieure est grossièrement travaillée ; ils portent sur leur dos un énorme bassin, duquel s'élève un plus petit... Cette fontaine est en marbre blanc » (La cour des Lions est au sud-est de celle des Myrtes, presque aussi grande qu'elle, mais orientée ouest-est).

1. « Mosaïques imaginaires, comme bien d'autres choses ; car je ne sache pas qu'il y ait la moindre mosaïque dans la cour des Lions » (L. Stinglhamber). Ses ornements sont en effet en guipures de stuc ouvragées à l'infini et le pavage en marbre.

2. Ce *cabinet*, c'est la salle des Abencérages, au sud de la cour des Lions, avec laquelle elle communique. Selon les auteurs, le massacre des Abencérages eut lieu soit dans la salle qui porte leur nom, soit dans celle des Lions ; mais il est raconté partout (cf. Florian, *Gonzalve*

du temple de l'amour. Rien n'égalait l'élégance de cet asile : la voûte entière, peinte d'azur et d'or, et composée d'arabesques découpées à jour, laissait passer[a] la lumière comme à travers un tissu de fleurs. Une fontaine jaillissait au milieu de l'édifice, et ses eaux, retombant en rosée, étaient recueillies dans une conque d'albâtre[b]. « Aben-Hamet, dit la fille du duc de Santa-Fé, regardez bien cette fontaine ; elle reçut les têtes défigurées des Abencérages. Vous voyez encore sur le marbre la tache du sang des infortunés que Boabdil sacrifia à ses soupçons. C'est ainsi qu'on traite dans votre pays les hommes qui séduisent les femmes crédules. »

Aben-Hamet n'écoutait plus Blanca ; il s'était prosterné et baisait avec respect la trace du sang de ses ancêtres. Il se relève et s'écrie : « O Blanca ! je jure par le sang de ces chevaliers, de t'aimer avec la constance, la fidélité et l'ardeur d'un Abencérage. »

---

de Cordoue, liv. III ; Swinburne, *op. cit.*, p. 235, etc.) et l'histoire de la fontaine qui reçut leurs têtes tranchées est narrée à tous les touristes de l'Alhambra. Voici ce qu'écrit à ce sujet Théophile Gautier (*Voyage en Espagne*, chap. XI) : « C'est dans le bassin de la fontaine des Lions que tombèrent les têtes des trente-six Abencérages attirés dans un piège par les Zégris... On vous fait remarquer au fond du bassin de larges taches rougeâtres, accusations indélébiles laissées par les victimes contre la cruauté de leurs bourreaux. Malheureusement, les érudits prétendent que les Abencérages et les Zégris n'ont jamais existé. Je m'en rapporte complètement là-dessus aux romances, aux traditions populaires et à la nouvelle de M. de Chateaubriand, et je crois fermement que les empreintes empourprées sont du sang, et non de la rouille. » Cette dernière affirmation ne saurait convaincre tout à fait et par ailleurs Gautier montre son scepticisme souriant quand il déclare : « Nous devons encore détruire une illusion : toutes ces magnificences ne sont ni en marbre, ni en albâtre, ni même en pierre, mais tout bonnement en plâtre ! Ceci contrarie beaucoup les idées de luxe féerique que le nom seul de l'Alhambra éveille dans les esprits les plus positifs ; mais rien n'est plus vrai... » On aimerait savoir quelle fut la réaction de l'auteur vieilli du *Dernier Abencérage* s'il lut jamais ces lignes quand elles parurent en 1843 !

« Vous m'aimez donc ? » repartit Blanca en joignant ses deux belles mains et levant ses regards au ciel. « Mais songez-vous que vous êtes un Infidèle, un Maure, un ennemi, et que je suis Chrétienne et Espagnole ? »

« O saint Prophète, dit Aben-Hamet, soyez témoin de mes serments !... » Blanca l'interrompant : « Quelle foi voulez-vous que j'ajoute aux serments d'un persécuteur de mon Dieu ? Savez-vous si je vous aime ? Qui vous a donné l'assurance de me tenir un pareil langage ? »

Aben-Hamet consterné répondit : « Il est vrai, je ne suis que ton esclave ; tu ne m'as pas choisi pour ton chevalier[1]. »

« Maure, dit Blanca, laisse là la ruse ; tu as vu dans mes regards que je t'aimais ; ma folie pour toi passe toute mesure ; sois Chrétien, et rien ne pourra m'empêcher d'être à toi. Mais si la fille du duc de Santa-Fé ose te parler avec cette franchise, tu peux juger par cela même qu'elle saura se vaincre, et que jamais un ennemi des Chrétiens n'aura aucun droit sur elle. »

Aben-Hamet, dans un transport de passion, saisit les mains de Blanca, les posa sur son turban et ensuite sur son cœur[2]. « Allah est puissant, s'écria-t-il, et Aben-Hamet est heureux ! O Mahomet ! que cette Chrétienne connaisse ta loi, et rien ne pourra... » — « Tu blasphèmes, dit Blanca : sortons d'ici. »

---

1. Ce distinguo entre le *chevalier* et l'*esclave* est un lieu commun du genre troubadour. Cf. par exemple, Tressan, *Amadis* (*Œuvres choisies*, I, 26) : « Je vous donne le damoisel de la mer ; je veux qu'il vous serve en attendant qu'il mérite d'être votre chevalier... »

2. Manière de saluer propre aux Orientaux, telle qu'on la trouve, par exemple, dans les *Mille et une Nuits, Histoire de Ganem* (édit. Galland, t. VIII, p. 67) : « Le grand vizir, après avoir reçu cet ordre précis, fit une profonde révérence au calife en se mettant la main sur la tête pour marquer qu'il voulait la perdre plutôt que de ne pas lui obéir... »

Elle s'appuya sur le bras du Maure, et s'approcha de la fontaine des Douze-Lions, qui donne son nom à l'une des cours de l'Alhambra : « Étranger, dit la naïve Espagnole, quand je regarde ta robe, ton turban, tes armes, et que je songe à nos amours, je crois voir l'ombre du bel Abencérage se promenant dans cette retraite abandonnée avec l'infortunée Alfaïma. Explique moi l'inscription arabe gravée sur le marbre de cette fontaine. »

Aben-Hamet lut ces mots[1] :

La belle princesse qui se promène couverte de perles dans son jardin, en augmente si prodigieusement la beauté..., le reste de l'inscription était effacé.

« C'est pour toi qu'elle a été faite, cette inscription, dit Aben-Hamet. Sultane aimée, ces palais n'ont jamais été aussi beaux dans leur jeunesse, qu'ils le sont aujourd'hui dans leurs ruines[2]. Écoute le bruit des fontaines dont la mousse a détourné les eaux ; regarde les jardins qui se montrent à travers ces arcades à demi tombées ; contemple l'astre du jour qui se couche par delà tous

---

1. Cette inscription existe avec quelques autres. Il est inutile de répéter que j'ai fait cette description de l'Alhambra sur les lieux mêmes. (*Note de Chateaubriand.*)

Swinburne (*op. cit.*, p. 234) donne, parmi les traductions de plusieurs distiques arabes qui ornent « le marbre blanc » de la fontaine des Lions, celle-ci : « La belle princesse qui se promène couverte de perles dans ce jardin en augmente si prodigieusement la beauté que tu peux douter si ceci est une fontaine qui coule ou si ce sont les larmes de ses adorateurs. » Le voyageur ajoute : « Ce passage est très obscur dans la traduction latine. J'ai tâché d'y donner un sens ; mais c'est toujours une pensée bien embrouillée. » Chateaubriand a préféré à la lourdeur le charme de l'inachevé. — Sur l'impossibilité qu'il eut de faire la description *sur les lieux mêmes*, cf. *supra*, p. 251.

2. Sur cette idée chère à Chateaubriand, cf. *Génie du Christianisme* (troisième partie, liv. V, chap. III et IV) : « Tous les hommes ont un secret attrait pour les ruines... Les ruines, considérées sous le rapport du paysage, sont plus pittoresques dans un tableau que le monument frais et entier... »

ces portiques : qu'il est doux d'errer avec toi dans ces lieux ! Tes paroles embaument ces retraites, comme les roses de l'Yémen[1]. Avec quel charme je reconnais dans ton langage quelques accents de la langue de mes pères ! le seul frémissement de ta robe sur ces marbres me fait tressaillir. L'air n'est parfumé que parce qu'il a touché ta chevelure. Tu es belle comme le Génie de ma patrie au milieu de ces débris. Mais Aben-Hamet[a] peut-il espérer de fixer ton cœur ? Qu'est-il auprès de toi ? Il a parcouru les montagnes avec son père ; il connaît les plantes du désert... ; hélas ! il n'en est pas une seule qui pût le guérir de la blessure que tu lui as faite ! il porte des armes, mais il n'est point chevalier. Je me disais autrefois : L'eau de la mer qui dort à l'abri dans le creux du rocher est tranquille et muette, tandis que tout auprès la grande mer est agitée et bruyante. Aben-Hamet ! ainsi sera ta vie, silencieuse, paisible, ignorée dans un coin de terre inconnu, tandis que la cour du sultan est bouleversée par les orages. Je me disais cela, jeune Chrétienne, et tu m'as prouvé que la tempête peut aussi troubler la goutte d'eau dans le creux du rocher[2]. »

Blanca écoutait avec ravissement ce langage nouveau pour elle, et dont le tour oriental semblait si bien convenir à la demeure des Fées, qu'elle parcourait avec son amant. L'amour pénétrait dans son cœur de toutes parts ; elle sentait chanceler ses genoux ; elle était obligée de s'appuyer plus fortement sur le bras de son guide. Aben-Hamet soutenait le doux fardeau, et

1. Les éditions successives portent *les roses de l'Hymen*, véritable non-sens, que nous corrigeons ici en adoptant le texte du manuscrit original (cf. Duchemin, *op. cit.*, p. 258).

2. Cf. dans *René* (*supra*, p. 244) un autre passage où le mouvement des eaux dans la nature est également associé à la peinture des passions humaines.

répétait en marchant : « Ah ! que ne suis-je un brillant Abencérage ! »

« Tu me plairais moins, dit Blanca, car je serais plus tourmentée ; reste obscur et vis pour moi. Souvent un chevalier célèbre oublie l'amour pour la renommée[1]. »

« Tu n'aurais pas ce danger à craindre[a] », répliqua vivement Aben-Hamet.

« Et comment m'aimerais-tu donc, si tu étais un Abencérage ? » dit la descendante de Chimène.

« Je t'aimerais, répondit le Maure, plus que la gloire et moins que l'honneur[2]. »

Le soleil était descendu sous l'horizon, pendant la promenade des deux amants. Ils avaient parcouru tout l'Alhambra. Quels souvenirs offerts à la pensée d'Aben-Hamet ! Ici la sultane recevait par des soupiraux la fumée des parfums qu'on brûlait au-dessous d'elle. Là, dans cet asile écarté elle se parait de tous les atours de l'Orient[3]. Et c'était Blanca, c'était une femme adorée qui racontait ces détails au beau jeune homme qu'elle idolâtrait.

La lune, en se levant[4], répandit sa clarté douteuse

---

1. Ces mots de Blanca, qui résonnent d'un accent si purement humain, contredisent en partie ce qui a été dit *supra*, p. 262, de l'amour qui « pour être véritable... a toujours besoin d'être accompagné de la gloire ».

2. Le ton et le mouvement même de la phrase sont cornéliens. Cf. *Polyeucte*, acte IV, scène 3, vers 1279 :

... Je vous aime
Beaucoup moins que mon Dieu, mais bien plus que moi-même.

3. A l'extrémité nord-est de l'Alhambra, les voyageurs peuvent visiter le *Peinador* (ou *Tocador*) *de la Reina* (cabinet de toilette de la reine), ainsi décrit par Swinburne, *op. cit.*, p. 239 : « Dans un coin il y a une grande dalle de marbre toute remplie de trous, au travers desquels la fumée des parfums s'élevait des fourneaux qui étaient dessous. On peut présumer que c'était là que la reine des Maures était accoutumée de se placer pour recevoir les fumigations et se parfumer. »

4. S'il n'est pas impossible que Chateaubriand ait vu l'Alhambra de nuit (Julien, son domestique, déclare dans son *Journal*, p. 116, qu'ils rentrèrent fort tard à leur auberge), du moins ne put-il y jouir du

dans les sanctuaires abandonnés, et dans les parvis déserts de l'Alhambra. Ses blancs rayons[a] dessinaient sur le gazon des parterres, sur les murs des salles, la dentelle d'une architecture aérienne, les cintres des cloîtres, l'ombre mobile des eaux jaillissantes, et celle des arbustes balancés par le zéphyr. Le rossignol chantait[1] dans un cyprès qui perçait les dômes d'une mosquée en ruine, et les échos répétaient ses plaintes[b]. Aben-Hamet écrivit, au clair de la lune, le nom de Blanca sur le marbre de la salle des Deux-Sœurs[2] : il traça ce nom en caractères arabes, afin que le voyageur eût un mystère de plus à deviner dans ce palais des mystères.

---

magnifique enchantement d'une lune en son plein : en effet, en avril 1807, le premier quartier ne fut formé que le 15 et, si l'on admet avec vraisemblance que la visite de Grenade eut lieu le 13 (Duchemin, *op. cit.*, p. 293), le voyageur ne put guère apercevoir qu'un maigre croissant à son déclin ! Mais il se livre ici à l'une de ses nombreuses variations sur un thème où il était passé maître, celui du clair de lune. Dans les *Orientales* d'Hugo (édit. E. Barineau, Paris, Didier, 1954, t. II, p. 115 : *Grenade*), « l'influence des *Aventures du dernier Abencérage* est très évidente dans les descriptions de l'Alhambra » :

> L'Alhambra ! l'Alhambra ! palais que les Génies
> Ont doré comme un rêve et rempli d'harmonies,
> Forteresse aux créneaux festonnés et croulants,
> Où l'on entend la nuit de magiques syllabes,
> Quand la lune, à travers les mille arceaux arabes,
> Sème les murs de trèfles blancs !

1. La traduction du *Voyage en Espagne* de Townsend (Paris, Dentu, 1809, t. III, p. 67) signale, sur le chemin qui conduit à l'Alhambra, « un bosquet d'ormes touffu, ... habité par une multitude de rossignols dont le ramage mélodieux ne se fait pas seulement entendre pendant la nuit, mais charme aussi pendant le jour ». Ainsi Chateaubriand put effectivement entendre le chant du rossignol à l'Alhambra. Il faut toutefois noter qu'il avait pour cet oiseau une prédilection marquée (cf. *Génie du Christianisme*, première partie, liv. V, chap. v ; *Mémoires*, IV, 285 ; *supra*, p. 154, n. 4).

2. La salle des Deux-Sœurs (*sala de las Dos Hermanas*) est située, symétriquement à celle des Abencérages, au nord de la cour des Lions, avec laquelle elle communique. — Sur l'inscription que Chateaubriand aurait lui-même faite à l'Alhambra du nom de Natalie de Noailles, cf. *infra*, p. 389-398, Appendice III.

« Maure, ces jeux sont cruels, dit Blanca, quittons ces lieux. Le destin de ma vie est fixé pour jamais. Retiens bien[a] ces mots : « Musulman, je suis ton amante sans espoir ; chrétien, je suis ton épouse fortunée. »

Aben-Hamet répondit : « Chrétienne, je suis ton esclave désolé ; musulmane, je suis ton époux glorieux. »

Et ces nobles amants sortirent de ce dangereux palais.

La passion de Blanca s'augmenta de jour en jour, et celle d'Aben-Hamet s'accrut avec la même violence. Il était si enchanté d'être aimé pour lui seul[1], de ne devoir à aucune cause étrangère les sentiments qu'il inspirait, qu'il ne révéla point le secret de sa naissance à la fille du duc de Santa-Fé : il se faisait un plaisir délicat de lui apprendre qu'il portait un nom illustre, le jour même où elle consentirait à lui donner sa main. Mais il fut tout à coup rappelé à Tunis : sa mère, atteinte d'un mal sans remède, voulait embrasser son fils et le bénir avant d'abandonner la vie. Aben-Hamet se présente au palais de Blanca. « Sultane, lui dit-il, ma mère va mourir. Elle me demande pour lui fermer les yeux. Me conserveras-tu ton amour ? »

« Tu me quittes, répondit Blanca pâlissante. Te reverrai-je jamais ? »

« Viens, dit Aben-Hamet. Je veux exiger de toi un serment et t'en faire un que la mort seule pourra briser. Suis-moi. »

Ils sortent ; ils arrivent à un cimetière qui fut jadis celui des Maures[b]. On voyait encore çà et là de petites

1. *Être aimé pour lui seul :* la formule vaut d'être retenue en passant. Chateaubriand, qui tourna bien des têtes parce qu'il était un écrivain illustre ou un homme politique en vue, rêva souvent d'être aimé pour lui-même, comme il l'avait été au temps de son exil, alors qu'il n'était rien, par la jeune Charlotte Ives...

colonnes funèbres autour desquelles le sculpteur figura jadis un turban[1] ; mais les Chrétiens avaient depuis remplacé ce turban par une croix. Aben-Hamet conduisit Blanca au pied de ces colonnes.

« Blanca, dit-il, mes ancêtres reposent ici ; je jure par leurs cendres de t'aimer jusqu'au jour où l'ange du jugement m'appellera au tribunal d'Allah. Je te promets de ne jamais engager mon cœur à une autre femme, et de te prendre pour épouse aussitôt que tu connaîtras la sainte lumière du Prophète. Chaque année, à cette époque, je reviendrai à Grenade pour voir si tu m'as gardé ta foi et si tu veux renoncer à tes erreurs. »

« Et moi, dit Blanca en larmes, je t'attendrai tous les ans ; je te conserverai jusqu'à mon dernier soupir la foi que je t'ai jurée, et je te recevrai pour époux lorsque le Dieu des Chrétiens, plus puissant que ton amante, aura touché ton cœur infidèle. »

Aben-Hamet part ; les vents l'emportent aux bords africains : sa mère venait d'expirer. Il la pleure, il embrasse son cercueil. Les mois s'écoulent : tantôt errant parmi les ruines de Carthage, tantôt assis sur le tombeau de saint Louis, l'Abencérage exilé appelle le jour qui doit le ramener à Grenade[a]. Ce jour se lève enfin : Aben-Hamet monte sur un vaisseau et fait tourner la proue vers Malaga. Avec quel transport, avec quelle joie mêlée de crainte il aperçut les premiers promontoires de l'Espagne ! Blanca l'attend-elle sur ces bords ? Se souvient-elle encore d'un pauvre Arabe qui ne cessa de l'adorer sous le palmier du désert[2] ?

---

1. L'*Itinéraire* (édit. Malakis, I, 177) décrit, en Messénie, un cimetière turc où « l'herbe flottait autour de petites colonnes funèbres que surmontait un turban... »

2. Cette impatience d'Aben-Hamet fut aussi celle de Chateaubriand

La fille du duc de Santa-Fé n'était point infidèle à ses serments[a1]. Elle avait prié son père de la conduire à Malaga. Du haut des montagnes qui bordaient la côte inhabitée, elle suivait des yeux les vaisseaux lointains et les voiles fugitives[b2]. Pendant la tempête, elle contemplait avec effroi la mer soulevée par les vents : elle aimait alors à se perdre dans les nuages, à s'exposer dans les passages dangereux, à se sentir baignée par les mêmes vagues, enlevée par le même tourbillon qui menaçaient les jours d'Aben-Hamet. Quand elle voyait la mouette plaintive raser les flots avec ses grandes ailes recourbées[3] et voler vers les rivages de l'Afrique, elle

---

au moment d'arriver en Espagne et d'y retrouver Natalie de Noailles. Cf. *Mémoires*, IV, 406, n. 20 : « Une seule pensée m'absorbait ; je comptais avec impatience les moments... Comme le cœur me battait en abordant les côtes d'Espagne ! Aurait-on gardé mon souvenir ainsi que j'avais traversé mes épreuves ? Que de malheurs ont suivi ce mystère !... » — D'ailleurs, si l'Abencérage débarque à Malaga, c'est parce que primitivement le pèlerin de Terre Sainte se proposait d'atterrir dans ce port espagnol ; il écrivait en effet à un ami, le 13 septembre 1806 : « Je jetterai, si je puis, un coup d'œil sur les Pyramides, et peut-être viendrai-je finir mes courses à Malaga au pied des ruines des Maures » (lettre citée par Duchemin, *op. cit.*, p. 284, n. 2).

1. Cette fidélité fut-elle aussi celle de Natalie ? On ne saurait l'affirmer. Selon des témoignages contemporains, qui ne sont peut-être pas de simples médisances, Mme de Noailles venait d'être fort éprouvée par la mort récente d'un certain colonel anglais et, d'autre part, elle aurait, durant la première partie de son voyage espagnol, accepté la compagnie d'un grand seigneur portuguais... Pourtant, Hyde de Neuville atteste formellement qu'à cette date, elle « lui parlait de Chateaubriand sans cesse » (cf. là-dessus, Duchemin, *op. cit.*, p. 265, n. 2).

2. Ainsi, dans *Gonzalve de Cordoue* (t. I, p. 274), après le départ du héros, son ami Lara « gravit les hautes montagnes pour jeter les yeux sur la mer d'Afrique », en songeant que « c'est là que Gonzalve respire ». — Dans la fin du paragraphe, la passion inquiète de Blanca est peinte avec des accents frémissants qui rappellent maints passages de *René*.

3. Dans le *Génie du Christianisme* (première partie, liv. V, chap. VIII), plusieurs pages sont consacrées aux oiseaux de mer et Chateaubriand raconte comment, en allant en Amérique, il aimait s'asseoir sur le rivage de l'île Saint-Pierre et observer leur vol.

la chargeait de toutes ces paroles d'amour, de tous ces vœux insensés qui sortent d'un cœur que la passion dévore.

Un jour qu'elle errait sur les grèves, elle aperçut une longue barque dont la proue élevée, le mât penché et la voile latine annonçaient l'élégant génie des Maures. Blanca court au port, et voit bientôt entrer le vaisseau barbaresque qui faisait écumer l'onde sous la rapidité de sa course. Un Maure, couvert de superbes habits[1], se tenait debout sur la proue. Derrière lui deux esclaves noirs arrêtaient par le frein un cheval arabe, dont les naseaux fumants et les crins épars annonçaient à la fois son naturel ardent, et la frayeur que lui inspirait le bruit des vagues. La barque arrive, abaisse ses voiles, touche au môle, présente le flanc : le Maure s'élance sur la rive qui retentit du son de ses armes. Les esclaves font sortir le coursier tigré comme un léopard, qui hennit et bondit de joie en retrouvant la terre[2]. D'autres

1. Sur l'origine possible de cette scène où Aben-Hamet apparaît en grande pompe, M. Malakis (édit. de l'*Itinéraire*, II, 301-302, n. 189) émet une séduisante hypothèse. Lorsque Chateaubriand fit voile de Tunis en Espagne, il navigua en même temps qu'un très haut personnage musulman, Sidi Soliman Mellimelli, qui venait d'être nommé par le bey de Tunis à l'ambassade de Madrid après avoir été ambassadeur aux États-Unis : cet important diplomate dut retenir les soins de tous ceux qui étaient à bord et certainement éclipser le pèlerin de Jérusalem. « Il semble que ce soit par orgueil que notre voyageur, auquel on avait affecté un petit coin du navire, se taise dans l'*Itinéraire* sur cet Abencérage qui avait accaparé toute l'attention pendant les dix-huit jours de la traversée. Mais ce silence n'exclut pas la supposition que ce Tunisien de distinction ait fourni quelques sujets de réflexions et quelques tableaux à l'auteur du *Dernier Abencérage*. Je crois reconnaître en Aben-Hamet, couvert de superbes habits, se tenant debout sur la proue, avec deux esclaves noirs derrière lui, Sidi Soliman Mellimelli. » Et M. Malakis de conclure : « Quoi qu'il en soit, j'aime à rappeler ce petit épisode, négligé jusqu'ici, qui, lui aussi, est peut-être à la naissance de la nouvelle espagnole. »

2. La peinture de ce fougueux coursier rappelle une scène de *Gonzalve de Cordoue* (t. II, p. 182-183) : Zuléma fait apporter à Gonzalve par « deux esclaves » divers présents dont un « cheval d'Afrique » :

esclaves descendent doucement une corbeille où reposait une gazelle couchée parmi des feuilles de palmier. Ses jambes fines étaient attachées et ployées sous elle, de peur qu'elles ne se fussent brisées dans les mouvements du vaisseau : elle portait un collier de grains d'aloès ; et sur une plaque d'or qui servait à rejoindre les deux bouts du collier, étaient gravés, en arabe, un nom et un talisman.

Blanca reconnaît Aben-Hamet : elle n'ose se trahir aux yeux de la foule ; elle se retire, et envoie Dorothée, une de ses femmes, avertir l'Abencérage qu'elle l'attend au palais des Maures[1]. Aben-Hamet présentait dans ce moment au gouverneur son firman écrit en lettres d'azur, sur un vélin précieux et renfermé dans un fourreau de soie[2]. Dorothée s'approche et conduit l'heureux Abencérage aux pieds de Blanca. Quels transports, en se retrouvant tous deux fidèles ! Quel bonheur de se revoir, après avoir été si longtemps séparés ! Quels nouveaux serments de s'aimer toujours !

Les deux esclaves noirs amènent le cheval numide, qui, au lieu de selle, n'avait sur le dos qu'une peau de lion, rattachée par une zone de pourpre. On apporte[a] ensuite la gazelle. « Sultane, dit Aben-Hamet, c'est un

---

« Gonzalve vole au coursier... L'animal hennit..., son ondoyante crinière descend jusqu'à ses genoux... Ses naseaux, d'où sort une épaisse fumée, s'ouvrent et se ferment précipitamment. Le coursier craint de bondir sous Gonzalve... Il contient l'ardeur qui le transporte et mord son frein... »

1. Ce palais des Maures de Malaga, c'est soit l'*Alcazaba*, soit le *Gibralfaro*, deux forteresses d'origine fort ancienne, aménagées par les Musulmans et qui dominent la ville et le port.

2. « *Firman :* passeport ou permission de trafiquer qu'on accorde aux marchands étrangers qui font le commerce dans le Levant » (Littré). Le mot revient fréquemment dans l'*Itinéraire* (édit. Malakis, I, 195, etc.). Cf. aussi *Mémoires*, II, 232 : « Il n'y a pas jusqu'à mes *firmans* que je ne me plaise à dérouler : j'en touche avec plaisir le vélin, j'en suis l'élégante calligraphie et je m'ébahis à la pompe du style... »

chevreuil de mon pays[1], presque aussi léger que toi. » Blanca détache elle-même l'animal charmant qui semblait la remercier, en jetant sur elle les regards les plus doux. Pendant l'absence de l'Abencérage, la fille du duc de Santa-Fé avait étudié l'arabe[2] : elle lut avec des yeux attendris son propre nom sur le collier de la gazelle. Celle-ci, rendue à la liberté, se soutenait à peine sur ses pieds si longtemps enchaînés ; elle se couchait à terre, et appuyait sa tête sur les genoux de sa maîtresse[3]. Blanca lui présentait des dattes nouvelles, et caressait cette chevrette du désert, dont la peau fine avait retenu l'odeur du bois d'aloès et de la rose de Tunis.

L'Abencérage, le duc de Santa-Fé et sa fille partirent ensemble pour Grenade. Les jours du couple heureux s'écoulèrent comme ceux de l'année précédente : mêmes promenades, même regret à la vue de la patrie, même amour ou plutôt amour toujours croissant, toujours

---

1. Cf. Volney, *Voyage en Égypte et en Syrie*, t. I, p. 291-292, note : « Les gazelles qui remplacent notre chevreuil... »

2. Ainsi, dans la *Zayde* de Mme de la Fayette, les deux héros se retrouvent après une longue séparation : « Consalve se servit de la langue grecque pour lui demander pardon..., dans le même moment que Zayde lui disait en espagnol qu'elle ne craignait plus les malheurs... Ils furent si étonnés de s'entendre parler leurs langues et leur surprise leur jeta si vivement dans l'esprit les raisons qui les avaient obligés à les apprendre qu'ils en rougirent et demeurèrent quelque temps dans un profond silence » (édit. Garnier, p. 127).

3. Les gazelles se retrouvent, au moins depuis le *Cantique des cantiques* (cf. *supra*, p. 59, n. 2), dans tous les écrits orientaux et dans ceux qui s'en inspirent. — M. H. Guillemin (*op. cit.*, p. 536) évoque la gazelle de Blanca à propos de la biche dont Laurence fait sa compagne dans *Jocelyn*, troisième époque, v. 585-598 :

> Jamais rien de si doux et de si gracieux
> Que la biche et l'enfant ne s'offrit à mes yeux.
> Repliant ses pieds blancs sous son ventre, *la biche*,
> Comme dans l'herbe molle où le jour elle niche,
> *S'arrangeait confiante entre ses deux genoux*,
> Levait sur lui son œil intelligent et doux...

partagé ; mais aussi même attachement dans les deux amants à la religion de leurs pères. « Sois chrétien », disait Blanca ; « Sois musulmane », disait Aben-Hamet, et ils se séparèrent encore une fois sans avoir succombé à la passion qui les entraînait l'un vers l'autre.

Aben-Hamet reparut la troisième année, comme ces oiseaux voyageurs que l'amour ramène au printemps dans nos climats[1]. Il ne trouva point Blanca au rivage, mais une lettre de cette femme adorée apprit au fidèle Arabe le départ du duc de Santa-Fé pour Madrid, et l'arrivée de don Carlos à Grenade. Don Carlos était accompagné d'un prisonnier français, ami du frère de Blanca. Le Maure sentit son cœur se serrer à la lecture de cette lettre. Il partit de Malaga pour Grenade avec les plus tristes pressentiments. Les montagnes lui parurent d'une solitude effrayante[2], et il tourna plusieurs fois la tête pour regarder la mer qu'il venait de traverser.

Blanca, pendant l'absence de son père, n'avait pu quitter un frère qu'elle aimait, un frère qui voulait en sa faveur se dépouiller de tous ses biens, et qu'elle revoyait après sept années d'absence. Don Carlos avait tout le courage et toute la fierté de sa nation : terrible comme les conquérants du Nouveau-Monde, parmi lesquels il avait fait ses premières armes ; religieux comme les chevaliers espagnols vainqueurs des Maures, il nourrissait dans son cœur contre les Infidèles la haine qu'il avait héritée du sang du Cid.

---

1. Les migrations des animaux et, spécialement, celles des oiseaux ont retenu l'attention de l'auteur du *Génie du Christianisme* (première partie, liv. V, chap. VII, VIII, IX).

2. Chateaubriand lui-même n'eut jamais aucun goût pour les paysages de montagne (sur cette question, cf. F. Letessier, *Chateaubriand et les Alpes*, *Revue de Savoie*, année 1956, p. 161-177).

Thomas de Lautrec[1], de l'illustre maison de Foix, où la beauté dans les femmes et la valeur dans les hommes passaient pour un don héréditaire, était frère cadet de la comtesse de Foix, et du brave et malheureux Odet de Foix, seigneur de Lautrec[a]. A l'âge de dix-huit ans, Thomas avait été armé chevalier par Bayard, dans cette retraite qui coûta la vie au Chevalier sans peur et sans reproche[2]. Quelque temps après, Thomas fut percé de coups[b] et fait prisonnier à Pavie[3],

1. Ce personnage, quatrième héros du roman, est partiellement historique. Né en Béarn, Thomas de Foix, seigneur de Lescun, était le frère cadet d'Odet de Foix, vicomte de Lautrec (1485-1528), cité dans les *Mémoires* (II, 90, 336 ; III, 407 ; IV, 617). Nés d'une famille illustre, ils devinrent maréchaux de France surtout grâce à leur sœur, Françoise, comtesse de Chateaubriand (1495-1537), favorite de François Ier : Chateaubriand raconte la romanesque et tragique aventure de celle-ci dans ses *Mémoires, Supplément*, IV, 616-621. Il avait pour les deux gentilshommes une admiration profonde et voyait en eux l'idéal incarné de la politesse et de la galanterie française. A tort, semble-t-il, au moins en ce qui concerne Thomas de Lescun (à qui le *Dernier Abencérage* donne indûment le nom de Lautrec, qui fut celui de son aîné) : gouverneur du Milanais, il se signala par ses exactions et ses actes tyranniques ; chassé de Milan, il capitula à Crémone ; Brantôme, dans ses *Grands capitaines français* (édit. Lalanne, t. III, p. 51), déclare qu'il « était de son naturel fort bravache du parler, et haut à la main, et rubarbatif *(sic)* toujours, brave, hardi, vaillant et excellent pour combattre en guerre et pour frapper comme un sourd... Mais, pour gouverner un État, il n'y était pas bon ». Il existe un abîme entre ce soudard et l'exquis chevalier français que Chateaubriand a peint dans sa nouvelle.

2. Fiction poétique, mais impossible à concilier avec la réalité : dès 1521, année où il reçut le maréchalat, Thomas de Foix commandait en chef une partie de l'armée française en Italie. Or Bayard, que citent à diverses reprises les *Mémoires*, mourut en 1524 (cf. *Analyse raisonnée de l'Histoire de France : François Ier*, O. C., X, 243-244). Mais Chateaubriand pense probablement aux lignes qu'il avait consacrées dans le *Génie du Christianisme* (quatrième partie, liv. V, chap. IV) à François Ier armé chevalier par Bayard, épisode sur lequel il devait revenir dans l'*Analyse raisonnée de l'Histoire de France* (O. C., X, 100).

3. Il fut présent à Pavie (24 février 1525), mais ne put accompagner son monarque en captivité, et pour cause ! Cf. Brantôme (*loc. cit.*) : « Il combattit très vaillamment, selon sa coutume, et eut une grande

en défendant le roi chevalier qui perdit tout alors, *fors l'honneur*.

Don Carlos de Bivar, témoin de la vaillance de Lautrec, avait fait prendre soin des blessures du jeune Français, et bientôt il s'établit entre eux une de ces amitiés héroïques, dont l'estime et la vertu sont les fondements[1]. François Ier était retourné en France ; mais Charles-Quint retint[a] les autres prisonniers. Lautrec avait eu l'honneur de partager la captivité de son roi, et de coucher à ses pieds dans la prison. Resté en Espagne après le départ du monarque, il avait été remis sur sa parole à don Carlos, qui venait de l'amener à Grenade.

Lorsque Aben-Hamet se présenta au palais de don Rodrigue, et fut introduit dans la salle où se trouvait la fille du duc de Santa-Fé, il sentit des tourments jusqu'alors inconnus pour lui. Aux pieds de doña Blanca était assis un jeune homme qui la regardait en silence, dans une espèce de ravissement. Ce jeune homme portait un haut-de-chausse de buffle, et un pourpoint de même couleur, serré par un ceinturon d'où pendait une épée aux fleurs de lis. Un manteau de soie était jeté sur ses épaules, et sa tête était couverte d'un chapeau à petits bords, ombragé de plumes : une fraise de dentelle, rabattue sur sa poitrine, laissait voir son cou découvert. Deux moustaches noires comme l'ébène

arquebusade dans le bras qui le lui fracassa tout... (Emmené à Pavie), il y mourut au bout de neuf jours... » — Sur le mot du roi après sa défaite, cf. *Analyse raisonnée* (O. C., X, 244) : « On ne retrouve plus l'original du fameux billet : *Tout est perdu fors l'honneur ;* mais la France, qui l'aurait écrit, le tient pour authentique. »

1. Dans le chapitre du *Génie* déjà cité et intitulé *Vie et mœurs des chevaliers*, Chateaubriand rappelait « ces liens héroïques qui ne se brisaient pas même avec la vie », « ces unions confirmées par les plus redoutables serments » qui s'établissaient entre *frères d'armes* et dont les devoirs passaient avant ceux de l'amour, « pourtant si cher aux chevaliers ».

donnaient à son visage naturellement doux un air mâle et guerrier[1]. De larges bottes, qui tombaient et se repliaient sur ses pieds, portaient l'éperon d'or, marque de la chevalerie[2].

A quelque distance, un autre chevalier se tenait debout, appuyé sur la croix de fer de sa longue épée : il était vêtu comme l'autre chevalier ; mais il paraissait plus âgé. Son air austère, bien qu'ardent et passionné, inspirait le respect et la crainte. La croix rouge de Calatrava était brodée sur son pourpoint, avec cette devise : *Pour elle et pour mon roi*[3].

Un cri involontaire s'échappa de la bouche de Blanca, lorsqu'elle aperçut Aben-Hamet. « Chevaliers, dit-elle aussitôt, voici l'Infidèle dont je vous ai tant parlé, craignez qu'il ne remporte la victoire. Les Abencérages étaient faits comme lui, et nul ne les surpassait en loyauté, courage et galanterie. »

Don Carlos s'avança au-devant d'Aben-Hamet : « Seigneur Maure, dit-il, mon père et ma sœur m'ont appris votre nom ; on vous croit d'une race noble et

1. Ce portrait de Lautrec paraît contenir des réminiscences de *Gonzalve de Cordoue* (t. II, p. 116-117), où de « jeunes héros espagnols paraissent... couverts d'un riche et court manteau... Leur chapeau large et rabattu est surmonté de plumes... Leur chevelure tombe sur leur fraise éblouissante ; et le léger duvet d'ébène qu'ils laissent croître au-dessus de leurs lèvres semble donner de nouveaux charmes à leur visage doux et guerrier... » Mais Chateaubriand a pu se souvenir aussi de certains tableaux du XVIe siècle ou de crayons de François Clouet.

2. Dans ses *Mémoires sur l'ancienne chevalerie* (Paris, 1759, t. I, p. 289, 334), Lacurne de Saint-Palaye, qui est une source du *Génie du Christianisme* (cf. *Revue d'Histoire littéraire*, 1922, p. 225-235), dit que l'or était réservé pour les éperons des chevaliers.

3. L'*Histoire chevaleresque* de Perez de Hita (t. I, p. 55-56) décrit le bouclier du grand maître de Calatrava : « On (y) voyait peinte une croix rouge, signe révéré qui brillait aussi sur sa poitrine... A sa lance flottait un pennon à croix rouge, au bas de laquelle on lisait cette devise : *Pour elle et pour mon roi..* »

brave ; vous-même, vous êtes distingué par votre courtoisie. Bientôt Charles-Quint, mon maître, doit porter la guerre à Tunis[1], et nous nous verrons, j'espère, au champ d'honneur. »

Aben-Hamet posa la main sur son sein, s'assit à terre sans répondre, et resta les yeux attachés sur Blanca et sur Lautrec. Celui-ci admirait, avec la curiosité de son pays, la robe superbe, les armes brillantes, la beauté du Maure ; Blanca ne paraissait point embarrassée ; toute son âme était dans ses yeux : la sincère Espagnole n'essayait point de cacher le secret de son cœur. Après quelques moments de silence, Aben-Hamet se leva, s'inclina devant la fille de don Rodrigue, et se retira. Étonné du maintien du Maure et[a] des regards de Blanca, Lautrec sortit avec un soupçon qui se changea bientôt en certitude.

Don Carlos resta seul avec sa sœur. « Blanca, lui dit-il, expliquez-vous ! D'où naît le trouble que vous a causé la vue de cet étranger ? »

« Mon frère, répondit Blanca, j'aime Aben-Hamet, et, s'il veut se faire chrétien, ma main est à lui. »

« Quoi ! s'écria don Carlos, vous aimez Aben-Hamet ! la fille des Bivars aime un Maure, un Infidèle, un ennemi que nous avons chassé de ces palais[2] ! »

« Don Carlos, répliqua Blanca, j'aime Aben-Hamet ; Aben-Hamet m'aime ; depuis trois ans il renonce à moi

1. Les exploits en Méditerranée occidentale du capitan-pacha Kheir-ed-Din Barberousse, roi de Tunis, préfet de la flotte ottomane sous la suzeraineté du sultan Soliman le Magnifique, incitèrent en effet Charles-Quint à une intervention armée contre l'Afrique du Nord ; après les avoir longuement préparées, il fit deux expéditions : la première, en 1535, aboutit à la prise de Tunis et à la libération de vingt mille esclaves chrétiens ; la seconde, en 1541, se termina au contraire par un désastre pour l'empereur.

2. Don Carlos reprend à son compte les paroles prononcées *supra*, p. 288, par Blanca : « Vous m'aimez donc ?... Mais songez-vous que vous êtes un Infidèle, un Maure, un ennemi ?... »

plutôt que de renoncer à la religion de ses pères. Noblesse, honneur, chevalerie sont en lui ; jusqu'à mon dernier soupir je l'adorerai. »

Don Carlos était digne de sentir ce que la résolution d'Aben-Hamet avait de généreux, quoiqu'il déplorât l'aveuglement de cet Infidèle. « Infortunée Blanca, dit-il, où te conduira cet amour ? J'avais espéré que Lautrec, mon ami, deviendrait mon frère. »

« Tu t'étais trompé, répondit Blanca : je ne puis aimer cet étranger[a]. Quant à mes sentiments pour Aben-Hamet, je n'en dois compte à personne. Garde tes serments de chevalerie comme je garderai mes serments d'amour[1]. Sache seulement, pour te consoler, que jamais Blanca ne sera l'épouse d'un Infidèle[2]. »

« Notre famille disparaîtra donc de la terre ! » s'écria don Carlos.

« C'est à toi de la faire revivre, dit Blanca. Qu'importent d'ailleurs des fils que tu ne verras point, et qui dégénéreront de ta vertu ? Don Carlos, je sens que nous sommes les derniers de notre race ; nous sortons trop de l'ordre commun[3] pour que notre sang

---

1. En opposant la chevalerie et l'amour (avec une secrète préférence pour celui-ci sur celle-là), Blanca reste fidèle à elle-même : ne souhaitait-elle pas *supra*, p. 291, qu'Aben-Hamet restât obscur plutôt que de devenir « un chevalier célèbre (qui) oublie l'amour pour la renommée » ? Par de telles remarques, elle reste féminine et humaine, se montrant seulement intraitable quand il s'agit de sa religion.

2. M. Le Breton (*Le roman français au XIX*e *siècle*, p. 6, 93, 281) et Marjorie A. Chaplyn (*op. cit.*, p. 139-140) signalent l'influence de *Mathilde*, roman de Mme Cottin, sur l'*Abencérage ;* la princesse d'Angleterre déclare, comme Blanca, au musulman dont elle est aimée : « Non, Malek Adhel mahométan ne sera jamais mon époux. » (t. V, p. 111).

3. L'orgueil de Blanca rappelle celui du héros de l'*Horace* de Corneille (acte II, scène 3, v. 435-436) déclarant :

Et, comme il (le sort) voit en nous des âmes peu communes,
Hors de l'ordre commun il nous fait des fortunes.

fleurisse après nous : le Cid fut notre aïeul, il sera notre postérité. » Blanca sortit.

Don Carlos vole chez l'Abencérage. « Maure, lui dit-il, renonce à ma sœur ou accepte le combat. »

« Es-tu chargé par ta sœur, répondit Aben-Hamet, de me redemander les serments qu'elle m'a faits ? »

« Non, répliqua don Carlos, elle t'aime plus que jamais. »

« Ah ! digne frère de Blanca ! s'écria Aben-Hamet en l'interrompant, je dois tenir tout mon bonheur de ton sang ! O fortuné Aben-Hamet ! O heureux jour ! je croyais Blanca infidèle pour ce chevalier français... »

« Et c'est là ton malheur, s'écria à son tour don Carlos hors de lui ; Lautrec est mon ami ; sans toi il serait mon frère. Rends-moi raison des larmes que tu fais verser à ma famille. »

« Je le veux bien, répondit Aben-Hamet ; mais né d'une race qui peut-être a combattu la tienne, je ne suis pourtant point chevalier. Je ne vois ici personne pour me conférer l'ordre qui te permettra de te mesurer avec moi sans descendre de ton rang[1]. »

Don Carlos, frappé de la réflexion du Maure, le regarda avec un mélange d'admiration et de fureur. Puis tout à coup : « C'est moi qui t'armerai chevalier ! Tu en es digne. »

Aben-Hamet fléchit le genou devant don Carlos, qui lui donne l'accolade, en lui frappant trois fois l'épaule du plat de son épée[2] ; ensuite don Carlos lui

1. Lacurne de Saint-Palaye (*Mémoires sur l'ancienne chevalerie*, t. I, p. 331-332) écrit : « *Nul homme s'il n'était chevalier n'osait combattre un chevalier*, dit l'auteur du roman de Perceforest. » Et dans *Mathilde* (t. IV, p. 165), Malek Adhel reçoit l'ordre de la chevalerie des mains d'un chevalier chrétien son ennemi.

2. *Génie du Christianisme* (quatrième partie, liv. V, chap. IV) : « Dans le tumulte d'une mêlée, de braves écuyers tombaient aux genoux du roi ou du général qui les créait chevaliers en leur frappant sur

ceint cette même épée que l'Abencérage va peut-être lui plonger dans la poitrine : tel était l'antique honneur.

Tous deux s'élancent sur leurs coursiers, sortent des murs de Grenade, et volent à la fontaine du Pin. Les duels des Maures et des Chrétiens avaient depuis longtemps rendu cette source célèbre. C'était là que Malique Alabès s'était battu contre Ponce de Léon, et que le grand maître de Calatrava avait donné la mort au valeureux Abayados. On voyait encore les débris des armes de ce chevalier maure suspendus aux branches du pin, et l'on apercevait sur l'écorce de l'arbre quelques lettres d'une inscription funèbre. Don Carlos montra de la main la tombe d'Abayados à l'Abencérage : « Imite, lui cria-t-il, ce brave Infidèle ; et reçois le baptême et la mort de ma main[1]. »

« La mort peut-être, répondit Aben-Hamet : mais vive Allah et le Prophète ! »

Ils prirent aussitôt du champ, et coururent l'un sur

---

l'épaule trois coups du plat de son épée... » (Cf. *Analyse raisonnée* (O. C., X, 99-100).

1. Cet alinéa fait allusion à des épisodes fameux des guerres hispano-mauresques célébrées par Ginez Perez de Hita. Rodrigo Ponce de Léon (1443-1492), marquis de Cadix, se signala dès l'âge de dix-sept ans par ses exploits contre les Maures et fut un des héros de la guerre de Grenade. L'*Histoire chevaleresque* (t. I, p. 142-suiv.) raconte son combat singulier avec le Malique Alabès, musulman légendaire qui avertit loyalement le chrétien d'un danger subit qui le menace durant leur rencontre. — Par ailleurs (cf. *ibid.*, t. I, p. 250-275), le grand-maître de Calatrava, don Rodrigue, reçoit du Maure Albayaldos un défi et lui répond : « Demain matin tu te rendras à la Fontaine du Pin, où je me trouverai avec mon parrain D. Ponce de Léon. » Les deux adversaires se livrent un long combat ; l'Espagnol blesse à mort l'Infidèle qui s'écrie : « Je veux être chrétien » et reçoit le baptême de la main de son ennemi. Alors, un Arabe « grava sur le tronc du pin une inscription..., prit les armes d'Albayaldos et les suspendit à une des branches du pin... » Sur ces duels héroïques et courtois, cf. Marjorie A. Chaplyn, *op. cit.*, 16, 29-31, 34-35, 38-39, 87-88, etc.

l'autre avec furie[1]. Ils n'avaient que leurs épées : Aben-Hamet était moins habile dans les combats que don Carlos, mais la bonté de ses armes, trempées à Damas, et la légèreté de son cheval arabe, lui donnaient encore l'avantage sur son ennemi. Il lança son coursier comme les Maures, et avec son large étrier tranchant, il coupa la jambe droite du cheval de don Carlos au-dessous du genou. Le cheval blessé s'abattit, et don Carlos, démonté par ce coup heureux, marcha sur Aben-Hamet l'épée haute. Aben-Hamet saute à terre et reçoit don Carlos avec intrépidité. Il pare les premiers coups de l'Espagnol, qui brise son épée sur le fer de Damas. Trompé deux fois par la fortune, don Carlos verse des pleurs de rage, et crie à son ennemi : « Frappe, Maure, frappe ; don Carlos désarmé te défie, toi et toute ta race infidèle. »

« Tu pouvais me tuer, répond l'Abencérage, mais je n'ai jamais songé à te faire la moindre blessure : j'ai voulu seulement te prouver que j'étais digne d'être ton frère, et t'empêcher de me mépriser. »

Dans cet instant on aperçoit un nuage de poussière : Lautrec et Blanca pressaient deux cavales de Fez plus légères que les vents. Ils arrivent à la fontaine du Pin et voient le combat suspendu.

---

1. Ces détails sont empruntés au récit du combat qui oppose, dans l'*Histoire chevaleresque* (t. I, p. 58-suiv.), le grand maître de Calatrava au prince Muça : « Ils s'élancent l'un sur l'autre... Le cheval du grand maître... ne valait pas celui de Muça pour la légèreté... Le Maure s'élance à terre... et cherche à couper les jarrets au coursier de son adversaire. Le grand maître de Calatrava... se jette en bas de son cheval et, l'épée nue à la main, fond sur Muça... D. Rodrigue était plus adroit et plus exercé que Muça au maniement des armes... » Finalement, le chrétien interrompt la lutte pour « lier amitié » avec Muça. (Dans l'*Abencérage*, l'initiative magnanime vient du musulman, comme dans le duel entre Ponce de Léon et Alabés, où ce dernier cessait de combattre pour éviter à son adversaire de tomber aux mains de l'armée sarrazine).

« Je suis vaincu, dit don Carlos, ce chevalier m'a donné la vie. Lautrec, vous serez peut-être plus heureux que moi. »

« Mes blessures, dit Lautrec d'une voix noble et gracieuse[1], me permettent de refuser le combat contre ce chevalier courtois. Je ne veux point, ajouta-t-il en rougissant, connaître le sujet de votre querelle, et pénétrer un secret qui porterait peut-être la mort dans mon sein. Bientôt mon absence fera renaître la paix parmi vous, à moins que Blanca ne m'ordonne de rester à ses pieds. »

« Chevalier, dit Blanca, vous demeurerez auprès de mon frère ; vous me regarderez comme votre sœur. Tous les cœurs qui sont ici éprouvent des chagrins ; vous apprendrez de nous à supporter les maux de la vie[2]. »

Blanca voulut contraindre les trois chevaliers à se donner la main ; tous les trois s'y refusèrent : « Je hais Aben-Hamet ! » s'écria don Carlos. — « Je l'envie », dit Lautrec. — « Et moi, dit l'Abencérage, j'estime don Carlos, et je plains Lautrec, mais je ne saurais les aimer[3]. »

« Voyons-nous toujours, dit Blanca, et tôt ou tard

1. Sur le caractère et la voix du véritable Thomas de Foix, cf. *supra*, p. 300, n. 1.

2. Ces réflexions pessimistes et amères, adaptées aux circonstances du roman, prennent une valeur générale sous la plume de Chateaubriand, qui lui-même souffrait « de remorquer (son) ennui avec (ses) jours » et d'aller partout « bâillant (sa) vie » (*Mémoires*, I, 337. Cf. *Les Natchez*, édit. Chinard, p. 438).

3. Sainte-Beuve (*op. cit.*, II, 75), rapportant ces lignes, les critique ainsi : « L'antithèse des personnages, de tout ce qu'ils font et de ce qu'ils disent, est trop fortement accentuée. On ne saurait attendre de ces paroles ordinaires qui servent de liaison aux plus sublimes, de la part de gens qui, frère et sœur, se disent dans le tête-à-tête : *Don Carlos, je sens que nous sommes... il sera notre postérité...* » (voir *supra*, p. 304-305).

l'amitié suivra l'estime. Que l'événement fatal qui nous rassemble ici soit à jamais ignoré de Grenade. »

Aben-Hamet devint, dès ce moment, mille fois plus cher à la fille du duc de Santa-Fé : l'amour aime la vaillance ; il ne manquait plus rien à l'Abencérage, puisqu'il était brave, et que don Carlos lui devait la vie. Aben-Hamet, par le conseil de Blanca, s'abstint, pendant quelques jours, de se présenter au palais, afin de laisser se calmer la colère de don Carlos. Un mélange de sentiments doux et amers remplissait[a] l'âme de l'Abencérage : si d'un côté l'assurance d'être aimé avec tant de fidélité et d'ardeur, était pour lui une source inépuisable de délices ; d'un autre côté la certitude de n'être jamais heureux sans renoncer à la religion de ses pères accablait le courage d'Aben-Hamet. Déjà plusieurs années s'étaient écoulées sans apporter de remède à ses maux : verrait-il ainsi s'écouler le reste de sa vie ?

Il était plongé dans un abîme de réflexions les plus sérieuses et les plus tendres, lorsqu'un soir il entendit sonner cette prière chrétienne qui annonce la fin du jour. Il lui vint en pensée d'entrer dans le temple du Dieu de Blanca[1], et de demander des conseils au Maître de la nature.

Il sort, il arrive à la porte d'une ancienne mosquée convertie en église par les fidèles. Le cœur saisi de tristesse et de religion, il pénètre dans le temple qui fut autrefois celui de son Dieu et de sa patrie. La prière venait de finir : il n'y avait plus personne dans l'église. Une sainte obscurité régnait à travers une multitude de colonnes qui ressemblaient aux troncs des arbres

---

1. Le geste d'Aben-Hamet illustre la remarque formulée dans le *Génie du Christianisme* (quatrième partie, liv. I, chap. 1) : « Étrange religion qui, au seul coup d'un airain magique, peut changer en tourments les plaisirs, ébranler l'athée... !

d'une forêt régulièrement plantée[1]. L'architecture légère des Arabes s'était mariée à l'architecture gothique, et, sans rien perdre de son élégance, elle avait pris une gravité plus convenable aux méditations. Quelques lampes éclairaient à peine les enfoncements des voûtes ; mais à la clarté de plusieurs cierges allumés, on voyait encore briller l'autel du sanctuaire : il étincelait d'or et de pierreries. Les Espagnols mettent toute leur gloire à se dépouiller de leurs richesses pour en parer les objets de leur culte ; et l'image du Dieu vivant placée au milieu des voiles de dentelles, des couronnes de perles et des gerbes de rubis, est adorée par un peuple à demi nu[2].

On ne remarquait aucun siège au milieu de la vaste enceinte : un pavé de marbre qui recouvrait des cercueils servait aux grands comme aux petits, pour se prosterner devant le Seigneur. Aben-Hamet s'avançait lentement dans les nefs désertes qui retentissaient du seul bruit de ses pas[3]. Son esprit était partagé entre les

---

1. Cf. *supra*, p. 251 : « Cette mosquée transformée en église n'est autre que la cathédrale de Cordoue. » L'image de la *forêt de colonnes* revient sous la plume de tous les voyageurs qui ont décrit celle-ci (Bourgoing, *Tableau de l'Espagne*, t. III, p. 187 : « L'œil embrasse plutôt avec surprise qu'avec ravissement une forêt de colonnes » ; Townsend, *Voyage en Espagne*, t. II, p. 258 : « Les nombreuses colonnes disposées en quinconce ressemblent à une forêt de jeunes arbres »). D'ailleurs, le *Génie du Christianisme* (troisième partie, liv. I, chap. VIII) soutient la thèse que « les hommes ont pris dans les forêts la première idée de l'architecture ».

2. Chateaubriand rapporte en cette fin d'alinéa des impressions et des souvenirs personnels. Son domestique Julien avait également été sensible au même fait et notait dans son *Journal* (p. 116) : « (A Grenade) nous avons visité aussi les couvents et leurs églises qui sont toujours remplies de richesses, car il n'y a pas un mourant, tel pauvre qu'il soit, qui ne laisse quelque don à l'église... »

3. Même notation sonore dans *René*, *supra*, p. 227 : « Je parcourus les appartements sonores où l'on n'entendait que le bruit de mes pas. »

souvenirs que cet ancien édifice de la religion des Maures retraçait à sa mémoire, et les sentiments que la religion des Chrétiens faisait naître dans son cœur. Il entrevit[a] au pied d'une colonne, une figure immobile, qu'il prit d'abord pour une statue sur un tombeau[1]. Il s'en approche ; il distingue un jeune chevalier à genoux, le front respectueusement incliné et les deux bras croisés sur sa poitrine. Ce chevalier ne fit aucun mouvement au bruit des pas d'Aben-Hamet ; aucune distraction, aucun signe extérieur de vie ne troubla sa profonde prière. Son épée était couchée à terre devant lui, et son chapeau chargé de plumes, était posé sur le marbre à ses côtés : il avait l'air d'être fixé dans cette attitude par l'effet d'un enchantement. C'était Lautrec[b] : « Ah ! dit l'Abencérage en lui-même, ce jeune et beau Français demande au ciel quelque faveur signalée ; ce guerrier, déjà célèbre par son courage, répand ici son cœur devant le Souverain du ciel, comme le plus humble et le plus obscur des hommes. Prions donc aussi le Dieu des chevaliers et de la gloire. »

Aben-Hamet allait se précipiter sur le marbre, lorsqu'il aperçut, à la lueur d'une lampe, des caractères arabes et un verset du Coran, qui paraissaient sous un plâtre à demi tombé. Les remords rentrent dans son cœur, et il se hâte de quitter l'édifice où il a pensé devenir infidèle à sa religion et à sa patrie.

---

1. Cette phrase transpose un souvenir du passage de l'auteur à l'Escurial (dernière semaine d'avril 1807), comme l'attestent les *Mémoires*, IV, 241-240 : « L'original de ce chevalier qu'entrevoyait Aben-Hamet était un moine que j'avais rencontré dans l'église de l'Escurial et dont j'avais envié la foi. Qui sait cependant les tempêtes au fond de cette âme si recueillie... ? Je venais d'admirer dans la sacristie déserte de l'Escurial une des plus belles vierges de Murillo ; j'étais avec une femme ; elle me montra la première le religieux sourd au bruit des passions qui traversaient auprès de lui le formidable silence du sanctuaire. »

Le cimetière qui environnait cette ancienne mosquée, était une espèce de jardin planté d'orangers, de cyprès, de palmiers, et arrosé par deux fontaines ; un cloître régnait à l'entour. Aben-Hamet, en passant sous un des portiques, aperçut une femme prête à entrer dans l'église[a]. Quoiqu'elle fût enveloppée d'un voile[1], l'Abencérage reconnut la fille du duc de Santa-Fé ; il l'arrête et lui dit : « Viens-tu chercher Lautrec dans ce temple[b] ? »

« Laisse là ces vulgaires jalousies, répondit Blanca ; si je ne t'aimais plus, je te le dirais : je dédaignerais de te tromper. Je viens ici prier pour toi ; toi seul es maintenant l'objet de mes vœux : j'oublie mon âme pour la tienne. Il ne fallait pas m'enivrer du poison de ton amour, ou il fallait consentir à servir le Dieu que je sers. Tu troubles toute ma famille ; mon frère te hait ; mon père est accablé de chagrin, parce que je refuse de choisir un époux. Ne t'aperçois-tu pas que ma santé s'altère[2] ? Vois cet asile de la mort ; il est enchanté ! Je m'y reposerai bientôt, si tu ne te hâtes de recevoir ma foi au pied de l'autel des Chrétiens. Les combats que j'éprouve minent peu à peu ma vie ; la passion que tu m'inspires ne soutiendra pas toujours ma frêle existence : songe, ô Maure, pour te parler ton langage, que le feu qui allume le flambeau est aussi le feu qui le consume. »

Blanca entre dans l'église, et laisse Aben-Hamet accablé de ces dernières paroles.

C'en est fait : l'Abencérage est vaincu ; il va renoncer

---

1. Ce cimetière rappelle celui que Chateaubriand avait entrevu à Modon, peu après son débarquement en Morée. Cf. *Itinéraire* (édit. Malakis, I, 169) : « Chemin faisant, j'admirais les tombeaux turcs qu'ombrageaient de grands cyprès aux pieds desquels la mer venait se briser. J'aperçus parmi ces tombeaux des femmes enveloppées de voiles blancs et semblables à des ombres. »

2. Cf. *René*, *supra*, p. 219, n. 1 : « Je m'aperçus qu'Amélie perdait le repos et la santé... »

aux erreurs de son culte ; assez longtemps il a combattu. La crainte de voir Blanca mourir l'emporte sur tout autre sentiment dans le cœur d'Aben-Hamet. Après tout, se disait-il, le Dieu des Chrétiens est peut-être le Dieu véritable ? Ce Dieu est toujours le Dieu des nobles âmes, puisqu'il est celui de Blanca, de don Carlos et de Lautrec[1].

Dans cette pensée, Aben-Hamet attendit avec impatience le lendemain pour faire connaître sa résolution à Blanca, et changer une vie de tristesse et de larmes dans[a] une vie de joie et de bonheur. Il ne put se rendre au palais du duc de Santa-Fé que le soir. Il apprit que Blanca était allée avec son frère au Généralife[2], où Lautrec donnait une fête. Aben-Hamet, agité de nouveaux soupçons, vole sur les traces de Blanca. Lautrec[b] rougit en voyant paraître l'Abencérage ; quant à[c] don Carlos, il reçut le Maure avec une froide politesse, mais à travers laquelle perçait l'estime.

Lautrec avait fait servir les plus beaux fruits de l'Espagne et de l'Afrique dans une des salles du Généralife, appelée la salle des Chevaliers. Tout autour de cette salle étaient suspendus les portraits des princes et des chevaliers vainqueurs de Maures, Pélasge, le Cid, Gonzalve de Cordoue[3]. L'épée du dernier roi de

---

1. Chateaubriand adapte à son roman la remarque qu'il formulait dans l'Introduction du *Génie du Christianisme* : « On devait montrer... qu'il n'y a point de honte à croire avec Newton et Bossuet, Pascal et Racine. »

2. Cf. *supra*, p. 263, n. 2.

3. Dans la salle principale du Généralife, appelée salle des Rois (*Sala de los Reyes*) plutôt que des Chevaliers, on voyait, d'après l'*Histoire chevaleresque* (t. I, p. 38), « les portraits de tous les rois maures jusqu'au roi régnant » : les identifications qu'on a pu proposer sont incertaines et ne correspondent pas à celles proposées par Chateaubriand. — *Pélage* (plutôt que *Pélasge*) ou Pelayo, roi des Asturies (711-737), se distingua par sa résistance aux musulmans lorsque ceux-ci envahirent l'Espagne.

Grenade était attachée au-dessous de ces portraits. Aben-Hamet renferma sa douleur en lui-même, et dit seulement, comme le lion, en regardant ces tableaux : « Nous ne savons pas peindre[1]. »

Le généreux Lautrec, qui voyait les yeux de l'Abencérage se tourner malgré lui vers l'épée de Boabdil, lui dit : « Chevalier Maure, si j'avais prévu que vous m'eussiez fait l'honneur de venir à cette fête, je ne vous aurais pas reçu ici. On perd tous les jours une épée, et j'ai vu le plus vaillant des rois remettre la sienne à son heureux ennemi. »

« Ah ! s'écria le Maure en se couvrant le visage d'un pan de sa robe, on peut la perdre comme François Ier ; mais comme Boabdil[2] !... »

La nuit vint ; on apporta des flambeaux ; la conversation changea de cours. On pria don Carlos de raconter la découverte du Mexique. Il parla de ce monde inconnu avec l'éloquence pompeuse naturelle à la nation espagnole. Il dit les malheurs de Montézume[3], les mœurs

---

1. Cf. La Fontaine, *Fables*, III, 10. Devant un tableau représentant

Un lion d'immense stature
Par un seul homme terrassé,

spectacle dont les humains s'enorgueillissaient fort,

Un lion en passant rabattit leur caquet

en disant notamment :

« Avec plus de raison nous aurions le dessus,
Si mes confrères savaient peindre. »

2. La résistance héroïque de François Ier à Pavie est illustre ; quant à Boabdil, sa capitulation fut honteuse et s'assortit, avec ses adversaires, de tractations secrètes qui ressemblaient fort à une trahison (cf. *supra*, p. 253, n. 1).

3. Lorsque Cortez, en 1519, marcha sur Mexico, le chef des Aztèques, *Montezuma* II (1456-1520), ne pouvant arrêter la marche du conquérant, traita avec lui et le reçut en ami ; quelques jours plus tard, l'Espagnol l'arrêta dans son palais et le garda comme otage : désespéré, Montézuma se laissa mourir de faim. — Don Carlos est bien obligé de reconnaître la cruauté de ses compatriotes ; elle était devenue un

des Américains, les prodiges de la valeur castillane, et même les cruautés de ses compatriotes qui ne lui semblaient mériter ni blâme ni louange. Ces récits enchantaient Aben-Hamet, dont la passion pour les histoires merveilleuses trahissait le sang arabe. Il fit à son tour le tableau de l'empire Ottoman, nouvellement assis sur les ruines de Constantinople, non sans donner des regrets au premier empire de Mahomet ; temps heureux où le Commandeur des Croyants voyait briller autour[a] de lui Zobéide, Fleur de Beauté, Force des Cœurs, Tourmente, et ce généreux Ganem, esclave par amour[1]. Quant à Lautrec, il peignit la cour galante de François Ier, les arts renaissant du sein de la barbarie, l'honneur, la loyauté, la chevalerie des anciens temps, unis à la politesse des siècles civilisés, les tourelles gothiques ornées des ordres de la Grèce[2], et les

---

thème littéraire traditionnel, traité en particulier par Voltaire dans *Alzire* (1736), tragédie américaine, dont parle le *Génie du Christianisme* (deuxième partie, liv. II, chap. VII).

1. Cette phrase est faite de réminiscences des *Mille et une Nuits* (édit. Galland, t. VI, p. 1-3, *Histoire de Ganem*) : Ganem, surnommé l'Esclave d'Amour, sauve de la mort la favorite du Commandeur des Croyants, Haroun al Raschid, et elle lui déclare : « Je me nomme Tourmente, nom qui me fut donné à ma naissance à cause que l'on jugea que ma vue causerait un jour bien des maux... Zobéide, femme et parente du calife, n'a pu voir mon bonheur sans en être jalouse... » Deux héroïnes de ce conte s'appellent *Fleur de Jardin* et *Dame de Beauté* : de leurs noms, Chateaubriand a dû faire *Fleur de Beauté*.

2. L'*Analyse raisonnée* (O. C., X, 248) consacre une page à la cour et aux mœurs du temps de François Ier ; comme ici, il est fait allusion aux « châteaux gothiques (qui alors) virent leurs tourelles et leurs créneaux se couronner des ordres de la Grèce » (Cette phrase figure aussi dans la préface des *Études historiques*, O. C., IX, 81) ; et, dans son discours de réception à l'Institut, Chateaubriand écrivait déjà : « Sous le règne des Valois, les créneaux gothiques couronnaient avec une grâce infinie dans nos monuments les ordres empruntés à la Grèce » (*Mémoires*, II, 276). Il est remarquable que, parmi les divers édifices, sa préférence va vers ceux où plusieurs civilisations, plusieurs goûts se rencontrent. Sur cette prédilection pour les styles composites et bigarrés (qu'on rencontre en particulier à l'époque de la Renaissance), cf. encore *supra*, p. 284-286 ; *Mémoires*, IV, 338-340 ; 490-491.

dames gauloises rehaussant la richesse de leurs atours par l'élégance athénienne[a].

Après ces discours, Lautrec, qui voulait amuser la divinité de cette fête, prit une guitare, et chanta cette romance qu'il avait composée sur un air des montagnes de son pays[1] :

Combien j'ai douce souvenance[2]

---

1. Sainte-Beuve (*op. cit.*, II, 76-77), juge sans bienveillance du *Dernier Abencérage*, remarque toutefois : « Il s'y rencontre pourtant une perle de grâce naturelle et d'innocence, qui s'en est détachée et qui du premier jour a circulé sur toutes les lèvres, la douce romance *à Hélène*... Il suffit que M. de Chateaubriand ait trouvé dans son cœur et dans sa voix cette note touchante pour... que les poètes en vers ne puissent douter de lui. » — Cette romance avait été écrite bien avant que Chateaubriand songeât à l'*Abencérage* où, par un de ces remplois qui lui étaient familiers, il l'a fort habilement intercalée. — Sur le moment où elle fut composée, voir E. Angot, *Débat relatif... à la date probable d'une célèbre romance* (*Revue d'Histoire littéraire*, 1927, p. 430-435) : comme il existe une « réplique » de Lucile de Chateaubriand à la fameuse poésie (publiée par V. Giraud dans la *Revue des Deux Mondes*, 1er mai 1925, p. 78-79) et que la sœur de l'écrivain mourut le 10 novembre 1804, *Combien j'ai douce souvenance...* est forcément antérieur à cette date. Le premier voyage en Auvergne de Chateaubriand est d'août 1805 : ou bien il connut l'air montagnard avant d'avoir visité la région, ou bien il le recueillit lors d'un de ses deux passages antérieurs, sinon en Auvergne même, du moins dans le Massif Central. Il se rendit en effet dans le Midi durant l'automne 1802 et traversa le Morvan en mai 1803, alors qu'il gagnait Rome. Pour M. Angot, « les probabilités sont en faveur du voyage de 1802 », et la réponse de Lucile daterait du printemps ou de l'été 1803, car les chagrins qui suivirent sa rupture avec Chênedollé (septembre) excluent toute idée d'une rédaction postérieure. — Quoi qu'il en soit, la romance parut anonyme, sous le titre *Le montagnard émigré*, dans le *Mercure de France* du 31 mai 1806, dans l'*Almanach des Muses* de la même année, dans le *Chansonnier des Grâces* de 1807, etc. (Sur ce point, cf. la note très substantielle de Mme L. Maurice-Amour parue dans le *Petit Bulletin Chateaubriand*, n° 3, p. 5). Notons enfin que Chateaubriand déclarait à Marcellus, à propos de l'air qu'il avait recueilli : « Je n'ai eu... d'autre mérite que de mettre en tête... *adagio* à la place d'*allegretto*, en ralentissant la mesure au gré de la mélancolie. L'hilarité du pâtre s'est changée en complainte de l'exilé. Les paroles alors me sont venues d'elles-mêmes » (*Chateaubriand et son temps*, p. 165-166).

2. Cette romance est déjà connue du public. J'en avais composé les

Du joli lieu de ma naissance !
Ma sœur, qu'ils étaient beaux les jours
De France !
O mon pays, sois mes amours
Toujours !

Te souvient-il que notre mère,
Au foyer de notre chaumière,
Nous pressait sur son cœur joyeux,
Ma chère ;
Et nous baisions ses blancs cheveux
Tous deux.

Ma sœur, te souvient-il encore
Du château que baignait la Dore[1],
Et de cette tant vieille tour
Du Maure,
Où l'airain sonnait le retour
Du jour ?

Te souvient-il du lac tranquille
Qu'effleurait l'hirondelle agile[2],

---

paroles pour un air des montagnes d'Auvergne, remarquable par sa douceur et sa simplicité. (*Note de Chateaubriand.*)

1. On a souvent répété, après Mme de Chateaubriand (*Cahiers*, édit. J. Ladreit de Lacharrière, 1909, p. 15), que l'écrivain trouva cette rime, jusqu'alors rebelle, « avant d'arriver à Thiers » en 1805, alors qu'il avait « traversé la petite rivière de la Dore ». — Cette affirmation est rendue caduque par l'amusant article d'H. Morand, *Ma sœur, t'en souvient-il encore ?* (*Journal des Débats*, 4 octobre 1929), rapportant une note de l'érudit Étienne Aubrée dans le *Réveil Fougerais*. Si la Tour du More est la plus ancienne et la plus haute du château de Combourg, de même « une petite rivière qui passe près de l'étang et se jette dans la Linon s'appelle la Dore ». Dans ces conditions, note Aubrée, « pourquoi donc Chateaubriand aurait-il eu besoin de découvrir en Auvergne cette Dore qu'il avait eue sous les yeux durant son enfance et son adolescence à Combourg ? Rendons à la Bretagne l'honneur d'avoir fourni une rime à un poème qui est un des plus parfaits modèles du style « romance » dans notre pays ! »

2. L'hirondelle est encore un souvenir combourgeois. *Mémoires*, I, 130-131 : « Sur l'étang... se réunissaient les hirondelles... Elles se

Du vent qui courbait le roseau
Mobile,
Et du soleil couchant sur l'eau,
Si beau[1] ?

Oh ! qui me rendra mon Hélène,
Et ma montagne, et le grand chêne ?
Leur souvenir fait tous les jours
Ma peine :
Mon pays sera mes amours
Toujours !

Lautrec, en achevant le dernier couplet, essuya avec son gant une larme[a] que lui arrachait le souvenir du gentil pays de France[2]. Les regrets du beau prisonnier furent vivement sentis par Aben-Hamet, qui déplorait comme Lautrec la perte de sa patrie. Sollicité de prendre[b] à son tour la guitare, il s'en excusa, en disant qu'il ne savait qu'une romance, et qu'elle serait peu agréable à des chrétiens.

---

jouaient sur l'eau au tomber du soleil, ... se rabattaient à la surface du lac, puis se venaient suspendre aux roseaux que leur poids courbait à peine » ; *Itinéraire* (édit. Malakis, II, 17) : « Je me rappelle que, dans mon enfance, je passais des heures entières à voir, avec je ne sais quel secret plaisir, voltiger les hirondelles en automne... (Elles) se réunissaient... dans les joncs d'un grand étang... Exécutant mille évolutions sur les eaux, (elles) semblaient essayer leurs ailes... » Cf. aussi *supra*, p. 187, n. 5.

1. Ici prenait place, dans l'*Almanach des Muses* de 1807, une strophe aimable, mais qui eût été d'un goût déplacé dans la bouche de Lautrec chantant devant Blanca :

Te souvient-il de cette amie,
Tendre compagne de ma vie ?
Dans les bois en cueillant la fleur
Jolie,
Hélène appuyait sur mon cœur
Son cœur.

2. On retrouve cette expression de la langue archaïque dans le *Génie du Christianisme* (quatrième partie, liv. V, chap. IV) : « Averti des tournois qui se préparaient *au gentil pays de France*, le chevalier se rendait au rendez-vous des braves. »

« Si ce sont des Infidèles qui gémissent de nos victoires, repartit dédaigneusement don Carlos, vous pouvez chanter ; les larmes sont permises aux vaincus. »

« Oui, dit Blanca, et c'est pour cela que nos pères, soumis autrefois au joug des Maures, nous ont laissé tant de complaintes[1]. »

Aben-Hamet chanta donc cette ballade, qu'il avait apprise d'un poète de la tribu des Abencérages[2] :

---

1. Blanca répare ce que la phrase de son orgueilleux frère pouvait avoir de blessant pour Aben-Hamet. Peut-être sa remarque est-elle inspirée par un passage de l'*Histoire chevaleresque* (t. I, p. LIV, préface de Sané) sur les romances espagnoles qui « peignent les misères de la captivité, les plaintes des chrétiens gémissant à Maroc, Alger et Tunis dans les liens des Maures ».

2. En traversant un pays montagneux entre Algésiras et Cadix, je m'arrêtai dans une Venta située au milieu d'un bois. Je n'y trouvai qu'un petit garçon de quatorze à quinze ans, et une petite fille à peu près du même âge, frère et sœur, qui tressaient auprès du feu des nattes de jonc. Ils chantaient une romance dont je ne comprenais pas les paroles, mais dont l'air était simple et naïf. Il faisait un temps affreux ; je restai deux heures à la Venta. Mes jeunes hôtes répétèrent si longtemps les couplets de leur romance, qu'il me fut aisé d'en apprendre l'air par cœur. C'est sur cet air que j'ai composé la romance de l'Abencérage. Peut-être était-il question d'Aben-Hamet dans la chanson de mes deux petits Espagnols. Au reste, le dialogue de Grenade et du roi de Léon est imité d'une romance espagnole. (*Note de Chateaubriand.*)

Sur le mot *venta*, cf. *supra*, p. 260, n. 1. — Chateaubriand revient sur la rencontre qu'il fit en cette venta dans la *Guerre d'Espagne* (O. C., XII, 135) : « Nous nous plûmes à entendre deux pauvres enfants nus chanter une longue complainte dans une route montagneuse entre Algésiras et Cadix... » Il est possible que les deux enfants lui ait fourni l'air de sa romance ; mais les paroles ont une origine livresque, comme on va le voir. — Il est remarquable que, dans ses voyages, Chateaubriand fut souvent l'obligé de jeunes enfants dont il s'est plu à rappeler le bref passage dans sa destinée. Cf. par exemple *Voyage en Italie* (*La villa Adriana*, 12 décembre 1803) : « Le fils de la fermière, petit garçon presque tout nu, âgé d'environ douze ans, m'a montré sa loge... » (O. C., VI, 281) ; *Voyage à Clermont* (août 1805) : « La petite fille qui me servait de guide m'avait cueilli un bouquet » (*ibid.*, 337) ; *Itinéraire* (édit. Malakis, I, 252) : « C'était un enfant tout nu, un pâtre, qui me montrait dans cette solitude le tombeau d'Agamemnon... »

Le roi don Juan[1],
Un jour chevauchant,
Vit sur la montagne
Grenade d'Espagne ;
Il lui dit soudain :
Cité mignonne,
Mon cœur te donne
Avec ma main.

Je t'épouserai,
Puis apporterai
En dons à ta ville,
Cordoue et Séville.
Superbes atours
Et perle fine
Je te destine
Pour nos amours.

Grenade répond :
Grand roi de Léon,
Au Maure liée,
Je suis mariée[2].
Garde tes présents :
J'ai pour parure,

---

1 Chateaubriand utilise ici la suite de la romance qui lui a servi *supra*, p. 262, n. 3, dans le dialogue d'Aben-Hamet et de son guide. Après avoir interpellé Abenamar, le roi s'adresse directement à la ville de Grenade :

DON JUAN

« Grenade ! Grenade ! si tu voulais m'épouser, je te donnerais en dot Séville et Cordoue.

GRENADE

« Je suis mariée, roi don Juan ! oui, mariée, et n'ai pas envie d'être veuve. Le Maure qui me possède, me chérit et me comble de bienfaits. »

2. Dans la phrase : « Moscou, comme une princesse européenne aux confins de son empire, parée de toutes les richesses de l'Asie, *semblait amenée là pour épouser Napoléon* » (*Mémoires*, II, 436), Marcellus (*Chateaubriand et son temps*, p. 207) voit une « réminiscence de la romance du *Dernier Abencérage* que l'auteur s'amusait parfois à chantonner :

Au Maure liée,
Je suis mariée ».

Riche ceinture
Et beaux enfants.

Ainsi tu disais ;
Ainsi tu mentais ;
O mortelle injure !
Grenade est parjure !
Un Chrétien maudit,
D'Abencérage
Tient l'héritage :
C'était écrit[a] !

Jamais le chameau
N'apporte au tombeau
Près de la Piscine,
L'Haggi[1] de Médine.
Un Chrétien maudit,
D'Abencérage
Tient l'héritage :
C'était écrit !

O bel Alhambra !
O palais d'Allah !
Cité des fontaines !
Fleuve aux vertes plaines !
Un Chrétien maudit,
D'Abencérage
Tient l'héritage :
C'était écrit[2] !

1. Cf. *Itinéraire* (édit. Malakis, I, 208). Chateaubriand est questionné par un vieux Turc de Misitra (Morée) sur ce qui le pousse à se déplacer : « Je trouvai pour lui une meilleure raison à mes voyages, en disant que j'étais un pèlerin de Jérusalem : « *Hadgi ! Hadgi !* » s'écria-t-il. Il fut pleinement satisfait. » Le *hâdj* ou *hâdjî* est le musulman qui a fait le pèlerinage (*hejj*) de La Mecque et de Médine, imposé par le Coran à tout mahométan au moins une fois dans sa vie. On honore à Médine la tombe du Prophète.

2. Sur la mise en musique de cette romance, cf. L. Maurice-Amour, art. cité, *supra*, p. 316, n. 1.

La naïveté de ces plaintes avait touché jusqu'au superbe don Carlos, malgré les imprécations prononcées contre les chrétiens. Il aurait bien désiré qu'on le dispensât de chanter lui-même ; mais par courtoisie pour Lautrec il crut devoir céder à ses prières. Aben-Hamet donna la guitare au frère de Blanca, qui célébra les exploits du Cid son illustre aïeul[1].

Prêt à partir pour la rive africaine[2],
Le Cid armé, tout brillant de valeur,
Sur sa guitare, aux pieds de sa Chimène,
Chantait ces vers que lui dictait l'honneur[3] :

---

1. Sous le titre *Le Cid, chant héroïque*, la pièce parut, dès 1808, dans l'*Almanach des Muses* et dans le *Chansonnier des Grâces*. « Chateaubriand l'avait écrite pour l'air des *Folies d'Espagne*, c'est-à-dire sans doute pour le *Thème de la Folia*, dont l'utilisation la plus célèbre est celle de Corelli (violoniste italien, 1653-1713), mais dont l'origine espagnole est contestable » (L. Maurice-Amour). *Le Cid* fut d'autre part mis en musique par J.-P. Garat et par Dalvimare.

2. Tout le monde connaît l'air des *Folies d'Espagne*. Cet air était sans paroles, du moins il n'y avait point de paroles qui en rendissent le caractère grave, religieux et chevaleresque. J'ai essayé d'exprimer ce caractère dans la romance du Cid. Cette romance s'étant répandue dans le public sans mon aveu, des maîtres célèbres m'ont fait l'honneur de l'embellir de leur musique. Mais comme je l'avais expressément composée pour l'air des *Folies d'Espagne*, il y a un couplet qui devient un vrai galimatias, s'il ne se rapporte à mon intention primitive :

... Mon noble chant vainqueur
D'Espagne un jour deviendra *la folie*, etc.

Enfin ces trois romances n'ont quelque mérite qu'autant qu'elles sont chantées sur trois vieux airs véritablement nationaux ; elles amènent d'ailleurs le dénouement. (*Note de Chateaubriand.*)

Le chant de don Carlos semble inspiré de diverses traductions publiées par la *Bibliothèque universelle des Romans*. Dans celle-ci, on peut lire en décembre 1782, p. 39, note : « Nous ne résistons pas à l'envie de traduire... une vieille romance du Cid, dans laquelle on lui fait adresser la parole à Chimène avant que de marcher contre les Maures de Valence : *Il est armé le Cid. Il parle à sa Chimène...* »

3. Le retour du mot *honneur*, comme un leitmotiv, à la fin de chacune des cinq strophes, paraît avoir été suggéré à Chateaubriand par la *Bibliothèque des Romans* (juillet 1783, p. 148-150) : dans une pièce dont le thème est la « belle leçon » donnée par le Cid « au jeune Pelaëz qui s'était mal montré dans la bataille », le mot *honneur* revient sans cesse et se rencontre en particulier par trois fois en fin de strophe.

Chimène a dit : Va combattre le Maure ;
De ce combat surtout reviens vainqueur[1].
Oui, je croirai que Rodrigue m'adore
S'il fait céder son amour à l'honneur[2].

Donnez, donnez et mon casque et ma lance !
Je veux montrer que Rodrigue a du cœur[3] :
Dans les combats signalant sa vaillance,
Son cri sera pour sa dame et l'honneur.

Maure vanté par ta galanterie,
De tes accents mon noble chant vainqueur
D'Espagne un jour deviendra la folie,
Car il peindra l'amour avec l'honneur.

Dans le vallon de notre Andalousie,
Les vieux Chrétiens conteront ma valeur :
Il préféra, diront-ils, à la vie,
Son Dieu, son roi, sa Chimène et l'honneur.

Don Carlos avait paru si fier, en chantant ces paroles d'une voix mâle et sonore, qu'on l'aurait pris pour le Cid lui-même. Lautrec partageait l'enthousiasme guer-

1. Écho probable du *Cid* de Corneille (acte V, scène 1, v. 1556) : *Sors vainqueur d'un combat* dont Chimène est le prix.

2. Cet accent cornélien, mais trop peu ému à notre goût, de Chimène n'est pas constant dans la *Bibliothèque des Romans*. On la voit par exemple (décembre 1782, p. 40) reprise vigoureusement par son époux : « Pourquoi pleurez-vous ?... Notre amour n'est-il pas assez fort pour supporter un moment d'absence ? » Ailleurs (juillet 1783, p. 88), elle se plaint d'une manière bien féminine : « Quel courage avez-vous quand vous me parlez d'une si longue absence ? Ah ! Rodrigue, vous avez juré de me faire perdre la patience et la vie ! ». Pourtant, au moment de mourir, le Campeador rendait hommage à l'âme virile de Chimène, en déclarant : « Je t'avais promis que tu ne passerais point entre les mains des femmes ; tu n'y passeras point en effet. Ma Chimène est un homme qui sera bon ménager de ton honneur » (*ibid.*, p. 161).

3. Nouvel écho du *Cid*, acte I, scène 5, v. 261 :
Rodrigue, as-tu du cœur ?

rier de son ami ; mais l'Abencérage avait pâli au nom du Cid.

« Ce chevalier, dit-il, que les chrétiens appellent la Fleur des batailles, porte parmi nous le nom de cruel. Si sa générosité avait égalé sa valeur !... »

« Sa générosité, repartit vivement don Carlos interrompant Aben-Hamet, surpassait encore son courage, et il n'y a que des Maures qui puissent calomnier le héros à qui ma famille doit le jour[1]. »

« Que dis-tu ? s'écria Aben-Hamet s'élançant du siège où il était à demi couché : tu comptes le Cid parmi tes aïeux ? »

« Son sang coule dans mes veines, répliqua don Carlos, et je me reconnais de ce noble sang à la haine qui brûle dans mon cœur contre les ennemis de mon Dieu. »

« Ainsi, dit Aben-Hamet, regardant Blanca, vous êtes de la maison de ces Bivars qui, après la conquête de Grenade, envahirent les foyers des malheureux Abencérages et[a] donnèrent la mort à un vieux chevalier de ce nom qui voulut défendre le tombeau de ses aïeux ! »

« Maure ! s'écria don Carlos enflammé de colère, sache que je ne me laisse point interroger. Si je possède aujourd'hui la dépouille des Abencérages, mes ancêtres l'ont acquise au prix de leur sang, et ils ne la doivent qu'à leur épée. »

« Encore un mot, dit Aben-Hamet, toujours plus

1. Ces deux répliques antagonistes ont encore été amenées par une remarque de Sané dans son adaptation de l'*Histoire chevaleresque* de Perez de Hita (t. I, p. XV-XVI) : « Les Castillans l'appelaient la *Fleur des Batailles* et les Maures le *cruel Cid*. Mais les Maures l'auraient calomnié... s'ils avaient pu entendre autre chose que sa terrible exécution dans les combats : après la victoire, le Cid était le plus généreux des hommes. »

ému : nous avons ignoré dans notre exil que les Bivars eussent porté le titre de Santa-Fé, c'est ce qui a causé mon erreur. »

« Ce fut, répondit don Carlos, à ce même Bivar, vainqueur des Abencérages, que ce titre fut conféré par Ferdinand le Catholique[1]. »

La tête d'Aben-Hamet se pencha dans son sein : il resta debout au milieu de don Carlos, de Lautrec et de Blanca étonnés. Deux torrents de larmes coulèrent de ses yeux sur le poignard attaché à sa ceinture. « Pardonnez, dit-il ; les hommes, je le sais, ne doivent pas répandre des larmes : désormais les miennes ne couleront plus au dehors, quoiqu'il me reste beaucoup à pleurer : écoutez-moi. Blanca, mon amour pour toi égale l'ardeur des vents brûlants de l'Arabie[2]. J'étais vaincu ; je ne pouvais plus vivre sans toi. Hier, la vue de ce chevalier français en prières, tes paroles dans le cimetière du temple, m'avaient fait prendre la résolution de connaître ton Dieu, et de t'offrir ma foi. »

Un mouvement de joie de Blanca, et de surprise de don Carlos, interrompit Aben-Hamet ; Lautrec cacha son visage dans ses deux mains. Le Maure devina sa pensée, et secouant la tête avec un sourire déchirant : « Chevalier, dit-il, ne perds pas toute espérance ; et toi, Blanca, pleure à jamais sur le dernier Abencérage ! »

Blanca, don Carlos, Lautrec lèvent tous trois les mains au ciel, et s'écrient : « Le dernier Abencérage ! »

---

1. Cf. *supra*, p. 274, n. 2.
2. Chateaubriand avait pu faire en Orient et en Afrique l'épreuve de ceux-ci. Le livre XI des *Martyrs* renferme la description impressionnante d'une tempête déchaînée en Égypte par le *vent de feu :* « C'est le Kamsin. Il n'y a point d'ouvrage sur l'Égypte et sur l'Arabie qui ne parle de ce vent terrible. Il tue quelquefois subitement les chameaux, les chevaux et les hommes. Les Anciens l'ont connu, comme on peut le remarquer dans Plutarque. » (O. C., IV, 159 et 473).

Le silence règne ; la crainte, l'espoir, la haine, l'amour, l'étonnement, la jalousie agitent tous les cœurs ; Blanca tombe bientôt à genoux. « Dieu de bonté ! dit-elle, tu justifies mon choix ! je ne pouvais aimer que le descendant des héros[a]. »

« Ma sœur, s'écria don Carlos irrité, songez donc que vous êtes ici devant Lautrec ! »

« Don Carlos, dit Aben-Hamet, suspends ta colère ; c'est à moi à vous rendre le repos. » Alors s'adressant à Blanca qui s'était assise de nouveau :

« Houri du ciel, Génie de l'amour et de la beauté, Aben-Hamet sera ton esclave jusqu'à son dernier soupir ; mais connais toute l'étendue de son malheur. Le vieillard immolé par ton aïeul en défendant ses foyers était le père de mon père ; apprends encore un secret que je t'ai caché ou plutôt que tu m'avais fait oublier. Lorsque je vins la première fois visiter cette triste patrie, j'avais surtout pour dessein de chercher[b] quelque fils des Bivars, qui pût me rendre compte du sang que ses pères avaient versé[1]. »

« Eh bien ! dit Blanca d'une voix douloureuse, mais soutenue par l'accent d'une grande âme ; quelle est ta résolution ? »

« La seule qui soit digne de toi, répondit Aben-Hamet : te rendre tes serments, satisfaire par mon éternelle absence et par ma mort, à ce que nous devons l'un et l'autre à l'inimitié de nos dieux, de nos patries et de nos familles. Si jamais mon image s'effaçait de ton cœur, si le temps qui détruit tout emportait, de ta mémoire le souvenir d'Abencérage... ce chevalier français... Tu dois ce sacrifice à ton frère. »

---

1. Ainsi nous est révélé seulement au dénouement le *secret* d'Aben-Hamet, auquel il a été fait allusion à trois reprises (cf. *supra*, p. 259, 267 et 281). L'intérêt aura été ménagé jusqu'au bout de l'intrigue.

Lautrec se lève avec impétuosité, se jette dans les bras du Maure. « Aben-Hamet ! s'écrie-t-il, ne crois pas me vaincre en générosité[1] : je suis Français ; Bayard m'arma chevalier ; j'ai versé mon sang pour mon roi ; je serai, comme mon parrain et comme mon prince, sans peur et sans reproche. Si tu restes parmi nous, je supplie don Carlos de t'accorder la main de sa sœur ; si tu quittes Grenade, jamais un mot de mon amour ne troublera ton amante. Tu n'emporteras point dans ton exil la funeste idée que Lautrec, insensible à ta vertu, cherche à profiter de ton malheur. »

Et le jeune chevalier pressait le Maure sur son sein avec la chaleur et la vivacité d'un Français.

« Chevaliers, dit don Carlos à son tour, je n'attendais pas moins de vos illustres races. Aben-Hamet, à quelle marque puis-je vous reconnaître pour le dernier Abencérage ? »

« A ma conduite », répondit Aben-Hamet.

« Je l'admire, dit l'Espagnol ; mais, avant de m'expliquer, montrez-moi quelque signe de votre naissance. »

Aben-Hamet tira de son sein l'anneau héréditaire des Abencérages qu'il portait suspendu à une chaîne d'or.

A ce signe, don Carlos tendit la main au malheureux Aben-Hamet. « Sire chevalier, dit-il, je vous tiens pour prud'homme[2] et véritable fils de rois. Vous m'honorez

---

1. On remarque dans *Zaïre* (acte I, scène 4) une expression analogue parmi les paroles adressées par le soudan Orosmane au chevalier français Nérestan :

> Chrétien, je suis content de ton noble courage ;
> Mais ton orgueil ici se serait-il flatté
> *D'effacer Orosmane en générosité ?*

2. Ce terme, sous des formes diverses, figure déjà dans la *Chanson de Roland* et désigne un homme probe, sage et vaillant ; Lacurne de Saint-Palaye écrivait : « Si vous ne joignez à la valeur la générosité, vous ne serez point décoré du glorieux titre de *Preudomme* » (*Mémoires sur l'ancienne chevalerie*, t. II, p. 165).

par vos projets sur ma famille : j'accepte le combat que vous étiez venu secrètement chercher. Si je suis vaincu, tous mes biens, autrefois tous les vôtres, vous seront fidèlement remis. Si vous renoncez au projet de combattre, acceptez à votre tour ce que je vous offre : soyez chrétien et recevez la main de ma sœur, que Lautrec a demandée pour vous. »

La tentation était grande ; mais elle n'était pas au-dessus des forces d'Aben-Hamet. Si l'amour dans toute sa puissance parlait au cœur de l'Abencérage, d'une autre part il ne pensait qu'avec épouvante à l'idée d'unir le sang des persécuteurs au sang des persécutés. Il croyait voir l'ombre de son aïeul sortir du tombeau et lui reprocher cette alliance sacrilège. Transpercé de douleur, Aben-Hamet s'écrie : « Ah ! faut-il que je rencontre ici tant d'âmes sublimes, tant de caractères généreux[1], pour mieux sentir ce que je perds ! Que Blanca prononce ; qu'elle dise ce qu'il faut que je fasse, pour être plus digne de son amour ! »

Blanca s'écrie : « Retourne au désert[2] ! » et elle s'évanouit.

Aben-Hamet se prosterna, adora Blanca encore plus que le ciel, et sortit sans prononcer une seule parole. Dès la nuit même il partit pour Malaga, et s'embarqua sur un vaisseau qui devait toucher à Oran. Il trouva

---

1. Citant ces mots dans *Chateaubriand et son groupe* (II, 75), Sainte-Beuve ironise et dit que le lecteur, en terminant l'*Abencérage*, est tenté de pousser le même cri qu'Aben-Hamet, « mais dans un autre sens », entendant par là que les personnages du roman sont trop parfaits pour être vrais et réellement émouvants.

2. A propos de ce dernier cri de Blanca, M. L. Stinglhamber (art, cité, p. 114) estime qu'il peut être le souvenir de quelque mésentente passagère entre Chateaubriand et Mme de Noailles lors de leurs retrouvailles espagnoles : « On croirait entendre l'écho d'un premier dissentiment entre Natalie et René et qui sait si le mot n'a pas été effectivement prononcé : *Retourne au désert!* »

campée près de cette ville la caravane qui tous les trois ans sort de Maroc, traverse l'Afrique, se rend en Égypte, et rejoint dans l'Yémen la caravane de La Mecque. Aben-Hamet se mit au nombre des pèlerins[1].

Blanca, dont les jours furent d'abord menacés, revint à la vie. Lautrec, fidèle à la parole qu'il avait donnée à l'Abencérage, s'éloigna, et jamais un mot de son amour ou de sa douleur ne troubla la mélancolie de la fille du duc de Santa-Fé. Chaque année Blanca allait errer sur les montagnes de Malaga, à l'époque où son amant avait coutume de revenir d'Afrique ; elle s'asseyait sur les rochers, regardait la mer, les vaisseaux lointains, et retournait ensuite à Grenade : elle passait le reste de ses jours parmi les ruines de l'Alhambra. Elle ne se plaignait point ; elle ne pleurait point ; elle ne parlait jamais d'Aben-Hamet : un étranger l'aurait crue heureuse[2]. Elle resta seule de sa famille. Son père mourut de chagrin, et don Carlos fut tué dans un duel où Lautrec lui servit de second. On n'a jamais su quelle fut la destinée d'Aben-Hamet.

Lorsqu'on sort de Tunis, par la porte qui conduit aux ruines de Carthage, on trouve un cimetière : sous un palmier, dans un coin de ce cimetière, on m'a montré un tombeau qu'on appelle *le tombeau du dernier Abencérage*[3]. Il n'a rien de remarquable ; la pierre sépulcrale

---

1. Psychologiquement ce pèlerinage d'Aben-Hamet aux Lieux Saints des musulmans complète avec beaucoup de vraisemblance le portrait du héros, dont la religion a tracé la conduite à travers tout le roman.

2. Ainsi, l'Amélie de *René* termine ses jours dans une sérénité au moins apparente, et sa supérieure déclare « qu'elle n'avait jamais vu de religieuse d'une humeur aussi douce et aussi égale » (cf. *supra*, p. 241).

3. Il ne semble pas qu'un tel tombeau existe. Du moins, lors de son passage à Tunis (5-9 mars 1807), Chateaubriand visita-t-il le *Souk Es Seradji ;* l'expression arabe *Ben Es Seradji : les fils du sellier*, désignait les Abencérages, qui apprenaient le métier de leur premier

en est tout unie : seulement, d'après une coutume des Maures, on a creusé au milieu de cette pierre un léger enfoncement avec le ciseau[a]. L'eau de la pluie se rassemble au fond de cette coupe funèbre et sert, un dans climat brûlant, à désaltérer l'oiseau du ciel[1].

---

ancêtre, pour s'assurer, dans l'exil, le pain quotidien. En 1920, la famille des Abencérages passait pour n'être pas encore éteinte à Tunis : son dernier représentant, qui portait le nom de Ben Seradji, était un homme d'une quarantaine d'années, bibliothécaire à la Grande Mosquée (Cf. Marthe Conor, *Chateaubriand à Tunis*, *Revue Tunisienne*, 1918, p. 345 ; C. Noël, *ibid.*, 1920, p. 99-100 ; J. Cazenave, *Le roman hispano-mauresque en France*, *Revue de Littérature comparée*, 1925, p. 630-632).

1. Ces dernières lignes, qui s'achèvent sur l'image évocatrice de l'oiseau de passage (sur ce thème familier à Chateaubriand, cf. *supra*, p. 213, n. 2), auront été suggérées à l'auteur par un passage de la *Relation d'un voyage au Levant...*, de Pitton de Tournefort (Paris, 1717, 2 vol.), ouvrage souvent consulté pour la rédaction de l'*Itinéraire.* Tournefort (t. I, p. 316) offrait, de quelques tombeaux dans l'île de Délos, une description embarrassée dont Chateaubriand avait dû remarquer ces lignes : « Les couvercles ont une arête qui porte une espèce de petite auge creusée en long... Nous nous imaginâmes d'abord qu'elle servait à conserver l'eau de la pluie pour faire boire les oiseaux, mais cette précaution aurait été assez inutile dans un pays où il ne pleut que rarement. Il y a beaucoup plus d'apparence que cette auge recevait les libations. » Voir un pertinent commentaire de cette fin de paragraphe (le terme *libation* a évoqué celui de *coupe funèbre*) chez Duchemin, *op. cit.*, p. 270.

APPENDICES

I

NOTES CRITIQUES SUR LE TEXTE

1° *Conformément à l'usage adopté par la collection des* Classiques Garnier *pour les auteurs du XIXe siècle, nous avons modernisé l'orthographe des trois romans que contient le présent volume. Nous avons ainsi modifié l'accentuation, qui a été uniformisée ; les terminaisons d'imparfaits de l'indicatif et de présents du conditionnel* (j'avais = j'avois ; ils auraient = ils auroient) ; *les pluriels des mots en* -nt (ornements = ornemens) ; *quelques graphies anciennes* (faible = foible ; abîme = abyme ; vide = vuide). *Ces changements n'ont été nombreux que pour les désinences verbales.*

2° *Pour* Atala *et* René, *le texte adopté est celui de l'édition de* 1805 : Atala. / René. / *Par Fr.-Aug. De Chateaubriand. / A Paris / chez Le Normant / Libraire, / Rue des Prêtres Saint-Germain-l'Auxerrois. / M. DCCCV, un vol. in-*12 *de* 46-331 *pages (avec six gravures). Chateaubriand la considérait comme définitive et déclarait dans sa préface:* « C'est la seule... que je reconnaîtrai à l'avenir. » *En effet, les éditions ultérieures, en particulier celle de Ladvocat, la reproduisent fidèlement, à de rares détails près, qui portent à peu près exclusivement sur des différences orthographiques.*

Au contraire, cette édition de 1805 *présente de sensibles différences avec celles qui l'ont précédée.* Atala *fut imprimée cinq fois isolément en* 1801 ; *elle fut reprise en* 1802, 1803,

1804 *dans les six éditions successives du* Génie du Christianisme (*Troisième partie, Liv. V*), *comme un exemple des « harmonies de la religion chrétienne avec les scènes de la nature et les passions du cœur humain* ». René *servait alors d'* « *épisode* » *pour illustrer le chapitre du* Vague des passions *dans ces mêmes éditions du* Génie (*Deuxième partie, Liv. III, chap. IX*).

Armand Weil, dans ses savantes éditions, a soigneusement décrit ces diverses publications du point de vue bibliographique, et ses apparats critiques contiennent un relevé complet de toutes les variantes existant d'un tirage à un autre. Nous n'avons pas cru nécessaire de reproduire ici ce travail exhaustif, auquel nous renvoyons les spécialistes de philologie et de stylistique.

Dans la présente édition, qui a fait porter son effort sur le commentaire littéraire, idéologique et historique, nous nous sommes délibérément limité à l'essentiel : nous signalons les principales différences entre le texte des originales et celui de 1805. *Parfois nous donnons un état intermédiaire : en particulier, pour* Atala, *nous avons retenu maints passages tirés de la quatrième édition du* Génie du Christianisme *et annoncés par l'abréviation* Génie (*4*).

Le lecteur lettré appréciera ainsi, de manière très suffisante, le soin apporté par Chateaubriand à corriger et à améliorer son style par un effort constant vers la simplicité et le bon goût.

3° *Pour les* Aventures du dernier Abencérage, *nous n'avions, après Paul Hazard et Mme Durry, qu'à reproduire le texte original paru dans l'édition Ladvocat et qui, par la suite, ne subit aucun remaniement de la part de l'auteur. Afin qu'on se rende compte ici encore du travail de l'écrivain, nous donnons, d'après nos prédécesseurs, les principales leçons du manuscrit autographe qu'ils eurent l'honneur de révéler au public, celui-là même que Chateaubriand avait communiqué, au cours de l'été* 1810, *à son amie la duchesse de Duras, puis corrigé postérieurement à* 1815 (*cf. P. Hazard,* Les enseignements d'un manuscrit inédit de Chateaubriand, *in* Journal des Savants, *septembre-octobre* 1925). (*Sur le possesseur de ce manuscrit, les éditeurs de* 1926 *se montraient fort discrets; mais ce précieux document est évidemment le même que celui qui était encore au château d'Ussé en* 1948, *selon le témoignage de M. Maurice Levaillant, édition des* Mémoires d'Outre-Tombe, *Collection de La Pléiade, Gallimard, t. II, p.* 1159).

A. - VARIANTES D'*ATALA*[1]

Page 30 :

a. qui, descendant du nord au midi, s'ensevelit dans le golfe du Mexique.

Page 31 :

a. de forêts, le Temps assemble sur toutes les sources les arbres déracinés. Il les unit avec des lianes, il les cimente avec des vases, il y plante de jeunes arbrisseaux, et lance son ouvrage sur les ondes. Charriés — *Génie (4) :* de forêts, les arbres déracinés s'assemblent sur toutes les sources. Bientôt les vases les cimentent,

b. écumantes, ces radeaux descendent de toutes parts au Meschacebé. Le vieux fleuve s'en empare et les pousse à son embouchure pour y former une nouvelle branche. Par intervalle,

Page 33 :

a. du fleuve.

Mais qui pourrait peindre les sites du Meschacebé ? Depuis son embouchure jusqu'à la jonction de l'Ohio, le tableau le plus extraordinaire suit le cours de ses ondes. Sur le bord occidental,

b. mais elle change tout à coup sur la rive opposée et forme un admirable constraste.

---

1. Les variantes d'*Atala* et de *René* qui ne sont précédées d'aucune mention proviennent des originales. Atala *(3)* = troisième édition d'*Atala* ; Génie *(1)* = première édition du *Génie du Christianisme ;* Génie *(2)* = deuxième édition du *Génie du Christianisme ;* etc. Sur les éditions d'*Atala* et de *René* voir la note bibliographique p. 399-400.

Page 34 :

a. de fleurs. Alors les chaînes de feuillage, les pommes d'or, les grappes empourprées, tout pend en festons sur les ondes. Du sein de ces massifs embaumés, le superbe magnolia élève

Page 35 :

a. de verdure.

Pour embellir encore ces retraites, l'inépuisable main du Créateur y fit une multitude d'animaux, dont les jeux et les amours répandent la vie de toutes parts. De l'extrémité — *Génie (4) :* de verdure. Une multitude d'animaux placés dans ces belles retraites par la main du

Page 37 :

a. dans ces contrées. Des injustices particulières, la vengeance, l'amour, et toutes les passions ensanglantèrent — *Génie (4) :* dans ces contrées. Des injustices particulières, la vengeance, l'amour ensanglantèrent

Page 39 :

a. conduisait Ossian à la tombe de ses pères.

b. Génie (4) : Malgré la persécution que Chactas avait éprouvée des Français, il les aimait.

Page 40 :

a. que les peuples des forêts portent à son nom. Les prières, les jeûnes, les veilles commencent : — *Génie (1) :* que les peuples du désert portaient à son nom. — *Génie (4) :* que les peuples du désert lui portaient.

Page 41 :

a. lorsque tous les Sauvages dorment au fond de leurs pirogues, que la flotte indienne fuit devant une légère brise, René — *Génie (4) :* que la flotte indienne, élevant ses voiles de peaux de bêtes, fuit *b.* de sa pirogue, il parle ainsi au bruit de l'onde et au milieu de toute la solitude : — *Génie (4) : Texte définitif.*

Page 43 :

a. que le grand Esprit, sans doute pour ses desseins, a voulu — *Génie (4) :* que le hasard a civilisé.

Page 44 :

a. Si j'étais alors descendu dans le pays des âmes,

Page 45 :

a. Ce digne couple prit pour moi
b. au bord d'une onde, — *Génie (4) :* au bord d'un fleuve,
c. Je me donnai à moi-même des noms odieux,

Page 46 :

a. cette précieuse indépendance

Page 47 :

a. On me reconnut pour Natché... et aux plumes de ma tête. — *Génie (4) : Texte définitif.*
b. je ne pouvais, pendant les premiers jours de notre marche, m'empêcher
c. les vieux oiseaux du désert,
d. encore leurs chansons antiques,

Page 49 :

a. Une nuit, j'étais assis auprès du bûcher de la forêt, causant avec le guerrier commis à ma garde. — *Génie (1) :* Une nuit, j'étais assis auprès du bûcher de la forêt, avec le guerrier commis à ma garde.

Page 50 :

a. sur son visage un caractère d'élévation et de force morale, je ne sais quoi

Page 51 :

a. dans son âme. Deux sources de larmes coulèrent de ses yeux fermés, le long de ses joues flétries : telles deux fontaines cachées

b. me parler auprès du bûcher.

Page 52 :

a. de magnolias et de pins rouges. Le chef

Page 53 :

a. de la fontaine que de me trouver *(Incorrection corrigée seulement à partir de* Génie *(2).*

b. La gardienne de l'homme du désert

c. que son prisonnier ; le silence fermait notre bouche ; les Génies

d. Enfin, la fille du belliqueux Simaghan, faisant

Page 54 :

a. Ses larmes firent le bruit des grandes eaux en tombant dans la fontaine.

Page 55 :

a. n'ont-elles point, dans les replis de leur robe verdoyante, des abris où nous cacher ? — *Génie (1) :* n'ont-elles point, dans leur robe verdoyante, des replis où nous cacher ?

b. mon cher fils, l'excès du bonheur touche de près à l'infortune ; qui eût pensé que — *Génie (1) :* mon cher fils, le bonheur touche de près à l'infortune. Qui eût pu croire que

c. serait celui qu'elle choisirait pour m'enfoncer le poignard dans le sein ? Cheveux blancs du vieux

d. dans un désespoir d'autant plus profond que mon espérance avait été plus vive. — *Génie (4) : Texte définitif.*

Page 56 :

a. commençaient à rugir d'une manière effroyable. Atala

b. « Quittons cette grotte noire », ce qui fut fait ainsi. J'entraînai

c. La grue des savanes criait debout sur son nid,

Page 57 :

a. quelquefois nous cherchions un sourire. Un regard

b. de l'amour, faite avec Atala dans le désert ! Il faut — *Génie (4) : Texte définitif.*

c. à la quitter. Dans l'égarement de ma raison, je lui protestai

d. de me renchaîner au pied

Page 58 :

a. notre troupe s'arrêta dans une vallée délicieuse.

b. La nuit était délectable.

c. bleue, toute embaumée

d. flottait sur la cime

Page 59 :

a. Si la vierge éteignait le flambeau, elle acceptait un époux ; si elle se voilait sans l'éteindre, elle rejetait les vœux offerts. — *Génie (4) :* Si la vierge éteignait le flambeau, elle acceptait les vœux offerts ; si elle se voilait sans l'éteindre, elle rejetait un époux.

Page 61 :

a. pour surprendre ma colombe solitaire sur le rameau de la forêt ! »

b. sur les fleurs. Elles firent place à la véritable mère, qui déposa une gerbe

c. humide, et se prit à parler à son enfant d'une voix attendrie. Elle disait :

Page 62 :

a. et de maternité, qui la nuit dans ces solitudes enchantées semblaient nous poursuivre pour nous confondre. J'emportai *b.* au fond de toutes les forêts, — *Génie (4)* : dans la profondeur des forêts,

Page 63 :

a. le silence et la mélancolie planent sur

b. au torrent débordé des passions, suffit pour vaincre le penchant le plus fougueux, lorsque tout le favorise,

c. à son Dieu, à travers la cime des bois, ses vœux — *Génie (4)* : à son Dieu ses vœux

Page 64 :

a. une si grande quantité de larmes

b. dans la forêt. Une hache lancée avec force passe, en sifflant, contre mon visage et quatre hommes

c. de la démarche et de la pensée, dédaigna... — *Génie (4) : Texte définitif.*

Page 67 :

a. couvertes d'une draperie ondoyante de plumes

b. les mains et la poitrine teintes de sang, prennent la gauche des pères de la patrie. — *Génie (4) : Texte définitif.*

c. à ce conseil sauvage un appareil extraordinaire et pompeux.

Page 68 :

a. Je veux éclaircir entre vous et moi la chaîne d'amitié. — *Génie (2)* : Je veux entre vous et moi la chaîne d'amitié. — *Génie (4)* : Je veux éclaircir avec vous la chaîne d'amitié.

Page 69 :

a. l'emporte, et l'on décide que je serai brûlé avec les tourments accoutumés.

Page 70 :

a. Les vents (on avait choisi le moment d'une tempête),

les forêts, les — *Génie (1) :* Les vents (il s'était élevé une tempête), les forêts, les

Page 71 :

a. la première de toutes les femmes,

Page 72 :

a. quelque débris sacré, et jusqu'aux petits enfants sont chargés des grands os de leurs pères. Cette procession arrive à — *Génie (4) :* quelque débris. On arrive

b. et des vieillards étrangers, des nations entières retardaient... le plaisir de voir un malheureux jeune homme de vingt ans souffrir des

Page 73 :

a. d'un de ces anciens monuments qui ont appartenu à un peuple maintenant inconnu dans le désert. Au centre

Page 75 :

a. nous avertir de nous hâter de jouir de ce court instant ; dans les

b. au contraire, il y a je ne sais quoi de pesant qui nous endort ;

Page 76 :

a. je suis ma libératrice. Mais que de dangers

b. Quand l'aurore sortit de l'Orient, nous étions déjà loin dans le désert. Grand Esprit ! vous le savez, quelle fut ma félicité, lorsque je me retrouvai encore

c. fuir sans moi. Vous êtes une vigne d'espérance. Cette nuit,

Page 77 :

a. répondit-elle ; elle sort du cœur. » Elle déchira

b. que ce fut à l'Occident, dans la persuasion que nous aurions tourné nos pas vers le Meschacebé ; — *Génie (1) :*

que nous aurions descendu au Meschacebé ; — *Génie (2) :* que nous aurions essayé d'atteindre le Meschacebé;

Page 78 :

a. devenir dans ces bois sauvages ? Souvent

Page 80 :

a. dans ces merveilleuses hôtelleries, préparées au milieu des solitudes par le grand Esprit, que nous nous reposions à midi, lorsque les vents

b. les sept merveilles de l'ancien monde... du désert américain.

Page 81 :

a. était je ne sais quel secret, je ne sais quelle pensée cachée

b. elle m'a dit du ton le plus passionné :

Page 83 :

a. de sapin. Quand cela fut fait, je m'embarquai avec Atala et nous nous laissâmes entraîner au cours du fleuve.

Page 84 :

a. de cette scène du monde primitif, quand tout à coup

Page 86 :

a. nos malheurs mêmes (car le malheur augmente les puissances de l'âme) redoublaient

b. de ses vertus chrétiennes. Elle

Page 87 :

a. toujours par des motifs de vertu : « Songe,

b. qu'il n'y eût jamais eu d'orages et que le soleil n'eût jamais été brûlant. — *Génie (4) :* qu'il n'y aurait jamais eu d'orages et que le soleil n'aurait jamais été brûlant.

c. défie-toi des retraites sauvages ! Les

d. nourriture, perdus dans des montagnes inhabitées, et ne sachant plus de quel côté tourner nos pas, les maux d'Atala et les miens semblaient ne se pouvoir plus accroître,

Page 88 :

a. des cyprès, pour goûter la fraîcheur au milieu du jour, le ciel

b. Le sol humide murmurait autour de nous, et

Page 89 :

a. et l'éclair, bondissant d'angle en angle, trace

b. du couchant, brouille en un vaste chaos les nuages avec les nuages ; le ciel s'ouvre

c. ardentes. La masse entière des forêts plie et semble vouloir rentrer dans les entrailles de la terre. Quel affreux

d. La foudre allume en divers lieux les bois ; — *Génie (1) :* La foudre allume les bois ;

e. embrasement. Les détonations de l'orage et de l'incendie, le fracas des vents, les gémissements des arbres, les cris des fantômes, les hurlements des bêtes, les clameurs des fleuves, les sifflements des tonnerres qui s'éteignent en tombant dans les ondes, tous ces bruits multipliés par les échos du ciel, des forêts et des montagnes assourdissent le désert.

Le grand Esprit

f. *Génie (4) :* Le Vieillard des foudres le sait !

Page 90 :

a. qu'à elle. Au pied du bouleau sous lequel nous étions retirés, je lui fis un rempart de mon corps ; je parvins quelque temps à la garantir des torrents de pluie qui fondaient sur nous par toutes les feuilles abattues des arbres. Assis dans l'eau contre le tronc de l'arbre, tenant la vierge timide sur mes genoux et réchauffant ses beaux pieds nus entre mes mains amoureuses, j'étais plus heureux dans cet affreux moment qu'une nouvelle épouse qui

Page 91 :

a. chrétienne, comme elle-même et comme mon père. Ensuite — *Génie (4) :* chrétienne, pour que le Dieu de mon père et le sien fût mon Dieu. Ensuite

Page 92 :

a. se mêla au fracas des tonnerres. Serrant

Page 93 :

a. dans mes bras, au milieu des déserts, en présence — *Génie (1) :* dans mes bras, au milieu de tous les déserts, en présence

b. résistance à mes caresses ; je

c. qui succède à ce grand déchirement, nous entendons le son d'une cloche ! Atala pousse un cri et, par un subit effort, échappe à mes bras. Tous deux

Page 94 :

a. que je vous cherche ; nous sonnons ordinairement la cloche de la Mission, pendant la nuit et dans les tempêtes, pour appeler les voyageurs ; et à l'exemple de nos frères des Alpes et du Liban, nous avons appris à notre chien à découvrir les pauvres étrangers égarés dans ces solitudes. Il vous a sentis — *Ce passage, avec quelques remaniements, est transposé plus loin* (cf. p. 95) *dans l'édition définitive.*

Page 95 :

a. pour me sauver. Pour moi,

b. tout trempés d'eau et à moitié brûlés par la foudre ; ses pieds nus, ses mains

Page 96 :

a. « Mes chers néophytes, dit le missionnaire,

Page 98 :

a. à son cou, et il tenait un bâton blanc dans sa main droite. Sa taille *b.* debout et immobile, ses yeux modestement baissés, son nez aquilin, sa longue barbe avaient quelque chose de sublime dans leur quiétude et comme d'aspirant à la tombe par leur direction naturelle vers la terre. Quiconque[1]

Page 99 :

a. sur un quartier de rocher, à la porte de la grotte.

Page 100 :

a. et les fleuves roulaient pêle-mêle... et les poissons noyés, dont on voyait le ventre argenté flotter à la surface des ondes.

b. Ce fut à la vue de cette scène imposante qu'Atala

c. Son cœur chrétien en fut touché — *Génie (1) :* Son cœur chrétien parut touché

d. je vous offre une cabane parmi le troupeau

Page 101 :

a. qu'à m'en rendre digne et à revenir dans ces déserts consumer le reste

---

1. Ces quelques lignes du portrait du P. Aubry (qui disparurent seulement dans la première édition du *Génie*, pour faire place au texte définitif) excitèrent la malignité des critiques. L'abbé Morellet voyait dans ces formules « cette malheureuse recherche qui écarte toujours la vérité » ; il ajoutait : « Qu'est-ce que la quiétude d'un nez et la quiétude d'une barbe ? Qu'est-ce que le sublime de cette quiétude ? Quel mérite est-ce à un nez d'aspirer à la tombe ? Mais je me reproche ces observations ; car la critique la plus sévère qu'on puisse faire d'un tel passage, est de le rapporter. » Une épigramme du temps faisait dire à Chateaubriand lui-même :

> Génie et goût dictèrent mes discours.
> Goût a créé l'homme des anciens jours ;
> Génie a peint la Vierge des amours
> Et Père Aubry qui, lorsqu'elle succombe,
> Allonge un nez aspirant à la tombe.

Mais le mot le plus plaisant fut sans doute celui du journaliste François-Benoît Hoffman, qui déclarait : « Malheur aux nez aquilins ! ils aspirent à la tombe ; mais vivent les nez retroussés ! ils aspirent au ciel ! »

Page 102 :

a. rassemblés dans une petite société chrétienne, au bas de la montagne. J'ai tâché, en les·instruisant dans la voie du salut, de leur enseigner les premiers arts — *Génie (4) :* en les instruisant du salut

Page 104 :

a. endormie. Dans ma croyance indienne, j'espérais que

b. au sein de ma maîtresse.

c. dessiné des traits mystérieux. Le Solitaire me dit que c'était des vers d'un ancien poète appelé Homère qu'il s'était amusé à graver sur ces écorces, et quelques sentences d'un poète bien plus vieux encore,

Page 105 :

a. à une gorge de vallée

Page 106 :

a. quand elle se plaît à imiter les ouvrages des hommes. C'est alors

b. nous nous trouvâmes au milieu d'une autre merveille ; car nous marchions d'enchantement en enchantement ; c'était

c. de la mort. L'ermite leur avait permis d'ensevelir leurs morts à leur manière ; il avait seulement sanctifié

Page 107 :

a. un grand bois de sapins, dont les colonnes rouges, marbrées de vert, formaient un magnifique péristyle à ce temple de la mort. Dans ce bois régnait sans cesse un bruit solennel comme le mugissement de l'orgue sous les voûtes d'une église chrétienne ;

Page 108 :

a. que l'on trouve dans la solitude. Aussitôt que — *Génie (4) :* que l'on trouve assez fréquemment après les montagnes qui divisent le Kentucky des Florides. Aussitôt que

b. baisaient respectueusement sa robe, les autres aidaient ses pas chancelants ; les mères

Page 109 :

a. dans la solitude ; les ondes répétaient les feux colorés du ciel et la dentelure des bois et des rochers qui s'enchaînaient sur leurs rives. L'astre annoncé

Page 110 :

a. au moment où nous tombâmes la face contre terre, le grand mystère ne s'accomplît, et que Dieu ne descendît sur toutes les forêts, car

b. au village où j'admirai de nouveau les miracles de la religion. Là,

Page 111 :

a. par le souvenir d'Atala que j'y mêlais sans cesse et par

b. je voyais l'homme se civilisant

c. les moissons, les enfants et les cendres

Page 112 :

a. dans un coin nouveau de la solitude. — *Génie (1) :* dans un coin de la solitude.

b. ces antiques migrations des premières familles des hommes,

Page 113 :

a. une espèce de sacerdoce de la nature.

b. le produit du labeur selon le besoin des familles.

c. je sentis à l'instant la supériorité de cette vie stable, morale et occupée sur la vie errante, inutile et oisive du Sauvage. — *Génie (4) : Texte définitif.*

d. avec une épouse adorée, inconnu

Page 114 :

a. me saisit, je sentit mon cœur se dissoudre et il me sembla que les lauriers murmuraient tristement sur la montagne. En approchant — *Génie (4) : Texte définitif.*
b. dans ces ombres, et rendez-moi Atala ! »

Page 115 :

a. années, qu'il n'y en avait dans toute la jeunesse de mon sein. L'homme de paix

Page 116 :

a. subitement du désespoir à l'excès de la confiance. — *Génie (1) :* subitement de la crainte à l'excès de la confiance.

Page 118 :

a. ma promesse, ce sera moins toi qui seras punie que ta mère dont tu plongeras l'âme dans des tourments éternels. » — *Génie (4) : Texte définitif.*

Page 119 :

a. des hommes indignes de ma main et de mon cœur ; je m'applaudis

Page 120 :

a. dit le vieillard en se levant, avec une voix terrible ;

Page 121 :

a. du remède à tout ceci ; ne nous
b. des bois et appelant à grands cris la solitude... Ah ! s'il — *Génie (4) : Texte définitif.*

Page 123 :

a. succombé à vos passions, eh bien !

Page 125 :

a. pendant l'orage... vous me pressiez... c'est votre faute... J'allais violer — *Génie (2) :* pendant l'orage... vous me pressiez... J'allais violer

b. près de la fille infortunée, le vieillard... dans ses bras paternels, et

Page 126 :

a. si habiles dans les poisons, — *Génie (2) :* si habiles dans tout ce qui regarde les poisons,

Page 127 :

a. dans ces montagnes, me représentait un grand holocauste, fumant — *Génie (2) :* dans ces montagnes, me représentait ces grands holocaustes d'Israël, fumant — *Génie (4) :* dans ces montagnes, ne te rappelle-t-il pas ces grands holocaustes d'Israël, fumant

b. N'est-ce pas les oiseaux qui

Page 129 :

a. de cette vieille terre, qui n'est que la cendre des morts, pétrie des larmes des vivants ! L'habitant de la cabane

Page 132 :

a. si fortes qu'on vient de voir de grandes dames

b. les douceurs de l'hymen, que

Page 133 :

a. j'ai connu les orages du cœur,

b. il faut finir, il faut se dissoudre. Tôt ou tard, — *Génie (4) : Texte définitif.*

Page 134 :

a. de cette vallée de misère et de cette terre de visions. Déjà

Page 135 :

a. point trompé par votre céleste époux et ses embrassements ne finiront jamais ! »

b. la voix paisible du vieillard apaisa les passions soulevées dans le sein d'Atala.

Page 136 :

a. L'ermite redoublait de zèle à mesure que nous étions plus malheureux. Tous ses vieux os s'étaient

Page 138 :

a. le donna à ma mère à ma naissance.

b. de ta vie, et tu donneras peut-être une larme à ton amante. Chactas, — *Génie (4) : Texte définitif.*

c. Si tu m'as aimée, jeune idolâtre, fais-toi

d. plus heureuse que moi... t'aimera-t-on comme Atala ?... O ma mère,

e. Navré de douleur et poussant des sanglots comme si ma poitrine s'allait briser, je promis — *Génie (4) :* Navré de douleur et poussant des sanglots, je promis

Page 139 :

a. toute sa vie se rassembla sur ses lèvres ; sa bouche mourante s'entrouvrit, et sa langue vint avec un respect profond chercher le Dieu que lui présentait la main du prêtre. Ensuite

b. frotte les tempes, la bouche et le sein d'Atala,

Page 140 :

a. pas longtemps ! Mes os sont fatigués, et aussitôt qu'un prêtre

Page 142 :

a. du serviteur du Très-Haut vainquit enfin

b. que le corps de mon amante, mais il me proposa de

faire venir la Mission et d'enterrer la fille de Lopez avec — *Génie (4) : Texte définitif.*

c. furtivement par ta main et la mienne, partage

Page 144 :

a. que cette vestale eût joui de

Page 146 :

a. marchait devant portant une bêche : nous commençâmes

b. sur mes yeux, et obscurcissaient ma vue déjà troublée par les pleurs ; souvent

Page 147 :

a. la terre antique sur un front

b. les traits de mon amante

c. vois ton fils inhumer sa sœur ! » — *Génie (4) : Texte définitif.*

d. je vous ai sollicité de demeurer dans ces déserts ; mais à présent

Page 148 :

a. ici sur le tombeau de votre sœur. Partez, mon fils. Dieu, l'âme de votre amante et la pensée de votre vieil ami de la montagne vous suivront au désert. » — *Génie (4) : Texte définitif.*

Page 149 :

a. et de religion de la part du vieillard fit couler

b. la terre fraîchement remuée où déjà rampait le ver qui cherchait un passage vers sa proie. Un coude

c. au premier cri du pélican, je me préparai

Page 150 :

a. un monument encore plus auguste :

Page 151 :

a. lointaines, je t'ai fidèlement rapporté, lecteur, ce que — *Génie (4) : Texte définitif.*

b. aux lumières, à la tolérance et au véritable esprit

c. toujours ignoré, et toi aussi, lecteur, si

d. qui formaient au midi les magnifiques barrières de la Nouvelle-France,

Page 152 :

a. mort sur ses genoux. Attendri par ce spectacle, je m'approchai

Page 153 :

a. avec grâce ! Tu aurais défié sur le sommet de la montagne l'élan le plus léger à la course. Blanche hermine — *Atala (3) :* avec grâce ! D'un bras nerveux tu aurais saisi l'ours en fureur et tu aurais défié sur le sommet de la montagne l'élan le plus léger à la course. Blanche hermine — *Génie (1) :* avec grâce ! D'un bras nerveux tu aurais dompté l'ours en fureur et, sur le sommet de la montagne, tes pas auraient défié l'élan le plus léger à la course. Blanche hermine — *Génie (4) :* avec grâce ! Ton bras aurait dompté l'ours en fureur et, sur le sommet de la montagne, tes pas auraient défié l'élan à la course. Blanche hermine

b. Et la jeune mère, après cette oraison funèbre à la façon des déserts, chantait

c. de ses pères. Elle commença aussitôt la tendre et religieuse cérémonie : elle dépouilla son fils, et respirant

Page 154 :

a. son sein, et y pressa pour la dernière fois ces restes glacés, qui se

b. des yeux, dans le désert embelli par l'aurore, quelque arbre

c. est touchante ! Dans leurs tombeaux aériens, ces corps pénétrés de la substance éthérée, enfoncés sous des touffes de verdure et de fleurs, rafraîchis par la rosée, embaumés par les brises, balancés par elles sur la même branche où le rossignol a bâti son nid et fait entendre sa plaintive mélodie, ces corps ont perdu toute la laideur du sépulcre. Si c'est la dépouille — *Génie (4) :* est touchante ! Je vous ai vus depuis dans vos campagnes désolées, mémorables monuments des Crassus et des César, et je vous préfère encore les tombeaux aériens du Sauvage, ces mausolées de fleurs et de verdure que parfume l'abeille, que rafraîchit la rosée, que balance le zéphyr, et où le rossignol bâtit son nid et fait entendre sa plaintive mélodie. Si c'est la dépouille

Page 155 :

a. redouble encore : arbre américain qui, portant des corps dans tes rameaux, les éloignes du séjour des hommes, en les rapprochant de celui de Dieu, je me suis arrêté en extase sous ton ombre ! Dans ta sublime allégorie, tu me montrais l'arbre de la vertu : ses racines croissent dans la poussière de ce monde ; sa cime se perd dans les étoiles du firmament, et ses rameaux sont les seuls échelons par où l'homme voyageur sur ce globe, puisse monter de la terre au ciel.

Or, la mère ayant mis son enfant sur l'arbre, arracha une boucle de ses cheveux, et la suspendit au feuillage, tandis que le souffle de l'aurore balançait dans son dernier sommeil, celui qu'une main maternelle avait tant de fois endormi à la même heure, dans un berceau de mousse. Dans ce moment je marchai droit à la femme ; je lui imposai les deux mains sur la tête,

b. Ensuite, sans nous rien dire, nous prîmes chacun un rameau et nous nous mîmes à écarter les insectes qui bourdonnaient

c. Mais nous nous donnâmes de garde d'effrayer une colombe dont le nid était voisin et qui venait de temps en temps dérober un cheveu à l'enfant pour coucher plus mollement ses petits. L'Indienne lui disait :

Page 156 :

a. à son époux. Le jeune couple regardait l'enfant et souriait ; c'était comme des pleurs. Alors je dis : — *Génie (4) : Texte définitif.*

Page 157 :

a. le fleuve arrive toujours en déclinant par une pente rapide,

Page 158 :

a. tout ce que je voyais depuis quelques heures, le tombeau dans l'arbre, la cataracte, les ossements, je m'assis

Page 160 :

a. par son ordre. Les misérables ne le seront pas toujours et il y a un lieu où ils ne pleureront plus. Si je ne craignais

Page 161 :

a. Nous avons su que les Chéroquois, ennemis des Français, avaient pénétré à la Mission ;

Page 162 :

a. qui tournât au déshonneur de son Dieu ou de sa patrie. On lui écrasa les gencives, on lui mit un collier de haches ardentes, on lui versa sur la tête des cendres embrasées ; il ne cessa, durant tout ce temps, de prier pour ses bourreaux et de compatir au sort des autres victimes qu'il voyait autour de lui. Désirant d'arracher une marque de faiblesse à ce guerrier des armées célestes, les Chéroquois amenèrent devant lui un Sauvage chrétien qu'ils

b. qui lui criait avec un front serein : « Mon enfant, — *Génie (4) :* qui, de l'air le plus serein, lui criait : « Mon enfant,

c. Il traversa le désert et arriva

Page 163 :

a. à ses pieds. Il caressa ce vieil ami resté seul au milieu de ces ruines et il le réchauffa dans son sein. Le fils d'Outalissi — *Atala (3) :* à ses pieds. Il caressa et réchauffa dans son sein ce vieil ami, resté seul au milieu de ces ruines. Le fils d'Outalissi

b. l'ombre d'Atala et celle du père Aubry dans ces solitudes. La première était vêtue de blanc, mais elle avait l'air mélancolique ; la seconde, traînant une longue robe, se promenait un livre à la main ; elle paraissait tout occupée de quelque service à rendre ou de quelques larmes à essuyer. Quand on approchait de ces fantômes, ils s'enfonçaient dans la forêt et s'évanouissaient entre les arbres. Ces visions remplirent l'âme de Chactas d'une religieuse frayeur

Page 164 :

a. cherché inutilement le tombeau de l'ermite et essayé en vain de découvrir celui d'Atala, il était prêt à abandonner

b. à bondir devant lui et à descendre vers la croix de la Mission, au pied de laquelle elle s'arrêta. Cette croix

c. qui servait jadis d'autel dans le temps des sacrifices et il y trouva

d. dans ce lieu. Il les ôta de terre avec respect et en versant beaucoup de larmes ; il les enveloppa

e. et de vertu. Ainsi chargé, il arriva aux Natchez. O étranger,

Page 165 :

a. toute la nuit au bord de la cataracte que je contemplais à la lumière de la lune. Le lendemain, mes hôtes levèrent leur camp pour continuer leur route dans la solitude. Les jeunes guerriers — *Génie (1) :* toute la nuit au bord de la cataracte. Le lendemain, mes hôtes me quittèrent pour continuer leur route dans la solitude. Les jeunes guerriers *b.* et leur postérité, entre ceux qui n'étaient plus et ceux qui n'étaient pas encore, entre les souvenirs et — *Génie (4) : Texte définitif.*

c. que de larmes troublent la solitude lorsqu'on abandonne

B. - VARIANTES DE *RENÉ*

Page 170 :

a. Il est incroyable quelle amertume cet état d'âme répand sur la vie et en combien de manières le cœur se retourne et se replie pour employer

Page 173 :

a. Il ne faudrait que joindre quelques infortunes à cet état rêveur des sentiments pour qu'il pût

b. un malheur qui, sans produire d'événements remarquables, sert seulement à redoubler la mélancolie de René et à le punir. On trouvera d'ailleurs dans cet épisode quelques harmonies des monuments chrétiens et de la vie religieuse, avec les passions du cœur et les tableaux de la nature : ainsi notre but sera doublement rempli. » — *C'est sur ces mots que s'achevait la préface dans* Génie *(1).*

Page 182 :

a. aveugle avait raconté ses aventures à René, celui-ci, quoique souvent sollicité, n'avait jamais

b. quel malheur avait pu conduire un Européen bien né à l'étrange résolution

Page 183 :

a. Quelques années se passèrent de la sorte, sans que les vieillards pussent parvenir à lui arracher son secret. Enfin une lettre — *Génie (2) :* sans que les vieillards pussent lui arracher

Page 184 :

a. comme des caractères de toutes les formes, dans les hauteurs

b. scène, et plaignirent l'aveugle Chactas qui ne pouvait plus en jouir ; ensuite le Solitaire et le Sachem s'assirent sur le gazon au pied d'un arbre ; le jeune homme prit sa place au milieu d'eux et, après un moment de recueillement et de silence, il parla

Page 185 :

a. loin du toit paternel.

Ma mémoire était heureuse, je fis de rapides progrès ; mais je portais le désordre parmi mes compagnons. Mon humeur

Page 186 :

a. puis les abandonnant tout à coup pour aller me livrer à des jeux solitaires. Chaque automne — *Génie (2) :* puis les abandonnant tout à coup pour suivre à l'écart des jeux solitaires. Chaque automne

Page 187 :

a. nous marchions tout pensifs, prêtant l'oreille au silence de l'automne, ou

b. sous nos pas ; tantôt nous murmurions quelques vers où nous cherchions à peindre la nature. Jeune,

Page 189 :

a. dans les réminiscences enchantées que donne le bruit de la cloche natale : philosophie, pitié, tendresse, et le berceau

Page 191 :

a. avec tristesse. Ces conversations me touchaient ; j'allais promener mes rêveries dans un monastère,

Page 193 :

a. de quelle philosophie mélancolique vos tombeaux

Page 195 :

a. Mais enfin je me lassai de fouiller dans des monuments où

b. poussière criminelle.

Des songes des races évanouies, je revins aux illusions des races vivantes. Comme je me promenais

c. Les quatre premières éditions portent Charles II ; *celle de 1805, conformément à la réalité des faits, corrige en* Jacques II ; *mais les éditions définitives, en particulier celle de Ladvocat, donnent derechef* Charles II. — *Cf. là-dessus l'étude de Marcel Duchemin, citée* supra, *p. 195, n. 2.*

Page 196 :

a. du silence qui régnait en ces lieux et que ne troublaient point les plaintes du vent, qui gémissait

b. tragique. Seulement quelques manœuvres étaient assis avec indifférence au

Page 198 :

a. dont un ancien héros consolait jadis sa vieillesse solitaire.

b. à quelque distance sur la tour en ruine et le vent du désert sifflait sur les bruyères de Cona.

Page 199 :

a. toucher aux sens, comme l'autre à l'âme. Cependant

b. vous surtout, sage Chactas, êtes-vous — *Génie (2) :* vous surtout, sage habitant du désert, êtes-vous

Page 200 :

a. du tableau, à peine discernais-je les fleuves comme des lignes

b. dans le cratère même de l'Etna, et je découvrais ses entrailles brûlantes

Page 201 :

a. sur les mortels infortunés dont il voyait à ses pieds les étroites demeures, n'est sans doute, vertueux vieillards, qu'un objet

b. vous offre une vive image de son caractère et de sa triste existence :

c. René sentit la parole distraite se perdre sur sa langue immobile. Le P. Souël — *Génie (2) :* René se tut et tomba tout à coup dans la rêverie. Le P. Souël

Page 202 :

a. au résultat de la philosophie, comme

Page 203 :

a. Le vieux Sauvage, avec une humeur parfaite, lui répondit : « Mon

b. égaux ; tâche seulement de modérer cette ardeur de caractère qui

c. au chêne décrépit de nos bois, qui ne se pare plus de son propre feuillage, mais qui couvre quelquefois — *Génie (2) :* au chêne décrépit de nos bois : ce chêne ne se pare plus de son propre feuillage, mais il couvre quelquefois

Page 204 :

a. J'avais donc vainement espéré retrouver dans ma patrie de quoi calmer cette vague inquiétude, cette ardeur de désir qui m'avait suivi partout. L'étude

Page 205 :

a. à la foule : vastes déserts d'hommes, bien plus tristes que ceux des bois, car leur solitude est toute pour le cœur !

Page 207 :

a. de rues solitaires, où diverses scènes s'offraient à ma rêverie à mesure que la nuit descendait. En regardant toutes ces lumières qui brillaient, dans les demeures des hommes, je me transportais en imagination au milieu — *Édition de 1826 :* dans la demeure des hommes

b. venait à frapper à coups mesurés à l'horloge d'une cathédrale gothique;

Page 208 :

a. je partis pour une chaumière, comme j'étais parti autrefois pour faire le tour du monde. — *Génie (2) :* je partis pour m'ensevelir dans une chaumière avec la même ardeur qui m'avait fait partir autrefois pour faire le tour du monde.

Page 209 :

a. n'ayant point encore aimé, mais cherchant à aimer, j'étais accablé

Page 211 :

a. sans quelques charmes. J'aimais les rêveries dans lesquelles il me plongeait, même en usant les ressorts de ma vie. Un jour

b. plus vives que n'étaient les miennes à chaque accident qui arrivait aux débris

Page 213 :

a. Le clocher champêtre, s'élevant au loin dans une vallée solitaire, a souvent — *Édition de 1826 :* Le clocher solitaire s'élevant au loin dans la vallée,

Page 214 :

a. La nuit, quand l'aquilon venait à ébranler ma chaumière,

Page 215 :

a. ressenti dès ma plus tendre jeunesse, revenait

Page 216 :

a. mon cœur aimait mieux Dieu,

Page 217 :

a. « Il me devenait nécessaire
b. « Pour bien sentir, ô vieillards, quelle dut

Page 218 :

a. me dit toute en larmes : « Ingrat,
b. qui ai vu naître les premiers sentiments de ta vie ? Voilà

Page 219 :

a. que Dieu, dans sa colère, ne manque jamais d'exaucer ! Mais que vais-je vous révéler, ô mes sages amis ! Voyez
b. Cependant, augustes vieillards, que

Page 221 :

a. étant passée, je montai à son appartement ; je frappai, on ne me répondit point ; j'entrouvris la porte, il n'y avait personne dans la chambre. J'aperçus sur la cheminée un paquet à mon adresse. Je le saisis en tremblant, je l'ouvris et je lus cette lettre, que j'ai conservée pour m'ôter à l'avenir tout mouvement de joie :

Page 222 :

a. de votre caractère, rien n'est plus aisé que de mourir !
b. pour prévenir tes moindres désirs, pour soulager tes moindres peines !

Page 224 :

a. où vous commenciez votre deuil en Europe était celui où ses amis le finissaient aux Indes. — *Génie (2) :* était celui où l'on le finissait aux Indes.
b. dont la mémoire s'abolit si vite qu'une partie de ses amis

Page 225 :

a. si, comme moi, tu eusses été accablée du vide de

b. pour un homme d'un rang inférieur et qu'elle n'osait avouer à cause de l'orgueil de notre famille. Ce soupçon

c. aussitôt pour lui faire les plus tendres reproches, pour la supplier de m'ouvrir son cœur et de ne pas sacrifier le bonheur de sa vie à des parents qui lui étaient presque étrangers.

Page 226 :

a. « Elle ne tarda pas à me répondre, elle me mandait qu'elle était déterminée, qu'elle avait obtenu les dispenses du noviciat et qu'elle allait prononcer immédiatement ses vœux. Elle ajoutait en finissant : « Je n'ai que trop négligé « notre famille ; c'est vous que j'ai uniquement aimé ; mon « ami, Dieu n'approuve point ces préférences, il m'en « punit aujourd'hui. »

« Ce billet me donna un mouvement de rage, je fus révolté de l'obstination d'Amélie,

b. d'aller à B... dans le dessein de retarder au moins le sacrifice, si je ne pouvais l'empêcher de s'accomplir. La terre où

c. dire un dernier adieu. Je me détournai donc un moment pour accomplir ce sacré pèlerinage.

« Mon frère aîné avait

Page 227 :

a. Comme j'hésitais à franchir le seuil, cet homme me dit : « Eh bien !

b. pour entrer, elle devint pâle et tremblante, et l'on fut obligé de la

Page 228 :

a. les appartements sonores où l'on n'entendait que le bruit de mes pas et qui n'étaient éclairés que par la faible lumière

Page 229 :

a. des cloches qui annonçaient le sacrifice. Vers dix heures,

Page 231 :

a. « Amélie se plaça sous un dais qu'on avait préparé pour elle. Le sacrifice

b. A l'offertoire, le prêtre se dépouille de ses ornements, ne conserve qu'une tunique de lin, monte en chaire, et dans un discours simple et pathétique peint le bonheur de la vie religieuse, les tribulations du monde et la paix de la vierge qui

Page 232 :

a. Amélie fut près de défaillir. On

b. En ce moment, je sentis renaître mes transports ; ma fureur allait éclater, quand Amélie, rappelant son courage, me lança un regard où il y avait tant de reproche et de douleur que je fus atterré.

Page 233 :

a. sans connaissance. Ah ! que je sus peu de gré à ceux qui me rappelèrent à la lumière ! J'appris, en rouvrant les yeux au jour, que le sacrifice

b. une sœur craignait de parler à un frère, et un frère aurait craint de faire entendre sa voix à une sœur !

Page 234 :

a. comme aux enfers, hors l'espérance.

« Un malheur personnel, quel qu'il soit, se supporte ; mais un malheur dont on est la cause involontaire, et qui frappe une victime innocente, est la plus grande des calamités. Éclairé sur les maux de ma sœur, je me figurais tout ce qu'elle avait dû souffrir auprès de moi, victime d'autant plus malheureuse que la pureté de ma tendresse devait lui être à la fois odieuse et chère, et qu'appelée dans mes bras par un sentiment, elle en était repoussée par un autre.

« Que de combats dans son sein ! que d'efforts n'avait-elle point faits ! Tantôt voulant s'éloigner de moi, et n'en ayant pas la force ; craignant pour ma vie, et tremblant pour elle et pour moi. Je me reprochais mes plus innocentes caresses, je me faisais horreur. En relisant la lettre de l'infortunée (qui n'avait plus de mystères !), je m'aperçus que ses lèvres humides y avaient laissé d'autres traces que celles de ses pleurs. Alors s'expliquèrent pour moi

b. « O mes vieux amis, je sus alors ce que c'était

Page 235 :

a. courbée sous sa croix s'avança courageusement au-devant des douleurs,

Page 236 :

a. revu la même vestale aux

b. au pied des murs, dans les ténèbres, j'écoutais dans une sainte extase

Page 237 :

a. que je reçus d'elle vers ce temps-là sembla

Page 238 :

a. contre la tempête. On respire ici quelque chose de divin, un air tranquille que ne trouble point le souffle des passions ; c'est ici que la religion

b. les soupirs ; elle allume une flamme incorruptible où brûlait une flamme mortelle ; elle mêle

Page 239 :

a. tandis que je m'occupais de ce triste soin et que je mouillais mon papier de mes larmes, tout à coup le bruit

b. du monastère montent en masse dans les cieux.

c. d'une cellule, de même qu'il n'y a que la pierre du tombeau entre l'éternité et la vie ; les fanaux

d. du couvent, humble, mais certain, et dirigeant sans péril la religieuse à une terre céleste ; l'incertitude *e.* la vestale ayant sous le même toit et son lit et son tombeau, et connaissant

Page 240 :

a. de lire la lettre qu'il lui avait remise. — *Génie (2) :* de parcourir la lettre qu'il lui avait remise.

Page 241 :

a. le fit sortir enfin de son silence :

Page 243 :

a. Ils y étaient, monsieur, avec leurs larmes

Page 244 :

a. Il demanda des neiges aux montagnes, des eaux aux torrents, des pluies aux tempêtes, et parvint à ramasser une onde immense. Bientôt il franchit ses rives et ravage ses bords charmants. L'orgueilleux

b. que lui avait creusé la nature, la pureté de son premier cours, et les oiseaux, et les fleurs, et les arbres, et les petits ruisseaux, jadis aimables compagnons de son onde, aux sources de sa vie. »

Chactas cessa

c. Les trois amis se levèrent pour retourner à leurs cabanes : René

C. - VARIANTES DU MANUSCRIT DU *DERNIER ABENCÉRAGE*

Page 249 :

a. Cet Avertissement *n'existe pas dans le manuscrit.*

Page 254 :

a. on découvrait au loin la mer

b. les Abencerrages remontèrent aux environs (Abencerrages *est l'orthographe habituelle du manuscrit.*)

Page 255 :

a. le souvenir sans cesse renaissant de leur riante patrie.

Page 257 :

a. un de ces ermitages mahométans appelés sur la côte d'Afrique un marabout.

b. des alburnos, des marlottes, des casaques

Page 259 :

a. où ses ancêtres volaient

Page 260 :

a. où veillait autrefois la sentinelle

b. ne servaient, pour ainsi dire qu'à le faire paraître

Page 261 :

a. donne bien à la ville

Page 262 :

a. entourée de toutes parts par des montagnes

b. un air pur, embaumé, délicieux,

Page 263 :

a. où l'Abencérage fut surpris

Page 265 :

a. d'architecture moresque. Les pignons de ces maisons bordaient la place; liés ensemble et se touchant par les côtés, ils se détachaient les uns des autres à la hauteur du toit et se terminaient en pointe, ils étaient percés dans toute leur surface par des fenêtres en ogives, qu'à peine séparaient entre elles des pilastres de briques rouges : la place entière avait l'air d'une serre immense couronnée par une dentelure d'ornements gothiques. Un Kan

Page 266 :

a. de la galanterie. Là s'élevait le trône où était placé le portrait de Fatime et au pied duquel Aben-Amar combattait pour la beauté de sa maîtresse. Aben-Hamet croyait voir flotter les panaches, briller les casques, et les lances et les boucliers ; il lui semblait que toutes les dames de Grenade, les Galiana, les Xarifa, les Daraxa regardaient encore du haut de leurs balcons ces jeux magnifiques et laissaient tomber des parfums sur la tête de leurs chevaliers.
b. dont ils ont chassé mes aïeux !

Page 267 :

a. étaient encore soigneusement fermées :

Page 268 :

a. une mantille également noire couvrait la tête de l'inconnue ; elle tenait d'une main cette mantille croisée au-dessus de son menton, de sorte que l'on n'apercevait de tout son visage que ses grands yeux bleus et sa bouche de rose.
b. un page portait son livre d'église à tranche d'or orné de signet ;

Page 269 :

a. de ce voluptueux pays.
b. nouvellement arrivé dans ce pays :

Page 270 :

a. à Mahomet. Daignez m'accompagner, seigneur chevalier :

Page 271 :

a. c'est cette chrétienne, plus fraîche que la rose humectée des pleurs du matin.

b. pour découvrir la maîtresse de son cœur.

Page 272 :

a. les sommets blanchis de la Sierra Nevada. Le Douro roulait son onde limpide au milieu de l'étroit vallon, et

b. il suivit une avenue de grands arbres qui s'élevait sur

c. il entendit les sons d'une guitare, les accents d'une voix presque céleste vinrent ensuite frapper son oreille.

Page 273 :

a. une vieille romance castillane qui retraçait la longue histoire

Page 276 :

a. elle avait perdu sa mère dans son enfance,

b. que le zéphyr ; elle semblait née pour tous les arts : tantôt

Page 277 :

a. Depuis On ne remarque, *ce paragraphe a été biffé sur le manuscrit par Chateaubriand qui a écrit en marge :* J'avais rayé cette page lorsque je songeais à imprimer l'*Abencérage* sous l'Empire.[1]

Page 278 :

a. sur son pays, sur ses aventures, sur l'état de son cœur ;

b. le plus pur. Hors qu'il disait presque toujours *toi* au lieu de *vous*, on aurait pu

Page 280 :

a. charmé de l'air d'opulence et des manières nobles

1. Sur ce projet, cf. *supra*, p. LVIII.

Page 282 :

a. ne pouvait être plus agréable à son cœur.

Page 283 :

a. de l'Alhambra; ils entrèrent ensuite dans un bois d'ormeaux, arrosé par un courant d'eau limpide qui se répandait sur la route. Ils arrivèrent à une grande fontaine et

b. la Porte du Jugement. Une inscription arabe était gravée sur cette porte. Ils franchirent la voûte surbaissée et s'avancèrent

Page 284 :

a. les réduits secrets de l'Alhambra.

Blanca ne put s'empêcher de sourire de l'étonnement qu'elle remarquait sur le visage d'Aben-Hamet. L'Abencérage immobile plongeait

b. dans les contes arabes ou dont on voit flotter les images fantastiques dans les illusions d'un songe.

Page 285 :

a. espèces de cloîtres de l'amour, où sont encore retracées les aventures des Abencérages, dans ces retraites où le plaisir et la cruauté habitaient ensemble, et où le roi maure dans un accès de jalousie (?) la tête charmante qu'il venait de caresser.

Page 287 :

a. n'égalait l'élégance de sa voûte, dont les arabesques découpées et peintes d'azur et d'or laissaient passer

b. jaillissait au milieu du riant édifice et laissait retomber ses eaux dans un bassin d'albâtre.

Page 290 :

a. de ces débris, Oh ! si j'étais un de ces purs esprits qui (?) aux sources de la lumière, je boirais ce rayon de soleil qui vient expirer sur tes lèvres. Mais Aben-Hamet

Page 291 :

a. à craindre avec moi »,

Page 292 :

a. et dans les parvis déserts du palais des génies. L'astre solitaire paraissait comme suspendu sur la cime de deux beaux palmiers. Ses blancs rayons

b. Le rossignol chantait sur les ruines d'une ancienne mosquée et les échos de l'Alhambra répétaient ses plaintes.

Page 293 :

a. dans ce palais des mystères. Non loin de là, Blanca rafraîchissait à la fontaine des Lions sa bouche altérée. Consumé de la même ardeur, l'Abencérage demande à partager le même secours. Blanca, riante et pourtant troublée, lui présente un peu d'eau dans le creux de ses deux mains unies. Aben-Amet colle ses lèvres à cette coupe empoisonnée et souhaite mourir en ce moment. « Maure, ces jeux sont trop cruels, dit Blanca respirant à peine. Le destin de ma vie est fixé sans retour. Retiens bien

b. ils arrivent à un ancien cimetière des Maures.

Page 294 :

a. l'Abencérage exilé attend le jour qui doit le ramener au pied de son amante.

Page 295 :

a. avait été aussi fidèle à ses serments qu'Aben-Hamet aux siens.

b. elle appelait les vaisseaux lointains, elle suivait des yeux les voiles fugitives qui emportaient l'homme encore plus fugitif.

Page 297 :

a. un cheval numide qui ne portait sur son dos qu'une peau de lion attachée par un long bandeau de pourpre. A la voix du maître, il s'agenouille devant la jeune Espagnole et déploie toutes les grâces de l'Orient. On apporte

Page 300 :

a. seigneur de Lautrec qui gagna la bataille de Pavie.

b. dans cette retraite où le Chevalier sans peur et sans reproche perdit la vie. Deux ans après il fut percé de coups

Page 301 :

a. mais Charles-Quint sous divers prétextes retint

Page 303 :

a. de don Rodrigue et disparut. Étonné de la présence du Maure et

Page 304 :

a. aimer ce brave.

Page 309 :

a. pour laisser se calmer le ressentiment de don Carlos. Un mélange de tendresse et d'amertume remplissait

Page 311 :

a. dans son cœur. Comme il était plongé dans cette rêverie, il entrevit

b. Aben-Hamet reconnut Lautrec :

Page 312 :

a. en avançant sous le portique, aperçut une femme qui le traversait pour sortir de l'église.

b. et lui dit : « Comment ne t'ai-je point vue dans ce temple ? Y cherchais-tu Lautrec ? »

Page 313 :

a. une vie amère et pleine de larmes dans

b. sur les traces de Blanca. Il la trouva avec don Carlos et Lautrec dans le même bosquet de myrtes. Lautrec

c. paraître tout à coup l'Abencérage ; il lui parut trop beau ; quant à

Page 315 :

a. au premier empire de Mahomet, Commandeur des Croyants, où brillaient autour

Page 316 :

a. les dames gauloises accueillant à leur réveil les grâces athéniennes.

Page 318 :

a. avec son gant de chevalier une larme

b. Sollicité par Blanca de prendre

Page 321 :

a. Dans le manuscrit, les quatre premières strophes de la chanson d'Aben-Hamet manquent. L'Abencérage s'exprime ainsi :

Aux sables d'Oran
Un vrai musulman
De la race maure
Saluait l'aurore
Et cherchait des yeux
L'Andalousie,
Vieille patrie
De ses aïeux.

Il disait chantant :
Allah seul est grand
Et le saint Prophète
Est son interprète :
Un chrétien maudit
D'Abencérage
Tient l'héritage :
C'était écrit !

Les deux derniers couplets sont donnés dans l'ordre inverse, avec une seule variante : Fleuve aux vastes plaines.

Page 324 :

a. conquirent les biens des malheureux Abencérages et

Page 326 :

a. des héros. Qu'il soit chrétien, et que Blanca rende au dernier Abencérage les biens dont elle n'était que la dépositaire ici ! »

b. pour dessein de trouver la famille cruelle, parée de la dépouille des Abencérages, et de chercher

Page 330 :

a. tout unie et sans ornement ; seulement, au milieu de cette pierre, on a creusé (selon la charitable coutume des Maures) un léger enfoncement avec le marteau.

II

FRAGMENTS DU GÉNIE DU CHRISTIANISME

Quand Chateaubriand fit paraître chez les éditeurs parisiens Pourrat frères une nouvelle série de ses Œuvres complètes (*c'était la quatrième*), *le tome XXXI de cette collection, publié en* 1838, *contenait, sous le titre de* Fragments, *des morceaux demeurés jusque-là inédits et faisant partie d'un* Génie du Christianisme *primitif, dont l'auteur avait commencé l'impression à Londres avant son retour d'émigration. Il avait bientôt condamné cette version de son apologie religieuse; mais, déclare l'*Avis des éditeurs, « un exemplaire de ces épreuves premières échappa à la destruction et... nous avons pensé que la reproduction et la connaissance de ces fragments ne pouvaient être que précieuses pour les amis des lettres ».

Certains de ces « premiers jets d'une imagination chaleureuse, s'exaltant dans la solitude à l'aspect des beautés de la nature, » *sont des ébauches très poussées de quelques passages d'*Atala *et de* René. *Ils valent d'être comparés à la forme définitive que l'écrivain leur donna dans ses deux romans américains. Nous les citons d'après le tome VIII des* Œuvres complètes *publiées par la librairie Garnier.*

A. — ATALA

Page 32.

Il est difficile de se faire une idée de la navigation

intérieure, dont la nature a disposé les canaux dans cette partie du Nouveau-Monde. Des millions de fleuves se croisent, se quittent, se mêlent de nouveau, se nouent, se dénouent en cent manières. Les uns tombent du sommet d'une montagne, tels que le Kanhaway ; les autres forment des rapides tumultueux sous des rives perpendiculaires de cinq cents pieds d'élévation, tels que le Kentucky ; d'autres ouvrent lentement leurs vastes plis à travers les forêts et les savanes, tels que la Kauk. Tous ces fleuves, en descendant les uns dans les autres et formant les branches d'une seule chaîne, varient leurs confluents selon leur plus ou moins de pureté, et le plus ou moins de vitesse de leur cours. L'Ohio apporte tranquillement au Meschacebé la collection des belles ondes qu'il dérobe aux urnes du Kentucky, du Scioto, du Ouabache et du Tenase ; tandis que le Missouri darde, comme une écluse, son eau blanche à travers l'ancêtre des fleuves, le coupe obliquement en Y, dont une large barre va frapper le bord opposé, rebondit, et, contraint alors de se mêler à son rival, le précipite avec lui vers la mer en décolorant ses ondes.

Quand tous ces fleuves se sont gonflés des déluges de l'hiver, quand les tempêtes ont abattu des pans entiers de forêts, c'est alors qu'il se fait dans les eaux de la solitude des embarcations dignes de sa pompe sauvage. Le temps, comme un puissant bûcheron, assemble sur toutes les sources les arbres déracinés : il les unit avec des lianes, il les cimente avec des vases et des argiles ; il y plante de jeunes arbrisseaux et lance son ouvrage sur les ondes. Charriés par les vagues écumantes, ces radeaux débouchent de toutes parts sur le Meschacebé. Le vieux fleuve s'en empare à son tour, et se charge d'aller les placer à son embouchure, pour y former une nouvelle branche et multiplier ses cornes avec ses années. Monté sur ces vastes trains de bois, il les dirige avec son trident, et repousse l'un et l'autre rivage ; par intervalle il élève sa grande voix en passant sous les monts, et répand ses eaux débordées autour des tombeaux indiens et des troncs des arbres, comme le Nil autour des pyramides et des colonnes égyptiennes. Mais, comme la grâce est toujours unie à la magnificence dans les scènes de la nature, tandis que le courant du milieu entraîne rapidement vers la mer les cadavres des pins et des chênes, on voit sur les deux courants latéraux remonter tranquillement, le long des rivages, des îles de pistia et de nénufar, dont les roses jaunes s'élèvent comme de petits pavillons, à l'extrémité d'un mât de quinze à seize pouces. Des serpents verts, des hérons bleus, des flammants roses, de jeunes crocodiles, s'embarquent passagers sur ces vaisseaux de fleurs, et la colonie, déployant au vent ses voiles d'or, va aborder endormie dans quelque anse retirée du fleuve.

(*Édit. Garnier*, p. 552-553.)

Page 35.

Le jour approchait de sa fin, et tout était calme, superbe, solitaire et mélancolique au désert...Prête à se livrer au silence, la solitude exécutait un dernier concert : les forêts, les eaux, les brises, les quadrupèdes, les oiseaux, les monstres, faisaient les diverses parties de ce chœur unique. La nonpareille chantait dans le copalme ; l'oiseau moqueur gazouillait dans le tulipier : on entendait à la fois et les flots expirants sur leurs grèves, et les crocodiles qui rugissaient sourdement. Nichées dans les feuillages des tamarins, des grenouilles d'un vert de porphyre imitaient par un cri singulier le tintement d'une petite cloche ; et de beaux serpents, qui vivent sur les arbres, sifflaient suspendus aux dômes des bois, en se balançant dans les airs comme des festons de liane. Enfin de longues bandes de caribous, d'orignaux, de buffles sauvages, venaient en bramant, en mugissant, se baigner dans les eaux du lac. Toutes ces bêtes défilaient sous l'œil de l'universel Pasteur, qui conduit la chevrette de la montagne avec la même houlette dont il gouverne dans les plaines du ciel l'innombrable troupeau des astres.

(*Édit. Garnier*, p. 597-598.)

Page 59.

Chez les Sauvages floridiens, lorsqu'un jeune homme veut déclarer son amour à une jeune fille, il se lève au milieu de la nuit, allume une torche de pin, se rend à la cabane de sa maîtresse, comme un chasseur qui veut prendre une colombe au flambeau. Si la vierge réveillée couvre sa tête d'un voile et dit : « Guerrier, je ne te vois pas », c'est le signe du refus ; si elle éteint le flambeau, elle accepte la main du jeune homme. Alors il dépose sur la couche de sa future épouse, une rose de magnolia, où le fruit mûr, semblable à un grain de corail, pend au bout d'une longue soie ; c'est le symbole d'une mère qui porte à son sein l'espérance de la patrie.

(*Édit. Garnier*, p. 549.)

Page 61.

L'Indien et le voyageur se levèrent pour retourner à la cabane, ils passèrent près d'un tombeau qui formait la limite de deux nations dans la solitude : c'était celui d'un enfant ! On l'avait placé au bord du sentier public, afin que les jeunes femmes, en allant à la fontaine, pussent recevoir dans leur sein l'âme de l'innocente créature, et la rendre à la patrie. Il s'y trouvait alors une mère, toute semblable à Niobé, qui, à la clarté des étoiles, arrosait de son lait le gazon sacré et y déposait une gerbe de maïs et des fleurs de lis blanc. On y voyait aussi des épouses nouvelles qui, désirant les douceurs de la maternité, venaient puiser les semences de la vie à un tombeau, et cherchaient, en entr'ouvrant leurs lèvres, à recueillir l'âme du petit enfant, qu'elles croyaient voir errer sur les fleurs.

J'admirai avec des pleurs dans les yeux ces mœurs très merveilleuses et ces dogmes attendrissants d'une religion qui semblait avoir été inventée par des mères.

(*Édit. Garnier*, p. 599.)

Page 71-72.

L'ancien des hommes... commença son chant religieux...

D'abord il raconta les guerres du *Grand Esprit* contre le cruel *Kitchimanitou*, dieu du mal. Ensuite il célébra le jour fameux qui commence les temps, jour où le *Grand Lièvre*, au milieu des quadrupèdes de sa cour, se plut à former l'univers d'un grain de sable, qu'il tira du fond de l'abîme, et à transformer en homme les corps des animaux noyés. Il dit le premier homme et la belle *Atahensic*, la première de toutes les femmes, précipités pour avoir perdu l'innocence ; la terre rougie du sang fraternel ; *Jouskeka* l'impie immolant le juste *Tahouitsavon ;* le déluge descendant à la voix du *Grand Esprit* pour punir la race de *Jouskeka ; Massou* sauvé seul, dans son canot d'écorce, du naufrage du genre humain ; le corbeau envoyé à la découverte de la terre, et ce même corbeau revenant à son maître sans avoir trouvé où se reposer. Plus heureux que le volatile, le rat musqué rapporta à *Massou* un peu de terre pétrie dont *Massou* forma le nouvel univers. Ses flèches, lancées contre le tronc des arbres dépouillés, se changèrent en branches verdoyantes. *Massou*, par reconnaissance, épousa la femelle du rat musqué, et de cet étrange hyménée sortit la nouvelle race des hommes, qui tiennent de leur mère terrestre l'instinct et les passions animales, et se rapprochent de la divinité par l'âme et la raison qu'ils tiennent de leur père.

Tel fut le chant du vieux Sauvage, qui remplit

d'étonnement l'Européen en retrouvant dans le plus profond des déserts, dans un monde séparé de trois autres parties de la terre, les traditions de notre sainte religion.

(*Édit. Garnier*, p. 598-599.)

Page 79-80.

Presque tous les arbres de la Floride et de la Louisiane, en particulier le cyprès, le cèdre et le chêne vert, sont couverts d'une espèce de mousse blanche, qui descend de l'extrémité de leurs rameaux jusqu'à terre. Quand la nuit, au clair de la lune, vous apercevez, sur la nudité d'une savane, une yeuse isolée revêtue de cette draperie, vous croiriez voir un fantôme traînant après lui ses longs voiles. La scène n'est pas moins pittoresque au grand jour, car une foule de brillants scarabées, de colibris, de petites perruches vertes, de cardinaux empourprés, viennent s'accrocher à ces mousses, et présentent avec elles l'effet d'une tapisserie en laine blanche, où l'ouvrier aurait brodé des insectes et des oiseaux éclatants.

Les Espagnols se font des lits de cette barbe des vieux chênes, et les Indiens y trouvent des maisons de campagne durant l'été. Quelquefois vous rencontrez, sous ces berceaux mouvants, à l'ombre d'un cèdre, une famille de Sioux logée tout entière aux frais de la Providence.

Les mousses, en s'abaissant de toutes parts, forment les divers appartements du palais ; les jeunes garçons montent sur les rameaux de l'arbre et se couchent dans les espèces de hamac que le chevelu végétal forme en s'entrelaçant ; au-dessous, au pied du tronc, habitent le père et la mère : les filles sont dans une arcade retirée. Quand Dieu envoie les vents pour balancer ce grand cèdre ; que le château aérien, bâti sur ses branches, va flottant avec les oiseaux et les Sauvages qui dorment dans ces abris ; que mille soupirs sortent de tous les corridors et de toutes les voûtes du mobile édifice, les sept merveilles du monde n'ont rien de comparable, à ce monument du désert.

(*Édit. Garnier*, p. 550.)

Page 81.

Enfin l'étonnante *sarracenia* qui, dans les marais corrompus, renferme en son cornet vieilli, une source de la plus pure rosée, cette plante trop jeune encore, n'eût point montré comment Dieu a caché l'espérance au fond des cœurs ulcérés par la douleur, comment il a fait jaillir la vertu du sein des misères de la vie.

(*Édit. Garnier*, p. 545-546.)

Page 107.

Humbles monuments de l'art des Indiens ! vous n'invitez point une science fastueuse à vos tombes inconnues. Vous n'avez d'autres portiques que ceux des forêts, d'autres pilastres que le granit des rochers, d'autres ciselures que les guirlandes des vignes et des scolopendres. L'Ohio, silencieux et rapide, coule nuit et jour à votre base ; un bois de sapins conduit à vos sépulcres, et ses colonnes, marbrées de vert et de feu, forment le péristyle de ce temple de la mort. Dans ce bois règne sans cesse un bruit solennel, comme le sourd mugissement de l'orgue ; mais lorsqu'on pénètre au fond du sanctuaire, on n'entend plus que le chant des oiseaux, qui célèbrent à la mémoire des morts une fête éternelle.

(*Édit. Garnier*, p. 600.)

Page 130.

Souvent ceux qui ont habité les palais en sont sortis les mains liées derrière le dos ; les reines ont été vues pleurant comme de simples femmes, et l'on s'est étonné de la quantité de larmes que contiennent les yeux des rois.

(*Édit. Garnier*, p. 566.)

Page 144.

Et la lune qui, comme une blanche et timide vestale, se lève au milieu de la nuit pour chanter les louanges du Seigneur, aurait-elle osé confier à de jeunes arbrisseaux et de naissantes fontaines ce grand secret de mélancolie qu'elle ne raconte qu'aux vieux sapins et aux rivages antiques des mers ?

(*Édit. Garnier*, p. 545.)

Page 149.

J'ai bien changé depuis ces jours : les jarrets du vieux cerf se sont roidis, il a pris sa parure d'hiver, son poil est devenu blanc, et il va bientôt se retirer dans l'étroite caverne.

(*Édit. Garnier*, p. 598.)

Page 156.

Il salua le jeune Européen selon la coutume du désert en l'agitant légèrement par l'épaule, il lui souhaita *un ciel bleu, beaucoup de chevreuils, un manteau de castor et l'espérance.* Il poussa la fumée du calumet de paix vers le soleil couchant et vers la terre : cela étant fait, il s'assit sous le papaya.

(*Édit. Garnier*, p. 598.)

Pages 165-166.

Telle fut cette nuit passée au milieu d'une famille de Sauvages. Mes hôtes me quittèrent au lever du jour. Nous nous séparâmes, non sans des marques d'émotion et de regrets, touchant notre front et notre poitrine à la façon du désert. Immobile et sentant des larmes prêtes à couler, je suivis longtemps des yeux la troupe demi-nue qui s'éloignait à pas lents : les petits enfants suspendus aux épaules de leurs mères se détournaient en souriant pour me regarder, et je leur faisais des signes de la main en manière de derniers adieux. Cette marche touchante et maternelle s'enfonça peu à peu dans la forêt, où on la voyait paraître et disparaître tour à tour entre les arbres : elle se perdit enfin totalement dans leur épaisseur. Puissent ces Sauvages conserver de moi quelque souvenir ! Je trouve je ne sais quelle douceur à penser que, tandis que j'existe persécuté des hommes de mon pays, mon nom, au fond d'une solitude ignorée, est encore prononcé avec attendrissement par de pauvres Indiens.

(*Édit. Garnier*, p. 555.)

Avant de reprendre ce fragment dans Atala, *Chateaubriand l'utilisa une fois encore (la troisième en comptant le passage de l'*Essai *cité* supra, *p.* 166, *n.* 1) *dans un article du* Mercure de France (1er *frimaire an IX*-22 *novembre* 1800):

Lorsqu'une peuplade du Nouveau-Monde, par quelque événement imprévu, est obligée d'abandonner son pays, le premier objet de ses soins est d'emporter, avec ses enfants, les ossements de ses ancêtres. Les jeunes guerriers ouvrent la marche, et les épouses la ferment. Les premiers sont chargés des saintes reliques ; les secondes portent leurs nouveau-nés. Les vieillards cheminent lentement au milieu, placés entre leurs aïeux et leur postérité, entre ceux qui ne sont plus et ceux qui ne sont pas encore, entre les souvenirs et l'espérance, entre la patrie perdue et la patrie à venir. Oh ! que de larmes coulent alors dans les forêts, quand, du haut de la colline de l'exil, on découvre, pour la dernière fois, le toit où l'on fut nourri, et le fleuve de sa cabane, qui continue de couler tristement à travers les champs solitaires de la patrie ! Mes yeux ont été témoins d'une pareille scène... Indiens infortunés, que j'ai vu errer dans les forêts du Nouveau-

Monde, avec les cendres de vos aïeux ! Vous, qui m'avez donné l'hospitalité, malgré votre misère ! Je ne pourrais vous la rendre aujourd'hui ; car j'erre, ainsi que vous, à la merci des hommes ; et, moins heureux dans mon exil, je n'ai point, comme vous, emporté les os de mes pères !

B. — RENÉ

Page 190.

A mesure que le sacrement de délivrance agit sur ce prédestiné, vous voyez ses traits prendre quelque chose de sublime, et son âme, à moitié sortie de son corps, devenir comme visible sur sa figure rayonnante.

(*Édit. Garnier*, p. 531.)

Page 203.

Un vieillard, avec ses souvenirs, ressemble à l'arbre décrépit de nos bois, qui ne se décore plus de son propre feuillage, mais qui couvre quelquefois sa nudité de la verdure des plantes qui ont végété sur ses antiques rameaux.

(*Édit. Garnier*, p. 598.)

Page 207.

Par delà les rivages du lac, le soleil s'enfonçait avec majesté derrière les montagnes. On le voyait encore suspendu à l'horizon entre la fracture de deux hauts rochers : son globe élargi, d'un rouge pourpre mouvant et environné d'une auréole glorieuse, semblait osciller lentement dans un fluide d'or, comme le pendule de la grande horloge des siècles.

(*Édit. Garnier*, p. 597.)

Pages 209-210.

(*L'amour passionné*) est à soi-même sa propre illusion, sa propre folie, sa propre substance ; ignorée de l'artisan trop occupé et du laboureur trop simple, cette passion n'existe que dans ces rangs de la société où l'oisiveté nous laisse surchargés de tout le poids de notre cœur, avec son immense amour-propre et ses éternelles inquiétudes. C'est alors que, presque seul au milieu du monde avec une surabondance de vie, on sent en soi une force dévorante qui consomme l'univers sans être rassasiée. On cherche quelque chose d'inconnu, l'idéal objet d'une flamme future ; on l'embrasse dans les vents, on le saisit dans les gémissements du fleuve : tout est fantôme imaginaire, et les globes dans l'espace, et le principe même de vie dans la nature.

(*Édit. Garnier*, p. 585.)

Pages 212-214.

Le pâtre, qui a allumé un feu de broussailles à l'orée d'un bois, entre deux rochers, voit passer ces oiseaux sur sa tête ; il les suit des yeux avec un vague désir ; il se figure les lieux inconnus, les climats lointains où ils se rendent ; il voudrait être sur leurs ailes, un secret instinct le tourmente, il sent qu'il n'est lui-même qu'un voyageur. Homme ! la saison de ta migration n'est pas encore venue. Attends que le vent de la mort se lève ; alors tu déploieras ton vol vers ces régions inconnues que ton cœur demande.

(*Édit. Garnier*, p. 538.)

III

CHATEAUBRIAND ÉTAIT-IL ACCOMPAGNÉ OU NON QUAND IL VISITA L'ALHAMBRA EN AVRIL 1807 ?

Après la publication des Aventures du dernier Abencérage *et pendant plus d'un siècle, le poétique récit de la visite faite par Blanca et Aben-Hamet au palais enchanté de l'Alhambra* (*cf.* supra, *p.* 283-293) *passa pour une transposition à peine voilée de la réalité et l'on admit comme une indiscutable certitude que Chateaubriand lui-même avait admiré l'ancien séjour des rois maures en compagnie de son inspiratrice, Natalie de Noailles.*

Il n'existe à la vérité aucun texte de l'écrivain ou de sa noble amie pour attester formellement leur venue simultanée dans l'ancienne capitale andalouse et, à défaut d'un tel témoignage, tout ce qui a été dit ou écrit à ce sujet repose, soit sur la nouvelle elle-même, soit sur des documents très brefs, contenant des allusions rapides ou de tardives affirmations.

Durant de longues années, le renseignement le plus anciennement daté que l'on possédait fut celui fourni par l'abbé Pailhès (Du nouveau sur Joubert, Chateaubriand..., *Paris, Garnier,* 1900, *p.* 468) : « Quinze ans après la visite célèbre, le duc de Laval se vantait d'avoir effacé sur les murs de l'Alhambra des noms, des vers qui rappelaient le célèbre voyage de Jérusalem. » *Pailhès, comme à son habitude, ne donne pas sa source et se contente de faits bien vagues. Toutefois, comme son affirmation émane d'un familier de Mme Récamier et de Chateaubriand, elle confirmerait que, pour les proches de l'écrivain, la visite à deux du palais grenadin ne faisait aucun doute : vers* 1822, *Pierre-Adrien de Montmorency, prince, puis duc de Laval, aurait donc voulu faire disparaître la trace matérielle d'un passage qui, sans doute, offusquait la bonne société. Alors, pourquoi* se vanter *d'un geste qui, secret, pouvait être efficace, mais, divulgué, forçait à reconnaître la réalité de l'amoureux épisode dont on voulait précisément ruiner à jamais le souvenir ?*

Au reste, Laval avait pris une précaution bien inutile et Chateaubriand, dans une page de ses Mémoires *qui fut solennellement lue en* 1834 *chez Mme Récamier, faisait à l'aventure de Grenade une allusion transparente que Sainte-Beuve recueillit non sans malice : c'est le fameux « passage contesté »* (Mémoires, *IV*, 406, *note* 20, *et* 753-756, *Appendice XVIII de M. Levaillant*), *que le critique a cité jusqu'à cinq reprises de* 1836 *à* 1850 : « ... les regards attachés sur l'étoile du soir, je lui demandais des vents pour cingler plus vite, de la gloire pour me faire aimer. J'espérais en trouver à Sparte, à Sion, à Memphis, à Carthage, *et l'apporter à l'Alhambra.* » *Il y aurait donc eu de la part du voyageur une préméditation, en accord évidemment avec Natalie, pour se retrouver au palais même de Boabdil. Commentant en outre les lignes du roman où l'on voit Aben-Hamet tracer le nom de Blanca sur le marbre de la salle des Deux-Sœurs, l'auteur de* Chateaubriand et son groupe (*II*, 73-74) *notait, faisant écho, semble-t-il, au propos du duc de Laval :* « On assurait, il y a quelques années, que les noms s'y lisaient encore, mais je ne crois pas que ce fût précisément en arabe qu'ils étaient écrits. »

Et, dix ans à peine après la mort de René, on trouve sous

la plume de Villemain (La Tribune moderne, M. de Chateaubriand, *Paris, M. Lévy,* 1858, *p.* 158) *quelques mots encore plus catégoriques :* « La fiction est née du souvenir. *Dans les jardins de l'Alhambra, une amitié trop tendre,* semblable à celles qu'au XIIe siècle on expiait par un voyage en Terre-Sainte, *était venue attendre le nouveau et plus faible pénitent* au retour de sa mission... »

Il n'y avait rien à tirer de précis sur la rencontre de l'Alhambra dans les autres documents relatifs au séjour de Chateaubriand et de Mme de Noailles en Espagne (cf. par exemple Hyde de Neuville, Mémoires, *I,* 444-446). *Toutefois, la tradition fondée sur ceux qu'on vient de lire était assez solide pour que P. Hazard et Mme Durry écrivissent dans leur édition de l'*Abencérage (*p. VIII*) : « C'est un souvenir vécu qui a donné naissance à la nouvelle espagnole... *L'Alhambra, Chateaubriand ne l'avait pas visité seul...* » *Et personne ne se fût aventuré à soutenir le contraire. Un chateaubriandiste aussi averti que Marcel Duchemin trouvait alors* (1926) *que* le plus vraisemblable *était d'admettre que Natalie avait retrouvé le pèlerin de Jérusalem* seulement à Grenade *et non à Cordoue* (op. cit., *p.* 263). *Un peu plus tard, Henry Bérenger* (Chateaubriand, *Hachette, Coll. « Figures du Passé »*, 1931, p. 141) *écrivait à son tour :* « Quelques jours après, *Natalie de Noailles se promenait avec lui dans les cloîtres d'amour de l'Alhambra...* Ce furent des journées de passion jeune et ardente, fraîche oasis de volupté grenadine après les vicissitudes d'une odyssée de huit mois. »

Ainsi, vers 1932, *on pensait unanimement que Chateaubriand et Mme de Noailles avaient ensemble connu à l'Alhambra des heures de poétique griserie, dont le* Dernier Abencérage *conservait le souvenir ardent. C'était là un des articles les mieux établis du credo chateaubrianesque.*

Mais la mise au jour d'une lettre, adressée par Natalie à sa cousine Mme de Vintimille, allait modifier cet état de fait. Le comte Alexandre de Laborde, arrière-petit-neveu de Mme de Noailles, l'ayant communiquée à la Société Chateaubriand (*cf.* Bulletin Chateaubriand, 1931, *n*° 2, *p.* 64), *M. Maurice Levaillant la fit connaître au grand public dans le* Figaro *du* 6 *août* 1932. *Ni l'un ni l'autre ne prévoyait sans doute que cette épître, intéressante parce qu'elle contient un portrait physique et moral de René à son retour d'Orient, devait déchaîner le doute sur une vérité tenue pour acquise ou, pour lui appliquer un mot de l'*Abencérage *même* (*cf. p. 292*), *ajouter* « un mystère de plus à deviner dans (le) palais des mystères »... *C'était compter sans M. Marcel Duchemin qui, par un article à la* Revue des Deux Mondes (1er *janvier* 1933, *p.* 158-178 : Un roman d'amour en 1807. Chateaubriand à Grenade), *reposa sous un jour tout nouveau la question du pèlerinage à l'Alhambra.*

M. Duchemin, par la mise en œuvre serrée de tous les renseignements dont il pouvait disposer, établit d'abord une chronologie rigoureuse du séjour de Chateaubriand en Espagne jusqu'à sa venue à Grenade. L'écrivain y parvint au plus tôt le soir du 12 *avril pour en repartir le* 14 *au matin, ces dates pouvant éventuellement être retardées de vingt-quatre heures. Or, deux détails retinrent l'attention du critique dans la* « lettre révélatrice » *de Mme de Noailles : la date de celle-ci* (*Aranjuez*, 18 *avril* 1807) *et une phrase* : « M. de Chateaubriand a été à Grenade... Il doit passer ici dans deux jours ; je ne l'y attends pas... ». *Si les deux amis avaient le* 13 (*ou le* 14) *éprouvé de conserve les sortilèges prestigieux de l'Alhambra, comment Natalie avait-elle pu prendre deux journées d'avance sur son compagnon entre Grenade et Aranjuez, villes séparées par quelque trois cent quatre-vingts kilomètres ?*

Se fondant sur l'état des chemins, l'organisation des transports espagnols, la santé de Mme de Noailles (alors « *assez souffrante* »), *Duchemin, par un raisonnement d'une logique implacable, aux détails duquel nous ne pouvons ici que renvoyer les curieux, établit les conclusions suivantes : Chateaubriand rencontra son amie* « sur la section de la route Cadix-Madrid comprise entre Cordoue et Andujar », *sans doute à Cordoue même,* « au début de l'après-midi du 10 ». « Après une courte entrevue et sans doute une visite à la mosquée faite en commun, il la laisse continuer sa route au gré de sa fantaisie et poursuit la sienne à vive allure, seul avec son domestique, par Andujar vers Grenade, promettant évidemment à Natalie de la rejoindre plus loin sur la route de France, vers Aranjuez ou Madrid. » *Mme de Noailles ne l'ayant pas attendu à Aranjuez, c'est vraisemblablement dans la capitale de l'Espagne qu'eurent lieu leurs retrouvailles : durant dix ou douze jours, à petites étapes, le couple romanesque se dirigea vers la frontière (franchie le 3 mai, selon l'*Itinéraire), *sans qu'il soit possible de préciser le climat sentimental de cette fin de voyage.*

Ces assertions révolutionnaires ne passèrent pas inaperçues. Appuyées sur une solide dialectique, emportèrent-elles l'adhésion de nombreux esprits ? Il est permis d'en douter. Si, dans un feuilleton du Temps, *le* 11 *février* 1933 (*cf.* Courrier littéraire, XIXe siècle, *t. I*, p. 228-233), *M. Émile Henriot apporta à la thèse de Duchemin l'appui de sa haute autorité, les chateaubriandistes les plus compétents défendirent la tradition et, tour à tour, Mme M.-J. Durry, M. Maurice Levaillant, le comte de Laborde émirent des objections de détail. Toutefois, lorsque Duchemin reprit son article en volume* (Chateaubriand. Essais de critique, 1938, *p.* 275-333, *avec des appendices et de très nombreuses notes*), *il répondit à ses contradicteurs et les réfuta avec beaucoup de vraisemblance. Au total, après ce premier engagement, chacun des partis en présence restait, semble-t-il, sur les positions qu'il avait défendues.*

De nombreuses années passèrent sans apporter aucun élément nouveau. MM. André Maurois (Chateaubriand, *Grasset,* 1938, *p.* 211-213), *Pierre Moreau* (A propos du séjour de Chateaubriand à Grenade, Revue Universitaire, *juillet-octobre* 1942, *p.* 182-184), *Louis Martin-Chauffier* (Chateaubriand ou l'obsession de la pureté, *Gallimard,* 1943, *p.* 136) *ont accepté ou défendu l'opinion traditionnelle, ne voyant dans la lettre d'Aranjuez qu'une habileté de femme pour brouiller les pistes et décevoir les indiscrets. Au contraire, M. Émile Malakis, dans sa définitive édition de l'*Itinéraire (1946, *t. I, p.* 302, *n.* 191) *accepte complètement la démonstration de M. Duchemin :* « Nous savons aujourd'hui que c'est à Cordoue, plus tard à l'Escurial, et non point à Grenade, qu'il faut placer les entrevues fugitives de Chateaubriand et de Natalie de Noailles... »

Il manquait néanmoins à Duchemin, pour couronner son argumentation logique, un document crucial qui lui permît de donner à ses séduisantes déductions leur consécration indiscutable. En l'absence d'un tel document, on vit, par exemple, M. Maurice Rat, dans le Figaro littéraire *du 2 juillet* 1949, *titrer sur trois colonnes :* Une thèse d'histoire littéraire s'effondre : Chateaubriand n'était pas seul au rendez-vous de Grenade, Natalie de Noailles l'y attendait. *Malheureusement cet article ne faisait qu'emprunter à Duchemin lui-même des renseignements qu'il retournait aussitôt contre lui, sans apporter la moindre nouveauté. Du moins fit-il rebondir la « querelle de l'Alhambra » : il en hâta ainsi la conclusion, en permettant de mesurer son exacte importance.*

Piqué à juste titre par le papier du Figaro littéraire, *Marcel Duchemin répliqua dans le* Bulletin G. Budé (*décembre* 1949, *p.* 58-65 : Le roman espagnol de Chateaubriand et de Natalie de Noailles) *par un exposé abrégé de la thèse qui lui était chère, tout en concluant :* « Nous sommes toujours prêt à reconnaître que la question ne sera décidée sans retour que par la production de quelque témoignage ignoré ou d'une correspondance inédite. »

A défaut de ceux-ci, lors d'une réunion de travail de la Société Chateaubriand, le 15 *mars* 1952, *Mme la comtesse d'Andlau étudia de nouveau le voyage de Chateaubriand à travers l'Espagne et s'efforça de montrer que Natalie,* « intrépide voyageuse » *et cavalière entraînée, pouvait avoir parcouru très rapidement des distances que M. Duchemin jugeait supérieures aux capacités physiques d'une femme; elle signalait que Chateaubriand avait offert à son amie* « une petite épingle en forme de grenade », *souvenir vraisemblable et parlant de l'illustre rendez-vous; elle produisait enfin, après M. Maurois, une lettre de Natalie à son frère, où celle-ci montre qu'elle tenait à sauver les apparences et à se garder des* « *caquets* » *mondains.* « En résumé, *disait Mme d'Andlau,* si l'on n'a pas jusqu'ici de preuve permettant d'affirmer que François-René et Natalie aient erré ensemble dans le palais de l'Alhambra, aucune impossibilité de date ou d'horaire ne s'y oppose; en revanche, toutes les raisons psychologiques penchent en faveur d'un rendez-vous romantique, en souvenir duquel Chateaubriand aurait offert à Mme de Noailles un bijou en forme de grenade, tradition orale transmise aux descendants de Blanca » (Petit Bulletin Chateaubriand, *n*° *5, 1953, p. 15-17.* Mme d'Andlau a repris l'essentiel de son exposé dans *Chateaubriand et* « *Les Martyrs* ».

Naissance d'une épopée, José Corti, *1952*, p. *121-128*).

La cause était-elle entendue ? Que non pas, car M. Duchemin produisit enfin le document-massue qu'il appelait de ses vœux depuis vingt ans. On peut le lire dans sa note parue sous le titre Veritas filia temporis : Chateaubriand à Grenade en 1807 (Bulletin G. Budé, *juin* 1952, *p.* 54-56). *Il s'agit d'une lettre retrouvée par M. Louis Bassette, bibliothécaire de l'Académie Delphinale de Grenoble, et adressée, le* 10 *mai* 1816, *par le comte Hector-Philippe d'Agoult* (1782-1856) *à sa sœur Olympe. Ce futur diplomate de la Restauration voyageait alors en Espagne et voici ce qu'il écrivait :*

« On voit à l'Alhambra, dans le joli cabinet appelé *La Toilette de la Reine*, deux lignes en grec, écrites et signées par le dévot pèlerin de Jérusalem : elles attestent son exactitude aux rendez-vous, sa discrétion et, surtout, sa piété véritable. Une belle duchesse de la Cour de France, que mon père et Alphonse doivent connaître, l'avait en vain attendu et était retournée à Paris. Voici la traduction : « *J'ai traversé les mers pour la voir et je* « *ne l'ai plus trouvée.* » Dis-moi si ces choses peuvent se raconter aux demoiselles du Dauphiné. »

Ces lignes ne sont exemptes ni d'ironie, ni de menues inexactitudes. Elles contiennent du moins un fait nouveau et sont un témoignage plus ancien que tous ceux apportés antérieurement. Aussi, triomphait M. Duchemin, « tout commentaire ne pourrait qu'affaiblir l'éloquence d'une telle page. C'est la voix même de Chateaubriand qui s'élève du passé pour prononcer souverainement. Surprise et notée par le comte d'Agoult, témoin véridique et sans passion..., elle emporte la conviction. Natalie de Noailles n'a pas été le 13 avril 1807 dans l'Alhambra la compagne de Chateaubriand, voluptueuse et émerveillée. Là est la vérité contre laquelle nulle dialectique ne saurait désormais prévaloir... ».

Toute polémique ne cessa pas pour autant. La Société Chateaubriand, *fervente championne de la tradition, critiqua le document d'Agoult en sa séance du* 30 *novembre* 1952 (Petit Bulletin, *n*° 5, *p*. 23-24), *cependant que Duchemin revint sur la lettre du* 10 *mai* 1816 *pour en montrer encore la valeur essentielle* (Bulletin G. Budé, *mars* 1954, *p*. 89-94 : Comment les dogmes finissent). *Enfin, le* Dr Le *Savoureux, président de la* Société Chateaubriand, *émit derechef certains doutes sur les mérites réels du témoignage dauphinois* ; *mais Marcel Duchemin, plus que jamais sûr de son fait, refusa de* « se laisser entraîner sur les voies de la controverse à propos d'une question dont (*il venait*) de démontrer qu'elle était désormais définitivement résolue » (Bulletin G. Budé, *juin* 1954, *p*. 103-104).

Au terme de cet exposé déjà bien long, qu'on nous autorise à formuler encore deux remarques. 1° *L'inscription, signalée en* 1816 *par* le *comte d'Agoult et dont la* « *traduction* » *doit refléter le sens général plutôt que le mot à mot, est probablement la même que celle vue et effacée vers* 1822 *par le duc de Laval* ; *le propos de celui-ci, tel que le rapporte Pailhès, a d'ailleurs trop d'imprécision pour qu'on en conclue obligatoirement à la réalité du rendez-vous de l'Alhambra.* 2° *Si Chateaubriand rapporta à Mme de Noailles un bijou en forme de grenade, ce fait ne signifie pas forcément qu'ils aient été ensemble dans la ville qui porte le nom de ce fruit. Hyde de Neuville nous apprend que Natalie* « avait passé deux mois à Grenade » *et qu'elle* « parlait de l'Alhambra avec l'enthousiasme d'une artiste » : *elle aura dû en entretenir René lors de leur rencontre de Cordoue ; pourquoi celui-ci ne lui aurait-il pas rapporté de sa course personnelle un objet capable de leur rappeler discrètement des souvenirs qu'ils conservaient l'un et l'autre, sans que ceux-ci leur fussent pourtant tout à fait communs ?*

De ces souvenirs, ils purent en deviser encore, soit sur la route de Madrid aux Pyrénées, soit plus tard, à Méréville ou ailleurs. Comme il eût été captivant, si les circonstances l'avaient permis, si la vie n'était pas une suite d'occasions manquées, d'avoir fait ensemble la visite du merveilleux palais d'Andalousie ! Ainsi, la promenade d'Aben-Hamet et de Blanca dans le Dernier Abencérage, *apparaîtrait comme* un rêve de compensation, *vécu par le poète d'une manière si intense qu'il finit peut-être par croire à sa réalité...*

Quoi qu'il en soit, les pages immortelles dont Natalie, *même absente, a été l'inspiratrice, restent à jamais nôtres pour nous enchanter de leur rythme. Maintenant que les héros de chair sont retournés à la poussière originelle, c'est bien là ce qui importe au lecteur, plus soucieux de Beauté littéraire que de discussion érudite.*

F. L.

IV

NOTE BIBLIOGRAPHIQUE

Les trois éditions savantes, auxquelles il est fait allusion dans la *Note liminaire* et dont la description est donnée ci-après, dispensent de se reporter à celles parues du vivant de l'auteur[1] :

---

1. Voici néanmoins une liste sommaire de ces éditions pour *Atala* et *René :*

a) Originale d'*Atala*, signalée dans notre *Introduction*, p. XI et parue le 12 germinal an IX - 2 avril 1801 ;

b) Seconde édition d'*Atala*, Paris, Migneret, 1801, - identique à la précédente ;

c) Troisième édition d'*Atala*, « revue et corrigée », Paris, Migneret, 1801, in-12, XXIV + 207 p., - comportant de nombreuses variantes ;

d) Quatrième édition d'*Atala*, Paris, Migneret, 1801, - identique à la troisième ;

e) Cinquième édition d'*Atala*, Paris, Migneret, 1801, ne fait que reproduire les deux précédentes ;

f) Originale du *Génie du Christianisme ou Beautés de la Religion Chrétienne*, Paris, Migneret, an X - 1802, 5 vol. in-8. L'ouvrage parut le 14 avril 1802 ; *Atala* figure au tome III, p. 184-301, avec d'importantes corrections ; *René* est publié pour la première fois, au tome II, p. 163-216 ;

g) Seconde édition du *Génie*, Paris, Migneret, 1803, 2 gros vol. in-8, - *Atala* figure au tome II, p. 172-278, et *René* au tome I, p. 415-462, l'un et l'autre dans un texte corrigé ;

h) Nouvelle édition du *Génie*, Paris, Migneret, 1803, 4 vol. in-8, - avec *Atala* au tome III, p. 240-389, et *René* au tome II, p. 194-260 ; il existe deux formats différents de cette publication, qui constitue ainsi les huitième et neuvième éditions d'*Atala*, les troisième et quatrième de *René* ;

i) Troisième édition *(sic)* du *Génie*, Paris, Migneret, 1803, 4 vol. in-8, - identique à la précédente ;

j) Quatrième édition du *Génie*, Lyon, Ballanche, 1804, 9 vol. in-18, - avec *Atala* au tome VI, p. 47-209, et *René* au tome III, p. 217-291, les *a*) Chateaubriand / *Les Aventures / du / dernier Abencérage* / éditées par / Paul Hazard et Marie-Jeanne Durry / Paris / Librairie Ancienne Honoré Champion / 5, quai Malaquais / 1926. Un vol. in-8° de XXXIX-110 pages (avec deux fac-similés de manuscrit et des planches de musique), formant le tome XXVII de la *Bibliothèque de la Revue de Littérature comparée.*

b) Chateaubriand / *René* / édition critique / avec une introduction, des notes et des appendices / par / Armand Weil / *Société des Textes français modernes* / Paris / Librairie E. Droz / 25, rue de Tournon / 1935. Un vol. in-12 de LXV-139 pages (avec quatre gravures tirées des premières éditions). (Un second tirage de cette édition, moins complet qu'elle, a été publié par Giard et Droz, Lille et Genève, en 1947.)

c) Chateaubriand / *Atala* / édition critique / par / Armand Weil / Introduction, préfaces, texte définitif et variantes / avec le texte original en appendice / Librairie José Corti / Paris / (1950). Un vol. in-8° de CXXVIII-203 pages.

On peut citer aussi : *Atala-René*, texte établi et présenté par Gilbert Chinard, *Collection des Universités de France* publiée sous les auspices de l'Association G. Budé, Paris, 1930.

Dans l'introduction, le commentaire et l'appendice III de la présente édition, nous avons toujours cité avec les références utiles les études de détail dont nous avons utilisé

---

deux œuvres présentant d'importantes et souvent définitives modifications ;

k) Atala - René, Paris, Le Normand, 1805, in-12, 46 + 331 p., - édition que Chateaubriand considéra comme définitive (cf. *supra*, p. 22 et 333) et où *René* est pour la première fois publié à part du *Génie*. Les deux nouvelles ne devaient plus être rééditées avant la publication du tome XVI des *Œuvres complètes* paru chez Ladvocat en juin 1826 (cf. *supra*, p. I et III).

la substance. Nous rappelons ici seulement celles d'entre elles qui nous semblent les plus importantes.

BÉDÉ (Albert). — Compte rendu de l'édition Hazard-Durry de l'*Abencérage*, in *Revue de Littérature comparée*, 1927, p. 585-593.

BÉDIER (Joseph). — *Chateaubriand en Amérique. Vérité et fiction*, in *Revue d'Histoire littéraire de la France*, 1899, p. 501-532 et 1900, p. 59-121 ; réimprimé dans *Études critiques*, Paris, Colin, 1903.

BRUNOT (Ferdinand). — *Histoire de la Langue française*, t. X, p. 780-857 (par Armand Weil) et t. XII, p. 94-102 et 295-326 (par Charles Bruneau).

CAZENAVE (Jean). — *Le roman hispano-mauresque en France*, in *Revue de Littérature comparée*, 1925, p. 594-640.

CHAPLYN (Marjorie A.). — *Le roman mauresque en France de Zayde au Dernier Abencérage*, Paris, 1928.

CHATELAIN (Henri). — *Les critiques d'Atala et les corrections de Chateaubriand*, in *Revue d'Histoire littéraire de la France*, 1902, p. 414-440.

CHINARD (Gilbert). — *L'exotisme américain dans l'œuvre de Chateaubriand*, Paris, Hachette, 1918. — Édition d'*Odérahi, histoire américaine*, Paris, Clavreuil, 1950.

DUCHEMIN (Marcel). — Compte rendu de l'édition Hazard-Durry de l'*Abencérage*, in *Revue d'Histoire littéraire de la France*, 1927, p. 261-269. — *Un roman d'amour en* 1807. *Chateaubriand à Grenade*, in *Revue des Deux Mondes*, 1er janvier 1933, p. 158-178. — Ces deux études ont été reprises, avec d'importantes additions, dans *Chateaubriand. Essais de critique et d'histoire littéraire*, Paris, Vrin, 1938, p. 249-333.

FOUILHÉ (André). — *René*, in *Mélanges Paul Laumonier*.

GAUTIER (Jean-Maurice). — *L'exotisme américain dans l'œuvre de Chateaubriand. Étude de vocabulaire*, Manchester University Press, 1951.

GAVOTY (André). — *Le secret d'Atala*, in *Revue des Deux Mondes*, 1er-15 mai, 1er-15 juin 1948, p. 96-121, 304-319, 510-524, 717-738.

HENRIOT (Émile). — *Chateaubriand à l'Alhambra*, in *Le Temps*, 11 février 1933. — *Une édition critique de René*, *ibid.*, 23 juillet 1935. — Ces deux articles ont été repris dans *Courrier littéraire, XIXe siècle, I*, Renaissance du Livre, Paris, 1948, p. 191-197 et 228-233.

HOGU (Louis). — *Notes sur les sources d'Atala*, in *Mémoires de la Société d'Agriculture, Sciences et Arts d'Angers*, 1913, p. 123-169. — *La publication d'Atala et l'opinion des contemporains*, in *Revue des Facultés catholiques de l'Ouest*, 1913, p. 450-468.

LE BRETON (André). — *Le Roman français au XIXe siècle (Première partie : Avant Balzac)*, Paris, Lecène-Oudin, 1901.

MOREAU (Pierre). — *Chateaubriand : René, Mémoires d'Outre-Tombe, I, II, III*, Les Cours de la Sorbonne, Paris, Centre de Documentation Universitaire, s. d.

SAGE (Pierre). — *Le « bon prêtre » dans la littérature française d'Amadis de Gaule au Génie du Christianisme*, Genève et Lille, Droz et Giard, 1951, p. 419-449 : *Le Père Aubry ou le Génie concordataire.*

SAINTE-BEUVE. — *Chateaubriand et son groupe littéraire sous l'Empire...*, nouvelle édition annotée par Maurice Allem, Paris, Garnier, 1948, 2 vol., t. I, p. 158-220, 277-314 et t. II, p. 73-79. — *Chateaubriand*, études des *Lundis* et des *Portraits*, classées et annotées par Maurice Allem, Paris, Garnier, 1932.

SERVIEN (Pius). — *Lyrisme et structures sonores (Atala)*, Paris, Boivin, 1930.

STINGLHAMBER (Louis). — *Chateaubriand à Grenade*, in *Bulletin G. Budé*, décembre 1952, p. 93-114.

TABLE DES MATIÈRES

ATALA

RENÉ

LES AVENTURES DU DERNIER ABENCÉRAGE

APPENDICES

IMPRIM'VERT®

Achevé d'imprimer par Corlet Numéric,
Z.A. Charles Tellier, Condé-en-Normandie (Calvados),
en octobre 2020
N° d'impression : 168838 - dépôt légal : octobre 2020
Imprimé en France